rororo studium

Herausgegeben von Ernesto Grassi
Universität München

*rororo studium ist eine systematisch konzipierte wissenschaftliche Ar-
beitsbibliothek, die nach Inhalt und Aufbau die Vermittlung von theoretischer Grundlegung und Handlungsbezug des Wissens im Rahmen inter-
disziplinärer Koordination anstrebt. Die Reihe orientiert sich an den
didaktischen Ansprüchen, der Sachlogik und dem kritischen Selbstverständnis der einzelnen Wissenschaften. Die innere Gliederung der Stu-
dienkomplexe in* EINFÜHRENDE GRUNDRISSE, SCHWERPUNKTANALYSEN *und*
PRAXISBEZOGENE EINZELDARSTELLUNGEN *geht nicht vom überlieferten Fä-
cherkanon aus, sondern zielt auf eine problemorientierte Zusammenfassung der Grundlagen und Ergebnisse derjenigen Wissenschaften, die
wegen ihrer gesellschaftlichen Bedeutung didaktischen Vorrang haben.
Kooperation und thematische Abstimmung der mitarbeitenden Wissenschaftler gewährleisten die Verknüpfung zwischen den einzelnen Bänden
und den verschiedenen Studienkomplexen.*

E. G.

Linguistik

HELMUT SCHNELLE

Sprachphilosophie und Linguistik

Prinzipien der Sprachanalyse
a priori und a posteriori

ROWOHLT

Herausgeberassistent: Eginhard Hora
Redaktion: Ursula Einbeck
Ragni M. Gschwend / Frank Schwerin
München

Veröffentlicht im Rowohlt Taschenbuch Verlag GmbH,
Reinbek bei Hamburg, April 1973
© Rowohlt Taschenbuch Verlag GmbH, Reinbek bei Hamburg, 1973
Umschlagentwurf Werner Rebhuhn
Gesetzt aus der Linotype-Aldus-Buchschrift
Satz Otto Gutfreund, Darmstadt
Gesamtherstellung Clausen & Bosse, Leck/Schleswig
Printed in Germany
ISBN 3 499 21030 4

INHALTSVERZEICHNIS

Für MARLENE

*Zwischen den Zeilen dieses Buches wird ein Satz
fortgesetzt wiederholt – er wird nicht verraten.*

VORWORT

Es geht in diesem Buch um die *Prinzipien*, die unsere Erkenntnis von den
Sprachen im einzelnen und von Sprache im allgemeinen systematisch bestimmen. Es sind Prinzipien a priori und a posteriori, insofern sie Ergebnis
philosophischer Reflexion und empirischer Analyse sind. Die strenge Erfassung dieser Prinzipien führt gegenwärtig zur Entstehung eines neuen
Wissenschaftsgebiets: der theoretischen Linguistik. Die philosophische Problematik dieser Prinzipien und ihre systematische Entfaltung bis hin zu
den Grundlagen der theoretischen Linguistik sind Thema des vorliegenden
Bandes.

Dagegen geht es in diesem Buch nicht darum, Ideen der mehr als zwei-
tausendjährigen Geschichte von Sprachphilosophie und Sprachwissenschaft
und ihres wechselvollen Verhältnisses aufzugreifen, ebensowenig wie darum, alle in der Gegenwart diskutierten Problemkreise in diesem Bereich
anzusprechen.

Die Lektüre ist in einigen Passagen nicht leicht. Dies liegt zum Teil an
der genannten Zielsetzung, bei der eine gewisse Abstraktheit der Darlegungen oft nicht zu vermeiden war. Einige der schwierigsten Stellen können
aber bei der ersten Lektüre überschlagen werden.

Die Anregungen zu den Gedankengängen dieses Buches verdanke ich
vielen. Besonders herzlich möchte ich hier aber für die oft scharfen und
gelegentlich heftigen Diskussionen mit meinem Lehrer und Freund Y. BAR-
HILLEL danken, die meinen kritischen und selbstkritischen Blick geschärft
haben. Das Manuskript ist durch die kritischen Anmerkungen und Vorschläge meiner Kollegen R. POSNER und D. WUNDERLICH wesentlich gefördert
worden. Dafür schulde ich ihnen besonderen Dank – aber auch meinen
Mitarbeitern T. BALLMER und D. WENNING für ihre Hilfe bei den Korrektu-
ren und meiner Sekretärin R. RETTENMAIER für ihre Geduld und Umsicht
bei der Anfertigung des Manuskripts.

Wenn wir eine Sache klarer sehen wollen, setzen wir unsere Brille auf die Nase und schauen genauer hin. Es kommt vor, daß wir dennoch nicht klar sehen. Manchmal beschleicht uns auch nur der Verdacht, daß wir eigentlich nicht klar sehen, ohne daß wir ihn begründen könnten. In diesen Fällen werden wir überlegen, ob es an unserer Brille, unserem Sehen oder unserem Verstehen liegt oder daran, daß alle drei schlecht aneinander angepaßt sind. Ein derartiger Geisteszustand wird häufig als ein philosophischer verstanden, und der Zweck der Philosophie besteht in der Klärung der Verwirrung – besonders dann, wenn es sich um ernste Betrachtungen handelt und die Brille etwa die analytische Apparatur einer Wissenschaft ist.

Wie steht es mit der linguistischen Sprachanalyse? Läßt sie Sprache, Sprachen und sprachliches Handeln klarer erkennen, oder könnte es sein, daß sie eigentlich mehr verwirrt als klärt? Was heißt überhaupt ‹Klären› in diesem Bereich? Wodurch ist das in sprachwissenschaftlicher oder sprachanalytischer Tradition als Lehre Gewachsene legitimiert? Muß nicht eine Erörterung von Sprachphilosophie und Linguistik bei dieser *transzendentalen Frage* ansetzen?

Wie aber kann diese Frage philosophisch geklärt werden? Klären bedeutet, daß erklärt wird, was hier geschieht, daß die Zusammenhänge übersichtlich dargestellt werden, und zwar so, daß man sie einsehen und verstehen kann. Beide, Einsehen und Verstehen, können aber selbst nur in einer *Sprach*handlung, in einer *sprachlichen* Erörterung oder in einer *sprachlichen* Analyse gewonnen und vermittelt werden. In einem wesentlichen Sinn ist Einsehen und Verstehen selbst Sprachanalyse, und die (philosophische) Analyse der (linguistischen) Sprachanalyse macht keine Ausnahme, auch sie ist Sprachanalyse. «Über» die Sprachanalyse «hinaus», oder «hinter» die Sprachanalyse gelangen wir nicht.

Sprechen über die Sprache! Aber in welcher Form? Wie ist Klarheit über Sprache in der Sprache möglich? Gehören dazu nicht eigens konstruierte sprachliche Instrumente, «Brillen» der präzisen Einsicht? Es ist eine fundamentale These der Sprachphilosophie des späten WITTGENSTEIN, daß der Philosoph zuerst und vor allem *diese* «Brille» absetzen und erkennen sollte, daß man auch ohne diese «fixe Idee auf der Nase» sehen und verstehen kann (vgl. WITTGENSTEIN, [Untersuchungen], § 103 u. a.). Übungen dieser Art, d. h. ein Achten auf das Funktionieren der gewöhnlichen Sprache in der Vielzahl ihrer Facetten, würde die Philosophie heilen, würde sie ‹zur Ruhe bringen, so daß sie nicht mehr von Fragen gepeitscht wird, die sie selbst in Frage stellen› (ibid. § 133): *Die gewöhnliche Sprache ist, so wie sie ist, in Ordnung.*

Das ist jedoch, wie mir scheint, zugleich richtig und nicht richtig: Die gewöhnlichen Sprachen dienen, als Produkte aller, allen, für alle Zwecke des Verstehens und Verständigens – schlecht und recht. Die gewöhnlichen

Sprachen ermöglichen, alles von allen Gesichtspunkten aus zu zeigen – schlecht und recht. Dies ist es, was sie befriedigend und unbefriedigend zugleich macht. Dem gewöhnlichen Sprachverfahren folgend, kann man alles erörtern – aber alles ungefähr und nichts genau. Gegen WITTGENSTEIN wäre also zu sagen, daß für den Kurzsichtigen die Existenz ohne Brille unbefriedigend ist, wenn er einmal ahnt, daß es eine Brille geben könnte, die sein Sehen verbessern würde; von einer entsprechenden Ahnung kann auch die Philosophie nicht geheilt werden. Jeder konsequente Gedankengang unter einem grundlegenden Gesichtspunkt drängt daher dazu, die gewöhnliche Sprache zu modifizieren – eben doch «Brillen» der präzisen Einsicht zu bauen. MAX BLACK schreibt: ‹Wenn der Satz wahr ist ‹Im Anfang war das Wort›, so können wir annehmen, daß bald nach dem Anfang ein weiser Mann des Stammes bereits die Unangemessenheit des Wortes beklagte und Pläne zur Erfindung eines besseren entwickelte› (BLACK, [Labyrinth], S. 115). Sündenfall oder ‹condition humaine›? Jedenfalls handelt es sich um Erbsünde oder eine historisch unabänderliche menschliche Grundbedingung.

Es ist meine feste Überzeugung, daß es verschiedene «Brillen» der präzisen Einsicht gibt, verschiedene Gesichtspunkte, die zur Entwicklung «besserer» Sprachformen drängen, von den lyrischen bis zu den wissenschaftlichen. Einer von diesen, der vom gewöhnlichen Konglomerat des Denkens abweicht, ist aber jedenfalls derjenige der wissenschaftlichen Exaktheit, und der Verfolg dieses Gesichtspunktes führt alle Wissenschaften dazu, an den gewöhnlichen Sprachen und ihren Ausdrucksweisen anknüpfend, über sie hinauszugehen, wissenschaftliche Fachsprachen und wissenschaftliche Begriffssysteme und schließlich formalisierte wissenschaftliche Theorien und Sprachformen für solche Theorien zu schaffen.

Auch in der Sprachwissenschaft und in der Sprachanalyse kann dieser Gesichtspunkt konsequent verfolgt und entfaltet werden. Das Resultat einer solchen konsequenten Entwicklung ist ein in diesen Jahrzehnten von analytischer Sprachphilosophie, Logik und Linguistik in konzentrischer Bewegung gemeinsam entwickelter Wissenschaftszweig: Die *theoretische Linguistik*. Welches sind die *Prinzipien*, die die hier zu entfaltende Erklärung und Beschreibung bestimmen? Welche allgemeine und prinzipiell bestimmte Form nehmen die Resultate an? Diese Fragen versuche ich in meinem Buch zu beantworten, ebenso wie die zuvor angeschnittene transzendentale Frage, inwiefern man sprachphilosophisch berechtigt ist, so anzusetzen.

Das Schlüsselwort einer konsequenten wissenschaftlichen Analyse heißt *Explikation*: Das Aufsuchen und Nachkonstruieren neuer begrifflicher Bestimmungen im Rahmen einer Theorie, die den vorwissenschaftlichen oder bloß fachsprachlichen Begriffen an Exaktheit und Präzision überlegen sind. Nur selten können die neuen begrifflichen Bestimmungen die alten jedoch ersetzen; in den meisten Fällen müssen sie auf die ursprünglichen und verständlicheren bezogen bleiben. Die Entwicklung einer explikativen Konstruktsprache (zur Erreichung maximaler Präzision) und ihre Übersetzung in die Fachsprache und eventuell in die Gemeinsprache (zur Gewährleistung optimaler Verständigung) und ihre Benutzung je nach vorherrschendem Zweck sind der Versuch, das Kunststück zu vollbringen, den Kuchen zugleich zu essen und ihn zu haben (QUINE, [Word], S. 189). Das Verhältnis der hier einander zugeordneten Sprachformen und Begrifflichkeiten und das entsprechende Verhältnis der Adäquatheit von Explikationen sind jedoch nicht unproblematisch. Darauf werden wir im *zweiten Kapitel* dieses Buches eingehen, vor der eigentlichen Behandlung der Prinzipien der sprachtheoretischen Analyse.

Die Prinzipien der sprachtheoretischen Analyse verteilen sich auf drei Bereiche:

(1) Prinzipien der grammatischen Form der Sprachen,
(2) Prinzipien der Funktionen der Sprachen,
(3) Prinzipielle Bedingungen des Handelns mit Sprachen.

Formen und Funktionen kann man als wissenschaftliche Abstraktionen ansehen, abstrahiert aus dem sozialen Netz tatsächlicher sprachlicher Handlungen.

Die grammatischen Formen der Sprachen sind nichts anderes – das ist die These des *dritten Kapitels* – als eine besondere Art von Kombinatorik, genauer, besonders eingeschränkte *Algebren sprachlicher Objekte*. Der Beleg für diese These kann, angesichts der Vielfalt grammatischer Modelle, vor allem in den letzten Jahrzehnten, in diesem Kapitel nur in systematischen Andeutungen gegeben werden, in den *Grundzügen einer vergleichenden Grammatologie*. Die Erklärung, warum eine bestimmte Kombinatorik einer Sprache angemessen ist, kann dagegen selbstverständlich erst bei der Analyse der sprachlichen Funktionen, die mit den Ausdrucksmitteln verbunden sind, gegeben werden.

Während die grammatische Struktur einer Sprache als quasi-gegenständliches Gebilde komplexer Art behandelt werden kann, muß man sich der Analyse der *Funktionen einer Sprache* auf andere Weise nähern. Mit den grammatisch strukturierten Ausdrucksgestalten wird etwas geleistet, werden Sprachhandlungen ausgeführt – die Ausdrucksgestalten besagen etwas, sie drücken etwas aus, sie stellen nicht nur sich selbst dar. Wie kann das wiedergegeben werden, was mit ihnen gemacht, gesagt oder ausgedrückt wird? Durch die Ausdrucksgestalten selbst selbstverständlich; aber dies ist irgendwie wissenschaftlich nicht befriedigend. Dasselbe, was die Sprachmittel ausdrücken oder leisten, soll irgendwie anders ausgedrückt werden, aber übersichtlicher, systematischer, exakter.

Ist dies etwa durch übersichtliche Ordnung von *Entsprechungen in der Sprache* selbst, eventuell nach verschiedenen Kriterien, möglich? Oder müssen wir Ausdrucksmittel und gedankliche Gebilde (z. B. der abstrakten Mathematik) verwenden, die verschieden sind von denen der zu analysierenden Sprache? In diesem Fall ergibt sich das prinzipielle Problem der

Entsprechung der Funktionen der vorgegebenen Sprachmittel und der analytischen Ausdrucksweisen, das *prinzipielle Problem der Übersetzung*, der Wiedergabe einer Sprache durch eine andere, in der die Analyse verstanden wird. Die grundsätzliche Unmöglichkeit, eine sichere Entsprechung des Originals mit der Übersetzung zu finden, und die zentrale Bedeutung dieser Tatsache gerade für die Sprachanalyse hat vor allem W. V. O. QUINE herausgearbeitet.

Unter den Funktionen der Sprachen hat die *Darstellungsfunktion*, der Bezug auf Dinge und Sachverhalte, eine besondere Bedeutung und in der bisherigen Sprachanalyse die bei weitem größte Aufmerksamkeit gefunden. Nur die Behandlung der Darstellungsfunktion hat heute einen Status erreicht, der eine strenge sprachtheoretische Analyse ermöglicht. Im dritten Kapitel beschränken wir uns daher auf die Explikation der Darstellungsfunktion.

Der erste dort zu besprechende Ansatz versteht sich als *Explikation des Wahrheitsbegriffs*. Er kann verstanden werden als eine Theorie der Übersetzung von Sätzen unter dem Kriterium der Wahrheit sowie drei anderen analytischen Kriterien (dem der Lernbarkeit, dem der Verstehbarkeit und dem der Sparsamkeit in der Verwendung explikativer analytischer Begriffe). Es gibt zwei mögliche Varianten: (a) die Übersetzung von Sätzen in Kombinationen von Sätzen derselben Sprache, meist Paraphrasierung genannt; (b) die Übersetzung von Sätzen in Kombinationen von Sätzen einer anderen Sprache.

Der zweite und dritte Ansatz stützen sich auf die *Explikation des Begriffs der Bezeichnung:* Die Ausdrucksmittel bezeichnen etwas anderes als sich selbst, einen Sachverhalt, ein Ding, eine Eigenschaft usw., und die Struktur dessen, was sie bezeichnen, entspricht in einem Sinn ihrer eigenen Struktur. Die theoretische Kraft und Leistungsfähigkeit dieses Ansatzes ergibt sich daraus, daß er sich durch die Bezeichnungsrelation auf Strukturgebilde der abstrakten Mathematik beziehen und deren analytische Potenz für die Beschreibungstechnik der Sprachtheorie verfügbar machen kann; die fortgeschrittensten semantischen Theorien sind hier die modelltheoretischen (im Sinne der abstrakten Mathematik und logischen Grundlagenforschung).

Der Gedanke, daß die *linguistisch-semantische Analyse* von Problemen des Sachbezugs freigehalten werden kann, ein Gedanke, der in den modernen strukturalistischen Sprachauffassungen grundlegend ist − dieser Gedanke erhält eine präzise Grundlage, wenn man *Typen semantischer Relationen* im Rahmen der allgemeinen Theorie des Sachbezuges definiert. Dies wird im letzten Abschnitt des vierten Kapitels gezeigt werden.

Die Grundprinzipien, die eine künftige Theorie des Sprachverhaltens und Sprachhandelns prägen, sind bei weitem schwieriger zu erkennen als die Grundprinzipien der sprachlichen Form und Funktion. Wir werden im fünften und letzten Kapitel versuchen, einige der uns wichtig erscheinenden

Prinzipien herauszustellen. Wesentlich ist zunächst, daß die *Variabilität der Sprachen* nicht übersehen wird. Zu jeder Sprache gehört nicht nur eine Sprachform, die von einer ganz bestimmten grammatischen Form und Funktion geprägt wird, sondern eine natürliche Sprache umfaßt normalerweise eine Vielzahl von Sprachausprägungen (Dialekten, Sondersprachen, Idiolekten usw.). Die möglichen *Formen des Verstehens und Mißverstehens* können nicht geklärt werden, wenn von der Grammatikerfiktion ausgegangen wird, jeder Sprecher einer Sprache verfüge über genau dieselbe Sprachform wie jeder andere. Wie kommt überhaupt eine Sprachform zustande, wie wird sie stabilisiert und verändert? Durch *Konvention* (Brauch, Geltung usw.), heißt es. Worin aber besteht die Konventionalität der Sprache? Wie ist sie mit den *Intentionen* der Sprecher verbunden? Mit neueren Ansätzen zu diesen Problemkreisen werden wir uns im letzten Kapitel auseinandersetzen.

I. DIE TRANSZENDENTALE FRAGE

Einleitung: Transzendental nennt man nach KANT eine Frage, ‹die sich nicht sowohl mit Gegenständen, sondern mit unserer Erkenntnisart von Gegenständen, sofern diese a priori möglich sein soll, überhaupt beschäftigt›.[1]

In der transzendentalen Überlegung wenden wir uns also anscheinend von der Sprache als Gegenstand der Analyse ab und dem Problem zu, in welcher Art diese Analyse mit dem Ziel einer angemessenen Erkenntnis der Sprache durchzuführen ist. Ist die Art, in der z. B. die Linguistik die Sprache analysiert, überhaupt zuverlässig? Läßt sie sich rechtfertigen? Und zwar a priori, also unabhängig von spezieller, verfügbarer Erfahrung? Oder gibt es etwa eine auf andere Art zu gewinnende Erkenntnis von Sprache? Und wie wäre sie zu rechtfertigen?

Mit der transzendentalen Frage nach dem Apriori möglicher Erkenntnis überhaupt, das auch unsere Erkenntnis von der Sprache bestimmen sollte, begeben wir uns offenbar auf das Gebiet der Philosophie. Gesucht ist ein die Erkenntnis rechtfertigendes transzendentales Prinzip, ein Prinzip, ‹durch welches die allgemeine Bedingung a priori vorgestellt wird, unter der allein Dinge Objekte unserer Erkenntnis überhaupt werden können›[2], ein Prinzip, das, wie man auch sagt, die Bedingungen der Möglichkeit spezieller, z. B. wissenschaftlicher, Erkenntnis angibt.

Es ist nun philosophisch höchst bedeutsam, daß die transzendentale Frage zur Sprache zurückführt. Wir können nämlich diese Frage ebensowenig wie irgendeine andere stellen oder beantworten, ohne zu reden, anscheinend also: ohne das, was wir erst klären wollen, beim Klären bereits zu verwenden. Wir werden sehen, daß wir uns bei der Erörterung dieser Frage darauf konzentrieren werden, in welchen Arten wir die Sprache verwenden und wie diese Arten möglicherweise unsere derart sprachlich gefaßte Erkenntnis oder Einsicht bedingen und charakterisieren.

Die auf die Sprache bezogene transzendentale Frage ist verschieden beantwortet worden. Wir werden in diesem Kapitel vier Antworten erörtern, diejenige der Philosophie der Gemeinsprache (WITTGENSTEIN), diejenige der Philosophie des transzendentalen Sprachspiels (APEL), diejenige der Philosophie der kritischen Rechtfertigung (LORENZ) und diejenige der Metatheorie (CARNAP, QUINE, STEGMÜLLER u. a.).

---

1 KANT, [Reine Vernunft], Einl. VII.
2 KANT, [Urteilskraft], Einl. V.

‹Die Ergebnisse der Philosophie sind die Entdeckung
irgendeines schlichten Unsinns und Beulen, die sich
der Verstand beim Anrennen an die Grenzen der
Sprache geholt hat.›
L. Wittgenstein, [Untersuchungen], § 119

‹Aber die gewöhnliche Sprache ist völlig in Ordnung.›
L. Wittgenstein, [Das blaue Buch], S. 52

1. ‹Alle Philosophie ist ‹Sprachkritik›.› So schrieb Ludwig Wittgenstein
1918 [3], und man kann wohl sagen, daß dies jedenfalls für die einflußreichste
Philosophie unseres Jahrhunderts zutrifft. ‹Sprachkritik› – das bedeutet
einerseits, daß ein kritischer Maßstab gewonnen wird, nach dem Philosophie von bloßem Gerede oder von sinnlosen Formulierungen geschieden
werden kann, und andererseits, daß dieser Maßstab ein sprachlicher sein
soll. Der kritische Maßstab, den Wittgenstein anlegt, fordert, daß es in
philosophischen Erörterungen vor allem um größere Klarheit der Einsicht,
viel weniger um vermeintliche Tiefe gehen solle und daß die Klarheit der
Einsicht sich in der Klarheit des sprachlichen Ausdrucks dieser Einsicht
zeigen müsse.[3a] Wie könnte man meinen oder behaupten, man habe etwas
klar begriffen, wenn man das, was man glaubt oder behauptet begriffen zu
haben, nicht klar sagen kann? Schon in seinem ersten Buch faßt Wittgenstein den Sinn seiner Untersuchung mit den Worten zusammen: ‹Was sich
überhaupt sagen läßt, läßt sich klar sagen; und wovon man nicht reden
kann, darüber muß man schweigen›[3b], und diese Auffassung blieb, wie ich
meine, Grundlage seines Denkens.

Worin aber besteht die Klarheit einer klaren Sprache? Diese Frage be-
antwortete Wittgenstein im Verlauf seines Lebens in zwei grundsätzlich
verschiedenen Weisen. In seinem ersten Buch, dem ‹Tractatus logico-philosophicus›, ging er von folgendem Gedanken aus: Die Sprache gehört nicht zu
den aus den Naturwissenschaften so bekannten Erscheinungen, die wir erst
aufspüren oder entdecken müßten. Sie liegt schon offen vor unsern Augen,
sie ist uns unmittelbar geläufig; sie sollte uns also bekannt und verständlich sein. Merkwürdigerweise kommen wir jedoch in Verlegenheit, sobald
wir sie erklären wollen, die Erklärung bereitet uns Kopfzerbrechen.[3c] *Das*

---

3 Wittgenstein, [Tractatus], § 4.0031.

3a Andere sprachphilosophische Ansätze, z. B. die Heideggers und der hermeneutischen Philosophie im deutschen Sprachbereich, werden von Wittgenstein
oder anderen Sprachphilosophen, die seinen Maßstab teilen, besonders wegen ihrer
‹Unklarheit›, ja ‹Sinnlosigkeit› ihres Ausdrucks gelegentlich heftig kritisiert.

3b Wittgenstein, [Tractatus], Vorwort.

3c Wittgenstein verweist in diesem Zusammenhang (in [Untersuchungen],
§ 89) auf Augustinus (Conf. XI/14): ‹quid est ergo tempus? si nemo ex me
quaerat, scio; si quaerenti explicare velim, nescio.›

scheinen wir, in irgendeinem Sinn, nicht zu verstehen. In dieser Situation ist es nun, ‹als müßten wir diese [sprachlichen] Erscheinungen *durchschauen*: unsere Untersuchung aber richtet sich nicht auf die *Erscheinungen*, sondern, wie man sagen könnte, auf die «*Möglichkeiten*» der Erscheinungen›.[3d] Hier deutet WITTGENSTEIN in fast traditioneller Formulierung an, daß wir in dieser Situation mit einer transzendentalen Frage konfrontiert werden. Charakteristisch ist aber die Wendung, die er dieser Frage in der direkten Fortsetzung der zitierten Stelle gibt: ‹Wir besinnen uns, heißt das, auf die *Art der Aussagen*, die wir über die Erscheinungen machen. ... Unsere Betrachtung ist daher eine grammatische. Und diese Betrachtung bringt Licht in unser Problem, indem sie Mißverständnisse wegräumt. Mißverständnisse, die den Gebrauch von Worten betreffen.› [4]

Bei der Besinnung ‹auf die Art der Aussagen› wurde WITTGENSTEIN, wie viele andere Philosophen vor ihm, von einem Bild verhext, wie er später sagte. Dieser Verhexung liegt folgender Gedanke zugrunde: Wir mißverstehen die Sprache im normalen Sprachgebrauch, weil wir ihr «Wesen», d. h. ihre «Logik» mißverstehen.[4a] Diese «Logik» der Sprache, die WITTGENSTEIN als ein für allemal und für alle Sprachen als gegeben annahm, ist uns verborgen, *sie* gilt es aufzudecken. Nach der Vorstellung seines ersten Buches besteht die «Logik» der Sprache darin, daß sie das eindeutige Korrelat, d. h. das Bild, der Welt ist: ‹Die Begriffe: Satz, Sprache, Denken, Welt, stehen in einer Reihe hintereinander, jeder dem anderen äquivalent.›[4b] Indem man dies erkennt, hat man die «Logik» der Sprache durchschaut. Beim «Durchschauen» der Sprache erscheinen ihm nun die strengen und klaren Regeln des logischen Satzbaus als etwas im Hintergrund – im Medium des Verstehens, d. h. der Sprache – versteckt. Sie gilt es zunächst aufzudekken, und dieser Aufgabe ist sein ‹Tractatus logico-philosophicus› gewidmet.

Je genauer WITTGENSTEIN später aber den Zusammenhang zwischen der aufgedeckten «Logik» der Sprache und den natürlichen Sprachen selbst ins Auge fassen will, desto größer wird ihm der Widerstreit zwischen dem strengen und klaren Ideal der Logik und der Funktionsweise dieser Sprachen. Er glaubt schließlich, die Annahme der «Kristallreinheit» «hinter» der Sprache als Vorurteil zu erkennen und dies nur durch eine radikale Wendung der Betrachtung beseitigen zu können [4c]: Die «Logik» oder das «Wesen» der Sprache ist nicht verborgen, sie sind nichts, was «hinter» der zutage liegenden Sprache existierte, das wir erst zu entdecken hätten, indem wir die Sprache durchschauten. Daß wir das Funktionieren der Sprache nicht verstehen, liegt an nichts dergleichen; es liegt einfach daran, ‹daß wir den Gebrauch unserer Wörter nicht *übersehen*›. [5] Es kommt also nur darauf an,

---

3d WITTGENSTEIN, [Untersuchungen], § 90; Hervorhbg. von WITTGENSTEIN.
4 WITTGENSTEIN, [Untersuchungen], § 90; Hervorhbg. v. WITTGENSTEIN.
4a WITTGENSTEIN, [Tractatus], Einleitung.
4b WITTGENSTEIN, [Untersuchungen], § 96.
4c WITTGENSTEIN, [Untersuchungen], §§ 102–108.

den gewöhnlichen Gebrauch der Alltagssprache übersichtlich zu machen, nicht aber darauf, etwas aufzudecken, was vermeintlich «unter der Oberfläche liegt». Es ist ein Irrtum, die Alltagssprache hintergehen zu wollen – *die Alltagssprache ist unhintergehbar.* Alle Ansätze zur Erklärung, die das Wesen der Sprache «hinter» ihrer Erscheinung suchen, besagen nur scheinbar etwas über die Sache, eigentlich liegt alles bereits in der gewählten Darstellungsform, wird an die Sache herangetragen und ist – im allgemeinen – völlig unangemessen. Statt dessen sollte, nach der späteren Sprachphilosophie WITTGENSTEINS, der Begriff der bloßen, übersichtlichen Darstellung von grundlegender Bedeutung sein und die Darstellungsform bestimmen.[6]

Die Durchführung des sich hieraus ergebenden sprachanalytischen Programms hängt davon ab, wieweit es gelingt, das Funktionieren der Sprache übersichtlich darzustellen, ohne schon in der Darstellungsform eine bestimmte vorgefaßte Sehweise an die Sache heranzutragen. Das Ergebnis der Untersuchung dieses ersten Kapitels meines Buches läßt sich vorwegnehmend dahingehend zusammenfassen, daß dies nicht möglich ist: Jede erhöhte Übersichtlichkeit hängt von einer Sehweise ab. Das einzige Korrektiv ist die Pluralität der Sehweisen (vgl. Abschnitt D). Keine von diesen bietet allerdings eine Garantie für sachliche Adäquatheit, wie WITTGENSTEIN sie im ‹Tractatus› anstrebte. Die Illusion einer vorurteilsfreien Einsicht wird nur durch Verzicht auf strenge Übersichtlichkeit ermöglicht. Ohne Brille sind wir kurzsichtig; es gibt jedoch Brillen verschiedener Art.

Das sprachanalytische Programm WITTGENSTEINS ist von ihm selbst nur in Untersuchungen zu einzelnen isolierten Wörtern und Sprachhandlungen in Angriff genommen worden. Ihm kam es mehr darauf an, die grundlegenden Aspekte des Sprachgebrauchs überhaupt zu klären, insbesondere darauf, das Mißverständnis zu beseitigen, als funktioniere jedes Wort, jeder Satz, ja die ganze Sprache nur vermittels des *Bezuges auf* konkrete oder abstrakte Gegenstände oder Sachverhalte, die man gewöhnlich als *Bedeutungen* annimmt. Er betont, daß diese Vorstellung von Sprache viel zu eng und daher in ihrer Verallgemeinerung falsch sei. Treffender erscheint ihm die Analyse, die den alltäglichen Sprachgebrauch als eine Verknüpfung von *Tätigkeiten* darstellt, und zwar der Tätigkeiten, Wörter und Sätze zu sprechen, und der Tätigkeiten, diesem Sprechen gemäß zu handeln. Er erläutert das mit Hilfe des folgenden Beispiels: ‹Die Sprache soll der Verständigung eines Bauenden A mit einem Gehilfen B dienen. A führt einen Bau auf aus Bausteinen. B hat ihm die Steine zu reichen, und zwar nach der Reihe, wie A sie braucht. Zu dem Zweck bedienen sie sich der Sprache, bestehend aus den Wörtern ‹Würfel›, ‹Säule›, ‹Platte›, ‹Balken›. A ruft sie aus; – B bringt den Stein, den er gelernt hat, auf diesen Ruf zu bringen. →[7]

---

5 WITTGENSTEIN, [Untersuchungen], § 122.
6 WITTGENSTEIN, [Untersuchungen], § 122.
7 WITTGENSTEIN, [Untersuchungen], § 2.

WITTGENSTEIN bezeichnet solche Vorgänge wie die des Benennens von Steinen und des Handelns danach auch als *Sprachspiele*, ja oft nennt er das Ganze der Sprache und der Tätigkeiten und Lebensformen, mit denen sie verwoben ist, ‹das Sprachspiel›.[8]

2. WITTGENSTEINS Sprachkritik ist in erster Linie nicht Kritik der Sprache schlechthin, sondern Kritik der Bildungssprache im allgemeinen und der Philosophensprache im besonderen. ‹Wenn die Philosophen ein Wort gebrauchen – ‹Wissen›, ‹Sein›, ‹Gegenstand›, ‹Ich›, ‹Satz›, ‹Name› – und das Wesen des Dings zu erfassen trachten, muß man sich immer fragen: Wird denn dieses Wort in der Sprache, in der es seine Heimat hat, je tatsächlich so gebraucht? – *Wir* führen die Wörter von ihrer metaphysischen wieder auf ihre alltägliche Verwendung zurück.›[9] Und die gewöhnliche Verwendung ebenso wie die Alltagssprache insgesamt ist in Ordnung so, wie sie ist.[10]

In allen Formulierungen WITTGENSTEINS und der ihm folgenden Sprachphilosophen geht es nicht darum, eine besondere Sprachform oder Sprachverwendung präzise zu umgrenzen. Sie verwenden diese Wörter nur antithetisch gegen gewisse nicht alltägliche Sprachvarianten einer jeden Kultursprache – was gewöhnlicher Sprachgebrauch oder Alltagssprache ist, erscheint ihnen als genügend klar im Gegensatz zum Sprachgebrauch der Philosophen oder der wissenschaftlichen Fach- und Konstruktsprachen. Diese gelten jedenfalls als ungewöhnlich und nicht im Alltag zu gebrauchen.

RYLE hat die Unterscheidung folgendermaßen erläutert[11]: Einerseits steht ‹Alltagssprache› im impliziten oder expliziten Kontrast zu *Sprachformen*, die man als ‹ungewöhnlich›, ‹esoterisch›, ‹fachsprachlich›, ‹poetisch›, ‹begrifflich› oder manchmal sogar als ‹archaisch› charakterisieren würde. Sie selbst ist dagegen ‹gewöhnlich›, ‹geläufig›, ‹vertraut›, ‹natürlich›, ‹prosaisch›, ‹nichtbegrifflich›, ‹die Sprache des Mannes von der Straße›. Andererseits bezieht man sich mit dem Terminus ‹Alltagssprache› oft auch auf einen bestimmten Sprach*gebrauch* von Ausdrücken, nämlich den gewöhnlichen. Hier steht «Alltags-» im Gegensatz zu «nicht-gängig» oder «nicht üblich». Der gewöhnliche gemäßigt hochsprachliche Gebrauch der Gemeinsprache (in linguistisch genauerer Ausdrucksweise) hat nach RYLE insbesondere eine Priorität der Wissenschaftssprache gegenüber: Der Philosoph wird bei seiner Untersuchung der Grundlagen der Wissenschaften deren fachliche Begriffe zu analysieren haben. Er geht dabei so ähnlich vor, wie ein Fachmann des Gebiets, der seinen Studenten die Bedeutung der Begriffe partiell da-

---

8 WITTGENSTEIN, [Untersuchungen], § 7.
9 WITTGENSTEIN, [Untersuchungen], § 116.
10 WITTGENSTEIN, [Untersuchungen], § 98 und [Das blaue Buch], S. 52.
11 RYLE, [Language].

durch erklärt, daß er zu ihnen in «nicht-esoterischen» Worten spricht. Die Fachwörter muß er erklären, aber die Wörter der gewöhnlichen Sprache, die er dabei benutzt, braucht er nicht auch noch zu erklären. Das heißt, die nicht fachsprachlichen Wörter sind in diesem Sinne grundlegend für die fachsprachlichen. Es ist dieselbe Art von Priorität, die Bargeld gegenüber Schecks und Wechseln hat, wie RYLE feststellt.

Der gewöhnliche Gebrauch der Wörter der grundlegenden Gemeinsprache braucht also nicht erklärt zu werden – er ist die unhintergehbare Grundlage jeder Erklärung. Dennoch kommt es WITTGENSTEIN darauf an, die Übersichtlichkeit der Gemeinsprache oder der Alltagssprache zu erhöhen. Der Mangel an Übersichtlichkeit verführe uns nämlich gelegentlich dazu, daß wir gewisse Analogien zwischen den Ausdrucksformen in verschiedenen Gebieten unserer Sprache überdehnen und ihre Unterschiede vernachlässigen und uns so unweigerlich in Mißverständnisse verstricken.[12]

Dies führt uns zur Frage der analytischen Methode: Es kommt darauf an, Übersicht zu gewinnen; wie ist dies möglich, ohne ein Schema, eine Ordnung, von außen an die Sprache heranzutragen? WITTGENSTEINS Rezept ist, statt die Sprache hintergehen zu wollen, solle man gewissermaßen in ihr «herumgehen» oder «das Gehen in ihr üben». Zusammenhänge sollen sichtbar gemacht werden, indem man *eine Ausdrucksform durch eine andere, unter gegebenen Bedingungen äquivalente ersetzt oder mit ihr vergleicht.*[13] Eine systematische Entwicklung dieses Gedankens durch andere Sprachphilosophen führt dazu, auch andere Beziehungen zwischen Ausdrucksformen in Betracht zu ziehen. Eine weitergehende Analyse eines Satzes erfaßt zum Beispiel außerdem, was von dem Gebrauch des Satzes in gegebenen Umständen impliziert wird, was ihn impliziert, was mit ihm vereinbar ist und was unvereinbar.

Darüber hinaus kann man versuchen anzugeben, was der Sprecher mit einem Satz normalerweise *voraussetzt.* Außerdem kann man für Wörter *lexikographische Beziehungen* formulieren, solche der Über- und Unterordnung, des kontradiktorischen und polaren Gegensatzes und der Inkompatibilität, wobei die begriffliche Fixierung der gerade genannten Termini zunächst beiseite gelassen wird[14] und durch die Vorgabe klarer Fälle von lexikographischen Beziehungen genügend genau angedeutet werden kann. Schließlich kann man die Sprache selbst danach befragen, welche Übersicht über sprachliche Zusammenhänge sie etwa in ihren *Wörtern für Sprachliches* bietet: Man kann versuchen, die Wörter für Sprachliches, insbeson-

---

12 WITTGENSTEIN, [Untersuchungen], § 90.

13 WITTGENSTEIN, [Untersuchungen], § 90; die Methode wird in ähnlicher Weise von CHOMSKY angewandt – mit der gleichen Absicht, kein Schema an die Sprache von außen heranzutragen. Die Leistungsfähigkeit dieser Methode wird unten im einzelnen diskutiert werden, vgl. II.C.2, S. 106.

14 Vgl. dazu aber IV.D.4, S. 258 ff.

dere für Sprechhandlungen, geordnet zusammenzustellen. WITTGENSTEIN gibt in [Untersuchungen], § 23 eine kleine Aufzählung, während AUSTIN in [Words], Lecture XII eine umfangreiche klassifizierte Liste bestimmter Wörter vorlegt.

Der Versuch, allein durch solche Listen für eine Auswahl von Wörtern oder Sätzen eine Übersicht zu gewinnen, ist zwar anregend, aber letztlich doch noch unbefriedigend. Je erschöpfender die Listen anscheinend werden, desto verwirrender wird auch ihre Ordnung. Auf diese Weise, durch bloße Listen, eine erhöhte Übersicht zu gewinnen, erscheint mehr als fraglich. Die Forderung, die Anordnung sprachlicher Fakten systematischer zu gestalten, Prinzipien für die Ordnung zu finden, scheint unabwendbar, ein Zusammenwirken mit der Sprachwissenschaft und Linguistik unumgänglich. Das bedeutet aber gleichzeitig anscheinend: Der Versuch einer transzendentalen Grundlegung jeder Wissenschaft, auch der Sprachwissenschaft, muß offenbar aufgegeben werden. Wir werden im nächsten Kapitel zu zeigen versuchen, daß dies für das Programm der Philosophie der Alltagssprache tatsächlich zutrifft.

3. Wir kommen auf die Frage zurück, ob das sprachanalytische Programm, das WITTGENSTEIN skizzierte und andere in seiner Nachfolge in Angriff nahmen, durchführbar ist. Ist es möglich, nur *Übersicht* über die Sprachen und ihre Funktionsweisen zu gewinnen, ohne schon bei der Ordnung der Daten ein bestimmtes Prinzip der Analyse an die Sprache heranzutragen oder in Rechnung zu stellen? Wäre dies notwendigerweise der Fall, so würde durch die Forderung erhöhter Übersichtlichkeit die *transzendentale Zielsetzung* des WITTGENSTEINschen Programms infragegestellt; transzendental müßte die Analyse nämlich unabhängig von aller Wissenschaft, also auch unabhängig von der *sprachwissenschaftlichen* Analyse, wenigstens im Prinzip, ausführbar sein.

Die aufgeworfene Frage werden wir nun kritisch an eine der neueren Formen der Sprachanalyse im Sinne der Philosophie der Alltagssprache richten, nämlich an die Philosophie vom Sprechakt von SEARLE. SEARLE untersucht nicht primär einzelne Wörter, um die mit ihnen verbundenen Mißverständnisse zu beseitigen; er ist ebenso wie AUSTIN an einer systematischen Analyse von Sprechakten überhaupt interessiert, Sprechakten, die, wie er annimmt, in allen Sprachen generell ausgeführt werden könnten. So meint er, daß man in allen Sprachen wahre Aussagen machen, Feststellungen treffen und Versprechen geben kann. Er versucht zu klären, unter welchen Bedingungen eine sprachliche Gegebenheit eine Feststellung ist oder ein Versprechen oder eine Behauptung.

Ich werde hier nicht auf die Einzelheiten der Darstellung SEARLES eingehen, sondern nur darauf, *wie* SEARLE die sprachanalytische Klärung unternimmt. In seiner Methode muß sich nämlich zeigen, ob sie nur zu einer «vorurteilsfreien» Darstellung zur Erhöhung der Übersichtlichkeit führt oder ob sie doch abhängig ist von Vorentscheidungen, und zwar in ähnlicher Weise wie jeder andere der von den Philosophen der Alltagssprache diskreditierten Ansätze.

SEARLE charakterisiert die Sprache und die Sprechakte selbstverständlich mit Hilfe sprachlicher Bemerkungen über die Sprache. Er unterscheidet zwei Arten derartiger Bemerkungen: Charakterisierungen linguistischer Elemente (z. B. von Wörtern) und linguistische Erklärungen.[15] Es zeigt sich, daß sowohl die Charakterisierungen als auch die linguistischen Erklärungen durchaus in engem Zusammenhang mit sprachwissenschaftlicher Analyse unternommen werden; die transzendentale Problematik wird kaum gesehen. Dagegen diskutiert SEARLE die hiermit zusammenhängende Frage [16]: Aus welchem Grund gibt der Sprachphilosoph die Charakterisierungen, die er gibt, und nicht völlig andere? Die Antwort SEARLES ist durchaus im Sinne der Tradition der Philosophen der Alltagssprache [17]: Eine Sprache zu sprechen bedeutet, in eine sehr komplexe *regel*-bestimmte Form des Verhaltens einzutreten. Eine Sprache zu lernen und zu beherrschen bedeutet u. a., *diese Regeln* zu lernen und zu beherrschen. SEARLE behauptet nun, daß er mit seinen linguistischen Charakterisierungen zunächst und direkt nur seine eigene Beherrschung einer solchen regel-bestimmten Fähigkeit beschreibt. Soweit er die linguistischen Charakterisierungen in derselben Sprache gibt, der die charakterisierten Sprachelemente angehören, sind sie nach diesen Regeln gebildet und daher *zugleich Manifestationen* dieser Fähigkeit. Die Rechtfertigung für das, was durch seine linguistischen Charakterisierungen ausgedrückt werde, liege einfach darin, schreibt SEARLE, daß er einen bestimmten Dialekt des Englischen muttersprachlich gelernt habe (also ‹native speaker› sei) und infolgedessen die Regeln dieses Dialekts beherrsche. Diese Beherrschung des Dialekts werde *sowohl* partiell *beschrieben als auch manifestiert* in seinen linguistischen Charakterisierungen von Elementen dieses Dialekts.

Wenn er bei der Charakterisierung seines Dialekts feststelle: «Women are female› is analytic› und jemand frage, woher er dies wisse oder wie er diese Behauptung begründen könne, so könne er zunächst mit einer anderen linguistischen Charakterisierung antworten, etwa mit «women› means adult human female› oder, wenn der Fragende weiter in dieser Weise insistiere, schließlich sagen ‹I speak English›. Es ist noch immer wie bei WITTGENSTEIN: ‹Wenn ich über die Sprache rede, muß ich die Sprache des Alltags reden.›[17a] *Diese* habe ich gelernt, und *sie* beherrsche ich.

Aber nicht nur sei man auf die Sprache verwiesen, wenn man lingui-

15 SEARLE, [Speech Acts], S. 4/5, 12, 15.

16 die insbesondere von MATES, [Verification], gestellt und kritisch gegen die Ansätze der ‹ordinary language Philosophy› gewendet wurde.

17 SEARLE, [Speech Acts], S. 12.

17a WITTGENSTEIN, [Untersuchungen], § 120.

stische Charakterisierungen rechtfertigen wolle; es sei auch umgekehrt so, daß es nichts zu charakterisieren gebe, wofür man keine sprachlichen Ausdrücke habe. SEARLE bezieht sich hier auf das Prinzip der Ausdrückbarkeit: Was immer bedeutet werden kann, kann auch gesagt werden. So gibt es insbesondere für jeden möglichen Sprechakt ein mögliches Sprachelement, dessen Bedeutung, in einem gegebenen Kontext geäußert, ausreicht zu bestimmen, daß der buchstäbliche (normale) Gebrauch des Sprachelements eine Ausführung eben dieses Sprechakts ist. Um also die Sprechakte des Versprechens oder Entschuldigens zu studieren, brauchen wir nur, nach SEARLE, die Sätze zu studieren, deren normale (buchstäbliche) Äußerung ein Versprechen-Geben oder ein Entschuldigung-Anbringen darstellt.[17b]

4. Die Behauptung SEARLES, seine Darlegungen seien zugleich ausreichende Manifestationen und Beschreibungen des gewöhnlichen (englischen) Sprachgebrauchs, hält einer genaueren Analyse nicht stand: Zunächst sind die in SEARLES Buch gegebenen linguistischen Charakterisierungen selbst normalerweise Feststellungen und keine Sprechakte anderer Art wie Versprechungen, Warnungen, Fragen etc. Die Behauptungen, daß die linguistischen Charakterisierungen das manifestierten, was sie beschreiben, sind also für alle Sprechakte, die keine Feststellungen sind, völlig irrelevant. Allerdings ist es richtig, daß das Buch als Ganzes natürlich auch Versprechungen (z. B. auf ein gewisses Thema später zurückzukommen), Warnungen (gewisse Schwierigkeiten nicht zu unterschätzen) und Fragen (rhetorische und andere) enthält und in dieser Weise SEARLES Beherrschung von Regeln manifestiert wird.

Wichtiger ist aber folgendes: Das Buch ist keineswegs in SEARLES Gemeinsprache verfaßt, sondern in SEARLEscher Fachsprache, die er für angemessen hält, mit seinen philosophischen und linguistischen Kollegen zu kommunizieren. Diese Fachsprache ist gewiß nur eine Abwandlung der SEARLEschen Gemeinsprache, aber doch so, daß wesentliche Teile nicht so von SEARLE gelernt wurden, wie er seinen Muttersprachdialekt lernte, sondern so, wie man Fachsprachen als Abwandlungen von Muttersprachen lernt. Die für diese Sprachvariante entscheidenden Sprachmittel wurden in ganz bestimmter Weise eingeführt. Dieser Art der Einführung neuer Sprachmittel oder eines neuen Gebrauchs von Sprachmitteln bedient sich SEARLE auch ausgiebig im zweiten Kapitel. In der Tat dienen die einzelnen Abschnitte dieses Kapitels zu nichts anderem als zur Einführung eines bestimmten Sprachgebrauchs, den SEARLE für nützlich hält zur Aufstellung linguistischer Charakterisierungen. So werden insbesondere Präzisierungen und Abänderungen des Gebrauchs von Wörtern, wie ‹expression›, ‹predication›, ‹reference›, ‹proposition›, ‹rule› und ‹meaning› vorgeschlagen, und die Wörter werden in den folgenden Kapiteln in dem eingeführten Sinn ver-

17b SEARLE, [Speech Acts], S. 20.

wendet. Träfe nun das, was SEARLE über die Rechtfertigung von linguistischen Aussagen zu sagen hat, zu, so müßte man sich fragen, warum überhaupt solche Abwandlungen und Neueinführungen erforderlich sind. (Ich nehme an, daß SEARLE diesen Gebrauch in seinen Fachdialekt auch erst irgendwann eingeführt hat; muttersprachlich gelernt (als ‹native speaker›) hat er ihn sicher nicht. Er beherrscht sie also gerade nicht als ‹native speaker›). Aus irgendwelchen Gründen scheinen die ohne weiteres verfügbaren sprachlichen Elemente und Regularitäten doch nicht so befriedigend für die Formulierung linguistischer Charakterisierungen zu sein, wie SEARLE dies hinstellt. Das Prinzip der Ausdrückbarkeit scheint doch wesentlichen Beeinträchtigungen unterworfen zu sein.

Nun weist SEARLE schon in seiner Diskussion des Prinzips der Ausdrückbarkeit darauf hin, daß es oft vorkommen kann, daß man nicht sagen kann, was man meint. Immer sei es dann aber möglich, daß entweder die Sprache selbst noch Ausdrucksmittel habe, die man nur selbst oder im Augenblick nicht zur Verfügung habe, oder aber es sei wenigstens im Prinzip möglich, die Sprache anzureichern, indem man neue Termini oder Ausdrucksmittel in sie einführe. Die Grenzen der Ausdrucksmöglichkeiten der Sprache seien kontingent (S. 20).

Das ist zweifellos richtig. Aber hier wird der entscheidende Punkt, auf den es ankommt, verwischt: Die Grenze zwischen dem fraglosen Gebrauch und der Einführung eines neuen Gebrauchs. Dabei ist es ganz offenbar so, daß die Einführung neuen Sprachgebrauchs für philosophische oder wissenschaftliche Zwecke die Sprachvariante entscheidend (im Hinblick auf diese Zwecke entscheidend) bestimmt. Hier kann man sich nicht mehr auf die fraglose Gegebenheit der muttersprachlich erlernten Gemeinsprache (bzw. des entsprechenden Dialekts) berufen. Die Einführung der neuen Sprachmittel bzw. neuen Sprachgebrauchs muß gesondert gerechtfertigt werden. Deren Rechtfertigung ist ein Problem anderer Ordnung als die spezielle Rechtfertigung einer einzelnen linguistischen Charakterisierung, die mit Hilfe solcher Sprachmittel oder der besonders bestimmten Gebrauchsweisen gemacht wird. Wir haben also die drei Probleme:

a) Wie rechtfertigt man ein allgemeines Verfahren zur Einführung und Veränderung von Ausdrücken und Gebrauchsweisen?

b) Wie rechtfertigt man eine spezielle Einführung oder Veränderung eines Ausdrucks und einer Gebrauchsweise?

c) Wie rechtfertigt man eine bestimmte linguistische Charakterisierung?

SEARLE diskutiert im Grunde nur das letzte Problem (wie viele Philosophen der Alltagssprache). Die ersten beiden Fragen sind aber ebenfalls von grundlegender Bedeutung. Die besondere Rolle der Einführung sprachlicher Ausdrucksmittel für die Diskussion der transzendentalen Frage hat besonders LORENZ herausgestellt. Wir werden auf seine Behandlung im dritten Abschnitt dieses Kapitels (‹Das transzendentale Sprachlehren und -lernen›) eingehen.

Zunächst soll aber noch eine Frage diskutiert werden, die zum nächsten Abschnitt überleitet: Wird von SEARLE und den anderen Philosophen der Alltagssprache die Sprachphilosophie in eine bloß linguistische Unternehmung aufgelöst? Ist diese Sprachphilosophie bloß vor-theoretisch im Sinne von «die Theorie vorbereitend» und nicht im transzendentalen Sinn? Ist die transzendentale Fragestellung verschwunden? An einer Stelle von SEARLES Buch könnte es scheinen, als wolle SEARLE Schritte in Richtung einer transzendentalen Begründung unternehmen: Es ist der für das Buch recht bedeutsame Abschnitt über Regeln, den HABERMAS später in einer Weise deutet, die im Einklang mit dem im nächsten Abschnitt zu besprechenden transzendentalen Programm APELS steht.

SEARLE schreibt (S. 38), die Hypothese seines Buches sei, daß eine Sprache sprechen darin bestehe, Sprechhandlungen nach einem System konstitutiver Regeln auszuführen. Konstitutive Regeln sind solche, die eine bestimmte Handlungsweise erst bestimmen. Eine Handlung kann als Handlung einer bestimmten Art erst dann gelten, wenn Regeln dieser Art vorliegen. Systeme solcher Regeln trifft man bei gewissen konventionellen Verhaltensstrukturen, z. B. typischerweise bei Spielen, an: Ohne Bezug auf die Regeln des Schachs würden zwei Spieler nichts anderes tun als irgendwie geformte Figuren aus irgendwelchem Material auf gemusterten Brettern abwechselnd hin und her schieben. Es gibt auch andere Typen von Regeln. So gibt es nach SEARLE weiterhin die regulativen Regeln. Hier handelt es sich um Regeln, die bereits vorher existierende Formen des Verhaltens, insbesondere durch nicht primär sprachliche Bedingungen konstituierte, bloß in charakteristischer Weise einschränken, d. h. regulieren.

In vielen Fällen sind die konstitutiven Regeln so faßbar, daß sie eine Anzahl sehr verschiedener Manifestationsformen zulassen. Die Regeln des Schachs legen z. B. die Form der Figuren oder des Schachbretts keineswegs eindeutig fest, ja das Schachspiel kann sogar im Speicher eines Computers in einem Zahlenkode mit Magnetisierungen der Speicherplätze als Manifestationen programmiert werden. Die verschiedenen Manifestationsformen gehören zum gleichen System konstitutiver Regeln. SEARLE behauptet nun (S. 39), daß verschiedene menschliche Sprachen in dem Grade, in dem sie ineinander übersetzt werden können, als verschiedene konventionelle Realisierungen *derselben* zugrundeliegenden Regeln angesehen werden. Ein Versprechen könne man in völlig entsprechender Weise in verschiedenen Sprachen durch die Äußerung verschiedener, aber sich entsprechender Wendungen machen: Der entscheidende Faktor, nämlich, daß man durch die ehrlich gemeinte Äußerung einer solchen Wendung (wie ‹je te promets, que . . .› oder ‹I promise you, that . . .› oder ‹Ich verspreche dir (Ihnen), daß . . .›) eine im Versprechen ausgedrückte Verpflichtung übernommen hat, ergibt sich aus der allgemeinen Regel für den Sprechakt des Versprechens. SEARLE erklärt (S. 41), daß er als Philosoph nicht an den speziellen einzelsprachlichen Konventionen interessiert sei, sondern an den Regeln, die die Konventionen nur manifestieren oder realisieren. Gerade hierin unterscheide er sich vom Linguisten, der vor allem die einzelsprachlichen Konventionen zu klären habe. Es geht ihm also um *universale pragmatische Bedingungen*, auf die die Erklärungen in Einzelsprachen zu beziehen wären.

Verläßt SEARLE hiermit den Boden empirischer Untersuchungen? Sind diese universellen pragmatischen Bedingungen etwa transzendentale Bedingungen, sind sie Vorschläge zur Klärung und Explikation des Begriffs Sprache als regelbestimmtes Verhalten, oder wird hier bloß eine empirisch zu begründende linguistische Theorie mit besonders allgemeinem Anspruch aufgestellt? Die Entscheidung dieser Frage fällt anhand des Textes allein schwer. HABERMAS geht über die Beschreibungen von SEARLE entschieden hinaus und deutet sie in einer Weise, die mit dem transzendentalen Ansatz APELS, den wir im nächsten Abschnitt besprechen, kompatibel ist. HABERMAS versucht nachzuweisen, daß das System universalpragmatischer Regeln wesentlich ein Bezugssystem idealer Kommunikation enthält, d. h. die Charakterisierung einer idealen Sprechsituation. Die ideale Sprechsituation soll die ‹strukturellen Merkmale einer Situation möglicher Rede› bestimmen. Zu diesen gehört ‹die symmetrische Verteilung der Chancen, Dialogrollen wahrzunehmen und Sprechakte auszuführen›.[18] Auf die Einzelheiten soll hier nicht eingegangen werden; wesentlich ist, daß nach HABERMAS' Deutung die SEARLEsche Analyse entfaltet werden kann zu einem Programm der transzendentalen Begründung von Sprach- und Lebensformen in der Hinordnung auf ideale konstitutive Regelsysteme.

B. DAS TRANSZENDENTALE SPRACHSPIEL

> ‹Und darum kann man nicht einer Regel privatim folgen . . .
> Die gemeinsame menschliche Handlungsweise ist das Bezugssystem . . .›
> L. WITTGENSTEIN, [Untersuchungen], §§ 202, 206

1. Wodurch sind philosophische und wissenschaftliche Fragen eigentlich begründet? Kann man die gültigen und möglichen Aussagen und die in ihnen ausgedrückten Erkenntnisse charakterisieren noch vor der Entwicklung einer bestimmten Philosophie oder Wissenschaft? Dies sind die Fragen, die das transzendentale Problem kennzeichnen.

Die Philosophen der natürlichen Sprache glaubten in der fraglos funktionierenden natürlichen Sprache den transzendentalen Grund benannt zu haben. Die genaue Charakterisierung der philosophisch und wissenschaftlich möglichen und gültigen Aussagen erfordert jedoch eine Klärung des Funktionierens der natürlichen Sprache. Eine befriedigende systematische

---

18 Vgl. HABERMAS, [Kompetenz].

Klärung schien, wie wir im vorigen Abschnitt diskutierten, nicht möglich zu sein, ohne zugleich sprachwissenschaftliche Analyse zu betreiben, wenigstens soweit allgemeine Bedingungen des Funktionierens der Sprache zu klären sind. Die transzendentale Frage ist anscheinend im radikalen Sinn unlösbar, denn indem man nun selbst sprachwissenschaftliche Analyse zur Klärung der Grundlagen der Philosophie betreibt, klärt man diese Grundlagen eben nicht *vor* der Entwicklung einer Wissenschaft. Muß man also den Schluß ziehen, daß die transzendentale Frage nicht mehr gestellt werden oder zumindest zurückgestellt werden sollte?

Nach K. O. APEL muß dieser Schluß nicht gezogen werden: Eine transzendentale Reflexion könne zeigen, daß jedes realisierte Sprachspiel ein transzendentales Sprachspiel, das transzendentale Sprachspiel der unbegrenzten Kommunikationsgemeinschaft voraussetze. Dieses transzendentale Sprachspiel sei die Bedingung der Möglichkeit und Gültigkeit von Sprachspielen und Lebensformen im allgemeinen und von wissenschaftlichen und philosophischen Aktivitäten im besonderen. APELS Position soll nun in den wesentlichsten Punkten erläutert werden.

2. APEL geht von der Grundposition der Spätphilosophie WITTGENSTEINS aus: Unbegrenzt viele, verschiedene Sprachspiele bzw. Lebensformen werden von WITTGENSTEIN ‹als «gegebene» (Ur-)Tatsachen und zugleich die letzten quasi-transzendentalen Regel-Horizonte des Sinnverstehens› vorgestellt.[19]

Das Wort quasi-transzendental bedeutet hier, daß sie einerseits jeder besonderen, wissenschaftlichen oder philosophischen Ausprägung vorausgehen, daß sie aber andererseits, nach APEL, noch keinen eigentlich transzendentalen Charakter haben. Dies zeige sich insbesondere, wenn man die beiden Mißverständnisse analysiere, die mit der angedeuteten Auffassung noch verbunden seien. Das eine Mißverständnis bestehe darin, die Regel-Horizonte einfach als empirische Objekte zu verstehen und ihre Klärung von einer empirische Fakten erklärenden wissenschaftlichen Analyse allein zu erwarten. Nach APEL kann eine solche Analyse nur adäquat sein, wenn die Wissenschaftler die Daten in hermeneutischer Weise und nicht ausschließlich deskriptiv konstituieren und wenn andererseits in transzendentaler Reflexion klar wird, daß die wissenschaftstheoretische Grundlage einer solchen Analyse das (später zu charakterisierende) transzendentale Sprachspiel ist.

Das andere Mißverständnis bestehe darin, daß man die Sprachspiele nur als ‹subjektive Bedingungen der Möglichkeit der Weltbeschreibung›[20] verstehe und die ‹Verwobenheit› des Sprachgebrauchs mit Handlungen und Ausdrucksphänomenen und damit deren mögliche praktische, speziell ideo-

---

19 Vgl. APEL, [Komm. Gem.], S. 33.
20 APEL, [Komm. Gem.], S. 27.

logiekritische Konsequenzen außer acht lasse. In diesem Punkt kritisiert Apel vor allem den Philosophen Winch. Wir werden darauf erst weiter unten eingehen können.

Die Klärung des ersten Mißverständnisses betrifft unmittelbar die *Art der Sprachanalyse* und ist daher in diesem Buch von besonderem Interesse. Apel ist der Meinung, daß man in einer angemessenen Analyse von Sprachspielen notwendigerweise die Tatsache in Rechnung stellen muß, daß die untersuchten Objekte (die Sprecher und Hörer) nicht nur als Objekte der Beschreibung und Erklärung auftreten, sondern auch als Ko-Subjekte der beschreibenden Wissenschaftler. Dies sei so, weil man die Objekte hinsichtlich ihrer Sinnintention untersuchen müsse und man sich diese nur aufgrund des Verständnisses verfügbar machen könne, daß das beschriebene Objekt ein mir entsprechendes Subjekt sei.

Diese Situation stelle sich speziell in der Linguistik in voller Schärfe: ‹Wie kann ein Linguist wissen, daß ein sog. ‹native speaker› tatsächlich *spricht* und daß er dabei *bestimmte Regeln befolgt*? Die Antwort auf derartige Fragen kann nur durch eine – wie immer indirekte – Sprachspiel-Kommunikation mit dem Objekt – und d. h. eben durch eine Methode des Verstehens gewonnen werden. Die in den Sozialwissenschaften anzuwendenden Begriffe müssen demnach prinzipiell von den Objekten qua virtuellen Subjekten der Wissenschaft zum Selbstverständnis gebraucht werden können. Hierin liegt m. E. der Grundansatz einer modernen Begründung der ‹Hermeneutik› bzw. der ‹Subjekt-Objekt-Dialektik›.› [21]

Apel meint also, daß der Sprachphilosoph und der Linguist schon ihre Daten angemessen nur ‹aus einer zugleich kommunikativen und selbstreflektiven, und d. h. eben: hermeneutischen Einstellung heraus› [22] konstituieren können. Er betont, daß er hier die methodologische Schwierigkeit der ‹Ordinary language philosophy› wie aber auch des linguistischen Ansatzes nach Chomsky sieht. Auf das eigene kommunikative Verhältnis zu den beschriebenen Sprachspielen und Lebensformen werde nicht reflektiert. Sie würden zugleich als quasi-transzendentale Horizonte alles sinnvollen Handelns und Redens *und* als innerweltlich vorfindbare harte Fakten genommen.[23]

Obgleich Apel entschieden die Rolle der hermeneutischen Reflexion bei der Datenkonstitution voraussetzt, gibt er zu, daß die *Rechtfertigung der Geltung* humanwissenschaftlicher Sätze nicht ohne die Annahme einer Subjekt-Objekt-Trennung möglich sei.[24]

---

21 Apel, [Chomsky].
22 Apel, [Ethik].
23 Vgl. Apel, [Ethik].
24 Vgl. Apel, [Ethik].

In bezug auf diese könne man zwar erklärende Theorien als deduktive Aussagensysteme aufstellen und deren Geltung im Rahmen einer logisch-empiristischen oder – nach APEL besser: – einer POPPERschen Wissenschaftstheorie klären. Die Annahme eines solchen wissenschaftstheoretischen Programms könne aber selbst nicht innerhalb desselben Rahmens philosophisch begründet werden; was im allgemeinen von den Vertretern dieser Wissenschaftstheorien ausdrücklich gezeigt wird. Dies bedeute jedoch keineswegs, daß auf eine Begründung verzichtet werden müsse. Die Begründung könne von der transzendentalen Reflexion oder Besinnung geliefert werden. Das Prinzip der rationalen Kritik, von dem POPPER ausgehe, werde ja durch die Tatsache selbst, daß jemand in eine Argumentation innerhalb dieses Rahmens eintrete, implizit anerkannt; niemand könne überhaupt kommunizieren, der nicht wenigstens diese Voraussetzung mache. Dieses Resultat ergebe sich nun aber *nicht als deduzierbarer Satz* einer Theorie, sondern als *Einsicht* im Sinne transzendentaler Reflexion, die eine immer schon gemachte Voraussetzung *bewußtmacht*.

Für Sprachphilosophie und Linguistik liefere also die transzendentale Reflexion einen doppelten Beitrag: Sie zeige, daß die Daten nur durch Teilnahme an Sprachspielen selbst hermeneutisch konstituiert werden können und daß die Fixierung der Analyseresultate mit Darstellungstechniken, deren Zuverlässigkeit eine Wissenschaftstheorie klärt, letztlich auch nur begründet sei, wenn diese Wissenschaftstheorie sich durch ein Grundpostulat rechtfertige, dessen Begründung als Einsicht einer transzendentalen Reflexion gewonnen werden könne.[25]

Die bisherige Argumentation ging im wesentlichen von der Rolle des ‹Sinn-Verstehens› aus. Wichtig ist nach APEL auch ein adäquates Verständnis der *Regelhaftigkeit der Horizonte des Sinn-Verstehens*. Apel bezieht sich immer wieder auf einen Satz WITTGENSTEINS, daß nicht ‹einer allein und nur einmal› einer Regel folgen könne. In der Befolgung von Regeln zeige sich die Existenz einer transzendentalen Pragmatik intersubjektiver Kommunikation. Dies nicht zu erkennen oder nicht klar auszudrücken, wirft APEL der modernen Wissenschaftstheorie und der Linguistik CHOMSKYscher Prägung vor. Es sei inadäquat, den Prozeß des Erwerbs der grammatischen Kompetenz als isolierten Prozeß eines Individuums darzustellen, bei dem der in äußeren Einflüssen wirksam werdende Sozialisierungsprozeß nur eine sekundäre Kontrollfunktion habe. Diese Vorstellung führe insbesondere zur Annahme, die grammatische Kompetenz in einer Sprache könne unabhängig von der kommunikativen Kompetenz für die dem Kontext angemessene Verwendung der grammatischen Formen erworben werden. Eine angemessene Berücksichtigung des sozialen Charakters der Regelbefolgung führe jedoch zu einer Vorstellung von Sprach-

---

25 Man vergleiche zum vorstehenden: APEL, [Ethik], § 2.3.3.

erwerb, bei dem die rein grammatische Kompetenz nur *zusammen und in Wechselwirkung* mit dem Erwerb der kommunikativen Kompetenz gelingt.[26]

3. Die von WITTGENSTEIN als gegebene Tatsachen präsentierten Sprachspiele sind, wie sich für APEL zeigt, nicht wirklich transzendentale Horizonte des Sinnverstehens. Die transzendentale Grundlage des Sprachverstehens sei das *transzendentale Sprachspiel der unbegrenzten Kommunikationsgemeinschaft.* Jeder, der ein Sprachspiel spielt, setzt damit, nach APEL, zweierlei voraus, dessen man sich in transzendentaler Reflexion versichern könne: ‹Erstens eine *reale Kommunikationsgemeinschaft,* deren Mitglied er selbst durch einen Sozialisationsprozeß geworden ist, und zweitens eine *ideale Kommunikationsgemeinschaft,* die prinzipiell imstande sein würde, den Sinn seiner Argumente [seines Sprachspiels] adäquat zu verstehen und ihre Wahrheit definitiv zu beurteilen. Das Merkwürdige und Dialektische der Situation liegt aber darin, daß er gewissermaßen die ideale Gemeinschaft *in* der realen, nämlich als reale Möglichkeit voraussetzt, obgleich er weiß, daß (in den meisten Fällen) die reale Gemeinschaft einschließlich seiner selbst weit davon entfernt ist, der realen Kommunikationsgemeinschaft zu gleichen.› [27]

Die ideale Kommunikationsgemeinschaft hat wesentlich die Eigenschaft, daß in ihr systematische Verzerrungen der Kommunikation ausgeschlossen sind und daß alle möglichen Beteiligten die gleiche Chance haben, Sprechakte zu wählen und auszuüben. Als Gegenbild der idealen Sprechsituation gilt die hierarchische Kommunikation, in der gewisse Partner den anderen, z. B. die Vorgesetzten den Untergebenen, Befehle geben können und beliebige Informationen von ihnen verlangen können, während die anderen, die Untergebenen, nur zu gehorchen haben. Der idealen Sprechsituation sehr nahekommen dürften dagegen Kommunikationen zwischen Wissenschaftlern eines Fachs (und einer Schulrichtung, falls es solche in der betreffenden Wissenschaft gibt). APEL betont, daß die vorausgesetzte ideale Kommunikationsgemeinschaft prinzipiell unbegrenzt sein müsse. Nur unter dieser Voraussetzung sei es möglich, daß die philosophisch-transzendentale Besinnung schon jetzt prinzipiell an allen Sprachspielen teilhaben kann, um sie zu vergleichen und zu kennzeichnen, und daß andererseits die gewonnenen Einsichten prinzipiell auch den analysierten Partnern vermittelt werden können.

Wegen der prinzipiellen Verwobenheit von Sprachspielen und Lebensformen hat die Einsicht von der transzendentalen unbegrenzten Kommunikationsgemeinschaft aber weitere Konsequenzen, die bis in die Ethik reichen.[28] Zu den grundlegenden Aspekten der idealen Kommunikationsge-

---

26 Vgl. APEL, [Chomsky].
27 APEL, [Ethik].
28 APEL führt dies in dem schon mehrfach zitierten Aufsatz [Ethik] aus.

meinschaft gehöre die wechselseitige Anerkennung aller Mitglieder als gleichberechtigter Diskussionspartner. Sie werde z. B. in jeder Argumentation (idealiter) bereits vorausgesetzt.[29]

APEL betont darüber hinaus immer wieder (wie auch HABERMAS), daß das transzendentale Sprachspiel der unbegrenzten Kommunikationsgemeinschaft (oder die Struktur der idealen Sprechsituation, wie HABERMAS es nennt) nicht nur eine Idealisierung in einem deskriptiven Erklärungszusammenhang ist, sondern auch als normatives ideales Prinzip zu verstehen sei: Es sei sowohl regulatives Prinzip des Handelns im Sinne KANTS als auch konstitutive Bedingung möglicher Rede: Die transzendentale Kommunikationsgemeinschaft werde in jedem Kommunikationsakt bereits vorausgesetzt bzw. unterstellt und sei zugleich eine Art Gewissen dieser Kommunikationsakte. Wie im obigen Zitat bereits zum Ausdruck kam, sei die Differenz zwischen der realen und der idealen Kommunikationsgemeinschaft stets prinzipiell gegenwärtig. Es komme darauf an, sie auch bewußtzumachen. Wie dem aber auch sei, ‹der Argumentation [und jedem tatsächlichen Sprachspiel] bleibt, aufgrund ihrer [seiner] transzendentalen Struktur, keine andere Wahl, als dieser verzweifelten und hoffnungsvollen Situation ins Auge zu sehen›.[30]

Im transzendentalen Sprachspiel der unbegrenzten Kommunikationsgemeinschaft drücke sich also letztlich auch eine Humanität des Umgangs unter den Menschen, d. h. ein ideales Menschenbild, aus.

Auf der Grundlage aller Überlegungen kommt Apel auch zu einer Neubewertung der These von der Unhintergehbarkeit der Alltagssprache: ‹Die Verständigung in der Umgangssprache ist nur insofern *nichthintergehbar*, als in ihr – und nur in ihr – das *normative Ideal* der Verständigung realisiert werden kann und deshalb auch immer schon antizipiert werden muß›.[31]

4. APEL versucht (ähnlich wie HABERMAS) seine Gedankengänge mit denen der linguistischen Sprachforschung und der Theorie der Sprechakte in Verbindung zu bringen. Dies geschieht allzuoft in leider ziemlich wirrer und verwirrender Weise,[32] auf der anderen Seite werden auch innerhalb der Linguistik neuerdings Untersuchungen vor allem von WUNDERLICH über entsprechende Zusammenhänge angestellt.[33]

WUNDERLICH treibt zwar keine transzendentale Analyse, sondern versucht primär empirische Fakten zu beschreiben und zu erklären. Seine Arbeiten heben aber zwei Aspekte der sprachlichen Kommunikation immer

29 APEL, [Ethik].
30 APEL, [Ethik].
31 APEL, [Ethik].
32 Vgl. APEL, [Ethik], HABERMAS, [Kompetenz].
33 Vgl. u. a. WUNDERLICH, [Konventionalität], S. 20 ff und [Pragmatik], S. 11/12.

wieder hervor, die APEL und HABERMAS vermutlich unmittelbar als Grundlage einer transzendentalen oder idealen Analyse ansehen würden: WUNDERLICH behauptet einmal, daß jeder Sprecher mit jeder seiner Äußerungen, im Rahmen der kommunikativ geltenden Konventionen, zugleich auch *Verpflichtungen eingeht* und daß jeder Hörer die vom Sprecher in der Äußerung gemachten Voraussetzungen *akzeptiert*, sofern er nicht ausdrücklich gegen sie Einspruch erhebt. Die vom Sprecher eingegangene Verpflichtung ist bei einem gegebenen Versprechen evident: Der Sprecher muß die versprochene Handlung auch ausführen wollen (wenn nicht außergewöhnliche Umstände dem entgegenstehen). WUNDERLICH glaubt jedoch, daß es auch bei anderen Sprechakten solche Verpflichtungen gibt. So meint er, daß der Sprecher bei einer Behauptung willens sein muß, diese Behauptung u. U. nachzuweisen; bei einer Frage müsse er bereit sein, einen Grund für diese Frage anzugeben; bei einer Bitte bekenne er sich dazu, daß die vom Angesprochenen gewünschte Handlung seinen Interessen hilft. Selbst bei einer Lüge gebe es Verpflichtungen: Der Sprecher müsse doch Gründe anführen können, warum seine Behauptung glaubhaft sein könne. Beim Hörer gibt es, nach WUNDERLICH, die entsprechende Einstellung des Akzeptierthabens: Hat ein Hörer einen Sprechakt eines Sprechers akzeptiert, so geht er, wie der Sprecher, Verpflichtungen für die Zukunft ein: Eine Aufforderung akzeptiert zu haben verlange vom Hörer, daß er die gewünschte Handlung auch ausführt, eine Behauptung akzeptiert zu haben verlange, die gemachte Aussage auch später als wahr anzuerkennen, eine Frage akzeptiert zu haben verlange, eine befriedigende Antwort zu versuchen. Allerdings habe der Hörer bei jedem Sprechakt des Sprechers die Möglichkeit, nicht zu akzeptieren, müsse dies aber offenbar unmittelbar als Reaktion auf den Sprechakt signalisieren.

Diese Sprechakte bilden, nach WUNDERLICH, aber nur eine Teilklasse der Sprechakte, nämlich ‹Sprechhandlungen . . . im freien Raum zwischen einzelnen Personen›.[34] Eine andere Klasse von Sprechakten seien diejenigen, deren Form, Ablauf und Gelingen innerhalb größerer sozialer Institutionen festgelegt sind. Es handelt sich dabei entweder um kodifizierte Sprechakte (z. B. gemäß Geschäftsordnungen, prozessualen, rituellen u. a. Ordnungen) oder um mehr oder minder reglementierte Sprechakte. So werden Aufforderungen zu Anweisungen oder Anordnungen, Versprechungen zu vertraglichen Verpflichtungen (etwa unter Zeugen oder sogar notariell), Versicherungen zu Beeidigungen usw. WUNDERLICH stellt fest, daß die Menschen ihre Sprechakte im Rahmen von Institutionen weniger kraft eigener Verantwortung rechtfertigen, sondern durch Verweis auf festgelegte Ordnungen und Vereinbarungen oder durch Verweis auf ihre Abhängigkeit von anderen Personen und deren Weisungen. Kommunikationsanalyse auf dieser Ebene schließe zugleich auch eine Analyse sozialer Institutionen ein

---

34 Vgl. auch zum folgenden: WUNDERLICH, [Konventionalität], S. 37 ff.

und damit der Bereitschaft und Möglichkeit, Eigenverantwortung zu über-nehmen oder nicht.

Es liegt auf der Hand, daß solche Analysen unmittelbar zur transzen-dentalen Analyse APELS hinüberführen können: Jeder, der frei verant-wortlich spricht und hört, geht damit offenbar notwendigerweise Verpflich-tungen dem jeweiligen Partner gegenüber ein. Er anerkennt ihn also an-scheinend als einen einer Verpflichtung würdigen Partner, also als Person. Dies gilt für alle Sprechakte und unbegrenzt jedem Partner gegenüber. Also ist hier offenbar eine transzendentale Bedingung des Menschen angesprochen.

Allerdings gilt dies nur für die nicht-institutionell fixierten Sprechakte. Die transzendentale Analyse müßte also noch zeigen, daß auch in institu-tionell fixierten Sprechakten letztlich der idealisierte Sprechakt involviert ist, um sich ohne weiteres auf die Darlegungen WUNDERLICHS stützen zu können. Auf die hier vorgestellten Positionen WUNDERLICHS werden wir in Paragraph 13 kritisch eingehen, im Anschluß an die Kritik der APELschen Gedankengänge.

5. Vor der kritischen Erörterung der bisher dargelegten Gedankengänge zum transzendentalen Sprachspiel oder zur idealen Sprechsituation sollen die wichtigsten Postulate noch einmal in Thesenform und die Argumente in geraffter Formulierung zusammengefaßt werden. Zunächst die Postulate:

5.1 Satz über das *transzendentale Sprachspiel* (APEL) oder die *ideale Sprechsituation* (HABERMAS):
Der wesentlichste Faktor der transzendentalen Bedingungen der Mög-lichkeit und Gültigkeit der Wissenschaften ist das transzendentale Sprachspiel der unbegrenzten Kommunikationsgemeinschaft (APEL) bzw. die ideale Sprechsituation (HABERMAS). Die Beschreibung dieser Gegebenheiten erfordert eine Verschränkung empirisch-theoretischer und transzendentaler Analyse.

5.2 Die *Wittgensteinschen Grundpostulate* (nach APEL):
a. ‹Sprachspiele sind als «gegebene» (Ur-)Tatsachen zugleich die letz-ten quasi-transzendentalen Regel-Horizonte des Sinnverstehens› (APEL, [Komm. Gem.], S. 33).
b. ‹Handlungen, Weltinterpretation und Sprachgebrauch sind im Sprachspiel als Bestandteile einer *sozialen Lebensform* «verwoben»› (APEL, [Komm. Gem.], S. 26), d. h. das Sprachspiel ist zugleich eine Lebensform.

5.3 Grundpostulate über die *Einzigkeit* des transzendentalen Sprachspiels und der korrespondierenden Lebensform:
a. Es gibt genau ein Sprachspiel, das ‹als transzendentales Sprachspiel vorausgesetzt wird, wenn von gegebenen Sprachspielen als quasi-tran-szendentalen Tatsachen ... die Rede ist› (APEL, [Komm. Gem.], S. 33).
b. *Das* transzendentale Sprachspiel drückt *die* transzendentale Lebens-form aus.

5.4 Grundpostulate über die prinzipielle *Unbegrenztheit* des transzendentalen Sprachspiels und der korrespondierenden Lebensform:

a. Das transzendentale Sprachspiel liegt jeder möglichen menschlichen Kommunikation zugrunde, ist also prinzipiell unbegrenzt (hinsichtlich der Anzahl und der Art der Kommunikationspartner).

b. Die transzendentale Lebensform (die sich in dem transzendentalen Sprachspiel ausdrückt) ist hinsichtlich der Partizipation prinzipiell unbegrenzt (sowohl was die Anzahl der Beteiligten als auch was die Anzahl der Rollen, die jeder Beteiligte übernehmen darf, angeht). Die transzendentale Lebensform ist also radikal demokratisch.

5.5 Sätze über transzendentales Sprachspiel und transzendentale Lebensform als *Idealisierungen*:

a. Das transzendentale Sprachspiel der unbegrenzten Kommunikationsgemeinschaft ist im Vergleich zu den empirisch feststellbaren Sprachspielen als Idealisierung charakterisierbar.

b. Die transzendentale Lebensform kann im Vergleich zu den empirisch (in Soziologie, Psychologie etc.) feststellbaren Lebensformen als Idealisierung charakterisiert werden.

5.6 Sätze über das transzendentale Sprachspiel und die transzendentale Lebensform als *regulative Prinzipien*:

a. Das transzendentale Sprachspiel ist in jedem Sprechakt (auch) ein regulatives Prinzip des Handelns im Sinne KANTS.

b. Die im transzendentalen Sprachspiel ausgedrückte transzendentale Lebensform ist ein regulatives Prinzip des Handelns.

5.7 Sätze über die ideale Sprechsituation und korrespondierende Lebensform als *faktische Unterstellungen*:

a. Die ideale Sprechsituation ist ‹konstitutive Bedingung möglicher Rede›, d. h. ‹wir müssen in dem ersten Akt [und allen Akten] sprachlicher Verständigung diese Unterstellung [der idealen Sprechsituation] faktisch immer schon vornehmen‹ (HABERMAS, [Kompetenz], S. 140/141).

b. Die in der idealen Sprechsituation sich ausdrückende ideale Lebensform ist faktisch konstitutive Bedingung jeder faktischen Lebensform.

5.8 Satz über *Humanität*:

Die ideale Sprechsituation drückt zugleich ein ideales Menschenbild aus. Auf ihr nämlich ‹beruht die Humanität des Umgangs unter Menschen, die noch Menschen sind, d. h. in ihren Selbstobjektivationen noch nicht sich als Subjekten völlig fremd geworden sind› (HABERMAS, [Kompetenz], S. 120).

Nun zu den Argumenten (den Gang der Argumentation habe ich in Abschnitt 2, S. 29–31 angedeutet. Ich fasse noch einmal die drei wesentlichsten Punkte zusammen):

a. Die rein empirische Analyse von Fakten setze die *Subjekt-Objekt-Scheidung* der Naturwissenschaften voraus, die für die Humanwissenschaften, jedenfalls für die Konstitution ihrer Daten, unangemessen sei.

Der Humanwissenschaftler müsse schon bei der Konstitution von Daten seine Objekte als Ko-Subjekte verstehen und davon ausgehen, daß seine Beschreibung von ihnen prinzipiell verstanden werden könne.[35]

b. Die theoretische Erklärung eines Sprachzusammenhangs gemäß der neueren Wissenschaftstheorie nähme die Form eines deduktiv nomologischen Zusammenhangs an (oder zumindest werde ein solcher angestrebt). In diesem Rahmen könnten nur deduzierbare Aussagen als wissenschaftliche Erkenntnis akzeptiert werden. Allgemeine Voraussetzungen jeder sprachlichen Kommunikation, von der sogar die Aufstellung und Kommunikation von Theorien selbst Gebrauch machten, könnten aber nicht Aussage der Theorien selbst sein. Man könne sie sich nur in transzendentaler Reflexion oder Besinnung zum Bewußtsein bringen. Da diese Einsicht aber einen entscheidenden Aspekt der sprachlichen Kommunikation beträfe, könne dieser nicht im Sinne der Wissenschaftstheorie ausgedrückt werden, der Bereich sprachliche Kommunikation also nicht vollständig Gegenstand einer Theorie werden.[36]

c. Aus der meta-theoretischen Analyse von Wissenschaftssprachen, insbesondere von Konstruktsprachen, die vom Konzept der monologischen Argumentation geprägt sei,[37] übernähme auch die moderne Sprachanalyse ein falsches Modell der Regel und damit verbunden ein falsches Konzept des Erwerbs der Sprachbeherrschung, die sich in der Beherrschung derartiger grammatischer Regeln allein ausdrücke.[38]

6. Ich komme nun zur Kritik dieser Postulate und ihrer Begründungen. Zunächst *zum ersten Argument*. Was bedeutet ‹die Objekte als Ko-Subjekte verstehen›? Man kann zunächst verlangen, daß die Daten in einer Sprache formuliert werden dürfen, die nicht nur wahrnehmbare Eigenschaften und Vorgänge auszudrücken gestattet, sondern auch mentale. Dies kann dadurch geschehen, daß man Ausdrücke einführt oder übernimmt, mit denen man Sprechern, Hörern und Handelnden Absichten, Annahmen, Verpflichtungen usw. zusprechen kann, und daß man eine Einigung darüber herbeiführen kann, daß die Anwendungsbedingungen für diese Ausdrücke ausreichend intersubjektiv verständlich sind. Von vielen Humanwissenschaftlern wird dies in der Tat für eine ganze Anzahl von mentalen Ausdrücken akzeptiert. Zu den Anwendungsbedingungen gehört, daß die Ausdrücke nur von Gegenständen prädiziert werden, wenn diese sowohl gewisse allgemeine beobachtbare Eigenschaften haben, nämlich so wie

35 Vgl. oben S. 29 und das Zitat ‹Sie müssen prinzipiell von den menschlichen Objekten zur Rekonstruktion ihres Selbstverständnisses verwendet werden können› (APEL, [Ethik]).

36 Vgl. oben Abschnitt 2, S. 30.

37 APEL nennt dies ungeschickterweise das Konzept des methodischen Solipsismus.

38 Vgl. oben Abschnitt 2, S. 30.

Menschen auszusehen und sich so zu benehmen, und außerdem speziell ein Verhalten zeigen, das mit dem Zusprechen des mentalen Ausdrucks zumindest nicht in Widerspruch steht. Dies schließt nicht aus, daß die Anwendungsbedingungen auch manchmal gelockert werden können, so daß gelegentlich gewisse mentale Ausdrücke auch von manchen Tieren und Automaten prädiziert werden können, wenn diese wenigstens eine größere Zahl der normalerweise beobachteten Verhaltensmerkmale aufweisen.

Man wird sich natürlich in einer Gruppe von Wissenschaftlern einigen müssen, welche Ausdrücke man als ausreichend intersubjektiv verständlich und klar ansieht. Dabei müssen sich alle Partner selbstverständlich auf ihre jeweilige subjektive Erfahrung stützen. Die Situation ist bei dem Ausdruck ‹. . . hat die Absicht . . .› nicht wesentlich anders als bei ‹. . . ist rot›. In beiden Fällen sind subjektive Erfahrungen von ‹selber eine Absicht haben› und ‹selber rot sehen› *und* Erfahrungen erfolgreichen (d. h. unkorrigierten) Zusprechens dieser und analoger Ausdrücke im Spiel. Allerdings scheint es zuzutreffen, daß die Ausdrücke für Beobachtbares eine größere intersubjektive Stabilität haben und daher für wissenschaftliche Zwecke in vielen klaren Fällen eine gewisse Bevorzugung genießen.

Der Prozeß der Einigung, welche Ausdrücke ausreichend intersubjektiv verläßlich für eine Wissenschaftlergruppe sind, kann sogar eine Klärung dieser Ausdrücke erfordern, die an die sprachlichen Vorgeprägtheiten der Ausdrücke anknüpft und sich ebenso auf die jeweiligen subjektiven Erfahrungen der Wissenschaftler stützt.

Diese Verfahren zur Festlegung der intersubjektiven Prädikate zur Formulierung der Daten der Wissenschaft erfassen nach meiner Meinung alles *wissenschaftlich* Wichtige. Ich halte es für sehr fraglich, ob die Tatsache, daß der Wissenschaftler das beschriebene ‹Objekt als Ko-Subjekt versteht› (wobei ich höchstens ungefähr errate, was ein ‹Ko-Subjekt› ist), etwas Wesentliches zu dem soeben beschriebenen erforderlichen intersubjektiven Verständnis der Wissenschaftler beiträgt. Bei der Anwendung der Ausdrücke auf Tiere (bei gelockerten Anwendungsbedingungen) wird das ganz klar: Es ist normalerweise unproblematisch, von der Katze Muschi zu sagen: ‹Muschi will die Maus fangen.› Dabei ist es vollkommen unwichtig, ob man in diesem Fall das Objekt Muschi als Ko-Subjekt verstehen kann oder nicht: Die Anwendungsbedingungen sind intersubjektiv genügend klar.

Nun soll der Wissenschaftler nach APEL davon ausgehen, daß seine Beschreibung von den Objekten als Ko-Subjekten prinzipiell verstanden werden könne, und nicht nur von den Ko-Wissenschaftlern. Angenommen, der Wissenschaftler beschreibt auf deutsch die Absichten und anderen mentalen Einstellungen der Angehörigen eines Stammes im Busch von Neuguinea. Muß er davon ausgehen, daß er prinzipiell von den beschriebenen Stammesangehörigen verstanden werden könne? Dies setzt offenbar einerseits eine angemessene Übersetzung, andererseits eine gewisse intellektuelle Kapazität der Kommunikationspartner voraus. Nun ist aber, wie QUINE gezeigt hat, die allgemeine Übersetzbarkeit von Sprachen ineinander sogar schon problematisch, wenn man nur Sprachen mit Ausdrücken für Beobachtbares in Betracht zieht.[39] Entsprechend problematischer ist die Übersetzbarkeit für Sprachen mit mentalen Ausdrücken. Nicht unproblematisch ist auch die Voraussetzung einer ausreichenden intellektuellen Kapazität, insbesondere eines ausreichenden Interpretationshorizonts. Die Situation wird nicht wesentlich anders, wenn die beschriebenen Menschen und der Wissenschaftler einer Sprachgemeinschaft angehören. Der Wissenschaftler wird im allgemeinen eine Wissenschaftssprache sprechen, die mehr schlecht als recht in die Umgangssprache übersetzt werden kann.

Nun betont APEL, die Ko-Subjekte müßten die Beschreibung *prinzipiell* verstehen können. Soll dies nur heißen, daß sie, bei genügend Aufwand, die Wissenschaftssprache erlernen könnten? Das wäre fast inhaltsleer, denn natürlich kann jede Sprache per definitionem erlernt werden. APELS Forderung ist also entweder höchst problematisch oder trivial.

Zum zweiten Argument, die kommunikativen Voraussetzungen der Einigung auf eine Wissenschaftssprache und der Aufstellung einer wissenschaftlichen Theorie könnten nicht ein Theorem der so aufgestellten Theorie sein. Dieses Argument halte ich *in dieser Form* für *korrekt.* Es macht jedoch einige Erläuterungen erforderlich:

a. Das Argument in dieser Form schließt nicht aus, daß man eine andere Theorie aufstellen kann, in der die genannten Prozesse einschließlich ihrer Voraussetzungen zum Gegenstand gemacht werden und Theoreme über diese Prozesse und ihre Voraussetzungen möglicherweise sogar deduzierbar sind. Allerdings erfordert diese Theorie selbst wieder eine Sprachfestlegung und die Voraussetzung der Mitteilbarkeit der Theorie. APELS Argument, in all diesen Theorien, Metatheorien usw. werde eine Kommunikationsgemeinschaft vorausgesetzt, scheint sich also zu bestätigen.

b. Dies scheint aber nur so; man müßte nämlich genauer formulieren: es genügt, die Kommunikation in einer Sprache zu *versuchen.* Vorausgesetzt wird allenfalls, daß der Versuch bisher in vielen Fällen im großen und ganzen gelungen ist. (D. h., daß die Anzahl der Mißverständnisse nach geeigneten Vorkehrungen sehr gering gehalten werden konnte.)

c. APEL meint, diese grundsätzliche Voraussetzung könne nur in transzendentaler Reflexion oder Besinnung, d. h. nicht nach Art wissenschaftlichen Verfahrens, zum Bewußtsein gebracht werden. Ich bestreite nicht, daß eine transzendentale Besinnung und andere Arten nicht-wissenschaftlicher, aber vernünftiger Überlegungen wichtige transzendentale Aussagen erbringen können, deren Inhalt regulativ und konstitutiv für

---

39 Vgl. QUINE, [Word], Kap. II.

das Handeln vieler Menschen sein kann. Man sollte dabei jedoch nicht vergessen, daß noch im Rahmen der Wissenschaftstheorie Theorien für wesentliche Aspekte sowohl der theoretischen Vernunft als auch der praktischen Vernunft [40] entwickelt werden können. Die Betonung der Möglichkeit nicht-wissenschaftlicher vernunftgemäßer transzendentaler Reflexion geht leider oft mit einer Abwertung der wissenschaftstheoretischen Untersuchungen oder ihrer Reichweite einher.

Das *Resultat* von APELS transzendentaler Reflexion ist jedoch, wie ich glaube, unbegründet: Es trifft nicht zu, daß jede wissenschaftliche Kommunikation und die Entwicklung von wissenschaftlichen Sprachen für diese Kommunikation eine unbegrenzte Kommunikationsgemeinschaft voraussetzen. Wie oben (S. 38) schon gezeigt, wäre eine solche Voraussetzung auch entweder höchst problematisch oder trivial. Es ist im Gegenteil so, daß für jeden Wissenschaftler in entwickelteren Wissenschaften die Problematik der Kommunikation mit Partnern, die nicht Fachleute seines Gebiets sind und seine wissenschaftliche Sprachform nicht beherrschen, offensichtlich groß ist. Vorausgesetzt (oder besser, versucht) wird eine Kommunikationsgemeinschaft einiger Wissenschaftler; dies genügt für den Ausbau einer Wissenschaft. Dasselbe gilt für philosophische Sprachformen. WITTGENSTEIN vermutete, daß die daraus resultierende sprachliche und gedankliche Spezialisierung, hier ohne empirische Kontrolle wild wuchernd, der Grund für philosophische Pseudo-Probleme sei, die sogar den besten Philosophen enormes Kopfzerbrechen bereiteten. Um die Philosophie ‹von ihren Beulen zu heilen› oder ‹der Fliege den Ausweg aus dem Fliegenglas zu zeigen› [41], in dem sie sich so viele Beulen geholt hatte, empfahl WITTGENSTEIN, wie wir sahen, den Gebrauch der (gemäßigt gehobenen) Umgangssprache und verwendete sie selbst. APEL allerdings folgt *dieser* Empfehlung WITTGENSTEINS nicht, er hält sie sogar ausdrücklich für nicht fruchtbar. [42] Statt dessen schreibt er Philosophensprache deutscher Tradition und verwendet freiweg «beulenträchtige» Ausdrücke wie ‹(Ur-)Tatsache›, ‹letzte quasi-transzendentale Regel-Horizonte›, ‹Sinnverstehen› usw. Setzt nun APEL für diese Sprachform ohne weiteres eine prinzipiell unbegrenzte Kommunikationsgemeinschaft an? Soll dies nicht nur heißen, man könne die Beherrschung dieser Sprachform in einem langwierigen Studienprozeß erwerben, so wäre diese Behauptung höchst unkritisch.

Das dritte Argument hängt mit WITTGENSTEINS Dictum zusammen, es könne nicht ‹einer allein und nur einmal› eine Regel anwenden. APELS

---

40 Z. B. STEGMÜLLERS in kritischer Auslegung von CARNAPS induktiver Logik gewonnene Theorie von der rationalen Entscheidung unter Risiko, vgl. STEGMÜLLER, [Hume] und [Carnap].

41 WITTGENSTEIN, [Untersuchungen], § 119, § 309.

42 Vgl. APEL, [Komm. Gem.], Anm. 53.

Analyse bleibt aber insofern unklar, als er die Mehrdeutigkeit des Wortes ‹Regel› nicht berücksichtigt.[43] Eine Regel im Sinne einer normativen Handlungsanweisung kann einer allein aufstellen und (zufälligerweise) nur einmal anwenden. Sollte jemand z. B. für sich die Regel aufstellen, bei jeder Begegnung mit einem Löwen in freier Wildbahn beherzt auf ihn zuzulaufen, um ihn zu streicheln, so ist die Wahrscheinlichkeit dafür, daß dies eine Regel für einen allein mit allenfalls einmaliger Anwendung sein wird, allerdings recht hoch. APEL meint natürlich eine Regel, die regulär in einer Gruppe gilt oder von den Mitgliedern der Gruppe regulär befolgt wird. *In diesem Fall* folgt natürlich WITTGENSTEINS Dictum per definitionem.

Nun ist aber gerade CHOMSKYS Regelbegriff im erstgenannten Sinn zu verstehen: Eine grammatische Regel ist eine solche normative Handlungsanweisung, durch deren Anwendung die Hypothese des Wissenschaftlers vom regulären, systematischen Bau der Sätze repräsentiert werden kann. Daß dies so ist, erkennt man leicht daran, daß die grammatische Regel (im Sinne CHOMSKYS) nicht unmittelbar etwas über die Regelmäßigkeit ihrer Anwendung besagt. Speziell mag ein Regelsystem einen unbeschränkten Zyklus einer Regelanwendung vorsehen (z. B. zur unbeschränkten Einfügung von Relativsätzen); die Regelfolge wird aber oberhalb eines bestimmten Komplexitätsgrades wegen der zu hohen Komplexität der resultierenden Sätze kaum angewendet. Dies zu formulieren ist aber nicht Aufgabe der Grammatik.

Entsprechendes ist für den Spracherwerb zu sagen. CHOMSKY weiß sehr wohl, daß die Beherrschung grammatischer Sätze und ihre kommunikativen Verwendungsbedingungen in seinem System gesondert erklärt werden. Er hätte wahrscheinlich nichts dagegen, die Erlernung dieser beiden Aspekte abhängig voneinander zu machen. Dies ist aber nicht sein Problem. Sein Problem ist: Wie lernt ein Mensch den systematischen Bau der Sprache, zu dessen Formulierung wir unbeschränkt anwendbare Regeln brauchen: Wie gewinnt er die Beherrschung der unbeschränkten Regularität aus beschränkt vielen Daten? Zur Lösung dieses Problems können APELS Vorschläge kaum etwas beitragen. Man sollte niemals vergessen, daß CHOMSKYS Erklärungen auf einer sehr hohen Abstraktionsstufe vorgenommen werden (wie es unter Grammatikern schon lange üblich ist) und es unangemessen ist, konkretere Folgerungen aus ihnen zu ziehen, als vom Grammatiker beabsichtigt waren.

7. Nach APEL gibt es genau ein transzendentales Sprachspiel der unbegrenzten Kommunikationsgemeinschaft. Dieses wird zugleich als deskriptive Idealisierung vorgestellt und als Ideal, das als regulatives und konsti-

---

43 Dies tut übrigens auch WITTGENSTEIN selbst nicht. Zu einer Analyse einer Anzahl von Bedeutungen dieses Wortes vgl. BLACK, [Models], Kap. 6.

tutives Prinzip des Sprachhandelns fungiert. Ich glaube, daß die deskriptive Idealisierung ungerechtfertigt ist und die Vorstellung als regulatives und konstitutives Prinzip irreführend. Die mangelhafte Rechtfertigung wurde schon oben angedeutet: Es genügt, den *Versuch* zur Einführung und Veränderung von Sprachen und zur Kommunikation in vorgegebenen Sprachen in begrenzten (manchmal sehr begrenzten) Gruppen zu wagen und damit in ausreichend vielen Fällen Erfolg gehabt zu haben. Allenfalls kann man darüber hinaus noch anmerken, daß dem Menschen eine Disposition zu solchen *Versuchen* und zum Eingehen auf solche Versuche angeboren zu sein scheint. Weitere «Voraussetzungen» sind überflüssig. Auf alle Fälle ist durch nichts zu rechtfertigen, daß es genau eine Kommunikationsgemeinschaft geben müsse. Das Argument, man habe sonst kein Bezugssystem, ist nicht stichhaltig, denn *jede* einigermaßen reiche Sprache kann als Bezugssystem jeweils für die anderen dienen. Die transzendentale Reflexion sollte meiner Meinung nach gerade zur Einsicht von der Vielfalt existierender und möglicher Sprachspiele kommen. Vielleicht versteht APEL aber (ähnlich wie HABERMAS) unter dem transzendentalen Sprachspiel (oder der idealen Sprechsituation) eher eine Klasse von Sprachspielen oder Sprechsituationen, die sich aber alle durch gewisse wesentliche Eigenschaften auszeichnen. Zu diesen Eigenschaften könnte man rechnen, daß ‹die ideale Sprechsituation ... systematische Verzerrungen der Kommunikation aus [-schließt]› und daß ‹für alle möglichen Beteiligten eine symmetrische Verteilung der Chancen, Sprechakte zu wählen und auszuüben, gegeben ist›.[44]

Dies scheint angenähert in der Kommunikation von Wissenschaftlern eines Faches und einer Schulrichtung gegeben zu sein. Schon bei Wissenschaftlern verschiedener Fächer treten aber für jedes Gesprächsthema, in dem nur einer von beiden kompetent ist, «Asymmetrien» der Kompetenz auf. Man mag sagen, daß solche Asymmetrien prinzipiell beseitigt werden könnten, indem jeder sich im Bereich des anderen auch kompetent machen könnte. Obwohl kein Bereich grundsätzlich die Möglichkeit ausschließt, daß man sich in ihm kompetent machen kann, so wäre ich doch, angesichts der Beschränkungen an Zeit und Lerngeschwindigkeit, geneigt zu sagen, daß prinzipiell für jeden Menschen gilt, daß er sich nur in einer sehr beschränkten Anzahl von Sprach- und Lebensformen kompetent machen kann. Die Asymmetrien der Kommunikation, die hieraus resultieren, sind also prinzipiell nicht zu beseitigen. Ein grundsätzliches und allgemeines Verstehen aller Menschen untereinander ist prinzipiell unmöglich.

Das transzendentale Sprachspiel der unbegrenzten Kommunikationsgemeinschaft ist aber auch als regulatives und konstitutives Prinzip irreführend. Würde es als politisches Regulativ ernst genommen, so würde daraus die Unterbindung der Entwicklung spezieller Sprach- und Lebensformen für

---

44 HABERMAS, [Kompetenz], S. 137.

einzelne Gruppen folgen, denn sie behindern die *Unbegrenztheit* der Kommunikationsgemeinschaft. *Diese* Entwicklung hielte ich keineswegs für humanitär (im Sinne von Satz 5.8; S. 35), und *diese* Ideologiekritik hielte ich für fehlgeleitet. Demgegenüber scheint mir der kritische Rationalismus [45] zwischen der Skylla allgemeiner Kritiklosigkeit Sprachformen, sprachlichen Aussagesystemen und Lebensformen gegenüber und der Charybdis einer einzigen Sprach- und Lebensform einen vernünftigen «ideologiekritischen» Kurs zu steuern.

8. Bieten die Untersuchungen der Sprechakttheorie und der Linguistik dem transzendentalen Ansatz von APEL nicht anscheinend entscheidende Anknüpfungspunkte? Das ist nicht der Fall. Es zeigt sich nämlich, daß die Versuche, an der Theorie der Sprechakte anzuknüpfen, weitgehend auf Mißverständnisse beruhen. So zeigt BAR-HILLEL,[46] daß HABERMAS die Darlegungen von SEARLE und AUSTIN an fast allen wichtigen Stellen, an denen er sie zitiert, mißversteht oder inkorrekt darstellt, und zwar so, daß die resultierenden Feststellungen nur schwer in präzisem Sinne verständlich sind.

Wie steht es aber mit WUNDERLICHS linguistischen Analysen, die auf eine Theorie der Sprecherverpflichtungen und Hörerakzeptierungen hinauszulaufen scheinen? Bieten sie kein sicheres Korrelat zur transzendentalen Kommunikationsgemeinschaft? Ich glaube nicht; in diesem Fall, weil WUNDERLICH seine Vorstellungen nur aufgrund unscharfer Formulierungen begründen kann.

Zunächst zur Hypothese, jeder Sprecher ginge in jedem Sprechakt Verpflichtungen ein. Unumstritten ist dies bei einigen Typen von Sprechakten, z. B. dem Versprechen: Ein Sprecher hat nur dann ein Versprechen gegeben, wenn er die Verpflichtung, die versprochene Handlung auszuführen, übernommen hat. Gilt dies nicht, so hat er mit der Äußerung eines Satzes, mit der normalerweise (in einer bestimmten Situation) ein Versprechen gegeben wird, nur scheinbar ein Versprechen gegeben.

Anders jedoch bei einer Behauptung: In diesem Fall wird man von einem Sprecher zwar normalerweise erwarten, daß er die Behauptung auch nachweisen kann, und der Sprecher tut gut daran, diese Erwartung in Rechnung zu stellen, wenn er etwas behauptet. Verpflichtet ist er dazu natürlich nicht. Man kann also nicht, analog zum Fall des Versprechens, sagen, der Sprecher habe nur dann eine Behauptung aufgestellt, wenn er die Verpflichtung übernommen habe, sie unter Umständen auch nachzuweisen. Ein Versprechen, bei dem die entsprechende Verpflichtung nicht eingegangen wird, ist nur ein scheinbares Versprechen. Eine Behauptung, für die nicht gleichzeitig vom Sprecher die Verpflichtung zum Nachweis übernommen wurde, ist dennoch eine echte und keine scheinbare Behauptung. Es ist zwar ein allge-

---

45 Etwa nach POPPER und ALBERT u. a.
46 Vgl. BAR-HILLEL, [Habermas].

meines Postulat der sprachlichen Kommunikation, man solle Behauptungen auch beweisen können. Es ist aber nicht im gleichen Sinne auch ein Postulat, man solle beim Abgeben eines Versprechens auch Verpflichtungen eingehen. Der Zusammenhang zwischen ‹ein Versprechen geben› und ‹eine Verpflichtung in bezug auf das Versprochene eingehen› ist ein Zusammenhang zwischen der Bedeutung dieser Wörter; der Zusammenhang zwischen ‹behaupten› und ‹die Verpflichtung zum Nachweis des Behaupteten eingehen› ist ein solcher kommunikativer Regeln oder sogenannter Konversationspostulate.[47]

Genauer: Sei z ein Satz, mit dem man normalerweise ein Versprechen gibt, z. B.

(z)   ‹Ich verspreche dir, morgen zu kommen›.

Dann ist die Feststellung

(1) ‹X hat mit Äußerung z zum Zeitpunkt t ein Versprechen gegeben, aber X war zum Zeitpunkt t nicht willens, das Versprochene zu halten›,

kontradiktorisch in meinem Verständnis. Mit anderen Worten: Aus der Tatsache, daß jemand nicht willens ist, das Versprechen, das man normalerweise mit der Äußerung z macht, zu halten, folgt, daß er mit der Äußerung z allenfalls den *Anschein* erweckt hat, ein Versprechen gegeben zu haben, aber nicht wirklich eins gegeben hat.

Damit kein falscher Eindruck entsteht: Die folgende Feststellung ist im Gegensatz zu (1) keineswegs kontradiktorisch:

(2) ‹X hat zum Zeitpunkt t z geäußert, aber X war zum Zeitpunkt t nicht willens, das mit z normalerweise Versprochene zu halten.›

Sei nun z′ ein Satz, mit dem man normalerweise etwas behauptet, z. B.

(z′)   ‹Gestern ist meine Großmutter gestorben›.

Dann ist die Feststellung

(3) ‹X hat mit der Äußerung z zum Zeitpunkt t eine Behauptung gemacht, aber X war zum Zeitpunkt t nicht willens, die Behauptung zu begründen oder den Nachweis zu erbringen›,

keineswegs kontradiktorisch.

(2) und (3) sind im Gegensatz zu (1) nicht kontradiktorisch, verletzen aber allgemeine Konversationspostulate. Soweit (2) oder (3) auf einen Kommunikationsakt zutreffen, ist dieser defekt. (1) formuliert demgegenüber keinen defekten Kommunikationsakt, (1) ist einfach unsinnig.

Entsprechende Unterschiede wie für Versprechen und Behaupten sind für andere Sprechakte, so zum Beispiel Fragen und Bitten, nachweisbar. Anders liegt der Fall beim Lügen. Hier ist die Rede von Verpflichtungen vollends irreführend. Zur sprachlichen Regularität von Lügen gehört, daß man den Partner glauben machen will, die Behauptung sei wahr. Dies, und nur dies, ist ein Analogon zur Verpflichtung im Falle des Versprechens. Diese Ab-

---

47 Vgl. Grice, [Conversation].

sicht erfordert, daß man seine Behauptung als echte Behauptung darstellt, d. h. sie je nach den Umständen durch einen angeblichen Nachweis stützt, oder aber auch die Notwendigkeit eines Nachweises in gespielter Selbstgewißheit von sich weist. Von einer Verpflichtung zur Anführung von Gründen kann keine Rede sein.

Beim Akzeptieren durch den Hörer ist die Sache etwas komplizierter. Zunächst sind der Begriff und seine Anwendungsbedingung unklar. Ein klares Beispiel scheinen die Präsuppositionen zu bieten. Fragt jemand:

⟨*Hat Franz endlich aufgehört, seine Frau zu schlagen?*⟩

so ist mit diesem Satz die Präsupposition verbunden

⟨*Franz hat seine Frau* (innerhalb der letzten Zeit mehrfach) *geschlagen*⟩.

Beantwortet der Hörer diese Frage mit ⟨Ja⟩ oder ⟨Nein⟩, so akzeptiert er zugleich die Präsupposition. Will er dies nicht, so sollte er etwa antworten:

⟨*Aber Franz hat seine Frau doch nie (höchstens einmal etc.) geschlagen*⟩,

d. h. die Tatsache, daß er nicht akzeptiert hat, signalisieren. Er kann dies natürlich auch zu einem späteren Zeitpunkt im Gespräch tun, doch kann der Sprecher, der die die Präsupposition einschließende Frage stellte, dann mit Recht sagen, er habe angenommen, sein Partner habe die Präsupposition akzeptiert (was jedoch, wie sich nun herausstellt, nicht der Fall war).

Wir müssen also auseinanderhalten:

a) Das Akzeptieren einer Präsupposition; es besteht darin, die in der Präsupposition enthaltene Behauptung, wenigstens provisorisch, für wahr zu halten, wie dies anscheinend auch der Sprecher tut.

b) Das Nicht-akzeptiert-Haben einer Präsupposition zu signalisieren, etwa durch einen geeigneten Protest gegen die Präsupposition.

c) Die Annahme des Sprechers, der die Präsupposition ausdrückte, der Hörer habe sie akzeptiert.

Nach den üblichen Regeln für sprachliche Kommunikation (Konversationspostulaten) sollte der Hörer Nicht-akzeptiert-Haben bei erster Gelegenheit signalisieren, wenn das Akzeptieren für den Argumentationsgang wichtig sein kann und der Sprecher dem Hörer dieses Recht zugesteht. Sofern der Sprecher Grund zur Annahme hat, der Hörer halte sich ihm gegenüber an die üblichen Gepflogenheiten, kann er davon ausgehen, daß der Hörer eine Präsupposition entweder akzeptiert hat oder für nicht protestwürdig gehalten hat, wenn er nicht ausdrücklich signalisiert, er habe nicht akzeptiert. All diese Regeln sind aber nur Regeln für die sprachliche Kommunikation, die leicht außer Kraft gesetzt werden können durch alle möglichen Arten von außergewöhnlichen Situationen.

Nun behauptet WUNDERLICH, eine Aufforderung akzeptiert zu haben verlange vom Hörer, daß er bereit sei, die gewünschte Handlung auch auszuführen. Hier liegt die Sache aber anders: Bei einer Aufforderung sollte man ausdrücklich signalisieren, ob man sie akzeptiert hat oder nicht, im Gegensatz zur Präsupposition, bei der nur signalisiert werden sollte, wenn man sie nicht akzeptiert hat. Die Reaktion auf eine Aufforderung kann in einer nicht-sprachlichen Handlung (z. B. der Handlung, zu der man aufgefordert wurde) oder in einer sprachlichen Handlung (z. B. dem Versprechen, die Handlung zum geeigneten Zeitpunkt auszuführen) bestehen. Da hier auf alle Fälle eine Reaktion normal ist, kann hier daraus, daß keine Reaktion vorliegt, nichts gefolgert werden, also auch nicht, daß der Hörer akzeptiert hat. Liegt aber eine sprachliche Reaktion vor, die besagt, daß der Hörer die Aufforderung akzeptiert hat, so übernimmt er nur dann eine Verpflichtung, wenn dies aus seiner Reaktion selbst folgt, z. B. wenn er das Versprechen gibt, die Handlung, zu der er aufgefordert wurde, auch auszuführen.

Bei einer Behauptung scheint die Sache ähnlich zu liegen wie bei einer Präsupposition, während die Frage ähnlich zu analysieren ist wie die Aufforderung. Fassen wir also zusammen: Es kann keine Rede davon sein, daß Sprecher und Hörer in allen Sprechakten Verpflichtungen ihrem jeweiligen Partner gegenüber eingehen, ihn also automatisch als Person anerkennen, der sie in diesem Sinne verpflichtet sind. Das einzige, was man normalerweise tut, ist, daß man offenbar im Einklang mit geltenden Regeln des Sprachspiels handelt und Postulate der sprachlichen Kommunikation (Konversationspostulate) in Rechnung stellt und sich an sie hält, *solange man keinen Grund sieht, von ihnen abzuweichen.*

Wenn WUNDERLICH schreibt: ‹Der Sprecher bindet mit seiner Äußerung in konventioneller Weise Voraussetzungen und Konsequenzen (Verpflichtungen), die für ihn selbst gelten, beim Hörer sind konstitutiv die Momente des Verstehens und Akzeptierens, mit dem er seinerseits Verpflichtungen annimmt› [48], so kann ich dies nur als eine blumige Ausdrucksweise dafür ansehen, daß Äußerungen eben keine isolierten Handlungen sind, sondern Voraussetzungen und Konsequenzen haben, die von Sprachwissenschaftlern teilweise in grammatischen Regeln, teilweise in Konversationspostulaten beschrieben werden – Punkt! Ich jedenfalls «binde» weder als Sprecher Verpflichtungen, noch übernehme ich solche als Hörer, es sei denn, ich bin meinem Partner sehr verbunden und will ihm zum Beispiel etwas versprechen o. ä.

Fragt man nun danach, woher denn die in einem Sinn doch offenbar alle Sprecher «bindende» Kraft der grammatischen Regeln und Konversationspostulate komme, so ist die korrekte Antwort wohl eher die, die auf die quasi-institutionelle Fixierung von Regularitäten verweist, die WUNDERLICH an anderen Regeln des Verhaltens korrekt beschreibt: ‹. . . viele Sprechhandlungen fallen auch eigentlich gar nicht mehr in die Verantwortlichkeit des einzelnen. Sie sind in ihrer jeweilig spezifischen Form und Abfolge festgelegt und erwartbar im Rahmen größerer organisierter sozialer Institutionen; der einzelne unterzieht sich einer Verantwortlichkeit nur global durch Anerkennen solcher Institutionen und nicht je einzeln durch

---

48 WUNDERLICH, [Konventionalität], S. 24.

Anerkennen der in ihnen gebundenen Teilkonventionen.›[49] Unsere allgemeine Institution heißt Sprache.

Aus alldem ergibt sich, daß auch die Linguistik bisher keine Grundlage dafür bietet, die transzendentale Frage durch die Charakterisierung und Durchsetzung des *einen* transzendentalen Sprachspiels der unbegrenzten Kommunikationsgemeinschaft zu beantworten, wie APEL und HABERMAS es für gegeben und erforderlich halten. Es soll jedoch noch einmal hervorgehoben werden, daß die Untersuchungen WUNDERLICHS nicht von solchen Absichten bestimmt waren; die Hoffnungen und Erwartungen waren hier durchaus einseitig.

C. DAS TRANSZENDENTALE SPRACHLEHREN UND -LERNEN

> ‹Wer aber diese *Begriffe* noch nicht besitzt, den werde ich die Worte durch *Beispiele* und durch *Übung* gebrauchen lehren. – Und dabei teile ich ihm nicht weniger mit, als ich selber weiß.›
> L. WITTGENSTEIN, [Untersuchungen], § 208

1. Sprachphilosophen in der Nachfolge WITTGENSTEINS und der Philosophie der Gemeinsprache meinen, sich mit einer genauen und detaillierten Analyse des Funktionierens der Sprache beschäftigen zu müssen. Demgegenüber glauben die Sprachphilosophen des transzendentalen Sprachspiels, durch den bloßen Aufweis der im idealen Sprachspiel ausgedrückten Zusammenhänge die transzendentalen Grundlagen jeder sprachlichen Kommunikation freigelegt zu haben. Es bleibt dabei allerdings unklar, wie die rationale Orientierung auf dieses ideale Sprachverhalten hin (etwa in Lehr- und Lernprozessen) wirksam werden soll. Beide Gruppen von Sprachphilosophen scheuen sich nicht, bei ihrer Analyse linguistische, d. h. fachsprachliche, und philosophiesprachliche vorgeprägte Begriffe, Darstellungstechniken und Methoden zu verwenden und auf ihre Leistungsfähigkeit zu vertrauen. Wird aber durch diese Wende zur hybriden, halb a priori und halb empirisch ausgerichteten, zugleich transzendental und empirisch fundiert sein wollenden Analyse jeweils gegebener Sprache die Radikalität der Frage nach der Rechtfertigung und Klarheit der eigenen philosophischen und wissenschaftlichen Tätigkeit nicht verharmlost? Von einem konsequent kritizistischen Standpunkt aus müssen beide Positionen jedenfalls als höchst suspekt erscheinen. K. LORENZ glaubt demgegenüber das radikal-kritische Programm erneut, und diesmal besser, in Angriff nehmen zu können. Er knüpft an WITTGENSTEINS Spätphilosophie an, in der er aber folgende Akzente zu erkennen glaubt: Im Gegensatz zu MOORE, der die Umgangs-

---

49 WUNDERLICH, [Konventionalität], S. 38.

sprache als sichere Basis für die Rückführung der philosophiesprachlich belasteten philosophischen Tradition ansah, weil in ihr das bestehende und von ihm nicht weiter befragte Alltagswissen sprachlich artikuliert sei, habe WITTGENSTEIN die Stellung der Gebrauchssprache wesentlich radikalisiert und gleichzeitig relativiert:

a) Sie stelle eine Lebensform und damit eine «Weltansicht» dar.

b) Sie lasse sich in philosophischer Reflexion — mit dem Hilfsmittel der Sprachspiele — als eine unter vielen möglichen anderen erkennen und daher abändern (etwa durch die Einführung neuer Sprachspiele).

c) Das gegebene Alltagswissen, der «common sense» oder das gegebene Wissenschaftswissen oder gar die philosophische Tradition lassen sich bei der Abänderung nicht als Leitfaden rechtfertigen.[50]

Den Leitfaden der sprachphilosophischen Reflexionen WITTGENSTEINS und der Einführung und Verwendung von Sprachspielen glaubt LORENZ in der Berücksichtigung der menschlichen Bedürfnisse zu erkennen, die etwa dort Unterscheidungen verlangen, wo bisher keine oder nur undeutliche getroffen wurden, oder dort Gegenstände herausheben, wo bisher keine beachtet worden sind. Nicht die jeweils gegebene Alltagssprache ist für WITTGENSTEIN von primärem Interesse, sondern die Klasse der alltagssprachlichen Verfahrensweisen, die Sprachspiele, zu denen diejenigen der Einführung und Veränderung gegebener Alltagssprache gehören.

LORENZ ist mit dieser sprachphilosophischen Ausrichtung vollauf einverstanden, bemängelt aber, daß sie bei WITTGENSTEIN selbst und bei den Philosophen der Gemeinsprache nach ihm nicht zur Auswirkung komme. Dies habe zwei Gründe:

(a) Da WITTGENSTEIN seine eigene Vergangenheit in ihrer Ausrichtung auf idealsprachliche Konstruktionen bewältigen wolle, habe er auch theoretische Konstruktionen auf der Grundlage verstandener Gebrauchssprachen ebenso abgelehnt wie theoretische Konstruktionen zur Bestimmung der Verständlichkeit der Gebrauchssprache selbst. Letzteres gilt sowohl für stilisierte Verfahren der Einführung von Gebrauchssprache als auch für die Einführung linguistischer Analyse- und Darstellungstechniken, mit deren Hilfe die Verständigung in der Alltagssprache beschrieben werden kann.

(b) WITTGENSTEIN verzichte auf die Erörterung der methodischen Ordnung sprachlicher Handlungen und der Auszeichnung von Handlungen, die zur Bestimmung der Verständlichkeit von Gebrauchssprache dienen könnten. Insbesondere unterscheide er nicht immer sorgfältig die Einführung sprachlicher Ausdrücke und Handlungen von ihrer Verwendung. Der zweite

---

50 Vgl. LORENZ, [Sprachkritik], S. 128/129. LORENZ stützt sich in dieser Interpretation insbesondere auf eine in diesem Punkt tatsächlich besonders klare Stelle aus WITTGENSTEIN, [Das blaue Buch], S. 95 und auf analoge Stellen, ibid. S. 85/86 und 92 ff sowie auf [Untersuchungen], § 125 und [Zettel], § 322 ff.

Grund hänge mit dem ersten zusammen: Jeder Versuch der methodischen Ordnung habe bei WITTGENSTEIN im Verdacht gestanden, idealsprachliche Hilfsmittel einzusetzen.

Aufgrund dieser beiden Mängel werde die ursprünglich kritische Intention WITTGENSTEINS bei WITTGENSTEIN selbst und den späteren Philosophen der Alltagssprache pervertiert. Der Verzicht auf theoretische Konstruktionen sowie auf methodische Ordnung sprachlicher Handlungen habe zur Folge gehabt, daß man sich schließlich allein auf das Problem konzentrierte, das eigene Sprechen vollkommen durchsichtig zu machen, und darauf, den Sprachgebrauch in natürlichen Sprachen möglichst vollständig zu beschreiben. Der ursprüngliche Zweck, damit auch dem Verständnis der überlieferten Bildungssprachen und Wissenschaftssprachen zu dienen und für diese eine Grundlegung zu schaffen, sei damit aus dem Auge verloren worden.

2. Hier setzt LORENZ neu an. Ihm geht es um die ‹Bedingung der Möglichkeit› des Verständnisses in Alltagssprachen und Wissenschaftssprachen zugleich. Diese ‹Bedingung der Möglichkeit› sieht er in der Möglichkeit, ein solches Verständnis in diesen Sprachen auch rechtfertigen zu können. Sein Programm hat folgende Schritte:

(a) Zunächst soll die Klasse wissenschaftlicher Sprachen auf der Grundlage der Verfahren zur Einführung (wissenschafts-)sprachlicher Handlungen in stilisierten Lehr- und Lernsituationen begründet werden. Dies ist das Thema des zweiten Teils von LORENZ' Buch ‹Elemente der Sprachkritik›. Insbesondere sollen sich die Wissenschaftssprache der Linguistik auf diese Weise begründen lassen und zumindest Teile der Alltagssprachen.

(b) Die so begründete Wissenschaftssprache der Linguistik und Semiotik kann dann in üblicher Weise auf die Analyse der Alltagssprache angewendet werden und so für einen möglicherweise umfangreicheren Bereich der Alltagssprachen, als dies unter (a) möglich war, klären, was es heißt, sich in dieser Alltagssprache zu verständigen, vielleicht sogar, was es heißt, sich in einer Alltagssprache überhaupt zu verständigen.

(c) Die philosophische Sprache soll in entsprechender Weise entweder wie eine Wissenschaftssprache eingeführt oder mit Hilfe einer so eingeführten Sprache analysiert werden.

Entscheidend ist der Gedanke, daß die Wissenschaftssprachen zwar den natürlichen Sprachen und den formalen Sprachen gegenüber eine methodische Priorität haben – im Gegensatz zu den Voraussetzungen der meisten Philosophen der Alltagssprache. Den Philosophen der Konstruktsprachen gegenüber wird aber betont, daß die Wissenschaftssprachen ihrerseits gerechtfertigt oder begründet werden müssen und daß dies nur auf der Grundlage stilisierter natursprachlicher Verfahren gelingt. Nicht die jeweilig zufälligen Formen des Sprachgebrauchs dieser oder jener Sprache sind die transzendentale Grundlage für Wissenschaft im speziellen und Lebensformen im allgemeinen, sondern die natursprachlichen Verfahren zum Lehren und Lernen von Sprachen. Dies ist die transzendentale Grundthese des Ansatzes:

‹Das Vermögen zu reden ist unhintergehbar, jedes faktisch vorkommende Reden hingegen sehr wohl hintergehbar.›[51]

Vor einer Kritik dieses Ansatzes sollen noch seine wesentlichen Grundlagen und Züge vorgestellt werden:

Es geht darum, Handeln und Reden als *verläßlich* zu charakterisieren. Ein Handeln und Reden mit dem Anspruch auf Verläßlichkeit muß bereit sein, sich durch Ziele und Gründe für dieses Handeln und Reden zu *rechtfertigen*. Es sollen aber nicht nur Ziele und Gründe gegeben werden, sondern *gute* Ziele und *wahre* Gründe. Auch darüber kann auf einer zweiten Stufe geredet werden, und die Verläßlichkeit dieser Rede wird erneut in Frage stehen. Dies scheint den Beginn eines unendlichen Regresses anzuzeigen; was jedoch, wie sich zeigen wird, nicht der Fall ist.

Es ist nun nicht notwendig, alle möglichen sprachlichen oder nicht-sprachlichen Handlungen in Betracht zu ziehen; LORENZ erörtert solche Handlungen, die dann verständlich genannt werden können, wenn man sie lehren *und* lernen kann; in ihrer *Lehr- und Lernbarkeit* wird die Verständlichkeit dieser Handlungen kontrollierbar. Man hat die Handlungen nur dann verstanden, wenn man gelernt hat, sie zu lehren, und man hat dieses Verstandenhaben nur erwiesen, wenn man das Erlernen dieser Handlung gelehrt hat. Um diesen wechselweisen Zusammenhang herauszustellen, werden wir auch von LORENZ' Methode des Lehrens und Lernens sprechen. Wie immer nun Zielsetzungen dieser Handlungen aussehen, das Lehren- und Lernenkönnen, d. h. die kontrollierbare Verständlichkeit, muß mit zu ihren Zielen gehören. Vollzieht jemand eine Handlung dieser Art und behauptet, daß sie verständlich und damit verläßlich sei, muß er sich in diesem Anspruch einem Zweifel gegenüber rechtfertigen. Die Rechtfertigung besteht darin, eben diese Handlung in einer Lehr- und Lernsituation zu vermitteln. Gelingt dies dem Zweifelnden gegenüber, so muß dieser seinen Zweifel aufgeben, denn nun hat er verstanden. Gelingt es nicht, so war der Anspruch ungerechtfertigt. Indem gerade dies nun generell gelehrt und gelernt werden kann, daß in allen Fällen auf Zweifel hin in einen entsprechenden Prozeß des Lehrens und Lernens der bezweifelten Handlung eingetreten werden kann, wird die Handlung des Rechtfertigens selbst verläßlich verständlich, d. h. lehr- und lernbar und also gerechtfertigt. Ein unendlicher Regreß kann also nicht auftreten.

Die transzendentale Untersuchung ist nun vor allem daran interessiert, wie sich der durch die Verständlichkeit von Handlungen ausgedrückte Anspruch auf Verläßlichkeit prinzipiell rechtfertigen läßt. Ihr genügt es daher nach LORENZ, stilisierte Situationen, hier also stilisierte Lehr- und Lern-

---

51 LORENZ, [Sprachkritik], S. 161.

situationen, zu entwerfen, die dem jeweils Handelnden klarmachen können, was er eigentlich tut, wenn er sich handelnd in der Welt orientiert.

Das Verständnis von «Rechtfertigen» und von dem in diesem Sinne verstandenen transzendentalen Programm ist erst dann verläßlich verstehbar, wenn es gelehrt und gelernt wird, darin als lehr- und lernbar und somit als verläßlich verstehbar erkannt wird. Dieses Kriterium anerkennt auch Lorenz. Er betont, daß seine Darlegungen nur einen Dialog fingieren, der erst dann als gelungen bezeichnet werden kann, wenn dieser sich auch verwirklichen läßt und der Leser in der darin stattfindenden Lehr- und Lernsituation den Autor versteht. Unter Zugrundelegung dieses Kriteriums werden wir nun zur Kritik der radikalkritischen transzendentalen Analyse von Lorenz übergehen.

3. Betrachte ich mich als einen solchen Leser, der Lorenz' Verständnis von «Rechtfertigen» verstehen will, so verstehe ich, wie ich glaube, Lorenz nur partiell: Ich kann zwar gewisse sprachliche Unterscheidungen nach seiner Methode unter günstigen Umständen lernen und unter entsprechend günstigen Umständen lehren. Die Methode erscheint mir in den meisten dieser für mich erfolgreich lehr- und lernbaren Fälle sogar besonders aufschlußreich.

Schwierigkeiten sehe ich dagegen
(a) in der Abhängigkeit von *sehr speziellen günstigen Umständen*,
(b) (mit (a) zusammenhängend) in der Voraussetzung einer besonderen *(intellektuell-philosophischen) Motivation* (vor Beginn des Lehrens und Lernens (!)),
(c) darin, daß bisher *nur die Anfangsgründe* für sprachliche Unterscheidungen gelegt wurden und ich nicht verstehe, wie Unterscheidungen großer Komplexität, wie sie uns Gemeinsprache und Wissenschaftssprachen erlauben (selbst unter Voraussetzung günstigster Umstände für das Lehren und Lernen), möglich sein sollen.

Angesichts dieser Schwierigkeiten scheint mir Lorenz' transzendentale Begründung noch auf zu schwachen Füßen zu stehen. Das erforderliche Verständnis von «Rechtfertigen» im vollen Umfang und ohne spezielle Voraussetzungen läßt sich nicht rechtfertigen und ist damit, gemessen an seinen eigenen Ansprüchen, gescheitert. Soweit die Methode trägt, d. h. im eingeschränkten Bereich und unter speziellen Bedingungen, läßt sie sich zwar rechtfertigen. Es wird aber kein Kriterium gegeben, das diese Methode allein gegenüber denkbaren Alternativen auszeichnet. Ich gebe allerdings zu, daß dieses Problem zurückgestellt werden kann, bis tatsächlich Alternativen vorgelegt werden.

Die Gründe für mein soeben skizziertes Urteil sollen nun im einzelnen auseinandergelegt werden. Zunächst soll auf die, wie ich meine, speziellen Umstände eingegangen werden, die erfüllt sein müssen, damit die von Lorenz beschriebenen Lehr- und Lernhandlungen gelingen. Lehren und Lernen findet normalerweise nur da statt, wo

(a) eine Bereitschaft vorliegt, mit dem jeweiligen Partner zu kommunizieren,

(b) der Lehrende im Lehrbereich vom Lernenden als kompetenter angesehen wird als er selbst (möglichst als «Autorität» im Lehrgebiet oder ganz generell als «Bezugsperson», wie bei Kleinkindern),

(c) das zu Lernende einen Sinn hat, das heißt auf einen bereits vorhandenen Kontext (z. B. von Bedürfnissen, Kenntnissen und Erfahrungen) bezogen ist und dieser Bezug das Lernen motivieren kann.

Angenommen, man versucht, LORENZ' Programm des Lehrens und Lernens von Unterscheidungen bis hin zum Lehren und Lernen des Rechtfertigens jemandem gegenüber anzuwenden, der völlig unvorbereitet und in einer beliebigen Situation angetroffen wird. Die Abhängigkeit von den Umständen kann schon bei den ersten Schritten, mit denen die Lehr- und Lernsituation begonnen werden soll, erörtert werden. LORENZ stellt die Situation, sehr knapp, folgendermaßen dar: ‹Man stelle sich vor, daß eine Handlung, etwa das Verbeugen, auf geeignete Weise – zum Beispiel durch Vor- und Nachmachen – von einem, genannt A, gelehrt und von einem anderen, genannt B, gelernt wird. Nachdem B sich selbständig verbeugen kann, also das Verbeugen gelernt hat, beginne A jetzt, das Wort ‹verbeugen› auszusprechen. Das ist eine zweite, sprachliche Handlung, die ihrerseits von B gelernt werden kann. B kann dann sowohl sich verbeugen als auch das Wort ‹verbeugen› aussprechen. In einem dritten Schritt lerne B jetzt eine Handlung, vermöge der ein Zusammenhang der beiden ersten Handlungen hergestellt wird, nämlich eine Zugehörigkeit des Wortes ‹verbeugen› zu der Handlung Verbeugen.›[52]

LORENZ schlägt vor, zur Herstellung des Zusammenhangs etwa das unmittelbare Nacheinander von nicht-sprachlicher Handlung und sprachlicher Handlung durch dieselbe Person auszunutzen. Ebenso wäre gleichzeitiges Ausführen beider Handlungen denkbar. Schließlich muß noch gelernt werden, das Aussprechen des Wortes mit der Handlung eines anderen zu verbinden. Ist dies gelernt, so hat B das Prädizieren-von-‹verbeugen› gelernt.

Diese knappe Darstellung muß vor der Erörterung aber noch etwas ausgesponnen werden. Wir nahmen an, daß der Lernende B völlig unvorbereitet und in beliebiger Situation getroffen wird. Ein Beispiel dafür wäre es, wenn A versuchte, den Lehr- und Lerndialog mit einer x-beliebigen zufällig anwesenden Person B an der Haltestelle eines öffentlichen Verkehrsmittels zu beginnen. A beginne mit einer als Vormachen intendierten Handlung: A verbeuge sich B gegenüber. B wird A erstaunt ansehen. A verbeugt sich nochmals. Keine Reaktion von B. Noch einige Male verbeugt sich A. B wird sich dann entweder abwenden oder auch etwas tun wollen. Geschieht das letztere, so ist die erste Motivationsklippe überwunden. B wird die Alternativen zu eigenem Handeln durchgehen, und hier

52 LORENZ, [Sprachkritik], S. 167/168.

wird wohl die Nachahmung eine gewisse Priorität haben. Das Spiel hat begonnen. Wie lange kann es aufrechterhalten werden? Ich fürchte, nicht besonders lange. Das Spiel wird ständig Klippen überwinden müssen, die den Abbruch der Kommunikation zur Folge haben können, *wenn B nicht das Ziel, ja den Zweck* der merkwürdigen Unternehmungen A's kennt. Soviel zur Motivationsproblematik.

Ein anderes Problem haben wir zu Beginn der Beschreibung aber übersehen: Verbeugt sich A dem Fremden B gegenüber, so wird der erkennen, daß er gemeint ist. Warum? Hier handelt es sich offenbar um *tiefliegende*, vielleicht angeborene *Kommunikationsbedingungen*. Verbeugt A sich nämlich nach irgendwohin, nur nicht in Richtung auf B, so wird wahrscheinlich keinerlei Reaktion von B (außer Kopfschütteln) erfolgen. Angenommen, A will die Handlung und sprachliche Unterscheidung Am-linken-Ohrläppchen-reiben lehren. Solange A nur am Ohrläppchen reibt, passiert nichts; A muß seinen Partner B irgendwie fixieren, mit Blicken, durch Gestik oder Bewegungen. Die Lehr- und Lernhandlung liefert also keineswegs eine unbedingt transzendentale Grundlage. Sie wird erst ermöglicht aufgrund anderer, noch nicht gerechtfertigter Kommunikationshandlungen.

Vielleicht aber will LORENZ keineswegs auf dem völligen Nullpunkt beginnen. Realistischerweise sollte er die Lektüre seines Buches (im Rahmen gewisser Vorkenntnisse der Gegenwartsphilosophie und der Philosophietradition) voraussetzen (oder ein entsprechendes Seminar). In diesem Fall ist die obengenannte Kontextbedingung (c) in einem bestimmten Sinn erfüllt: Der Lehr- und Lernprozeß setzt nun einen Partner voraus, der gewisse intellektuelle Bedürfnisse hat, ‹die menschlichen Bedürfnisse nämlich, die etwa dort Unterscheidungen verlangen, wo bisher keine oder nur undeutliche getroffen worden, oder dort Gegenstände herauszuheben, wo bisher keine beachtet worden sind› [53], sowie das Bedürfnis, vorgeschlagene Unterscheidungen nicht generell fraglos hinzunehmen und selbstgemachte Unterscheidungen Zweifeln gegenüber rechtfertigen zu können. Die Kontextbedingungen (a) und (b), d. h. Bereitschaft zur Kommunikation und «Autorität» des Lehrenden, können dann von dem so neugierig gewordenen Partner B versuchsweise unterstellt werden. Unter diesen sehr speziellen Voraussetzungen (gewisse Kenntnisse der Philosophiegeschichte, etwa der Erkenntnis- und Sprachkritik im allgemeinen und LORENZ' Buch im besonderen sowie das Vorhandensein der genannten intellektuellen Bedürfnisse) könnte der Lehr- und Lernprozeß häufig funktionieren – soweit er bisher skizziert wurde.

Nun hatte aber LORENZ versucht, eine absolute Rechtfertigung vorzulegen. Dieses Ziel hat er nicht erreicht: Die Rechtfertigung von «Rechtfertigung» gelingt nur in Abhängigkeit von der genannten hochspeziellen Voraussetzung. Fällt diese weg, so ist der Prozeß, wie oben angedeutet, prak-

---

53 LORENZ, [Sprachkritik], S. 129.

tisch nicht realisierbar. Zweifellos ist nun aber LORENZ' Methode in einem Teilbereich grundlegender sprachlicher Verfahren aufschlußreich. Dieser Teilbereich soll nun noch kurz selbst und in seiner Begrenzung skizziert werden. Der erste Schritt des allgemeinen Lehr- und Lernprogramms für die Einführung von Unterscheidungen ist das *Prädizieren*. Wir hatten oben schon als Beispiel die Lehrsituation für Prädizieren von ‹Verbeugen› angesprochen. Der zweite Schritt besteht im *Korrigieren*, nämlich darin zu lernen, daß ein Prädikator nicht nur zu-, sondern auch abgesprochen werden kann. Der dritte Schritt besteht im *Regulieren*, d. h. im Lernen der gegenseitigen Abhängigkeit des Zusprechens und Absprechens der Schemata des Prädizierens, etwa daß, wenn ein Prädikator zugesprochen werden kann, ein anderer ebenfalls zugesprochen werden kann oder daß, wenn ein Prädikator zugesprochen werden kann, ein anderer ebenfalls zugesprochen oder abgesprochen werden muß. Mit dem Regulieren lernt man einfachste Prinzipien der *lexikalischen Struktur*. Der vierte Schritt besteht im Lernen des *Nennens*, d. h. darin, daß ein Wort für eine Situation, in der prädiziert werden kann, stehen kann oder diese vertreten kann. Dies bedingt die zweigliedrige Struktur des Satzes, das Subjekt, das die Situation vertritt, und das Prädikat, das nach wie vor von der Situation prädiziert wird. Dies ist der Beginn des Lehrens und Lernens einfachster *grammatischer Strukturprinzipien*. Weitere lehr- und lernbare Strukturen sind Subjekt-Prädikat-Objekt, Substantiv-Verb, Adjektiv-Adverb. Diese grammatischen Kategorien können nun im Sinne von LORENZ verstanden und gerechtfertigt werden. Die Basis der Wissenschaftssprache der Linguistik ist anscheinend lehr- und lernbar und damit, wie LORENZ meint, in diesem Sinne gerechtfertigt. Zweifellos ist dieser Weg der Begründung der Sprache der Linguistik höchst interessant. Nichtsdestoweniger bleibt die Frage offen, ob die so vorgelegten und begründeten Begriffe adäquat sind. Die Tatsache, daß hier eine gerechtfertigte Terminologie vorliegt, reicht an sich nicht aus, um sie auch linguistisch zu rechtfertigen, zumal da keineswegs sicher ist, daß ein alternativer Satz von Kategorien nicht ebenso gerechtfertigt werden kann. Nun handelt es sich bei dem vorgelegten System, dessen Beschränktheit linguistisch offensichtlich ist und weithin kritisiert worden ist, aber nur um Kategorien *einfachster* Grundstrukturen. Syntaktisch ist das System vom Typus eines sogenannten taxonomischen Systems, semantisch gehört es dem Bereich an, der mit der sogenannten extensionalen Semantik behandelt wurde. Die Beschränkung des Systems wird LORENZ wohl kaum bestreiten. Eine entscheidende Frage ist jedoch, wie die komplexeren Kategorien der transformationellen Syntax, wie die volle Flexibilität der Quantifizierung und wie die intensionale Semantik erfaßt werden können. Die Leistungen in diesem Bereich gelten seit langem als Kriterium für die linguistische Adäquatheit einer Analyse, und auch die Sprachphilosophie anerkennt dieses Kriterium mehr und mehr. Es zeigt sich also, daß aus strukturellen Gründen LORENZ' Ansatz zwar für einen elementaren

Teilbereich interessant ist, für den eigentlichen kritischen Problembereich aber noch keine wesentlichen Beiträge liefert, so daß selbst unter der Voraussetzung, daß man den mit dem Ansatz verbundenen transzendentalen Anspruch gelten läßt, die transzendentale Begründung der Linguistik nach LORENZ über die elementarsten Grundlagen noch nicht hinausgekommen ist. Angesichts der Ergebnisse unserer Diskussion, daß LORENZ' Ansatz, im Gegensatz zu seiner Intention, keine absolute transzendentale Begründung erreicht und die mit seinem Ansatz erreichbare relative Rechtfertigung von Wissenschaftssprachen im allgemeinen und der Sprache der Linguistik sowie der wissenschaftlich orientierten Sprachphilosophie im besonderen einerseits aufwendig, andererseits sehr partiell ist, sollte man das überspitzte Programm einer radikalen Rechtfertigung gegenwärtig noch liberalisieren und die Klasse der relativen Rechtfertigungsmöglichkeiten von Wissenschaftssprachen in Betracht ziehen. Im Rahmen dieser Rechtfertigungsmöglichkeiten kann das LORENZsche Programm durchaus für bestimmte Zwecke seinen Platz finden.

D. DAS METASPRACHLICHE TOLERANZPRINZIP

> ‹If it is true that ‹in the beginning was the Word› we may presume that soon after the beginning there was a wise man of the tribe already bemoaning the inadequacy of the Word, and laying plans for the invention of a better one.›
> M. BLACK, [Labyrinth], S. 115

1. Die transzendentale Frage, die Frage, unter welchen Bedingungen wissenschaftliche und philosophische Erkenntnis, ja Erkenntnis und Einsicht überhaupt, möglich seien, führte die Philosophen zur Sprachanalyse. Man hoffte, viele Probleme der Philosophie und manche Probleme der Wissenschaften könnten durch Sprachanalyse als Scheinprobleme entlarvt werden und man könne zeigen, daß schon die Fragen in unangemessener Sprachform gestellt seien, und daß der unentwegte Versuch der Philosophie, diese vermeintlich gehaltvollen Fragen zu beantworten, von vornherein zum Scheitern verurteilt sei. Schließlich könne die Sprachanalyse zeigen, welche Aussagesysteme mögliche Antworten auf sinnvolle Fragen seien. Sprachanalyse sei also die geeignete Methode zur Behandlung der transzendentalen Frage. Drei grundsätzlich verschiedene Ansätze zur transzendentalen Sprachanalyse haben wir bisher vorgestellt und kritisiert. Ihr unterschiedlicher transzendentaler Charakter zeigt sich auch in ihrem jeweiligen Verhältnis zur empirisch-theoretischen Wissenschaft von der Sprache, der Linguistik. Die Philosophie der Alltagssprache führte schließlich zu einer *peri-theoretischen* Einstellung; Fragestellungen werden behandelt, die noch im *Vorfeld* oder

Umfeld der bisherigen theoretischen linguistischen Analyse liegen, so z. B. die Analyse von Sprechakten und Kontextbedingungen des Verstehens. Die Philosophie des transzendentalen Sprachspiels versucht, in einer, wie man sagen könnte, *hypo-theoretischen* Einstellung, das transzendentale Sprachspiel als *wesentliches Kernstück* in oder hinter dem Bereich einer genügend weit gefaßten theoretischen linguistischen Analyse herauszuheben und wirksam bewußtzumachen. Dem dritten Ansatz der ‹Philosophie des sprachlichen Lehrens und Lernens› geht es darum, die theoretische linguistische Analyse überhaupt erst zu *fundieren,* also *pro-theoretisch* die Darstellungsmittel bereitzustellen in einem Verfahren, das in sich selbst gerechtfertigt ist.

Wir kommen jetzt zu einem vierten Ansatz, demjenigen, für den transzendentale Überlegungen *meta-theoretische* Analysen sind.[54] Die meta-theoretische Einstellung ergibt sich daraus, daß die *Zielsetzungen* der Wissenschaft ernsthaft ins Auge gefaßt werden und versucht wird, ihnen im höchstmöglichen Grade zu genügen. In den rationalen Zielsetzungen zeigt sich Wissenschaft nicht nur als eine partikuläre Unternehmung des Menschen, sondern als vorbildlicher Ausdruck einer bestimmten Lebenshaltung oder Lebensform. Diese selbst wird dadurch gestärkt, daß das Paradigma in voller Klarheit entwickelt wird. Es sind insbesondere die Begriffe Klarheit, Deutlichkeit, Exaktheit, Explizitheit, die die Richtung dieser Zielsetzung angeben. Dieser Zielsetzung soll sowohl im Bereich der theoretischen Vernunft als auch im Bereich der praktischen Vernunft klarer Ausdruck gegeben werden.

Die Klarheit des angestrebten Ausdrucks erscheint aber mit den verfügbaren Mitteln, d. h. mit den gegebenen Sprachformen, Gemeinsprachen und Sondersprachen, nicht möglich. Im Hinblick auf die gesteigerten Forderungen der Sprachverwendung, die man im Zusammenhang mit der Zielsetzung aufstellt, müssen gegebene Sprachformen *reglementiert* und neue Sprachformen *konstruiert* werden. Wegen der Hervorhebung dieser sprachanalytischen Operationen nennt man die diesem Ansatz folgenden Philosophen auch Philosophen der Sprachkonstruktion oder kurz *Sprachkonstruktionisten.* Nach der bisherigen Charakterisierung sind die Meta-Theoretiker *scheinbar Rationalisten.* Der Schein trügt jedoch, weil wir bisher nur die erste Hälfte der meta-theoretischen Einstellung charakterisierten, die «meta»-Einstellung gewissermaßen. Die andere Hälfte besteht darin, daß man die *empirische Zielsetzung* der Wissenschaften und gewisser Bereiche des ‹common sense› sehr ernst nimmt. Eine meta-theoretische Untersuchung bezieht sich auf empirisch-theoretische Untersuchungen oder empirisch-vortheoretische Erörterungen und hat solche zur Grundlage. Sie ist keine Konstruktion «im leeren Raum», kein WITTGENSTEINsches «Luftgebäude», da sie einmal von dieser Grundlage ausgeht und sie *rekon-*

---

54 Vgl. STEGMÜLLER, [Erklärung], Einl. S. XXIII.

struiert, zum anderen in dieser Rekonstruktion selbst den *Charakter der empirischen Begründung einer Theorie* oder eines Systems von Behauptungen untersucht. Wie bei KANT unterscheidet die Ausrichtung auf die empirische Erkenntnis die transzendentale Einstellung von der allgemein transzendenten. In diesem Sinne handelt es sich bei den Meta-Theoretikern nicht primär um rationale Konstruktion (im Sinne eines Rationalismus), sondern um *rationale Rekonstruktion*.

Trotz dieses Doppelaspekts ist es zweifellos primär die rationale Zielsetzung, die die Entwicklung von Sprachformen in Richtung auf eine Reglementierung gegebener Sprachformen und der Konstruktion neuer Sprachformen erfordert. Natürlich wirkt sich dies sekundär auch dahingehend aus, daß erst dadurch die empirischen Begründungen selbst in strengem Sinn möglich sind. Der Akzent liegt hier aber auf «in strengem Sinn», und der ergibt sich wieder im Hinblick auf die rationalen Forderungen der Klarheit, Deutlichkeit, Exaktheit und Explizitheit.

Die bisher besprochene besondere Zielsetzung, deren Richtung innerhalb der Gemeinsprache zwar durch die soeben aufgezählten Worte angedeutet, aber nicht vorbildlich ausgedrückt werden kann, ist *nur eine* unter möglichen anderen, die sich Menschen setzen können und in deren Verfolg sie Sprachformen reglementieren und konstruieren können. Man kann sogar vermuten, daß *jede* Sondersprachform Ausdruck einer oder einiger besonderer Zielsetzungen ist, ein Mittel zur Erreichung der ins Auge gefaßten Ziele, die in der Gemeinsprache nur vage andeutbar sind.

Insbesondere mag das vielleicht für die Sprache der Lyrik gelten, vielleicht aber auch in einem noch unklaren Sinn für gewisse Philosophensprachen. Wir werden auf diese Aspekte in Paragraph 3 zurückkommen. Ich möchte noch kurz auf einige Gemeinsamkeiten und Unterschiede des meta-theoretischen Ansatzes der Transzendentalanalyse gegenüber den anderen eingehen. Mit den neueren *peri-theoretischen* Varianten der Philosophie der Alltagssprache verbindet den meta-theoretischen Ansatz die enge Beziehung zur empirischen Wissenschaft von der Sprache, d. h. zur Linguistik. BAR-HILLEL hält diese Verbindung für so stark, daß er mehrfach für eine Vereinigung der Bemühungen der Linguisten, Sprachnaturalisten (d. h. Philosophen der Gemeinsprache) und Sprachkonstruktionisten plädiert hat und der Befolgung des Plädoyers eine reale Chance einräumt. Trennend steht zwischen den beiden die unterschiedliche Beurteilung der Notwendigkeit der rationalen Rekonstruktion. Sprachnaturalisten sind oft mit einer Vorklärung und systematischen Zusammenstellung zufrieden. Mit der *pro-theoretischen* Einstellung richtet die meta-theoretische ihr Augenmerk auf Arten von Einführungen neuer Sprachformen. Von ihr unterscheidet sie sich darin, daß sie die Reglementierung der Einführungen selbst nicht für notwendig hält. Die neuen Sprachformen müssen sich nicht durch die Art ihrer Einführung rechtfertigen, sondern entweder durch Adäquatheit relativ zu dem, was zu rekonstruieren ist, oder durch Bewährung im Gebrauch und anderen Alternativen gegenüber. In diesem zuletzt genannten Aspekt scheint ein Wechsel auf die Zukunft gezogen zu werden.[55] In dieser Hinsicht ähnelt der meta-theoretische Ansatz dem *hypotheoretischen*.

Dem meta-theoretischen Ansatz geht es vor allem um die mit der Sprachrekonstruktion beispielhaft mögliche Klärung von prinzipiellen Zusammenhängen. Zu diesen gehören die prinzipiellen Zusammenhänge, die sich in Sprachen ausdrücken. Wie bereits in der Einleitung hervorgehoben, ist dies, nämlich die Erörterung prinzipieller Aspekte, die a priori oder a posteriori mit Sprache verbunden sind, die Hauptaufgabe dieses Buches. Auch die linguistische Theorie selbst wird in diesem Buch von diesem Standpunkt aus analysiert, indem sowohl das, was eine Theorie ist, als auch die in der linguistischen Theorie wirksamen Grundkonzepte wissenschaftstheoretisch erörtert werden.

2. Angesichts der quasi-universellen Vielfalt der Zwecke und Lebensformen, zu denen uns jede Gemeinsprache schlecht und recht dient, ist jede von ihnen, trotz mancher offensichtlicher Mängel, ein wunderbar entwikkeltes und entwickelbares «Organ für Ausdruck und Kommunikation», ein «Organ», ohne das wohl kein Mensch seine intellektuelle Reife erreichen würde. Man würde also erwarten, daß Philosophen, Wissenschaftler und andere um Einsicht in die menschliche Natur bemühte Menschen die wunderbaren Möglichkeiten dieser unvergleichlichen menschlichen Gabe preisen würden. Tatsächlich haben sich aber gerade Philosophen und Wissenschaftler statt dessen immer wieder über die Unvollkommenheiten der Gemeinsprache beklagt und haben versucht, diese Unvollkommenheiten zu beseitigen oder gar bessere Sprachen zu planen. Warum?

Der Grund liegt, wie ich meine, in folgendem: Die jeweils gegebenen Gemeinsprachen sind wunderbare und zufriedenstellende Instrumente, wenn man die Gesamtheit und Vielfalt der nicht leicht zu vereinenden Zwecke und Lebensformen, denen sie dienen müssen, in Betracht zieht. Verlangt man jedoch von diesen Instrumenten Leistungen für ganz bestimmte spezielle Kombinationen von Zwecken, so zeigen sich Mängel und Unvollkommenheiten in bezug auf *diese* Zwecke. Der Wunsch, zu ihrer Erreichung bessere Sprachformen zu haben, wird unabweislich, und diesem Wunsch entsprechend wird der Versuch unternommen, eine neue Sprachform zu entwickeln und einzuführen.

In besonders klarer Formulierung stellt FREGE seine Einschätzung der Funktionen von Gemeinsprache und Konstruktsprachen in seiner Begriffsschrift heraus: ‹Das Verhältnis meiner Begriffsschrift zu der Sprache des Lebens glaube ich am deutlichsten machen zu können, wenn ich es mit

---

55 Man vgl. etwa die übliche Interpretation der POPPERschen Vorstellungen vom Fortschritt der Wissenschaften. Vgl. aber auch die kritischen Bemerkungen in STEGMÜLLER, [Hume], S. 27/28.

dem des Mikroskops zum Auge vergleiche. Das letztere hat durch den Umfang seiner Anwendbarkeit, durch die Beweglichkeit, mit der es sich den verschiedensten Umständen anzuschmiegen weiß, eine große Überlegenheit vor dem Mikroskop. ... Sobald aber wissenschaftliche Zwecke große Anforderungen an die Schärfe der Unterscheidung stellen, zeigt sich das Auge als ungenügend. Das Mikroskop hingegen ist gerade solchen Zwecken auf das vollkommenste angepaßt, aber eben dadurch für alle anderen unbrauchbar.› [56]

Ein anderer Vergleich stammt von R. Carnap. Er vergleicht die natürliche Sprache mit einem groben, einfachen Taschenmesser, das für hundert verschiedene Zwecke sehr nützlich sei. Für bestimmte spezifische Zwecke seien dagegen andere Instrumente nützlich, z. B. Meißel, Schneidemaschinen und schließlich das Mikrotom. Wenn wir feststellen, daß das Taschenmesser für einen gegebenen Zweck zu grob ist und mangelhafte Ergebnisse liefert, dann sollten wir versuchen, die Ursache dafür herauszufinden, und dann entweder das Messer geschickter handhaben oder es für diesen speziellen Zweck durch ein passenderes Instrument ersetzen oder sogar ein neues erfinden.[57]

Meißel und Schneidemaschinen stehen in diesem Bild zweifellos für Fachsprachen und das Mikrotom für Konstruktsprachen, wie sie von Logikern entwickelt wurden. Daß das Taschenmesser für eine natürliche Gemeinsprache steht, ist zweifellos angesichts der Simplizität dieses Instruments ein höchst inadäquates Bild. Die natürliche Sprache sollte in der Richtung dieses Vergleichs allenfalls mit einem sehr umfangreichen und kombinierbaren Satz einfacher Instrumente der verschiedensten Art, aber des Leistungsgrades von Taschenmessern verglichen werden. Etwa in der Art des Bildes von Wittgenstein: ‹Denke an Wörter, als seien sie Instrumente, die durch ihren Gebrauch charakterisiert werden, und dann denke an den Gebrauch des Hammers, den Gebrauch des Meißels, den Gebrauch eines Winkeleisens, den Gebrauch eines Leimtopfs und des Leimes.›[58]

Angesichts der obenerwähnten Tatsache, daß der Mensch durch die geschichtlich entwickelte Gemeinsprache, die von seiner gesellschaftlichen Umwelt her auf ihn einwirkt, bestimmt und in den Formen dieser Gemeinsprache zur intellektuellen Reife gebracht wird, wird der Vergleich mit

---

56 Frege, [Begriffsschrift], Einleitung, S. V. Derselbe Vergleich wurde übrigens schon von Leibniz verwendet, vgl. Couturat, [Logique], S. 100, und auch Schnelle, [Zeichensysteme], S. 30 u. a. Natürlich hinkt der Vergleich insofern, als hinter dem Mikroskop ja noch einmal ein Auge erforderlich ist. Gemeint ist eine Situation, die entstünde, wenn wir unser Auge durch ein einziges System ersetzen könnten, das dem System Mikroskop – Auge entspräche.

57 Vgl. Carnap, [Replies], S. 938/939.

58 Wittgenstein, [Das blaue Buch], S. 107/108, s. a. [Grammatik], § 31, [Untersuchungen], § 11. Auch hier fehlt im Bild noch die vielfältige Kombinierbarkeit der Teile.

einem Satz von Instrumenten oft als völlig unangemessen zurückgewiesen, weil er einerseits den Charakter des beliebig Auswechselbaren und Ersetzbaren trägt, andererseits eine Trennung eines unabhängig von der Sprache denkenden und planenden Subjekts und der Sprache, deren sich dieses Subjekt bedient, suggeriert wird. Wie schon in der Anmerkung zum Zitat FREGES hervorgehoben, ist der zweite Einwand vollauf berechtigt, da es kein Denken und Planen unabhängig von Sprache gibt. Vielleicht aber geht der Einwand eine Nuance zu weit: Es ist nämlich auch umgekehrt unangemessen, einen «natürlichen» Menschen seinen Instrumenten als ihm äußerlichen Gegebenheiten entgegenzusetzen. Den Menschen muß man immer *mit* allen von ihm entwickelten und ihm verfügbaren «Verlängerungen» seiner Organe betrachten und einschätzen. Erlangen diese «Instrumente» einen gewissen Grad an Komplexität, so erhöht sich der Grad der organischen Leistungsfähigkeit des Menschen, und diese Tatsache ist für ihn nicht äußerlich und unwesentlich. Von einem gewissen Grad der Komplexität an ist das System der «Instrumente» außerdem nicht mehr ohne weiteres auswechselbar und ersetzbar, wie der Blick auf die heutige technische Umwelt ohne weiteres zeigt.

Auch in bezug auf die Sprache sollte man den faktischen Unterschied zwischen natürlichen und gewachsenen Sprachen und Konstruktsprachen zwar konstatieren, beide aber als dem Menschen natürlich ansehen.

3. Die Klage über die Unvollkommenheiten der Gemeinsprache wird jedoch nicht nur von Wissenschaftlern und wissenschaftlich orientierten Philosophen erhoben. Auch die mehr literarisch-künstlerischen Schriftsteller und anders orientierten Philosophen klagen über die Unvollkommenheiten, sofern sie Besonderes ausdrücken wollen. Bei VALÉRY findet man diese Klage z. B. in vielfältiger Variation. Die Gemeinsprache sei ein Gemisch grober Mittel, eine Verquickung und irreguläre Überlagerung der verschiedensten Funktionen, durch unzählige tastende Versuche vieler zustande gekommen und beherrscht,[59] sie sei ‹omnibus, per omnibus und pro omnibus› und daher nur eine angenäherte Lösung.[60]

Spezielle Defekte der Verwendung der Gemeinsprache sind nach VALÉRY

59 ‹. . . ce langage ordinaire cet ensemble de moyens si grossières . . . cette collection de termes et règles traditionnelles et irrationnelles, modifiés par quiconque, bizarrement introduits, bizarrement interprétés, bizarrement codifiés› (VALÉRY, [Œuvres] I, S. 1368). ‹. . . ce moyen essentiellement pratique, perpétuellement altéré, souillé, faisant tous les métiers, le *langage commun* . . .› (ibid. S. 1339). ‹Le langage est une combinaison de fonctions toutes hétéroclites, coordonnées en reflexes acquis par un usage qui consiste en tatonnements innombrables› (ibid. S. 1414).

60 VALÉRY, [Cahiers], zitiert nach SCHMIDT-RADEFELDT, [Valéry], S. 69. Dort auch weitere eingehende Beschreibungen zu VALÉRYS Sprachauffassung. Vgl. auch HARTH, [Valéry], insbes. S. 73 ff, und LÖWITH, [Valéry], S. 26 ff.

einmal ihre vorwiegend praktische Ausrichtung, zum anderen ihr diffus allgemeiner Charakter. Der erste Defekt bedeutet, daß die Sprache selbst, ihre wahrnehmbare Form und der Vollzug des Redeakts, praktisch unbemerkt hinter dem inhaltlichen Verstehen verschwindet. Wenn man eine Sprache versteht, bemerkt man kaum, daß dieses Verständnis mit einem Lautgebilde, mit einem Klangkörper verbunden ist. Dies aber sei eine für den künstlerisch sensiblen Menschen wesentliche Einbuße an den Möglichkeiten der Sprache.

Der zweite Defekt besteht darin, daß die Gemeinsprache das Resultat vieler einzelner ist; sie drücke das oberflächlich aus, was übrigblieb von dem, was viele mehr oder weniger entfaltet zu denken imstande waren. Ihr fehle jeder systematische Charakter, den ein einzelner oder eine Gruppe von einzelnen in der Gedankenentwicklung ihres Lebens zu entwickeln vermögen. Sie sei daher so, wie sie ist, ungeeignet für den, der sein besonderes Denken zum Ausdruck bringen möchte.

Beide Defekte sollen durch die Entwicklung einer poetischen Sprache überwunden werden. Die poetische Sprache müsse auf den Leser einen Effekt ausüben, der ihn oszillieren läßt vom ausgedrückten Sinngebilde zum Lautgebilde und zurück und ihn so die unlösbare Einheit dieser sprachlichen Bestandteile erfahren läßt.[61]

Die poetische Sprache müsse andererseits durch und durch von der einheitlich systematisierenden Kraft des einzelnen geprägt sein. Vorbild ist für VALÉRY in diesem Punkt MALLARMÉ. Er habe sich eine Sprachform geschaffen, die fast ganz die seine sei, durch die raffinierte Wortwahl und die einzigartigen sprachlichen Wendungen, die er erfunden oder entwickelt habe. Dabei habe er in jedem Fall die unmittelbare Lösung verweigert, die ihm der Geist aller einzugeben versuchte. Dies sei nichts anderes gewesen als die Verteidigung gegen den Automatismus der Gemeinsprache, bis in jedes Detail und elementare Funktionieren des geistigen Lebens hinein. MALLARMÉ habe dadurch die Sprache verstanden, *als habe er sie selbst erfunden.*[62]

Eine poetische Sprache dieser Art könne in uns eine poetische Empfindung hervorrufen, in der Lautkomplex und Inhaltskomplex einander wechselweise hervorrufen und in der innerhalb dieser Komplexe jedes Element jedes andere evoziert. Alle Teile werden «musikalisiert», indem sie in Resonanz zueinander stehen. Ein solches poetisches Universum habe starke Ähnlichkeit mit dem, was wir vom Reich der Träume annehmen könnten.[63]

Die Musik gebe in diesem Sinne eine Idealstruktur für die poetische Sprache ab, in einem analogen Sinne wie andererseits die Algebra (und der uninterpretierte Kalkül) für die Wissenschaftssprache.

Eine ähnliche Klage über die Unvollkommenheit der Sprache ist die über

---

61 Vgl. u. a. VALÉRY, [Œuvres] I, S. 1332.
62 Vgl. VALÉRY, [Œuvres] I, S. 658.
63 VALÉRY, [Œuvres] I, S. 1321.

ihre Abstraktheit und ihren Schematismus. Genauer ist es die *gewöhnliche Verwendung* von Gemeinsprachen und Wissenschaftssprachen, die hier angeprangert wird. So schreibt WIENER – ich zitiere trotz seiner Verdammung von Zitaten[63a] –: ‹*kalt – warm*, um wie viele raffinessen des genusses bringt uns diese sture sprache? wieviele sinne gehn an ihrem standard zugrunde? stumpfsinn ist der umschlag der vereinigung.›[63b] Und weiter: ‹*sprache ist das geschöpf der politik*, . . . eine proklamation für ganze mengen, ich aber bin der einzelne Fall.› [63c] Schon die Tatsache, daß mit dem Sprechen meist eine Absicht verbunden ist, wird verdächtig: ‹überhaupt ist begreifen keine tätigkeit, begreifen ist was so passiert, mein anteil an dieser situation; ein gutes wort schnell aussprechen! eine philosophie gefällt dir nicht weil es sie schon gibt. die maxime kommt zu spät.› [63d]

Mit anderer Ausrichtung klagen manche Philosophen die mit «gemeinsprachlicher Münze» verbundene «Verdinglichung» an und deuten an, es gäbe Sprachformen, mit denen auf philosophische Weise diese «Verdinglichung» entlarvt werden könne. Für manche ist die Sprache der Dialektik bzw. die dialektische Verwendung sprachlicher Begrifflichkeit eine solche Sprachform, der man diese Leistung zutrauen könne. Die analytischen Philosophen lassen diese Sprachform nicht als philosophische gelten – ebensowenig wie andere, anscheinend nur verbal-begriffliche. Sie betrachten die dialektischen Philosophen eher als Dichter ohne eigentlich dichterische Fähigkeiten. Vor einer genaueren Untersuchung der dialektischen Sprachverwendung kann man sich aber diesem Urteil kaum anschließen. Eine charakteristische Form der dialektischen Sprachverwendung findet man bei TH. W. ADORNO. In manchen Fällen finden sich bei ihm sogar Reflexionen über diese Sprachform. In seiner Habilitationsschrift [64] geht er z. B. auf den Unterschied der dichterischen von der dialektisch philosophischen Sprachform ein. Die ersten beiden Sätze lauten: ‹Wann immer man die Schriften von Philosophen als Dichtungen zu begreifen trachtete, hat man ihren Wahrheitsgehalt verfehlt. Das Formgesetz der Philosophie fordert die Interpretation des Wirklichen im stimmigen Zusammenhang der Begriffe.› [65] In der Tat zeigt sich die Betonung der Begrifflichkeit sprachlich in einem stark nominalen Stil, der dem der wissenschaftlichen Fachsprache kaum nachsteht. Nach ADORNO soll sich die dialektische Sprachform von der wissenschaftlichen aber dadurch unterscheiden, daß ihre Begriffsausdrücke nicht wie die wissenschaftlichen durch die eindeutige Bestimmtheit der sie konstituierenden Merkmale und der Art ihrer Kombination charakterisiert werden können. Ihre Satzgefüge könnten eben-

63a WIENER, [Verbesserung], S. XXX.
63b WIENER, ibid. S. XXVIII.
63c WIENER, ibid. S. XXV.
63d WIENER, ibid. S. XV.
64 ADORNO, [Kierkegaard].
65 ADORNO, ibid. S. 9.

sowenig als Systeme herleitbarer Theoreme verstanden werden. Die dialektischen Begriffe und Sätze könnten statt dessen erst vom Gesamtzusammenhang des ausgeführten Systems und nicht isoliert verstanden werden. ADORNO zitiert LUKÁCS: ‹Es gehört zum Wesen der dialektischen Methode, daß in ihr die – in ihrer abstrakten Einseitigkeit – falschen Begriffe zur Aufhebung gelangen. Dieser Prozeß des Aufhebens macht aber zugleich notwendig, daß dennoch ununterbrochen mit diesen – einseitigen, abstrakten und falschen – Begriffen operiert wird; daß die Begriffe weniger durch eine Definition, als durch die methodische Funktion, die sie als aufgehobene Momente in der Totalität erhalten, zu ihrer richtigen Bedeutung gebracht werden.› [66]

Abgesehen von der mehr suggestiven Formulierung scheint hier zunächst nicht viel anderes anvisiert zu sein, als was die moderne Wissenschaftstheorie theoretische Begriffe nennt. Auch sie erhalten ihre Bedeutung erst im Gesamtzusammenhang aller Formulierungen und deren Anwendung auf die Erfahrung, und nicht als isolierte Begriffe. Nichtsdestoweniger ist hier mehr gemeint. Der Gesamtzusammenhang, der letztlich als Kontext bedeutsam wird, ist im philosophischen und geistesgeschichtlichen Bereich die unabgeschlossene Geschichte. Daher darf kein bestimmter, fest vorgegebener Systemzusammenhang als ein ausreichender für die dialektische Interpretation der Begriffe festgelegt werden. Wiederum scheint nun hier nichts anderes angesprochen zu sein, als was die Wissenschaftstheorie partiell interpretierte Begriffe nennt, Begriffe, die vielleicht außerdem innerhalb einer offenen Textur [67] von Begriffsausdrücken stehen.

Aber auch diese Annahme scheint nicht ausreichend fundiert zu sein. In jeder dialektischen Begriffsverwendung soll das, was zusätzlich in der konkreten Erfahrung noch begriffslos vorliegt und nur sehr ungefähr anvisiert werden kann, ebenso mitverstanden werden wie das von den Begriffen ausdrücklich Gemeinte. Dies ist anscheinend der Sinn der ADORNOschen Negativen Dialektik. ADORNO gibt zu, daß ein solcher Begriff von Dialektik Zweifel an seiner Möglichkeit weckt. Dennoch, ‹daß der Begriff den Begriff, das Zurüstende und Abschneidende übersteigen und dadurch ans Begriffslose heranreichen könne, ist der Philosophie unabdingbar und damit etwas von der Naivetät, an der sie krankt. . . . Die Utopie der Erkenntnis wäre, das Begriffslose mit Begriffen aufzutun, ohne es ihnen gleichzumachen.› [68] Und die Negativität der philosophischen Dialektik wird folgendermaßen bestimmt: ‹An ihr ist die Anstrengung, über den Begriff durch den Begriff hinauszugelangen› [69] – sei dies nun schlechte Dichtung mit leerem Wortgeklingel oder Summe einer umfassenden philosophischen Er-

66 ADORNO, ibid. S. 10/11.
67 WAISMANN, [Verifiability], S. 38.
68 ADORNO, [Dialektik], S. 19.
69 ADORNO, [Dialektik], S. 25.

fahrung mit weitreichenden Konsequenzen. Wichtig im vorliegenden Zusammenhang ist allein, daß hier ein besonderer Defekt der Gemeinsprache durch eine *besondere philosophische Sprachform* (die in diesem Fall eine angemessene dialektische Sprachinterpretation erforderlich macht) verbessert werden soll. Dies und die Erörterung der poetischen Sprache genügen, um an dieser Stelle den Blick über die spezifisch meta-theoretischen Zielsetzungen hinaus zu weiten und zu zeigen, daß auch nicht-meta-theoretische Zielsetzungen Ausprägungen besonderer Sprachformen hervorrufen können. Dieser kurze Exkurs ist wohl um so erforderlicher, als wir uns im übrigen auf die meta-theoretischen Zielsetzungen und die daraus resultierenden Sprachformen konzentrieren werden.

4. Reglementierungen vorgegebener Sprachformen und Sprachkonstruktionen wurden von den Meta-Theoretikern der Mathematik und der empirischen Wissenschaften vor allem für die Lösung der Aufgaben in der Meta-Mathematik und der Meta-Theorie der Wissenschaften entwickelt.[70] Die neuen Sprachformen sollten bei der dort zu leistenden Arbeit *an die Stelle* der noch nicht speziell von den wissenschaftlichen und meta-theoretischen Zielsetzungen bestimmten Gemeinsprache treten. Sprachphilosophisch fundamentaler aber als die Entwicklung der meta-theoretischen Sprachkonstruktionen ist bei den meta-theoretisch orientierten Sprachphilosophen die Betonung der Zwecke, für die die Sondersprachformen entwickelt werden. Dies findet man weder bei den Philosophen der Gemeinsprache noch bei LORENZ; als einziger Zweck tritt bei LORENZ die rationale Rechtfertigung der Sprachform auf. Bei APEL gibt es eine Zweckorientierung der Sprache und Sprachverwendung, aber genau eine, nämlich die Ausrichtung auf die ideale Sprachsituation, die die Sprachverständigung der unbegrenzten Kommunikationsgemeinschaft ermöglicht. Die Sprachphilosophen der zweckbestimmten Sondersprachformentwicklung setzen statt dessen im allgemeinen ein pluralistisches Prinzip der Sprachformen und Zwecke. Die berühmteste Formulierung ist CARNAPS *Toleranzprinzip*, das in einer neueren Fassung lautet: ‹*Jedermann ist frei, diejenige Sprache zu benutzen, die seinen Zwecken am besten genügt.*›[71]

Ich würde nicht zögern, dieses Prinzip grundsätzlich auf alle angedeuteten Sprachformen anzuwenden, die verschiedenen Sprachformen der Wissenschaft, wissenschaftlich orientierte philosophische Sprachformen, dialektisch (oder anders) orientierte philosophische Sprachformen, poetische Sprachformen und vielleicht andere mehr.

In der ursprünglichen Form enthielt das Prinzip auch eine Maxime: ‹*Wir wollen nicht Verbote aufstellen, sondern sprachliche Festsetzungen treffen*›[72]

---

70 Zur Gliederung und Aufgabenstellung der Meta-Theorie vgl. STEGMÜLLER, [Erklärung], Einl., vor allem S. XXIII.
71 CARNAP, [Autobiography], S. 18.
72 CARNAP, [Syntax], S. 45.

oder, in einer späteren, ausführlicheren Formulierung: ‹Wir wollen vorsichtig sein bei der Aufstellung von Behauptungen und kritisch in ihrer Überprüfung, jedoch tolerant in der Zulassung linguistischer Formen.› [73]

Diese Maxime scheint in Konkurrenz zu stehen zur Maxime des transzendentalen Sprachspiels der unbegrenzten Kommunikationsgemeinschaft. APEL würde dieser Maxime sicher die fundamentalere Bedeutung einräumen, etwa mit folgendem Argument: Über die Zwecke, denen die zu entwickelnden Sondersprachformen und sprachlichen Festsetzungen zu genügen hätten, müsse auch diskutiert werden können. Jede derartige Diskussion setze aber voraus, daß man prinzipiell an eine Sprachverständigung darüber glaubt und damit eben an das transzendentale Prinzip der prinzipiell unbegrenzten Kommunikationsgemeinschaft.

Der Einwand ist jedoch unangemessen. Zwar kann man verlangen, daß noch vor dem Aufbau eines Sondersprachsystems darüber müsse diskutiert werden können. Für diese Diskussion gibt es aber keine Garantie der Einigung. Derjenige, der eine Sondersprache zu entwickeln wünscht, ist aber gerade in diesem Wunsch der Meinung, daß ohne diese Sondersprache das Problem selbst nicht in voller Klarheit diskutiert werden kann. Zwar empfindet er selbst eine bestimmte Unvollkommenheit der Sprache; die Mitteilung seiner Empfindung bleibt aber, wie er selbst weiß, so lange diffus und sachlich wenig überzeugend, als er nicht die Mittel zur klaren Darlegung seines Standpunkts hat. Die will er aber gerade erst entwickeln. Kurz: Er kann APELS Prinzip gar nicht voraussetzen.

Andererseits: Hat er einmal seine Sondersprachform entwickelt, hängt natürlich die Kommunikation in dieser Sprache davon ab, daß sein Partner diese Sprachform versteht. Hat er sie nicht selbst mitentwickelt, kann dies nur gelingen, wenn er sie erlernt. Die Motivation, sie zu erlernen, kann aber im allgemeinen nicht jedermann beigebracht werden. Die Maxime des Toleranzprinzips ist daher, wie ich glaube, mit der Maxime des Prinzips der unbegrenzten Kommunikationsgemeinschaft unvereinbar. Ich halte die Maxime des Toleranzprinzips übrigens für humaner.

Kehren wir nochmals zur Zweckbezogenheit der Sprachreglementierungen und Sprachkonstruktionen zurück. Die Betrachtung eines Gegenstandsbereichs unter dem Gesichtspunkt von Zwecken nennt man auch funktionale Betrachtung. Die funktionale Sprachanalyse hat auch unter den Sprachwissenschaftlern eine große Zahl von Anhängern. Sie sind allerdings nicht primär an besonderen Zwecken interessiert, sondern am Gesamtsystem der Zwecke, dem Sprachen offenbar dienen.

Es ist klar, daß die Zwecke, die man mit Hilfe sprachlicher Handlungen in einer Sprache verfolgen kann, ungeheuer vielfältig sind, ein Geflecht voneinander abhängiger Teilzwecke und -funktionen. Außerdem scheint

---

73 CARNAP, [Empiricism], S. 221.

es, daß man die Sprachmittel, obgleich sie primäre Zwecke haben, ebenso wie andere Instrumente auch für Zwecke verwenden kann, für die sie nicht primär gedacht waren. Einen Hammer kann man z. B. verwenden als Hindernis, das eine Tür am Zuschlagen hindert, als Briefbeschwerer, als Waffe, als Sportinstrument usw., wenngleich er primär für das Schlagen von Dingen angefertigt wurde. Die Sprachmittel haben, wie wir weiter unten noch erörtern werden, allerdings meist mehrere primäre (normale) Funktionen. Nichtsdestoweniger können auch sie außerdem für manche anomale Funktionen verwendet werden.

Neben die Scheidung der normalen von den anomalen Funktionen tritt oft der Versuch, im System der Funktionen einige als besonders grundlegende auszuzeichnen. Versuche dazu sind von den verschiedensten Standpunkten her unternommen worden (von linguistischen, psychologischen, soziologischen, poetologischen usw.). Ein besonders verbreitetes Grundsystem ist dasjenige von BÜHLER, der Darstellungsfunktion, Appellfunktion und Kundgabefunktion unterscheidet.[74]

Das sprachliche System der Formen[74] und Funktionen kann offenbar in verschiedenen Weisen angegangen werden. Eine der Möglichkeiten ist die Klärung der funktionellen Grundbegriffe im engen Zusammenhang mit den sprachlichen Phänomenen und eine Explikation auf dieser Grundlage. Die Explikation nimmt normalerweise die Gestalt einer Sprachtheorie an, in der *über* sprachliche Zusammenhänge wahre Aussagen gemacht werden. Andererseits ist es aber denkbar und oft von höchstem Nutzen, für Teilsysteme dieser Theorie (oft sogar statt ihrer) Modelle zu entwickeln. Solche Modelle sind selbst Sprachen oder Sprachfragmente, allerdings konstruierte oder reglementierte, die den entsprechenden Erklärungsbereich exemplifizieren. Modelle, die mit dieser Absicht entwickelt wurden, Aspekte der natürlichen Sprache zu modellieren, nennt man erklärende (oder explanatorische) Modelle. Einige Logiker und Meta-Theoretiker verstehen nun die in ihrem Bereich vorkommenden Sprachkonstruktionen als erklärende Modelle, die als solche der Beurteilung hinsichtlich ihrer Adäquatheit unterworfen werden können.[75]

Da die erklärenden Modelle ohne weiteres nur für gewisse Funktionen, also nur für ein Teilsystem der insgesamt angestrebten Sprachtheorie aufgestellt werden können, ohne ihren Erklärungswert zu verlieren, berührt sich ganz offenbar dieser Ansatz mit demjenigen, der *Sprachkonstrukte zur Sprachverwendung anstelle der vorgegebenen Sprache* für gewisse metatheoretische Zwecke entwickelte. Da nämlich diese Sprachkonstrukte nicht für Zwecke entwickelt wurden, denen vorgegebene Gemeinsprachen nicht dienen, sondern im Gegenteil für Zwecke, denen sie auch und oft sogar in

---

74 Vgl. BÜHLER, [Sprachtheorie], S. 28 ff, [Axiomatik], S. 94 ff, [Krise], Kap. II, Résumé S. 59 ff.
75 Vgl. zu dieser Auffassung HINTIKKA, [Methods].

zentraler Weise dienen müssen, wenn auch nicht in optimaler Form, so hat die Sprachkonstruktion im Hinblick auf meta-theoretische (d. h. nicht primär spracherklärende) Zwecke den Nebeneffekt, auch einen Beitrag zur Erklärung der Gemeinsprachen selbst zu liefern. Dies ist der Sinn von CARNAPS Hinweis in seinem Buch ‹Die logische Syntax der Sprache› (S. 8), daß die Konstruktsprachen als Bezugssystem für die Gemeinsprachen dienen könnten. Indem man eine Sprache konstruiert, die auch und in ihrem Bereich besser leistet, was die Gemeinsprache leistet, liefert man einen Beitrag zur Erhellung der Gemeinsprache und ihrer Funktionen.[76]

Zur Klärung und Erklärung welcher Sprachfunktion liefern nun die Konstruktsprachen der Logiker und Meta-Theoretiker einen Beitrag? Schon BÜHLER war der Ansicht, ‹daß der Begriff der Darstellungsfunktion an der Sprache nur von dem zu gewinnen ist, der sie als Instrument des Erkennens, in letzter Linie als Instrument der Logik betrachtet›.[77] In der Tat sind es ganz offensichtlich die Bedingungen, unter denen die Sprachen ihre Darstellungsfunktion, d. h. ihre sachbezogene oder kognitive Funktion, erfüllen können, die im Zentrum des Interesses der Logiker und Meta-Theoretiker stehen. Ohne Zweifel ist es nämlich diese Funktion, die bei der wissenschaftlichen Verwendung der Sprache im Vordergrund steht, für die es also präzise Darstellungsmittel bereitzustellen gilt. Der in diesem Jahrhundert vor allem von den Logikern erzielte Fortschritt bei der Klärung der kognitiven Funktion der Sprache ist höchst beachtlich, und die Linguistik ist in diesen Jahren im Begriff, dies zu erkennen. Dieser Fortschritt war möglich, weil man sich auf die Erörterung der wesentlichsten, diese Funktion charakterisierenden Begriffe konzentrierte und die besten Methoden der Wissenschaft (speziell der Mathematik und Logik) anwendete oder zugleich mitentwickelte.

Der Kernbegriff der Darstellungsfunktion ist derjenige des Sachbezugs oder der Wahrheit. Seine direkte Klärung in bezug auf Gemeinsprachen bereitete jahrhundertelang Schwierigkeiten. Seit LEIBNIZ und BOLZANO und, mit erhöhten Anforderungen an die Genauigkeit der Klärung, seit FREGE wurde die Analyse in bezug auf Konstruktsprachen betrieben, die von den Problemen der Ungenauigkeit von Wortbedeutungen und der Kombination dieser Bedeutungen frei waren. Besonders vorbildlich wurde der Begriff von TARSKI relativ zu den Formen einer logischen Konstruktsprache bestimmt. Die damit verbundenen Probleme sind ziemlich weitgehend geklärt. Im Zusammenhang mit den semantischen Begriffen der Wahrheit, der Bezeichnung, der Erfüllung konnte der Apparat der mathematischen Mengenlehre, Algebra und Modelltheorie weiterentwickelt werden. Ebenso

---

76 Dies ist auch der Sinn von VALÉRYS Bemerkung über die Sprache MALLARMÉS, vgl. [Œuvres] I, S. 658 und unsere Bemerkungen auf S. 60.

77 Vgl. BÜHLER, [Krise], S. 59. Man beachte aber auch die historische Anmerkung S. 61 ibid.

wurden in diesem Rahmen schwierigere semantische Begriffe wie diejenigen der Gleichheit von Sinn und Bedeutung angegangen. Auf diese Zusammenhänge werden wir uns in Kapitel IV über die Prinzipien der logischen Form und der Semantik stützen können.

Insbesondere werden wir dort die Frage diskutieren müssen, wie die so präzisierte Darstellungsfunktion, sprich der Wahrheitsbegriff, auf natürliche Gemeinsprachen bezogen werden kann. Es handelt sich einmal darum, die allgemeine Form, in der der Sachbezug erledigt wird, d. h. die logische Form der Sätze, zu klären, zum anderen, die Ungenauigkeiten und Mehrdeutigkeiten von Wörtern und Wendungen zu charakterisieren und zu «messen». Eine Möglichkeit zur Klärung des Verhältnisses von logischer Form der Gemeinsprache zur logischen Form, wie sie die Konstruktsprachen repräsentieren, wurde von Quine skizziert und von Bar-Hillel, Malino und Margalit ausgearbeitet.[78] Die Klärung der Ungenauigkeiten und Mehrdeutigkeiten von Wörtern und Wendungen wurde vor allem im Zusammenhang mit der Begriffsexplikation erörtert. Wir werden darauf in den genannten Kapiteln eingehen.

Wir haben bisher im allgemeinen die Gemeinsprache und eine oder mehrere Sprachformen für besondere Zwecke nur einander gegenübergestellt, beide als fertig und nicht flexibel gedacht. Das war eine Vereinfachung. Nicht nur können die speziellen Funktionen der Sondersprachformen auch von der Gemeinsprache, wenn auch weniger gut, ausgefüllt werden, sondern die Gemeinsprache enthält selbst die *Möglichkeiten zu ihrer Veränderung*, die bei den Entwürfen der Sondersprachformen nur systematischer ausgenutzt werden. Viele Sondersprachformen können also als spezialisierte Auswüchse der Gemeinsprache verstanden werden, so wie die Hand ein spezialisierter Auswuchs des Körpers ist – der übrigens mit geeigneten Konstrukten (künstlichen Instrumenten) noch weiter spezialisiert und, im Hinblick auf bestimmte Spezialitäten, verbessert werden kann.

Zum anderen müssen für die Zwecke der praktischen Verwendung Gemeinsprache und bestimmte Sondersprachformen durch Übersetzungen und Definitionen aufeinander bezogen werden. In der praktischen Verwendung reicht es bei Berücksichtigung aller Gesichtspunkte nicht, bestimmte Sonderformen zu entwickeln, etwa um durch diese ein für allemal die Verwendung der Gemeinsprache oder der in diesem Bereich alternativen Sondersprachformen zu ersetzen, sondern man muß von vornherein zu einem «pluralistischen sprachlichen Doppelleben» bereit sein, d. h. dazu, Gemeinsprachen, reglementierte Sprachen und Konstruktsprachen nebeneinander und aufeinander bezogen zu benutzen. Ist man aber dazu bereit, so voll-

---

78 Vgl. Quine, [Word], Kap. 4 und 5, bes. S. 158, 159 u. a., und Bar-Hillel/Malino/Margalit, [Logic]. Vgl. auch unten S. 98 ff.

bringt man, nach QUINE, das Kunststück, den Kuchen zugleich zu essen und ihn zu haben.[79]

Das Prinzip vom «pluralistischen sprachlichen Doppelleben», das ich in diesem Paragraphen formulieren werde, ist in dem angedeuteten Sinn eine Weiterentwicklung und Strukturierung des Toleranzprinzips.

Als Vorbereitung zu dieser Formulierung soll aber, in Anlehnung an QUINE, besprochen werden, wie die Sprache selbst Mittel zu ihrer eigenen Präzisierung bereitstellt und wie diese verwendet werden. Die sprachlichen Reglementierungen kann man dann als besonders systematische Entwicklungen dieser unsystematischen Anlagen verstehen. Die Gemeinsprache bietet jedem Benutzer einen Stamm strukturell bestimmter Verwendungsweisen[80] ihrer Ausdrucksmittel an. Sagt jemand «Das Fenster ist offen», so ist die strukturell bestimmte Verwendungsweise die, daß eine bestimmte *Feststellung gemacht wird*, nämlich die, daß ein bestimmtes Objekt, von dem der Sprecher annimmt, daß es der Hörer in der Situation der Äußerung identifizieren kann (nämlich ein bestimmtes Fenster), in einem bestimmten Zustand ist (nämlich im Zustand des Offenseins). Eine abgeleitete, strukturell-bestimmte Verwendungsweise ist die Verwendung in einem literarischen Text. Hier bezieht sich der Schreiber nicht auf ein bestimmtes wirkliches Fenster, sondern auf ein fiktives Objekt, das gleichwohl ein mögliches wirkliches Objekt[81] sein könnte, dessen Existenz der Leser für den Textzusammenhang annehmen soll oder mit einem im selben Text schon früher angenommenen identifizieren soll. Dieses fiktive, gleichwohl real mögliche Objekt befindet sich nach Aussage des Schreibers im obengenannten Zustand. Eine nach den Strukturbedingungen der Sprache nicht direkt bestimmte, wenngleich nur *unter bestimmten Bedingungen* regulär vorkommende Verwendung des Satzes ist die, nach der man mit «Das Fenster ist offen» den Hörer *auffordert*, es zuzumachen. Es gibt sogar Ausdrücke, bei denen die bei weitem üblichste Verwendungsweise nicht die strukturell bestimmte ist. Ein Beispiel ist ‹*Entweder du kommst oder du kommst nicht!*›. Die strukturell normale Verwendung wäre diejenige der Feststellung einer Disjunktion. Die regulären Verwendungsweisen sind diejenigen, eine Aufforderung auszudrücken (Entscheide dich, ob du kommen willst oder nicht!) oder Gleichgültigkeit auszudrücken (Mir egal, ob . . .).

In manchen kommunikativen Situationen reichen nun weder die strukturellen Bestimmungen noch die speziellen situativen oder anderen Anzeichen für Abweichungen aus zu bestimmen, was der Sprecher gemeint haben könnte. In solchen Fällen kann eine Klärung dadurch herbeigeführt wer-

---

79 QUINE, [Word], § 39, bes. S. 189.

80 d. h. durch die *Form* der Ausdrucksmittel allein bestimmte Verwendungsweisen.

81 im Gegensatz zu Hexen und Einhörnern.

den, daß man das Gesagte durch eine *Paraphrase* abstützt. Ebenso kann der Hörer unter Benutzung einer Paraphrase zurückfragen, ob der Sprecher das Gesagte etwa im Sinn dieser Paraphrase gemeint habe. Manchmal kann sogar statt einer Paraphrase eine längere *Erklärung* des Gemeinten angefügt werden oder auch eine Bedeutungsunterscheidung. Diese Verfahren zur Präzisierung[82] von Gesagtem sind durchaus üblich in den Gemeinsprachen. Sie sind anwendbar sowohl zur Auflösung struktureller und inhaltlicher Bedeutungsunbestimmtheit (keine oder zu viele Bedeutungen könnten gemeint sein) als auch bei Vagheit, Bedeutungsverschiebung und bei verschiedenen Vorkommen derselben Formulierung im gleichen Text usw.

Gelegentlich wird man bei den präzisierenden Erklärungen und Paraphrasen sogar umständlichere Formulierungen als die gängigen benutzen. Wenn große Genauigkeit des Ausdrucks gefordert wird, wird man sogar Formulierungen nicht verschmähen, die am Rande des sprachlich Tolerierbaren zu liegen scheinen.[83] Die Anforderung an Genauigkeit fordert also ihren Tribut in Flüssigkeit des Ausdrucks. Umgekehrt ist es natürlich bei manchen literarischen Verwendungen der Sprache. Manche der verwendeten Abweichungen der Sprache werden aber, obgleich sie zunächst ungewöhnlich sind, allmählich gängig, schließlich sogar regulär oder normal.

Das heißt: Bereits die normale Kommunikation mit der Gemeinsprache erfordert in bestimmten Situationen die Abstützung des Gesagten, ja gelegentlich sogar Abweichungen von der gängigen Form der Sprache aus immanent praktischen Gründen. Sprachliche Abweichungen, die sich für bestimmte Zwecke als nützlich erwiesen, können nun aber auch systematisiert werden und so zu abgewandelten Sprachformen oder schließlich sogar zu Sprachkonstrukten führen. Diese Sprachkonstrukte können ihrerseits sowohl praktische als auch deskriptiv-erklärende Funktion als Bezugssystem haben, wie wir im vorigen Paragraphen sahen. Es zeigt sich allerdings, daß es unpraktisch, ja unangemessen ist, nur ein einziges Bezugssystem einer Konstruktsprache anzunehmen und zur Gemeinsprache ins Verhältnis zu setzen. Selbst im Bereich der Darstellungsfunktion allein bringen verschiedene, nicht ohne weiteres zu vereinbarende Konstrukte verschiedene zu klärende Aspekte oder verschiedene Grade der Komplexität oder Durchsichtigkeit zum Ausdruck. Beispiele für alternative Analysen der logischen Form sind nach QUINE die Vorschläge zur Behandlung der definiten Nominalphrasen.[84] Beispiele für unterschiedliche Klärungen der Bedeutung eines wissenschaftlichen Begriffs sind, ebenfalls nach QUINE[85], die Vor-

---

82 Vgl. zu diesen Verfahren NAESS, [Argument].

83 Beispiele dafür findet man reichlich in mathematischen Texten (ganz abgesehen von den vorkommenden Formeln). Präzisierende Abweichungen dieser Art vom gängigen Sprachgebrauch wurden vor allem von QUINE im 4. und 5. Kapitel von [Word] untersucht.

84 Vgl. die §§ 37–39 von QUINE, [Word].

85 Vgl. QUINE, [Word], §§ 53, 54.

schläge zur Explikation des Begriffs «geordnetes Paar» und die Explikation des Begriffs «Zahl».

In einem bestimmten Sinn erwecken die eingeführten Konstrukte den Eindruck von Idealisierungen. Die Vielfalt der möglichen und benutzten verschiedenen Konstrukte zeigt aber, daß es nicht *das* Ideal gibt. Darüber hinaus gibt es Konstrukte, die in verschiedenem Grade ideal sind. «Ideal» soll hier aber nur bedeuten, daß die beschriebenen Zusammenhänge den Idealisierungen beliebig nahekommen, je mehr man andere normalerweise mitspielende Faktoren eliminiert oder eliminieren würde. Eine Idealisierung, bei der weniger Faktoren zu eliminieren sind, um die Beschreibung zu approximieren, ist «weniger» ideal.[86] Auf die Sprachbeschreibung bezogen heißt das, daß das Sprachgebilde sich um so mehr einem der Konstrukte annähern würde, je mehr man die Bedeutung oder die Wirksamkeit anderer Funktionen der Sprache als diejenige der Darstellungsfunktion eliminieren würde.

Die verschiedenen entsprechenden Formulierungen in verschiedenen Konstrukten können aber definitorisch oder paraphrastisch aufeinander und auf die Gegebenheiten der Gemeinsprache bezogen werden. Die unterschiedlichen Gebrauchsweisen alternativer Theorien mit verschiedenen deskriptiven Vorteilen werden auf diese Weise koordiniert. Definition und Paraphrase erlauben uns, hin und her zu schalten und uns der jeweils besten aller Welten zu erfreuen [87] oder das Kunststück zu vollbringen, den Kuchen zu essen und ihn zu haben.[88]

Hiermit haben wir alle Elemente zusammen, die das *transzendentale Prinzip vom «pluralistischen sprachlichen Doppelleben»* begründen, das wir in allgemeinerer Form folgendermaßen formulieren: *Überall, wo über eine vorläufige Orientierung hinausgehende Einsicht und Erkenntnis angestrebt wird, muß man zugleich aufeinander bezogene Bereiche von Gemeinsprache und mehreren entwickelten oder konstruierten Sondersprachformen verwenden.*

Dieses Prinzip ist aus dem CARNAPschen Toleranzprinzip zu entwickeln, indem die dort erwähnten Sprachformen oder Sprachfestsetzungen aufeinander bezogen und zu einem erkenntnistheoretischen und erkenntnispraktischen Netz geknüpft werden. Sie erhält natürlich erst ihre volle Tragweite, wenn man sie auch auf den Bereich ausdehnt, der außerhalb des Bereichs der Darstellungsfunktion oder des Bereichs der wissenschaftlichen Sprachanalyse und der wissenschaftlich orientierten Sprachphilosophie liegt. Diese Erweiterung übersteigt aber die Grenzen dessen, was im vorliegenden Buch behandelt werden kann.

---

86 Vgl. hierzu auch QUINE, [Word], § 51.
87 QUINE, [Word], S. 250.
88 QUINE, [Word], S. 189.

5. Die Sprachanalyse mit Hilfe von Sondersprachformen und Konstruktsprachen ist oft kritisiert worden und im Zusammenhang damit das Toleranzprinzip, das dem eben formulierten Prinzip zugrunde liegt. Bei der Erörterung dieser Kritiken wollen wir von Anfang an zwischen zwei verschiedenen Zwecken unterscheiden, im Hinblick auf die das Programm entwickelt wurde. Der eine Zweck war, gewisse in der Tradition vorgetragene philosophische Aussageformen als sinnlos oder ohne Sachgehalt zu charakterisieren und für die Zukunft unmöglich zu machen. Der andere Zweck war, das Funktionieren der Sprache in ihrem allgemeinen Rahmen für den Sachbezug, d. h. in ihrer logischen Form, und in der Struktur des Gebäudes ihrer sachhaltigen Begriffe zu verstehen. Dabei stand zunächst, z. B. bei TARSKI und CARNAP, das Bemühen um ein Verständnis der Wissenschaftssprachen (oder genauer: der Wissenschaftlichkeit der Wissenschaftssprachen) im Vordergrund. Indirekt sollte dadurch aber auch zur Klärung des Funktionierens der Gemeinsprache beigetragen werden, da es bei der Klärung der Wissenschaftlichkeit der Wissenschaftssprache gerade um einen Aspekt der Sprache, die Darstellungsfunktion in ihren wesentlichsten Zügen, geht.[89] Dies wird z. B. in den Untersuchungen QUINES ganz klar.

Die Einwände gegen die konstruktsprachliche Analyse der Gemeinsprache, wie sie vor allem von Sprachphilosophen entwickelt wurden, die der Logik und Wissenschaftstheorie nahestehen, lassen sich im allgemeinen auf eine der folgenden drei Formeln bringen:

(a) Die vorgelegten Sprachkonstrukte sind präskriptiv. Die Sprachbeschreibung muß aber per definitionem deskriptiv sein. Oder: Obschon es leichter ist, vorzuschreiben, was sein sollte, muß sich die Sprachwissenschaft mit dem schwierigeren Geschäft abgeben, das, was ist, in seiner vielfältigen Komplexität zu erfassen.

(b) Die vorgelegten Sprachkonstrukte sollen die Gemeinsprache in bestimmten Bereichen ersetzen. Die Sprachanalyse hat aber nicht die Aufgabe, die Gemeinsprachen zu ersetzen, sondern ihre Eigenschaften zu beschreiben.

(c) Selbst wenn man das Programm der Ersetzung der Gemeinsprache umdeuten würde in ein Programm der Analyse durch Übersetzung oder Korrelation, unterwirft es sich, so wie es im allgemeinen angesetzt wird, nicht ausreichend strengen empirischen Adäquatheitsbedingungen. Vom empirischen Standpunkt aus bleibt es daher willkürlich und prinzipiell sachlich inadäquat.

---

89 Genauer: Es geht um die möglichst reine Charakterisierung der Zusammenhänge im Symbolfeld (in BÜHLERS Terminologie) zunächst unter Absehen von den Zusammenhängen im Zeigfeld und unter zunächst ungeklärter Abstraktion vom ‹empraktischen› Handlungs- und Aktcharakter (vor allem bei gesprochener Sprache) bzw. von ihrer allgemeineren Kontextabhängigkeit. – Vgl. BÜHLER, [Sprachtheorie], § 10 und § 11, vgl. z. B. BLACK, [Labyrinth], S. 95 ff.

Die Kritiker werden die Anwendung eines Toleranzprinzips in Fragen der deskriptiven Wissenschaften sämtlich ablehnen und wahrscheinlich ebenso begeistert wie KATZ, einer der Kritiker, die folgende Passage von GOODMAN zitieren:

‹Ich möchte zwar beileibe keine Schatten über all diese Freundlichkeit und Helle werfen, aber es gibt Grenzen meiner Toleranz der Toleranz. Ich bewundere den Staatsmann, der abweichenden Meinungen gegenüber tolerant ist, und die Person, die rassischen Unterschieden oder Unterschieden der Erziehung gegenüber tolerant ist, aber ich bewundere nicht den Kassierer, der mit seiner Abrechnung tolerant ist, den Logiker, der seinen Beweisen gegenüber tolerant ist, oder den Musiker, der seinen Tönen gegenüber tolerant ist. In jeder Tätigkeit macht eine befriedigende Ausführung peinlichste Sorgfalt in einigen Angelegenheiten erforderlich.› [90]

Nun zu den einzelnen Einwänden. Der erste wurde u. a. klar von STRAWSON zum Ausdruck gebracht.[91] Eine Sprache in ihrem Verhalten zu beschreiben ist etwas anderes als ein Modellverhalten zu entwerfen: Sprachbeschreibung werde nicht erledigt durch Präskription des Modellverhaltens von Modellwörtern, sondern durch Deskription des wirklichen Verhaltens wirklicher Wörter; es sei keine Angelegenheit der Festsetzung von Regeln, sondern der Feststellung von Gebräuchen.[92] Wir sollten also auf alle Fälle primär eine Charakterisierung der Gemeinsprache in all ihren Aspekten geben. Die normative Charakterisierung von «Idealsprachen» für die sprachliche Kommunikation mag für manche Zwecke nützlich sein, keineswegs aber für die adäquate Wiedergabe dessen, was vorliegt.

Die Sache scheint klar. Ebenso klar aber ist, daß die Charakterisierung nicht nur eine Wiedergabe der Gemeinsprache sein soll. Die Charakterisierung soll statt dessen das Funktionieren der Gemeinsprache *erklären*. Warum erscheint uns das Funktionieren der Gemeinsprache als erklärungsbedürftig? Weil wir es nicht durchschauen. Wir sehen zwar, daß sie meistens funktioniert, aber nicht, wie dieses Funktionieren zustande kommt. Insbesondere werden wir wissen wollen, wie jemand mit Hilfe der Gemeinsprache bestimmte Handlungen ausführen kann und wie die Zwecke dieser Handlungen aufgrund der Wirksamkeit der sprachlichen Teile, nämlich der Sprachstruktur, zustande kommen. Nun sind aber die vielfältigen Funktionen der Sprache in den normalen Handlungen miteinander verwoben. Wie in der Anatomie wird eine Erklärung also darin bestehen, die einzelnen Organe genügend zu scheiden *und* Funktionsmodelle anzugeben. Selbstverständlich sollten die Funktionsmodelle in einem charakterisierbaren Bezug zu dem zu erklärenden Organismus stehen. Nicht jedes Funktionsmodell ist gleich gut. Andererseits gibt es nicht nur *ein* Funktions-

90 GOODMAN, [Individuals], zitiert nach KATZ, [Language], S. 51/52.
91 STRAWSON, [Carnap].
92 Ibid. S. 503.

modell. Statt dessen bringt eines einen Aspekt besser zum Ausdruck, ein anderes einen anderen. Die besten Funktionsmodelle sind dabei keineswegs die, die dem Original in allen seinen Funktionen am nächsten kommen. Genauer: Bei einer erklärenden Beschreibung kann es in vielen Fällen nützlich sein (immer dann, wenn der Phänomenbereich sehr kompliziert ist und viele Aspekte zeigt), *erklärende Modelle* anzugeben, zusammen mit einer Charakterisierung der Abweichung des Originals vom Modell. Dazu ist es erforderlich, daß genügend Daten über das Original oder die Originale vorliegen. So müssen, um in unserem Beispiel zu bleiben, genügend viele anatomische Inspektionen, Fotografien, Meßdaten usw. von beobachtbaren Verhältnissen zur Verfügung stehen. Für kontroverse Zwecke kann man Beobachtungsfeststellungen auch standardisieren. Können alle Beobachtungen in diese Form überführt werden, so stellt sich die Charakterisierung der Abweichung des Modells vom Original als die Frage der Korrelation von Aussagen über das explanatorische Modell mit Beobachtungsfeststellungen dar, ganz im Sinne der empirischen Methode. Wo liegt nun der Unterschied in der Beschreibung von Modellverhalten und der (erklärenden) Beschreibung von Verhalten schlechthin? Streicht man also den normativen Anspruch einer Beschreibung, so wird es eine Frage der empirischen Methode, ob ein konstruiertes System der Erklärung sprachlicher Zusammenhänge adäquat ist oder nicht, ebenso wie für jedes andere Beschreibungssystem. Der Unterschied löst sich auf.

Gehen wir über zur Diskussion des zweiten Einwandes. Es stimmt, daß Logiker, die Konstruktsprachen entworfen haben, auch beabsichtigten, daß diese Sprachen in bestimmten Bereichen, z. B. der Wissenschaft, verwendet werden sollten, und zwar auch in Bereichen, in denen zuvor schon eine wissenschaftliche Sonderform der Gemeinsprache benutzt wird. Diese Benutzung wollen sie dann ersetzen. In allen Fällen, in denen Sprachkonstruktionisten ihre Ansätze, z. B. die Logiksprachen, als Hinweise auf Aspekte der natürlichen Sprachen verstanden, verwendeten sie meist eine andere Terminologie. Sie sagten etwa, daß sie die Konstruktsprache zur natürlichen Sprache in Beziehung setzen, mit ihr korrelieren. Durch diese Korrelation werden bestimmte, in der Konstruktsprache verstandene Eigenschaften und Zusammenhänge, etwa die Eigenschaft, wahr zu sein, oder die Beziehung der logischen Folgerung, auf die gemeinsprachlichen Ausdrücke übertragen, in ihrer Funktionsweise auch dort erklärt. Man kann natürlich auch sagen, die Korrelation sei so etwas wie eine Übersetzung. Das Verfahren ähnele also dem alten, von der Sprachwissenschaft verpönten Verfahren, den Inhalt der Wörter einer Sprache durch Übersetzung ins Lateinische anzugeben. Dies letzte Beispiel ist insofern allerdings nicht korrekt, als die früheren Lateinübersetzer nur glaubten, das Latein sei durchschaut, während die Konstruktsprachen der Logik tatsächlich durchschaut sind. Nach dieser Korrektur ist aber nichts dagegen einzuwenden, von Übersetzung statt von Korrelation zu sprechen.

Sollte aber eine Beschreibung durch Übersetzung angemessen sein? Das klingt problematisch, jedenfalls für viele Linguisten. Auch hier ist eine klarere Analyse angebracht: Wo ist die Grenze zwischen einer bloßen Transformation, einer Paraphrase und einer Übersetzung, wenn die meisten (sinntragenden) Wörter erhalten bleiben (bzw. allenfalls durch ihre Explikate ersetzt werden)? Die Frage ist nicht so leicht zu beantworten; die Grenze verschwimmt auch hier.[93] Auf alle Fälle ist auch hier nicht ausgeschlossen, daß alternative Erklärungsmodelle für verschiedene Aspekte derselben Sprache der Gemeinsprache zugeordnet werden, gewissermaßen als Modelle für Teiltheorien, so daß ein und derselbe Phänomenbereich dann durch das Zusammenwirken verschiedener Teiltheorien beschrieben wird.

Der *dritte Einwand* ist besonders von J. J. KATZ vorgetragen worden.[94] Die Festlegungen der Sprachkonstruktionisten seien willkürlich und daher prinzipiell sachlich inadäquat. In dieser Allgemeinheit ist die Behauptung auf alle Fälle unbegründet. Die Sprachkonstruktionisten entwickelten Konstruktsprachen primär im Hinblick auf die Aufgaben der Wissenschaftssprachen. Ihre Festlegungen waren also alles andere als willkürlich. KATZ meint aber genauer, daß die Entwürfe *als Entwürfe für natürliche Gemeinsprach*en inadäquat seien.

Man unterscheidet gewöhnlich drei mögliche empirische Adäquatheitsbedingungen für eine Theorie (eines Teilaspekts) einer Sprache:
(a) Die Beobachtungsadäquatheit: Die Theorie läßt sich ausreichend zufriedenstellend mit verfügbaren Beobachtungsdaten oder ihren Beschreibungen korrelieren (z. B. mit Tonbandaufzeichnungen von Äußerungen, Transkriptionen, Fernsehaufzeichnungen oder Beschreibungen der wahrnehmbaren Aspekte der Situation, in der die Äußerung fiel usw.; unter Umständen reichen zunächst Behauptungen klarer Fälle, die der Sprachwissenschaftler als eigener Informant macht).
(b) Die Beschreibungsadäquatheit (à la CHOMSKY): Die Theorie formuliert explizite oder implizite Kenntnisse der Kommunikatoren.
(c) Die Erklärungsadäquatheit: Die Theorie hat Eigenschaften, die sie als Theorie eines spezifischen Feldes charakterisieren. So soll eine Theorie einer natürlichen Gemeinsprache Eigenschaften zeigen, die sie als Theorie *einer natürlichen Gemeinsprache* ausweisen, unabhängig von ihrer speziellen Adäquatheit nach (a) und (b).

Daß eine theoretische Sprachbeschreibung mit empirischem Anspruch Bedingung (a) unterworfen sein sollte, ist für alle Sprachkonstruktionisten aufgrund ihrer empiristischen Einstellung klar.[95]

---

93 Vgl. BAR-HILLEL/MALINO/MARGALIT, [Logic]. Wir werden unten (S. 98 ff) auf ihre Analyse noch zurückkommen.

94 Vgl. KATZ, [Language], und FODOR/KATZ, [Structure], Introduction.

95 CHOMSKY, [Syntax], leugnet allerdings, daß diese Forderung für die Linguistik eine unabhängige und hervorzuhebende Bedeutung habe.

Als eher problematisch wird von ihnen Bedingung (b) angesehen.[96] Diese Bedingung ist aber von Katz nicht primär in seinem Einwand gemeint. Entscheidend ist für ihn offenbar, daß die Entwürfe der Sprachkonstruktionisten nicht die Bedingung (c) der sogenannten Erklärungsadäquatheit erfüllen. Diese Bedingung könnte so gefaßt werden, daß sie eine empirisch gemeinte Beschränkung über die Klasse der möglichen Theorien für Gemeinsprachen formuliert, derart, daß jede Theorie im Bereich dieser Beschränkungen eine Theorie einer möglichen natürlichen Gemeinsprache ist. Jede Sprachtheorie, die nicht eine solche empirische Beschränkung formuliert, ist nicht in der Lage, die Erklärungsadäquatheit der Theorie einer beliebigen Gemeinsprache zu bestimmen. Aus Mangel an einschränkenden Hinweisen können wir dann einem Sprachsystem Eigenschaften zuschreiben, die gar nicht Eigenschaften von Gemeinsprachen sein können. Genau das geschieht nach Katz' Meinung bei den Ansätzen der Sprachkonstruktionisten. Nach Chomsky sind die Anforderungen an die Kriterien der Erklärungsadäquatheit noch höher; nicht nur sollen mögliche Theorien von Gemeinsprachen von unmöglichen abgegrenzt werden, sondern alle Theorien von Gemeinsprachen sollen diesen ganz bestimmte grammatische Eigenschaften zuschreiben (z. B. daß alle Sätze nach Subjekt und Prädikat zerlegbar sind), und – dies ist der wichtigste Aspekt – das Kriterium der Erklärungsadäquatheit enthält einen Maßstab, nach dem nicht nur von je zwei Theorien für eine Gemeinsprache eine als die bessere bewertet wird, sondern auch für jede Gemeinsprache eine Theorie als zu ihrer Beschreibung beste ausgezeichnet wird. Ich stimme hier völlig mit Quine überein, wenn er schreibt, daß diese Theorie höchst interessant wäre, wäre sie wahr. Leider aber ist sie hinsichtlich ihrer Wissenschaftsmethodik und der Explizitheit von Kriterien *in diesem* Rahmen höchst unbestimmt und fragwürdig.

Die Sache ist weniger problematisch im Hinblick auf ein bloßes Abgrenzungskriterium, wie wir es oben Katz zuschrieben. Der Linguist wird in der Tat an der Fixierung von Eigenschaften interessiert sein, die Sprachen und speziell Gemeinsprachen im Gegensatz zu anderen semiotischen Systemen zukommen. Die Tatsache, daß solche Kriterien von den Logikern nicht formuliert wurden, braucht aber ihren Beitrag noch nicht zu entwerten. Im Gegenteil. Beim gegenwärtigen Forschungsstand der Linguistik kann es sich keineswegs darum handeln, bereits *hinreichende* Kriterien für Theorien von Gemeinsprachen zu liefern, sondern allenfalls darum, einige *notwendige* zu klären und zu explizieren. Ein solches notwendiges Kriterium ist, daß eine Gemeinsprache als semiotisches System eine Darstellungsfunktion haben kann. Was dies im Prinzip und in vielen Einzelheiten bedeutet, wurde durch die Sprachkonstruktionisten präzisiert. Sie lieferten

---

96 Eine Form der Rekonstruktion im Sinne einer systematischen Effektivität der Beschreibung gibt jedoch Quine, [Reflections], S. 451.

damit einen entscheidenden Beitrag zur Klärung und Charakterisierung der Gemeinsprache.

KATZ' Einwände treffen speziell gewisse Darstellungstechniken, wie sie von CARNAP vorgeschlagen wurden, so z. B. die sogenannten «meaning relations» oder «semantical rules». Obwohl KATZ selbst an ein universales semantisches System glaubt und seine Kritik von diesem Standpunkt aus vorträgt, ist dieser Glaube ebenso schlecht methodisch begründet wie CHOMSKYS starkes Kriterium der Erklärungsadäquatheit. CARNAP jedenfalls hat sich von BOHNERT überzeugen lassen, daß die angesprochenen semantischen Relationen für die Sprachen einzeln (oder allenfalls für Klassen von Sprachen) jeweils neu definiert werden müssen und seine Vorschläge nur übergeordnete allgemeine Direktiven für eine solche Definition sind.[97] Das bedeutet natürlich keineswegs, daß es nicht gewisse Sätze geben mag, die in der Tat von allen Sprachbeschreibungen als universal vorausgesetzt werden sollten. Die Gesetze der Relationslogik (etwa Transitivität, Symmetrie, Reflexivität etc.) sind gute Kandidaten dafür.[98] Damit sind auch die speziellen Zweifel von KATZ widerlegt.

Die Zurückweisung der Einwände betrifft nur den prinzipiellen Zweifel an der Möglichkeit des konstruktionistischen Programms der Sprachanalyse. Unbezweifelbar ist dagegen, daß bisher noch keine voll angemessene Sprachanalyse auf dieser Grundlage vorgelegt wurde, ebensowenig wie von anderer Seite. Statt dessen sind nur einzelne Aspekte geklärt worden, z. B. zentrale Aspekte der sprachlichen Darstellungsfunktion durch die Sprachkonstruktionisten und zentrale Aspekte der syntaktischen Kombinatorik und der Lautform etwa durch die transformationell generativen Grammatiker. Analytiker des Sprechakts haben darüber hinaus eine vorläufige Systematik anderer Funktionen und Funktionsweisen der Sprache geliefert. Wie BAR-HILLEL mehrfach hervorgehoben hat, kommt es für die Weiterentwicklung der Sprachanalyse vor allem darauf an, diese verschiedenen Bereiche, in denen Fortschritte erzielt wurden, aufeinander zu beziehen. Selbstverständlich sollte dies soweit wie möglich unter Berücksichtigung der in der Wissenschaft geklärten Methodik der theoretisch-empirischen Wissenschaften geschehen. Diese Methodik wollen wir im folgenden Kapitel im Hinblick auf die Sprachanalyse einführend darstellen.

Vor Abschluß dieses Kapitels soll aber noch das oben zitierte spöttische Wort GOODMANS über das Toleranzprinzip zurückgewiesen werden. Das Toleranzprinzip ist kein Prinzip zur Toleranz mangelnder Sorgfalt, wie GOODMAN behauptet, sondern ein Prinzip der Toleranz alternativer sorgfältiger wissenschaftlicher Tätigkeiten. GOODMANS Vergleiche sind insofern unangemessen, als das geforderte sorgfältige Verhalten des Kassierers sei-

---

97 Vgl. BOHNERT, [Carnap], bes. S. 421 ff, und CARNAP, [Replies], S. 922.
98 Zu ihrer Verwendungsweise in der Linguistik vgl. BAR-HILLEL, [Aspects], Kap. 15, und SCHNELLE, [Review].

nen Abrechnungen gegenüber, des Logikers seinen Beweisen gegenüber und des Musikers seinen Tönen gegenüber voraussetzt, daß ein Standard für korrektes Verhalten in diesen Bereichen besteht. In den Grundlagenproblemen der Philosophie und der Wissenschaften, mit denen es das Toleranzprinzip zu tun hat, geht es aber darum, erst einmal die Entwicklung und probeweise Festsetzung von Standards zu ermöglichen. GOODMANS Bemerkung verfehlt also die Pointe des Toleranzprinzips.

II. DIE ANALYSE DER FORM UND BEGRIFFLICHKEIT WISSENSCHAFTLICHER THEORIEN

Einleitung: Die systematische Analyse einer Wissenschaft beginnt mit der Analyse der Sprache, in der die Wissenschaft formuliert wird, sowie der Analyse ihrer Funktionen und Verwendungsweisen.[1] Dies gilt auch für die Linguistik. Die methodologische Grundlegung der Linguistik erfordert also die Analyse der Sprache der Linguistik als Sonderfall einer Wissenschaftssprache. Wissenschaftssprachen gehören als Sondersprachen aber zugleich zum Gegenstandsbereich der Linguistik. Daraus ergibt sich die bemerkenswerte Tatsache, daß die Linguistik die methodologische Klärung ihrer Grundlage umfaßt, im Zusammenhang mit der Beschreibung eines Teils ihrer Gegenstände.

Bei der methodologischen Klärung der Wissenschaftssprachen muß die Linguistik mit der Philosophie in ihrem Zweig, der allgemeinen Wissenschaftstheorie, zusammenwirken. In diesem Buch folgen wir der Analyse und Theorie der Wissenschaftssprachen, wie sie von den sprachanalytischen Meta-Theoretikern und Sprachkonstruktionisten entwickelt wurde. Die philosophischen Gründe, die für diesen Standpunkt sprechen, wurden im vorigen Kapitel dargelegt.

Hier wollen wir noch einmal folgenden Zusammenhang hervorheben: Jede Wissenschaft formuliert ihre Erkenntnisse in einer Sprachform, die von den gängigen Gemeinsprachformen in bestimmten Merkmalen abweicht. Diese Abweichungen sind bedingt durch die Funktionen, die diese Sprachformen für die Wissenschaft haben. Die wichtigste unter diesen ist die Darstellungsfunktion. Um dieser Funktion optimal zu genügen, werden die Wissenschaftssprachen auch in ihrer Form als Sondersprachen, d. h. als Abwandlungen der Gemeinsprachen oder als freie Konstrukte entwickkelt. Die Sprachanalyse der Wissenschaftssprachen ist also zugleich Analyse einer bestimmten Funktion der Sprache in ihrer konsequentesten formalen Ausprägung.

Bei der wissenschaftstheoretischen Analyse gibt es jedoch zwei charakteristische *Beschränkungen*, die wir zunächst kurz erörtern wollen. Die *erste Beschränkung* besteht darin, daß man *nur die Sprachmittel und ihre Dar-*

---

1 Damit soll keineswegs behauptet werden, daß die *Entwicklung* einer Wissenschaft damit beginnt. Ich bin überzeugt, daß dies nicht der Fall ist. Ebensowenig soll gesagt werden, daß eine Wissenschaft so in jeder Hinsicht am besten zu *verstehen* ist. Auch das ist wohl kaum der Fall, z. B. was die einführende Vermittlung ihres Inhalts angeht. Allerdings soll behauptet werden, daß der *wissenschaftliche Charakter* der Wissenschaft so am klarsten und deutlichsten zum Ausdruck gebracht werden kann.

stellungsfunktion analysiert und die Analyse der Verwendungsprozesse bzw. der Dispositionen oder Fähigkeiten zu ihrer Verwendung als keiner vordringlichen Erklärung bedürftig vernachlässigt.[2] Man verläßt sich darauf, daß die Charakterisierung der Funktionen der Sprachmittel deren Verwendungsweise durch normal begabte Menschen ausreichend bestimmt. Die *zweite Beschränkung* besteht darin, daß man nur die schriftsprachlichen Aspekte in Betracht zieht, zudem im allgemeinen in einer drucktechnisch standardisierten Form. Bei einer solchen Form ist insbesondere die Frage, welche Sprachmittel (Wörter, Sätze usw.) durch die graphischen Figuren ausgedrückt sind, im Gegensatz zur schwer standardisierbaren Lautsprache, fast trivial: Außer bei Druckfehlern oder bei Schriften, die durch Alter oder äußere Einwirkungen verdorben sind, ist die Zuordnung eindeutig.

Diese Beschränkungen machen es möglich, die Klärung der Wissenschaftssprache (und anderer Sprachen, wie der der Philosophen) auf die Strukturanalyse von schriftlichen Texten, d. h. von sozusagen greifbaren standardisierten Objekten, zu beziehen. Dadurch wird die sprachanalytische Aufgabe außerordentlich vereinfacht. Das gilt insbesondere für die Diskussion schwieriger Probleme der Wissenschaft und der Philosophie, die den Übergang zur funktionellen Sprachklärung, den «semantischen Aufstieg» (semantic ascent, vgl. QUINE), erforderlich machen: Verschiedene Philosophen und Wissenschaftler haben meist ungleiche Begriffs- und Bezugssysteme für ihre Analyse. Untereinander können sie nur «auf dem Marktplatz» oder in der Sprache des «Marktplatzes», d. h. in der Gemeinsprache, kommunizieren und die Vorteile ihrer jeweiligen Systeme vergleichen. Andererseits erlaubt die Gemeinsprache nicht, über alle Gegenstände ausreichende Klarheit zu erzielen; am sichersten gelingt dies noch der Rede über deutlich «greifbare» und so begreifbare Objekte. Die drucktechnisch standardisierten Manifestationen von Wörtern sind derart «greifbare» Objekte, die auf jedem «Marktplatz geistiger Auseinandersetzung» wenigstens einen gleichen materiellen und kombinatorischen Kurswert haben dürften.[3]

Die Analyse der Wissenschaftssprache wird also auf die Analyse der *Sprachmittel zur wissenschaftlichen Darstellung sowie ihrer Darstellungsfunktion* beschränkt, wobei normalerweise eine schriftsprachliche standardisierte Form angenommen wird. Es zeigt sich, daß man bei einer theoretisch entwickelten oder theoretisch zu entwickelnden Wissenschaft drei ihr zugeordnete Sprachformen unterscheiden sollte: Die *Fachsprachform*, die *Konstruktsprachform* und die *Standardsprachform*. Diese drei Sprachformen genügen zwei verschiedenen kommunikativen Aufgaben der Wissen-

---

2 Das gilt nicht für die sog. Intuitionisten und gewisse Konstruktivisten unter den Meta-Mathematikern, vgl. z. B. LORENZEN, [Mathematik] und [Metamathematik], sowie KAMLAH-LORENZEN, [Propädeutik], und, in verstärktem Maße natürlich: TURING, [Computable].

3 Vgl. QUINE, [Word], S. 272 ff.

schaftssprache und der Vermittlung dieser beiden Aufgaben: Die *Fachsprache* ist diejenige Sprachform, die *für praktische Zwecke ausreichende Genauigkeit der Darstellung* mit einem *Maximum* damit vereinbarer *Verständlichkeit* aller in und mit dieser Wissenschaft Arbeitenden verbindet. Die *Konstruktsprachformen* brauchen allein der *Genauigkeit der Darstellung* zu genügen, dies aber im höchst möglichen Grade. Bei komplexen Zusammenhängen kann das Höchstmaß an Genauigkeit der Darstellung in kontrollierbarer Weise nur erreicht werden, wenn die Form der Gemeinsprache radikal aufgegeben wird und die Darstellungsmittel so konstruiert werden, daß sie systematisch einfach kombinierbar, übersichtlich und formal elegant handhabbar werden. Als Konsequenz der radikalen Abweichung vom Rahmen der Gemeinsprache sind die Konstruktsprachformen (ohne vorherige außerordentliche Schulung in ihrem Gebrauch) schwer verständlich. In vielen Fällen ist es jedoch möglich, die Ausdrücke der Konstruktsprachform schematisch in eine Sprachform zu übersetzen, die für jemand, der eine Fachsprache beherrscht, fast ebenso leicht verständlich ist wie die Fachsprache selbst (wenngleich die Formen im allgemeinen schwerfällig und monoton sind und überhaupt von geringer stilistischer Eleganz). Diese Sprachform, die also unmittelbare Verständlichkeit mit einer Zuordnung zur Sprachform des genauen Ausdrucks verbindet, ist die *Standardsprachform*.

In einer theoretisch entwickelten Wissenschaft wird man die Genauigkeit der Darstellung allein in der konstruktsprachlichen Rekonstruktion der Aussagen verankern. Fachsprachliche Aussagen erhalten ihre Stringenz durch Bezug auf die entsprechende standardsprachliche und diese durch ihre schematische Übersetzung in die Konstruktsprache. Letztere ist die Sprachform der Theorie. Umgekehrt wird die Theorie im allgemeinen und praktischen Sinn nur verständlich durch ihren Rückbezug auf die Erörterungen und praktischen Erwägungen in der Fachsprache.

Man geht im allgemeinen davon aus, daß jede der drei Sprachformen eine *allgemeine Struktur* hat und daß diese allgemeine Struktur durch Füllung mit «konkreteren» Elementen zu einer bestimmten Sprachform wird. Die konkreteren Elemente sind die *Termini* der Sprachform. Die Termini beziehen sich auf Dinge [4], Eigenschaften, Relationen, Funktionen (d. h. Zuordnungen und Verknüpfungen). Die Sprachstruktur enthält demgegenüber nur Satz- und Wortstrukturen und «grammatisch-abstrakte» Partikel (wie z. B. Artikel, Pronomina, gewisse Konjunktionen, Kasus oder ihre Analoga).

Ebenso, wie die verschiedenen Fachsprachen sich voneinander nur durch verschiedene Termini zu unterscheiden scheinen, also offenbar alle dieselbe

---

4 Im weiten Sinn: Konkrete Gegenstände wie Personen, Tiere, Pflanzen, Sachen und mehr oder minder abstrakte Gegenstände wie Zahlen, Punkte, Atome, Einhörner usw.

Struktur haben, nämlich die Struktur der Gemeinsprache, ebenso hält man es für möglich, für alle Konstruktsprachformen verschiedener Wissenschaften eine Struktur zu entwickeln, die nur durch die Einführung verschiedener Termini zu fachspezifischen Konstruktsprachformen wird, zu Sprachformen, in denen die Theorien spezieller Wissenschaften formuliert werden können. Diese allen prinzipiell gemeinsame Form der Konstruktsprachen nennt man die *logische Form* der Wissenschaftssprache.

Den Sinn der Entwicklung von Sprachformen kann man in der *Explikation der die Wissenschaften* (und nicht nur sie) *charakterisierenden Begrifflichkeit* sehen. Was bedeutet das? Unter der Explikation einer Gruppe von Begriffen versteht man die Ersetzung von ungefähren, unpräzisen, vagen, partiell unklaren Begriffen der Gemeinsprache oder Fachsprache durch klare und präzise bestimmte Begriffe im Rahmen einer strengen Theorie. In einem bestimmten Sinn kann man die Entwicklung jeder Theorie als Explikation einer ihr korrespondierenden Gruppe grundlegender Begriffe einer Wissenschaft ansehen. Im System aller Begriffe wird man zwei Stufen unterscheiden. Diese Stufen sind

(A) Allgemeine Begriffe
      (A1) logisch-linguistische Grundbegriffe
      (A2) nicht logisch-linguistische Grundbegriffe.
(B) Spezielle Begriffe
      (B1) spezifisch für eine Wissenschaft
      (B2) ohne wissenschaftliche Bedeutung.

Die Entwicklung der logischen Form der Wissenschaftssprachen kann aufgefaßt werden als Explikation grundlegender sprachanalytischer Begriffe, und zwar solcher, die mit der Darstellungsfunktion zusammenhängen, z. B. Begriffe wie Wahrheit, Folgerung, Sachbezug, Bedeutung, Inhalt, Erfüllung, (sachliche) Gültigkeit, Widerspruchsfreiheit, Synonymie, Implikation, Präsupposition usw. Im unmittelbaren Anschluß an diese Begriffe lassen sich grundlegende allgemeine Begriffe der Mathematik, insbesondere der Mengenlehre und Algebra explizieren. Die Explikation dieser allgemeinen Begriffe im Zusammenhang mit der Entwicklung der Konstruktsprachformen bietet eine breite Grundlage, von der die Explikationen besonderer Wissenschaften wie der Physik, Biologie, Psychologie, Soziologie, Geschichtswissenschaften usw. ausgehen können. Sie können ihre Termini als Füllungen der logischen Form einsetzen und diese durch den Ausbau ihrer Theorien explizieren. Im Gegensatz zu diesen Wissenschaften ist die Linguistik insofern in einer bemerkenswerten Position, als gewisse ihrer grundlegenden Begriffe, insbesondere diejenigen, die die Prinzipien der grammatischen Form festlegen, zu den allgemeinen Begriffen gehören, die sogar von der Explikation der logischen Form vorausgesetzt werden. Andere Begriffe, wie diejenigen zur Beschreibung spezieller Sprachformen und Sprachverwendungsprozesse, können im Zusammenhang mit der Entwicklung entsprechender linguistischer Theorien expliziert werden.

Außer den genannten logisch-linguistischen allgemeinen Begriffen gibt es ein ganzes System von allgemeinen Begriffen, von denen mehrere mehr oder weniger zu den logischen Begriffen gerechnet werden. Die Grenzziehung zwischen ihnen und den nichtlogischen allgemeinen Begriffen ist unter den Methodologen aber umstritten. Die logischen Begriffe sind dann jeweils auch zusammen mit der logischen Form von Sprachen zu explizieren. Zu diesem System von allgemeinen Begriffen gehören die modalen der *Möglichkeit*, *Notwendigkeit* und *Wirklichkeit*, diejenigen des *Dürfens*, *Sollens* oder *Müssens*, des *Wertens*, *Wissens* oder *Glaubens*, des *Ganzen* und der *Teile*, der *Kausalität* und *Finalität*, der *Zeit* und des *Raumes*, der *Absicht* und des *Wollens*, des *Handelns* und *Planens*, ja der *sprachlichen Funktionen* bzw. *Sprechakte* (wie sie sich in Fragen, Befehlen etc. ausdrükken).

A. GEMEINSPRACHE, STANDARDSPRACHE, KONSTRUKTSPRACHE

1. Die Analyse der Wissenschaftssprache ist eine Sprachanalyse, beschränkt auf die Sprachmittel zur wissenschaftlichen Darstellung. Unter einer solchen Analyse versteht man oft nur die Klärung der Termini und Begriffe. Die mit Terminologie und Begriffsdefinitionen in den Wissenschaften angestrebte Klarheit ist aber erst ein erster und meist unzureichender Schritt, dem die Entwicklung eines Netzes von Termini und Begriffen und schließlich einer Theorie, die diesem Netz Halt gibt, folgen muß. Die Theorie wird ihrerseits erst klar und hinsichtlich ihrer Konsequenzen abschätzbar, wenn ihr logischer und systematischer Zusammenhang schematisch kontrollierbar wird, und zwar nach den Kriterien von Logik und Wissenschaftstheorie. Diese Kriterien erfordern, daß die zentralen Zusammenhänge der zu kontrollierenden Wissenschaften in einer Konstruktsprachform formuliert werden. Diese ist andererseits, im Gegensatz zur Fachsprache, selbst dem Fachmann nicht ohne weiteres verständlich. Die strenge Wissenschaft kann also weder auf die Fachsprache noch auf die Konstruktsprache verzichten. Beide müssen aber aufeinander bezogen oder ineinander übersetzt werden, um sowohl eine ausreichende Verständlichkeit als auch eine ausreichende schematische Kontrollierbarkeit der Zusammenhänge zu sichern. Die Übersetzung ist im allgemeinen nicht schematisch aus der Fachsprache möglich, wohl aber aus gewissen Abwandlungen der Fachsprache, die fast ebenso verständlich sind wie die Fachsprache, wenn sie auch weniger elegante Formulierungen gestatten. Auch Wissenschaften, in denen es bisher nur zur Ausbildung von Fachsprachen gekommen ist, können in ihrer Zielsetzung auf Klarheit und Präzision des Ausdrucks nur verstanden werden, wenn die allgemeinen Kriterien eines solchen Zieles auch sprachlich geklärt sind. Wir werden also Sprachformen auf drei Ebenen zu unterscheiden und aufeinander zu beziehen haben:

(a) Vorgegebene Sprachformen
(b) Reglementierte Sprachform
(c) Konstruierte Sprachform

Beispiele für diese drei Sprachformen bieten vor allem mathematische Texte: Die Vorworte sind im allgemeinen in einer vorgegebenen Gemeinsprachform oder einer nur leicht von dieser terminologisch abweichenden Fachsprachform formuliert. Die Definitionen und Theoreme im Text sind dagegen stark reglementierte Sprachformen, die häufig nur stark systematisiert sind, in manchen Fällen aber so beschaffen sind, daß sie auch in eine Formel einer logischen Konstruktsprache übersetzt werden könnten. Der Kern der mathematischen Aussagen wird dagegen in den Formeln der mathematischen Konstruktsprache wiedergegeben. Eine entsprechende Struktur haben auch die Darstellungen der mathematisch oder logisch geprägten und ausgedrückten theoretischen Wissenschaften.

Innerhalb der *vorgegebenen Sprachformen* unterscheiden wir weiterhin
(a1) Gemeinsprachformen und
(a2) Terminologisch bestimmte wissenschaftliche Sondersprachformen
und innerhalb der *reglementierten Sprachformen*
(b1) Grammatisch schematisierte wissenschaftliche Sondersprachformen
(b2) Wissenschaftliche Standardsprachformen.
Letztere sind von den grammatisch schematisierten wissenschaftlichen Sondersprachformen dadurch unterschieden, daß es zu ihnen eine
(c1) Kanonische Konstruktsprachform
gibt, aus der sie durch schematische Übersetzung gewonnen werden können, während das für erstere nicht gilt.

Wir werden diese Sprachformen im einzelnen und in ihrem Wechselverhältnis in folgenden Schritten zu charakterisieren haben: (a2), (b1) und (b2) können als Ausprägungen oder Abwandlungen der Gemeinsprachen *gewonnen werden;* (a2) ist im wesentlichen die Gemeinsprache zusammen mit terminologischen und begrifflichen Ergänzungen. (b1) ergibt sich aus der Gemeinsprache oder *terminologisch bestimmten Fachsprache* (a2), indem außerdem gewisse grammatische Strukturen stereotyp hervorgehoben und eventuell systematisch ergänzt werden, ohne Rücksicht auf übliche stilistische Grundsätze; außerdem können Darstellungsmittel (wie Variablen, Klammern usw.) hinzugefügt werden; alle Änderungen sind zulässig, soweit die unmittelbare Verständlichkeit im weiten Sinn gewahrt ist. (*Verständlichkeit im weiten Sinn* heißt, daß grammatische Korrektheit und Stil außer Betracht bleiben und allein das inhaltliche Verstehen im Kontext wohlwollend versucht wird, etwa wie beim Verständnis eines die Sprache schlecht beherrschenden Ausländers.) Wird zu einer solchen Sprachform durch Explikation der logischen Form und der Begriffe (wie noch zu erörtern sein wird) eine kanonische Konstruktsprachform gewonnen und eine schematische Übersetzung von ihr in eine grammatisch schematisierte wissenschaftliche Sprachform, so nennen wir diese nun auch konstruktsprachlich abgestützte Sprachform eine *Standardsprachform*.[5]

Die Rolle der reglementierten Sprachformen im Verhältnis zur Gemeinsprache ist in höchst einprägsamer Weise von RYLE illustriert worden.[6] Er benutzt Bilder aus dem militärischen Bereich. Die zivile Sprache – die Gemeinsprache – sei zwar in den normalen Situationen ganz passend, sei aber so, wie sie sei, auf den Ernstfall der geistigen Auseinandersetzung nicht besonders gut vorbereitet. Um sie für diesen Ernstfall fit zu machen, müsse sie auf dem Übungsplatz in besonderer Form gedrillt, d. h. reglementiert werden, z. B. durch den Logiker. Zu dieser Reglementierung werden vor allem Wörter ganz bestimmter Sektoren der natürlichen Sprache einberufen (solche Wörter wie ‹alle›, ‹einige›, ‹ist›, ‹nicht›, ‹und›, ‹oder›, ‹wenn . . ., so . . .› usw.). Diese Wörter behalten zwar nach der Einberufung Erinnerungen an ihr früheres freies und leichtes Leben in Zivil. Soweit sie aber im Dienst sind, sind sie nun dem Reglement unterworfen. Dieses schreibt beispielsweise für ‹und› vor, daß zwei nicht für den Ernstfall präparierte Sätze wie ‹Sie nahm Arsen und wurde krank› und ‹Sie wurde krank und nahm Arsen›, sollen sie dennoch dienstlich beurteilt werden, unbedingt als Paraphrasen voneinander anzusehen sind. Die Erinnerung an die «zivilen» Varianten im Sinne von ‹und dann› oder ‹und in Folge davon› muß nach dem Reglement im Dienst außer Betracht bleiben. Nun sei zwar der Ernstfall, für den die Wörter logisch gedrillt werden (z. B. die strenge argumentative Auseinandersetzung), keineswegs immer so beschaffen, wie es das Reglement vorsehe, ja er sei sogar praktisch immer viel komplizierter. Das Verhältnis sei ähnlich dem einer Manöverübung auf dem Exerzierplatz und in der wirklichen Schlacht. Es ist sogar so, daß die besten Exerzierplatzentscheidungen meist sehr schlechte Entscheidungen in der Schlacht wären, und Entsprechendes gilt von Schritten im Logikkalkül und in der wirklichen Argumentation. Trotz der sehr unterschiedlichen Bedingungen von Reglement und Ernstfall «kämpfe» man aber hier wie dort am wirksamsten und einfallsreichsten im Ernstfall mit dem zugleich gutgedrillten «Soldaten». Mit ihm könne man Operationen improvisieren, im

---

5 QUINE, [Word], S. 158/159 nennt die systematisierten Sprachen ‹semi-ordinary languages›, die Konstruktsprachen, die Resultate der Explikation der logischen Form und der Begriffe von Sprachen, wenn sie wie in der Logik und Wissensschaftstheorie fixiert werden, ‹canonical form› oder ‹canonical notation›. Reglementierung (= ‹regimentation›) liefert bei ihm die «canonical notation» und nicht, wie in meiner Darstellung, die ‹semi-ordinary language›. Im Anschluß an die folgende Illustrierung der Reglementierung im Bilde von G. RYLE deute ich aber an, warum mir die hier gewählte Terminologie angemessener erscheint.

6 RYLE, [Dilemmas], speziell Kap. VIII: Formal and Informal Logic. Der Terminus ‹Reglementierung› ist aus dieser Erörterung RYLES von anderen Sprachphilosophen, z. B. QUINE, übernommen worden. In einem ganz ähnlichen Bild diskutiert übrigens QUINTILIAN, [Oratoriae], Kap. II, 13 das Problem.

Dunkeln und in unmittelbarer Lebensgefahr, z. T., weil er zuvor gelernt hatte, höchst stereotype und formalisierte Dinge bei Tageslicht und unter ungemilderter Langeweile zu tun. Nicht die stereotypen Bewegungen des Drills würden vom Exerzierplatz auf das Schlachtfeld übertragen, sondern dessen Standards für Vollkommenheit der Situationsbeherrschung.

RYLE charakterisiert den Charakter der systematisierten Sprachformen und der Standardsprachformen recht genau im Bild der instrumentalen, im Militär leider üblichen Verwendung von Menschen. Der instrumentale Charakter der Konstruktsprachen für die Wissenschaft scheint mir – um im Bilde zu bleiben – demgegenüber mehr gewissen automatisierten Waffensystemen zu entsprechen: Sie sind nicht «einberufen», sondern konstruiert, sollen «im Ernstfall», in Kombination mit den Soldaten, noch «zweckmäßiger» operieren, und ihre Wirkungsweise kann aus dem kombinierten Zusammenwirken mit den Soldaten und zum Teil in Analogie zu deren «Funktionieren» verstanden werden.

2. Wir beginnen jetzt mit der Besprechung der einzelnen *Teilschritte der Reglementierung und Explikation*. Ausgangspunkt für die Analyse einer Wissenschaftssprache ist die vorgegebene wissenschaftlich geprägte, aber noch nicht wissenschaftstheoretisch strukturierte *Fachsprache*. Diese *Fachsprache* ist eine Sondersprachform, d. h. eine bestimmte Abwandlung der Gemeinsprache, die sich von ihr durch gewisse syntaktisch-stilistische «Manierismen», vor allem aber durch eine für das Fach ausgebildete Terminologie unterscheidet. Der wissenschaftliche Charakter der Fachsprache kann am deutlichsten zum Ausdruck gebracht werden, wenn man sie auf Sprachformen bezieht, in denen die Sprachfunktion der reinen Darstellung, d. h. die Funktion, Sachverhalte darzulegen, völlig klar und durchsichtig gemacht wird. Durch konsequente Analyse dieser Art wird die Wissenschaft zu einer theoretischen Wissenschaft im strengen Sinn entwickelt. Dies haben wir bereits mehrfach hervorgehoben. Der Aufgabe, die Darstellungsfunktion gerade im Hinblick auf die Wissenschaftssprachen zu klären, ja eine Meta-Theorie der Wissenschaftssprachen zu entwickeln, haben sich in den letzten Jahrzehnten bedeutende Sprachphilosophen und Wissenschaftstheoretiker, unter ihnen vor allem CARNAP, TARSKI und QUINE, gewidmet.[7] Die Klärung der allgemeinen Bedingungen der Darstellungsfunktion erfordert nach diesen Vorstellungen zwei Teile,

(a) die Klärung des allgemeinen Rahmens für den Sachbezug von Ausdrükken – oft *Klärung der logischen Form* von (Wissenschafts-)Sprachen genannt – und

---

7 aufbauend auf grundlegenden Überlegungen, vor allem von FREGE, aber auch BOLZANO, HUSSERL, RUSSELL, WITTGENSTEIN, HILBERT. Im letzten Jahrzehnt beschleunigte sich die Entwicklung in Richtung auf eine Anwendbarkeit der Methoden auf natürliche Sprachen. Hier sind die Arbeiten von BAR-HILLEL, CHOMSKY (im Bereich der Syntax), HINTIKKA, LEWIS, MONTAGUE zu nennen (siehe unten).

(b) die Klärung des Systems der den Rahmen füllenden Begriffe und der Objekte, soweit sie für einen jeweiligen Wissenschaftsbereich erforderlich oder spezifisch sind. – Wir nennen dies die *Klärung des Begriffssystems und der Gegenstandsarten* von (Wissenschafts-)Sprachen. Bei der Klärung der logischen Form, der Begriffssysteme und Gegenstandsarten muß man zwei Aspekte unterscheiden: (α) Die *Einführung* reglementierter Sprachformen und (β) ihre *Explikation*, d. h. konstruktive Fixierung durch Bezug auf konstruktsprachlich formulierte und kontrollierbare Systeme. Die *Einführung reglementierter Sprachformen* kann durch zwei verschiedene Methoden geschehen: (α1) durch einen stilisierten Lernprozeß [8] oder einen stilisierten Lehr-(und Lern-)prozeß [9] oder (α2) durch *Systematisierungen*, d. h. systematisierende Erläuterungen in einer gegebenen Gemeinsprache oder Fachsprache.

Im Falle der *Systematisierungen* unterscheiden wir nun

(α21) – im Hinblick auf die logische Form – die *Paraphrasen-Systematisierungen* [10] und

(α22) – im Hinblick auf die Klärung des Begriffssystems – die *Begriffs-Systematisierungen*.[11]

Beide Systematisierungen knüpfen an Methoden an, die die Gemeinsprache im Prinzip bereitstellt. Mißversteht z. B. jemand eine Formulierung und fragt beim Sprecher zurück, so erhält er zur Erklärung häufig eine Paraphrase der ursprünglichen Formulierung, von der der Sprecher annimmt, daß sie die Unklarheit des Hörers beseitigen kann. Manchmal wird er im Hinblick auf die Genauigkeit der Formulierung lieber eine unschöne, stilistisch weniger elegante, aber genauer festgelegte und dadurch oft auch stereotypere Redeweise wählen. Bei der Ausbildung einer grammatisch systematisierten Sondersprachform werden diese gelegentlichen Verwendungen stereotyper Paraphrasen aber verbindlich und in systematischer Weise angewandt. Ein Beispiel für eine Systematisierung in dieser Richtung ist auch die juristische Sprache, in der Gesetze und Verträge usw. abgefaßt werden. Die Sprachausprägung ist von dem Ziel bestimmt, die Anzahl möglicher Mißverständnisse zu reduzieren, selbst auf Kosten der stilistischen Eleganz, Flexibilität und Kontextanpassung der Gemeinsprache, wobei jedoch die prinzipielle Verständlichkeit gewahrt bleiben soll.

Auch die Begriffs-Systematisierungen knüpfen an begrifflichen Unterscheidungen der Gemeinsprache an, die dort aber durch die Vielzahl ihrer Verwendungsweisen in verschiedenen Kontexten und ihre möglichen, kontextuell bedingten Abwandlungen oft vage, mehrdeutig oder unklar

---

8 etwa in den Beschreibungen von Quine, [Word], Kap. 3 und 4.

9 etwa in den Beschreibungen von Lorenz, [Sprachkritik], 2. Teil.

10 im Sinne der Systematisierungen von Quine in [Word], Kap. 4 und 5.

11 Carnap nannte sie Klärungen von Explikanda, vgl. etwa [Meaning], S. 7 ff, [Probability], Kap. 1, [Replies], S. 933 ff, Carnap-Stegmüller, [Induktive Logik], § I, 1. Stegmüller nannte sie Begriffs-Erläuterungen in [Hauptströmungen], S. 374.

erscheinen. Auch hier verlangt die wissenschaftliche Ausprägung eine strengere Reglementierung.

Das Ziel der Systematisierungen kann aber erst im *Kontext der Explikation* vollauf erreicht werden, da die Konstruktsprachen, mit denen die Explikation ausgeführt wird, frei den Zwecken der Explikation angepaßt werden können. Im Gegensatz zu den bloß reglementierten Systematisierungen, die ja wenigstens in einer im Prinzip verständlichen Sprache abgefaßt werden müssen, unterliegen sie nicht den Bedingungen der spezifischen grammatischen und inhaltlichen Form einer Gemeinsprache.

Diese Freiheit, die die Konstruktsprachen im Kontext der Explikation bieten, wird allerdings sekundär dadurch eingeschränkt, daß sie wenigstens in einem abgeleiteten Sinn verständlich bleiben müssen: Sie sollen sich, das ist die gangbarste Form, zwar nicht unbedingt in die allgemeinverständliche Gemeinsprache oder in eine fachsprachliche Abwandlung schematisch übersetzen lassen, aber doch in eine reglementierte Sprachform. Durch ein solches schematisch gewinnbares Übersetzungskorrelat behält eine Konstruktsprache trotz der Freiheit ihrer Form die *prinzipielle Verständlichkeit* ihrer Funktion. Der Bezug einer reglementierten Sprachform auf eine Konstruktsprache derart, daß sich beide ineinander übersetzen lassen, wird oft geringfügige weitere Systematisierungen und Anpassungen im Bereich der systematisierten Sprachform erforderlich machen. Eine reglementierte Sprachform, die als Übersetzungskorrelat einer Konstruktsprache ausgewiesen ist, nennen wir *Standardsprache* (in bezug auf den Rahmen der Explikation). Wie bei den Systematisierungen unterscheiden wir – entsprechend der Gliederung im Hinblick auf die logische Form einerseits und auf das Begriffs- und Gegenstandssystem andererseits – die *Explikation der logischen Form* und die *Begriffs-Explikation* (und Gegenstands-Explikation).[12] Die Explikation der logischen Form führt zu interpretierten Kalkülen oder Konstruktsprachen der Logik, die wir als *kanonische Sprachformen* der Sprachanalyse ansprechen können. Die Abweichung dieser Sprachformen von den Gemeinsprachen ist allgemein bekannt, ebenso aber ihre Übersetzung in systematisierte Gemeinsprache, wenigstens in sehr einfachen Fällen. Die Begriffs-Explikation setzt meist die Explikation der logischen Form, d. h. einen Rahmen der Konstruktsprachen, bereits voraus. Die in der Begriffs-Explikation zu explizierenden Begriffe bzw. ihre

12 Normalerweise wird dieser Begriff nur für die Explikation von Begriffen, nicht dagegen für die Entwicklung der logischen Form von Sprachen verwendet. Da jedoch, wie wir noch sehen werden, die Entwicklung der logischen Form eng mit der Explikation logischer Begriffe (wie «wahr» etc.) verbunden ist, ja als Prozeß der Explikation dieser Begriffe dargestellt werden kann, scheint diese Erweiterung des Inhalts von «Explikation» adäquat zu sein. (Vgl. die Literaturhinweise in Anmerkung 11 zu Begriffs-Systematisierungen und außerdem QUINE, [Word], S. 258 ff.)

Bezeichnungen werden *Explikanda* genannt; die für sie in der Konstruktsprache eingeführten Bezeichnungen heißen dagegen *Explikate*. Sie werden in den Rahmen der Konstruktsprache als spezifische deskriptive Termini eingefügt. Die Begriffs-Explikation legt die Verwendung der Begriffe (einschließlich ihrer Interpretation) in diesem Rahmen fest, sie kann oft in natürlicher Weise als gleichbedeutend mit der Aufstellung einer Theorie angesehen werden.

Im Kontext der Explikation spielen Standardsprachen und Konstruktsprachen im Verhältnis zueinander die Rollen der Metasprache und der Objektsprache. Die Standardsprachen sollen, wie gesagt, so beschaffen sein, daß ihre Abweichung von der Gemeinsprache und den terminologischen Fachsprachen so gering ist, daß sie, mit einigem guten Willen, ohne weiteres von jemandem verstanden werden, der die Gemeinsprache beherrscht. Sie liegen gewissermaßen im Bereich möglicher Dialekte und Sondersprachen der Gemeinsprache. Eine Übersetzung der Konstruktsprache in diese Form macht die Konstruktsprache somit verständlich. Üblicherweise hat man nun aber das Problem, eine Konstruktsprache (als kanonische Sprachform) verständlich zu machen, so gelöst, daß man die Konstruktsprache in einen Teil der Metasprache übersetzte. Wir werden in diesem Sinne die *Standardsprache* als *Teil der Metasprache* ansehen.[13]

Das Paar Konstruktsprache – Standardsprache gestattet also, alle theoretischen Argumentationen sowie die Klärung des theoretischen Zusammenhangs in der Konstruktsprache durchzuführen, diese aber, wenn immer nötig, in eine – mit gutem Willen jederzeit – verständliche Sprachform zu übersetzen. Die Konstruktion dieses Paares schließt den Prozeß der Analyse und Klärung einer Wissenschaftssprache durch Systematisierung und Explikation ab. Für Fälle, in denen es auf strikte Argumentation in der Wissenschaftssprache ankommt, wird man von der normalen Fachsprache in dieses Paar «umsteigen», sofern die Systematisierung und Explikation befriedigend durchgeführt wurde. Diese «Ernstfälle», für die die Sprache exerziert und reglementiert wurde,[14] stellen den *Kontext der Anwendung* des konstruierten Paares dar. Zur Erhöhung des Überblicks über die diskutierten Zusammenhänge stellen wir sie noch einmal in zwei schematischen Diagrammen dar (vgl. Schema I und II).

---

13 Der andere Teil der Metasprache besteht aus den Bezeichnungen für die Ausdrücke der Konstruktsprache, gewissen grundlegenden logischen und linguistischen Begriffen (z. B. ‹wahr›, ‹bezeichnet›, ‹Verkettung von›), auf die wir im nächsten Abschnitt eingehen werden. Die Kombination dieser Begriffe und Bezeichnungen geschieht nach den Regularitäten der Standardsprache. Die besonderen Bezeichnungen und Ausdrücke in der Metasprache erweitern die Form der Standardsprache aber nicht; die erweiterte Standardsprache kann nämlich in die Konstruktsprache der Form nach übersetzt werden.
14 Vgl. das Bild von RYLE, [Dilemmas], Kap. VIII und oben S. 84 f.

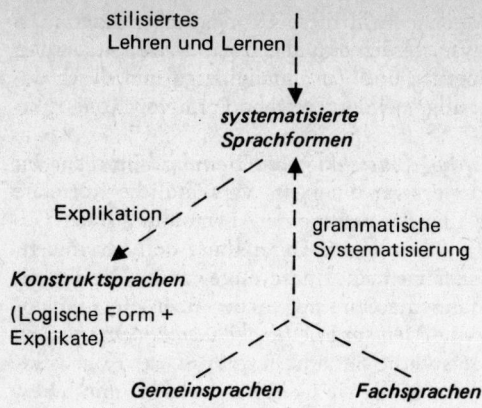

Schema I: Kontext der Einführung

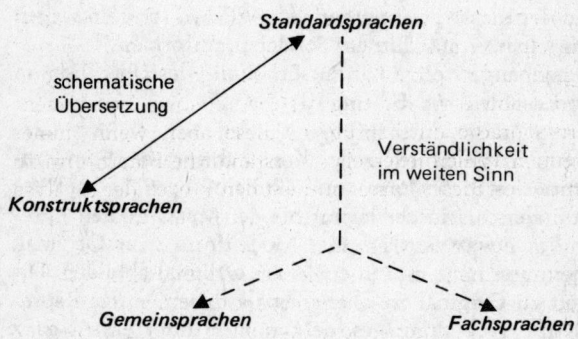

Schema II: Kontext der Verwendung

3. Nach der üblichen Vorstellung von Systematisierung und Explikation muß dieser Prozeß nicht für jede einzelne Wissenschaftssprache vollständig neu durchlaufen werden. Statt dessen wird in der Systematisierung und Explikation der logischen Form versucht, einen Rahmen für die sprachliche Darstellungsform aller Wissenschaftssprachen einzuführen. Durch Ausfüllung dieses Rahmens mit den Explikaten von Begriffen und der Formulierung bestimmter Sätze, den Grundtheoremen oder Axiomen einer bestimmten Wissenschaft soll dieser allgemeine Rahmen dann auf die Standardformen und Explikate der betreffenden Wissenschaft zugeschnit-

ten werden. Wir werden in diesem Buch dieser Vorstellung folgen. Die Formen der theoretischen Analyse werden sich also durch Systematisierung fachsprachlich linguistischer Begriffe und Zusammenhänge und durch deren Explikation im Rahmen der allgemeinen logischen Form von Konstruktsprachen für Theorien ergeben.[15]

Das Resultat sind *linguistische Konstrukt- und Standardsprachen.* Im Kontext der Verwendung sind sie zwar einerseits verständliche Korrelate der linguistischen Fachsprache (die ihrerseits eine Abwandlung einer Gemeinsprache ist), andererseits werden sie zur Darstellung der Zusammenhänge wenigstens von Teilen der Gemeinsprache angewandt. Die linguistische *Konstruktsprache* ist dann die Sprache, in der über die Gemeinsprache geschrieben wird, also eine *Metasprache für die Gemeinsprache.* Um die Verständlichkeit dieser Metasprache zu sichern, gibt es zur Konstruktsprache aber eine *Standardsprache,* in die sie übersetzt werden kann. Diese wird also in üblicher Weise als die Metasprache der Konstruktsprache verstanden und damit, da die Konstruktsprache Metasprache der Gemeinsprache ist, als *Meta-Metasprache der Gemeinsprache.* Nun stellten wir andererseits fest, daß die Standardsprachen potentielle Varianten der Gemeinsprache sind. Die Gemeinsprachen enthalten in dieser Darstellung ihre Meta-Metasprachen in der Klasse ihrer potentiell möglichen (und im weiten Sinne prinzipiell unmittelbar verständlichen) Sondersprachformen.[16]

Auch diese Zusammenhänge wollen wir zur Erhöhung des Überblicks in einem Schema zusammenstellen (vgl. Schema III).

Das Verhältnis von einander entsprechender Konstruktsprache, Standardsprache (als reglementierter Sprachform) und Gemein- bzw. Fachsprache kann aber auch noch anders als in der Hierarchie der Metasprachen interpretiert werden, nämlich etwa wie das einer Modellform zum Original. Modelle sollen in einem bestimmten Sinn etwas am Original abbilden. Die Beziehung von Modell zu Original ist aber niemals diejenige der Reproduktion. Die modellhafte Abbildung geschieht immer unter einem ganz bestimmten Gesichtspunkt der Betrachtung, ja Analyse, des Originals, und sie sollte so sein, daß dieser Gesichtspunkt am Modell deutlich hervortritt.[17] Bei der Aufstellung eines Modells kann man es entweder darauf abgesehen haben, das Original in übersichtlicher Weise zu *simulieren,* oder darauf, ein *durchschaubares Funktions*modell zu erstellen. Offenbar sind hier zwei Faktoren im Spiel. Der eine ist die *Übereinstimmung* mit dem

---

15 Im übernächsten Paragraphen werden wir auf die hier in Betracht kommenden Explikationen eingehen.

16 Diese Sondersprachformen gehören allerdings wegen ihrer Reglementierung meist zu den besonders monotonen, schwerfälligen und rigiden Varianten.

17 ‹Modell› wird hier nicht im Sinne des Modells einer Theorie (vgl. S. 117) verwendet. Vgl. auch GOODMAN, [Art] über Abbilden und Modellieren.

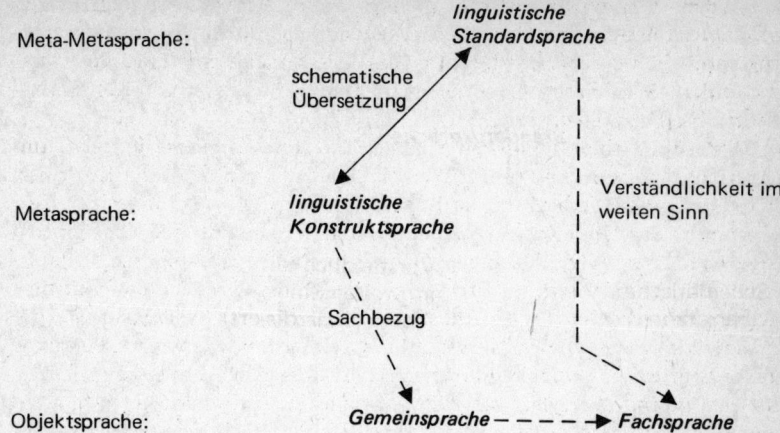

Schema III: KONTEXT DER VERWENDUNG LINGUISTISCHER SPRACHEN

Original in irgendeinem Sinn, der andere, die *Übersicht, Durchschaubarkeit und Beherrschbarkeit* der Zusammenhänge im Original zu erhöhen. Je nach dem Anteil der beiden Faktoren erhält man einerseits mehr ein Simile, andererseits mehr ein erklärendes Referenzsystem. Es ist nun der Vorteil der dreiteiligen Sprachanalyse, daß sie zwei Ebenen bietet, je eine, auf der das Vorherrschen je eines der beiden Faktoren gewährleistet werden kann. Die reglementierten Sprachen sind in Richtung auf Übersichtlichkeit und systematische Beherrschbarkeit abgewandelte Gemeinsprachen. Die Konstruktsprachen bieten alle Möglichkeiten, komplexeste Erklärungszusammenhänge strikt schematisch beherrschbar und in diesem Sinne durchschaubar zu machen. Ein Beispiel für die Explikation in diesem Sinne ist die Gewinnung von *erklärenden Sprachmodellen.* Eine Möglichkeit zu ihrer Entwicklung ist die systematische und explikative Analyse von Wörtern der Gemeinsprache im Rahmen der allgemeinen logischen Form von Konstruktsprachen. Ein einfaches Beispiel in diesem Sinne wäre die Explikation von Verwandtschaftsbeziehungen und daraus zu gewinnenden Verwandtschaftsbegriffen.[18] Das Verhältnis dieser Explikationsresultate zu Ausschnitten der Gemeinsprache ist offensichtlich nicht dasjenige einer Metasprache zur Objektsprache, sondern dasjenige eines Modells zu dem Gegenstandsbereich, der im Modell abgebildet wurde. Der zugehörige Kontext der Verwendung wird in Schema IV dargestellt.

---

18 Noch relativ einfache Ansätze dafür findet man bei CARNAP, [Logik], § 54, und SCHNELLE, [Linguistik].

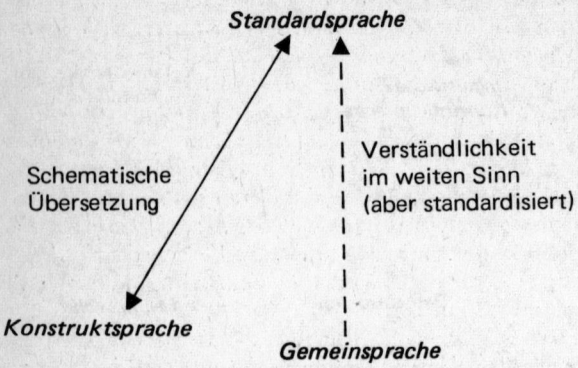

Schema IV: Kᴏɴᴛᴇxᴛ ᴅᴇʀ Sᴘʀᴀᴄʜ-Mᴏᴅᴇʟʟɪᴇʀᴜɴɢ

B. Bᴇᴅɪɴɢᴜɴɢᴇɴ ᴜɴᴅ Fᴏʀᴍᴇɴ ᴅᴇʀ Exᴘʟɪᴋᴀᴛɪᴏɴ

1. Die Explikation, so wie wir sie bisher darstellten, bildet den Kern der wissenschaftlichen oder rationalen Rekonstruktion eines Sachbereichs, den man mit einer Sprache darstellen kann. Die Explikation geschieht durch indirekte Analyse eben dieser Sprache. Entscheidend für die Beurteilung der Explikation ist das Verhältnis zwischen den Konstruktsprachen (d. h. den Resultaten der Explikation), den grammatisch schematisierten Sondersprachformen bzw. Standardsprachformen (d. h. den Vorstufen der Explikation) und den Gegebenheiten der Gemein- und Fachsprachen, von denen die Explikation ausging. Man fordert, daß Konstruktsprache und Standardsprache schematisch ineinander übersetzbar seien. Die Standardsprache sollte ihrerseits den Teilen und Verwendungsweisen der Gemeinsprache entsprechen, aus denen sie entwickelt wurde. Die Entsprechung sei derart, daß sie eben diese Teile der Gemeinsprache auch in *bestimmten ihrer Kontexte und Verwendungsweisen* – nämlich den wissenschaftlichen – *ersetzen* kann. D. h. man soll mit ihren Ausdrücken (in den passenden wissenschaftlichen Kontexten) dasselbe leisten können, was man (in diesen wissenschaftlichen Kontexten) mit den entsprechenden Ausdrücken der Gemeinsprache zu leisten beabsichtigt. Das bedeutet jedoch nicht, daß man es auf dieselbe Weise leistet. Insbesondere die stilistische Eleganz und Flexibilität sowie die Breite der möglichen Kontexte, in denen die Ausdrücke der Ge-

meinsprache verwendet werden können, geht beim Übergang zur Standardsprache verloren, da ihre Ausdrücke in der Form schematisch, in mancher Hinsicht schwerfällig und in der Verwendungsweise fixiert und rigide sind.[19]

Wir wollen nun auf das Verhältnis der drei Sprachformen zueinander eingehen und betrachten zunächst das *Verhältnis der Standardsprache zur Gemeinsprache.* Wie wir gerade festgestellt haben, soll die Standardsprache von der Gemeinsprache nicht grundsätzlich in ihren Wörtern und Konstruktionen abweichen, sondern nur soweit, als dies zur *Beseitigung von Mehrdeutigkeiten und Vagheiten, sowohl des Vokabulars als auch der Kombinatorik der Wörter,* notwendig ist. Die Standardsprache schränkt dadurch in gewisser Weise die kontextabhängige und von anderen Zwecken als denen der Darstellung bestimmte Variabilität der Gemeinsprache ein, ebenso wie deren Eleganz im Hinblick auf einfachere schematische Beherrschbarkeit. Wir wollen nun zunächst auf die Beziehungen im Vokabular und dann auf diejenigen der Konstruktionen eingehen.

Bezüglich des *Vokabulars* gelte eine Methode des Indizierens, da sie die *Nachbarschaft der Standardsprache zur Gemeinsprache am* deutlichsten zum Ausdruck bringt: Die systematisch geklärten Wörter der Gemeinsprache, die Explikanda, sollen in der Standardsprache mit einem Index versehen auftreten. So soll dem Wort «wahr» in der Gemeinsprache das Wort «wahr$_1$» der Standardsprache entsprechen, das TARSKI expliziert hat [20] (im Gegensatz zu anderen möglichen systematisierbaren Bedeutungen etwa «wahr$_2$», «wahr$_3$» etc.), und dem Wort «Wahrscheinlichkeit» der Gemeinsprache das Wort «Wahrscheinlichkeit$_1$», das CARNAP zur Grundlage seiner Explikation der induktiven Logik machte.[21] Wenn man will, kann man auch dem Wort «und» der Gemeinsprache das Wort ‹und$_1$› der Standardsprache entsprechen lassen, in dem alle Konnotationen von ‹und› im Sinne von ‹und dann› oder ‹und in Folge davon› durch Erläuterungen im Hinblick auf die Systematisierung auszuschalten sind.[22]

Bei einer systematischen Korrelation von Gemeinsprache (oder Fachsprache) und Standardsprache wird man ein Wörterbuch anlegen, das die Bezeichnungen der systematisierten Begriffe mit denen der Gemeinsprache korreliert. Ein solches Wörterbuch hätte äußerlich eine gewisse Ähnlichkeit mit einem Wörterbuch, das die Homonyme einer Sprache getrennt aufführt (etwa ‹Schloß$_1$› und ‹Schloß$_2$›) oder das einem Wort seine verschiedenen Bedeutungen zuordnet. Der Unterschied liegt in den Kriterien. Die Kriterien der Begriffs-Systematisierungen sind allein systematische, diejenigen des

---

19 Vgl. QUINE, [Word], S. 160.
20 Vgl. z. B. TARSKI, [Wahrheitsbegriff] und [Conception].
21 Vgl. CARNAP, [Probability], CARNAP/STEGMÜLLER, [Induktive Logik], vgl. auch Abschnitt II.C.1 dieses Buches.
22 Vgl. S. 84.

Lexikologen sind zusätzlich sprachgeschichtliche, dialektale, stilistische usw. Ein Beispiel einer Systematisierung im Hinblick auf eine Explikation (die naturwissenschaftliche Überlegungen nicht auszuschalten braucht) wäre die Einführung von ‹Salz$_1$› im Sinne von Kochsalz und vom ‹Salz$_2$› im Sinne von Meeressalz, wobei die beiden Begriffe genauer fixiert werden durch die chemischen Explikate NaCl bzw. MgCl$_2$.[23]

Soviel zur Methode des Indizierens beim Übergang vom Vokabular der Gemeinsprache zu dem der Standardsprache.

Die *Konstruktionen der Standardsprachen* können entweder durch Systematisierung gegebener und besonders durchsichtiger Darstellungsweisen der Gemeinsprachen gewonnen werden oder, dort wo Mehrdeutigkeiten und Unklarheiten auftreten können, durch Beschränkung und Festlegung der Gemeinsprache auf besondere Paraphraseformen, die sie selbst zur Beseitigung der Mehrdeutigkeiten bereitstellt – und zwar ohne Rücksicht darauf, ob diese Paraphrasen als sprachgemäß, stilistisch unelegant, ja schwerfällig gelten oder darauf, daß eine Beschränkung auf sie stilistische Monotonie bewirkt. Die erste Form der Systematisierung untersucht QUINE im dritten Kapitel seines Buches ‹Word and Object›, die zweite im vierten Kapitel. Wir werden hier seiner Darstellung folgen.[24]

QUINE geht, ebenso wie später LORENZEN und LORENZ, von der *Struktur der Prädikation* aus. Die Struktur der Prädikation hat zwei Positionen: Die Subjektposition und die prädikative Position. QUINE klassifiziert die sachhaltigen Grundwörter oder Termini danach, welche Position sie einnehmen können. Danach müsse es in systematischer Analyse *singuläre Termini* für die Subjektposition und *allgemeine Termini* für die prädikative Position geben. Im Bereich der allgemeinen Termini hält er dagegen zunächst die Unterscheidung zwischen Substantiven, Adjektiven und Verben für sekundär. *Stofftermini* sind dagegen neutrale Termini, die beide Positionen einnehmen können (und die für QUINE Überbleibsel einer früheren Stufe des Spracherwerbs sind; auf dieser früheren Stufe waren gewissermaßen alle Wörter Stofftermini). Diese Termini im Schema der Prädikation sind der Ausgangspunkt für komplexere Strukturierungen: (a) Eine wichtige Leistung der allgemeinen Termini besteht darin, daß sie, mit *Demonstrativa* und ihren Reduktionsformen, den *bestimmten Artikeln*, *kombiniert*, Ausdrücke bilden, die wie singuläre Termini fungieren können. (b) Allgemeine Termini können außerdem in *attributiven Erweiterungen* kombiniert werden, wobei die Termini in attributiver Position (normalerweise Adjektive) *kategorematisch* (bzw. prädikativ) oder *synkategorematisch* verwendbar sind. (c) Außer den absoluten allgemeinen Termini gibt es *relative* (allgemeine) *Termini*; aus ihnen können durch *Entrelativierung* oder durch

---

23 Vgl. zu diesem Beispiel CARNAP, [Replies], S. 942.

24 QUINE diskutiert die erste Form im Zusammenhang mit dem Sprachlernen. Diesen Aspekt vernachlässigen wir hier.

Applikation absolute Termini gewonnen werden. (Beispiel: ‹ist Vater von›; *Entrelativierung:* ‹ist ein Vater›; *Applikation:* ‹ist Vater von Franz›.)

Diese Aspekte sind sämtlich nur systematische Charakterisierungen gemeinsprachlicher Elemente, mindestens so, wie sie sich in Sprachen wie dem Deutschen und dem Englischen präsentieren. Erste Ansätze zur Reglementierung ergeben sich für Quine bei der Diskussion der Relativsätze. Eine zweckmäßige Paraphrasierung, die später auch für Disambiguierungen verwandt wird, ist die ‹derart daß›-Konstruktion mit Pronomen (‹Der Mann, den ich sah . . .› ~ ‹Der Mann, *derart daß* ich *ihn* sah . . .›). Eine weitere Reglementierung wird in der Diskussion der *indefiniten singulären Termini* bereits vorbereitet: die spätere Einführung der Quantoren. Die Formulierung ‹Peter sah einen Hund› bezieht sich nicht auf einen bestimmten Hund, sondern besagt, daß es einen Hund gibt – oder ein solcher anzunehmen ist (in literarischer Verwendung) – derart, daß Peter ihn sah. Abgesehen von der Identität und den abstrakten Termini, die wir hier übergehen, sind dies die grammatischen Formen, die man nach Quine systematisierend in Standardformen der Wissenschaftssprache übernimmt.

Zu diesen kommen aber *radikalere Formen der Reglementierung*, und zwar die *Klammerung* (die in der gesprochenen Sprache oft durch Pausen, Intonationen usw. angegeben wird), die *Variablen* zur Unterstützung oder Ersetzung des Pronominalbezugs sowie der Charakterisierung der Stellen, an denen sich Universal- und Existenzbehauptungen auswirken, sowie im Zusammenhang damit die adjunktbildende ‹*derart, daß*›-Konstruktion. Diese Konstruktion ist vor allem höchst nützlich bei der Behandlung sogenannter «opaker» Sätze. Wir werden darauf in späteren Kapiteln im einzelnen eingehen.

2. Gehen wir nun auf das *Verhältnis von Konstruktsprachen zur Standardsprache* ein. Wir sollten zunächst eine der üblichen Formen von Konstruktsprachen der Logik charakterisieren. Dies geschieht gewöhnlich durch Angabe der einfachen Ausdrücke (Zeichen) sowie der syntaktischen Regeln zur Bildung zusammengesetzter Ausdrücke. Im Prädikatenkalkül erster Stufe gibt es z. B. folgende Arten von Zeichen:

(a) die *deskriptiven* (oder nicht-logischen) *Konstanten*, und zwar die
  (a1) *Individuenkonstante*
  (a2) *Prädikat(konstante)*
  (a3) *Funktor (konstante)*
(b) die *Satzverknüpfer* (oder *Junktoren*)
(c) die *Individuenvariable*
(d) die *Binder* (oder *Quantorzeichen*)

Zusammen mit *Hilfszeichen zur Gruppierung* (wie Klammern, Kommata, Punkten) werden sie nach *syntaktischen Regeln* zu Ausdrücken verschiedener Arten zusammengesetzt. An *Arten von zusammengesetzten Ausdrücken* gibt es:

(e) *Sätze,* und zwar einfache und zusammengesetzte
(f) *Individuenausdrücke* oder *Terme*
(g) *Prädikatausdrücke*
(h) *Funktorausdrücke.*

Die Beziehungen zur Standardsprache und damit die Funktionsweise der Einzelzeichen und der zusammengesetzten Ausdrücke sollen durch folgende Bemerkungen vorläufig skizziert werden: Ausgangspunkt ist auch hier, wie im Fall der Standardsprache, die *Struktur der Prädikation.* Die Korrelate zu den einfachen singulären Termen (den Namen) heißen *Individuenkonstante,* die Korrelate zu einfachen allgemeinen Ausdrücken heißen *Prädikate.* Prädikate werden zusammen mit Individuenkonstanten zu *einfachen Sätzen* kombiniert. Je nach der Anzahl von Individuenkonstanten, die ein Prädikat zur Bildung eines wohlgeformten Satzes erlaubt oder erfordert, unterscheidet man die *Stelligkeit* von Prädikaten. Ein einfacher Satz mit einem einstelligen Prädikat prädiziert die von diesem Prädikat ausgedrückte Eigenschaft von dem Gegenstand, den die Individuenkonstante des Satzes bezeichnet. Ein einfacher Satz mit einem zweistelligen Prädikat prädiziert eine Relation zwischen den beiden Gegenständen, die von den Individuenkonstanten bezeichnet werden, usf. für alle Stelligkeiten. So wie die Prädikate mit Individuenkonstanten Sätze ergeben, so ergeben die *Funktoren* mit Individuenkonstanten *Individuenausdrücke* oder *Terme.* Wie bei den Prädikaten ist auch bei den Funktoren die *Stelligkeit* zu unterscheiden nach der Anzahl von Individuenkonstanten, die sie erfordern oder erlauben. Erweiterte einfache Sätze können nun gebildet werden, wenn man an den Stellen von Individuenkonstanten zusammengesetzte Individuenausdrücke zuläßt. Einfache Sätze können mit *Junktoren* zu *zusammengesetzten Sätzen* verbunden werden; ebenso können diese zusammengesetzten Sätze mit Junktoren zu zusammengesetzten Sätzen höherer Komplexität zusammengesetzt werden. Auch hier unterscheidet man die Stelligkeit der Satzverknüpfer: Einstellige Satzverknüpfer, wie ‹¬›, das Korrelat zu ‹nicht›, ergeben mit einem (einfachen oder zusammengesetzten) Satz einen zusammengesetzten Satz, zweistellige Satzverknüpfer wie ‹∧›, ‹∨›, ‹→›, die Korrelate zu ‹und›, ‹oder›, ‹wenn . . . so . . .›, ergeben einen zusammengesetzten Satz aus zwei einfachen oder zusammengesetzten Sätzen. Sehr wichtige Darstellungsmittel sind die *Variablen* und *Binder* in einer Konstruktsprache; die Variablen markieren Stellen in einer Struktur, z. B. in der Struktur der Prädikation, auf die sich sogenannte Binder beziehen können. Typische Binder sind ‹alle›, ‹einige›, ‹es gibt ein›, ‹derjenige› usw.

Um die Verwendungsweise dieser Darstellungsmittel zu vergegenwärtigen, wollen wir im folgenden einige Sätze über verschiedene Stufen der Reglementierung in Sätze der skizzierten Konstruktsprache umformen:
(a) ‹Alle Tiere sind Lebewesen›
    ‹Alles, was ein Tier ist, ist ein Lebewesen›
    ‹Jedes [«Ding»], das ein Tier ist, ist ein Lebewesen›

⟨Jedes [«Ding»], derart, daß dieses [«Ding»] ein Tier ist, ist ein Lebewesen⟩

⟨Jedes x, derart, daß x ein Tier ist, ist ein Lebewesen⟩

⟨Für jedes x, wenn x ein Tier ist, so ist x ein Lebewesen⟩

In Konstruktsprache: ⟨∧x. Tx → Lx⟩

⟨x⟩ markiert die Stelle, an der sich die Wörter ⟨alle⟩ oder ⟨jedes⟩ bzw. ⟨für jedes⟩ auswirken.

(b) Ähnliches passiert mit ⟨einige⟩:

⟨Einige Menschen sind blond⟩

⟨Einige [«Dinge»], die Menschen sind, sind blond⟩

⟨Einige [«Dinge»], derart, daß diese [«Dinge»] Menschen sind, sind blond⟩

⟨Es gibt wenigstens ein [«Ding»], derart, daß dieses [«Ding»] Mensch ist und blond ist⟩

⟨Es gibt wenigstens ein x, derart, daß x Mensch ist und blond ist⟩

In Konstruktsprache: ⟨∨x. Mx ∧ Bx⟩

Ein anderes Beispiel:

⟨Die Sonne (der Erde) ist heiß⟩

⟨Dasjenige [«Ding»], das Sonne (d. E.) ist, ist heiß⟩

⟨Dasjenige [«Ding»], derart, daß dieses [«Ding»] Sonne (d. E.) ist, ist heiß⟩

In Konstruktsprache: ⟨H (ι x. Sx)⟩

Die hier nur skizzierten Formen der Konstruktsprache sollten sich durch schematische *Übersetzung in Formen der Standardsprache* überführen lassen. Wir unterscheiden nun zwischen einfacheren Formen der Übersetzung, die allein mit Hilfe eines Wörterbuchs Konstruktsprache–Standardsprache ausgeführt werden können – wir nennen sie *Wörterbuchübersetzungen* –, und komplexeren Übersetzungsformen, die außerdem die Anordnung und Zusammensetzung der Ausdrücke der Konstruktsprache ändern – wir nennen sie *Transformatübersetzungen*.

Die Wörterbuchübersetzungen überführen Ausdrücke der Konstruktsprache in *Normalformen* der Standardsprache,[25] indem einfache konstante Ausdrücke der Konstruktsprache (also keine Variablen) durch einfache Ausdrücke oder Wendungen (z. B. ⟨Vater von⟩, ⟨größer als⟩, ⟨sowohl ... als auch ...⟩) der Standardsprache (d. h. also Systematisierungen der Gemeinsprache) *ersetzt*[26] werden. Wir erhalten *Quasi-Normalformen*, wenn wir zulassen, daß auch komplexe konstante Ausdrücke (aber keine Ausdrücke, die nicht-gebundene Variable enthalten) durch einfache Ausdrücke oder Wendungen der Standardsprache *abgekürzt* werden dürfen.[27] So kann es

---

25 d. h. normal, relativ zur Konstruktsprache und zum Wörterbuch.

26 Die Resultate entsprechen KUTSCHERAS ⟨Normalformen⟩ in: [Sprachphilosophie], S. 61.

27 Vgl. BAR-HILLEL/MALINO/MARGALIT, [Logic].

beispielsweise sein, daß ein komplexes Prädikat der Konstruktsprache wie ⟨[¬ V ∧ M]⟩ abgekürzt wird durch den Ausdruck ⟨Junggeselle$_1$⟩, wobei ⟨V⟩ ein Korrelat zu ⟨verheiratet$_1$⟩ und ⟨M⟩ ein solches zu ⟨Mann$_1$⟩ ist.

Aufgrund dieser einfachen Übersetzungsvorschriften werden die resultierenden Normalformen und Quasi-Normalformen, d. h. die Ausdrücke der entsprechenden Standardsprache, noch bestimmte Notationsmittel der Konstruktsprache enthalten, z. B. Variable, Klammern, Kommata usw., die sog. *Bindemittel* der Konstruktsprache. Sie haben die Aufgabe, Ausdrücke voneinander abzugrenzen, die Anwendungsbereiche von Funktoren zu markieren und die Argumente von Funktoren zu unterscheiden.

Transformatübersetzungen überführen Ausdrücke der Konstruktsprache in *Transformatformen* der Standardsprache. *Transformatformen im engeren Sinne* erhält man, wenn man bestimmte Umordnungen vornimmt und Eliminierungen von Ausdrucksteilen, die sich aber nur auf Bindemittel (Variable, Klammern etc.) erstrecken dürfen.[28] Bei schematischen Übersetzungen dieser Art dürfen diese Operationen nur nach Regeln oder Operationen vorgenommen werden, die nur von der Ausdrucksverkettung und ihrer syntaktischen Form abhängen.

Transformatformen im weiteren Sinne sind solche, in denen außer Umordnungen auch Hinzufügungen von Partikeln, Verdopplungen von bereits vorhandenen Ausdrücken, Eliminierungen vorhandener Ausdrücke usw. durchgeführt werden können, jeweils in Abhängigkeit von der durch Bindemittel und Kategorien der Standardkonstruktion signalisierten Form. In der allgemeinsten Form können schließlich beliebige (rekursiv aufzählbare) Relationen zwischen beliebigen Ausdrücken formuliert werden. Mit Transformatformen im weitesten Sinn können schließlich (wenigstens im Prinzip) sogar alle Sprachformen der Wissenschaftssprache und der Gemeinsprache (und nicht nur die von Standardformen) irgendwie auf die Formen der Konstruktsprache (die logischen Formen) bezogen werden.

3. Interessant ist die Frage, wieweit die *Normalformen* oder die *Transformatformen* bereits unmittelbar den *gewöhnlichen Ausdrücken der Sprache* entsprechen (d. h. für wie viele und welche das gilt). Wir sagen,[29] daß die Standardkonstruktion (d. h. eine Repräsentation der logischen Form) eines Ausdrucks der Sprache in bezug auf eine vorgelegte Konstruktsprache und eine entsprechende Wörterbuch- oder Transformatübersetzung *klar* ist, wenn der Ausdruck sich aus einem Ausdruck der Konstruktsprache als Transformatform im engeren Sinne ergibt. Eine einfache Überlegung zeigt, daß die Klarheit eines Ausdrucks von der gewählten Konstruktsprache abhängt. Es ist z. B. offensichtlich, daß die Aussagenlogik etwa mit den Zeichen ⟨¬⟩ ⟨V⟩ vollständig entwickelt werden kann. ⟨∧⟩ wird dann definiert.

28 Vgl. BAR-HILLEL/MALINO/MARGALIT, [Logic], auch Anm. 23.
29 nach BAR-HILLEL/MALINO/MARGALIT, [Logic].

In einer solchen Konstruktsprache ist ‹Peter ist blauäugig und Hans ist nicht braunäugig› nicht klar hinsichtlich seiner Standardkonstruktion (d. h. seiner logischen Form), da seine *Standardkonstruktion*

‹¬(¬Bl p ∨ Br h)›

ist, eine entsprechende Normalform wäre

‹nicht (nicht blauäugig Peter oder braunäugig Hans)›

und eine mögliche *Transformatform* (i. e. S.)

‹Es ist nicht der Fall, daß Peter nicht blauäugig oder Hans braunäugig ist›

Enthält die gewählte Konstruktsprache dagegen ‹¬› und ‹∧›, so ist die logische Form des Satzes klar:

‹Bl p ∧ ¬ Br h›

Normalform: ‹(Blauäugig Peter und nicht braunäugig Hans)›

Transformatform (i. e. S.): ‹Peter blauäugig und Hans nicht braunäugig›

Transformatform (i. w. S.): ‹Peter ist blauäugig und Hans ist nicht braunäugig›

Einige Sprachanalytiker sind nun der Meinung, daß die Konstruktsprachen so geschickt über ihren jetzigen Stand hinaus weiterentwickelt werden können und die Wörterbücher und Transformatregeln im engeren Sinne so sinnreich aufgestellt werden können, daß *alle* Ausdrücke der Gemeinsprache, die normalerweise oder üblicherweise primär Darstellungsfunktion haben, unmittelbar (also Wort für Wort) Ausdrücken der Standardsprache entsprechen, und daß *alle* Ausdrücke der Gemeinsprache *überhaupt* so paraphrasiert werden können, daß sie einen Teil mit Darstellungsfunktion enthalten, für den das oben Gesagte gilt.[30]

Betrachten wir ein Beispiel: ‹Mach das Fenster zu!› drückt normalerweise eine Aufforderung aus, die aber auch durch die Paraphrase ‹Ich will, daß du das Fenster zumachst› ausgedrückt wird. Die Paraphrase hat als Teil deutlich den Satz ‹Du machst das Fenster zu›, die zu einer Standardform ‹x macht das Fenster zu› in Beziehung steht. Die letztere Form ist in ihrer logischen Form ganz offensichtlich *klar* (im oben angegebenen technischen Sinn).

Wieweit die Auffassung der genannten Sprachanalytiker zutrifft, mag hier dahingestellt bleiben. Es sollte jedoch klar sein, daß zwei Unterschiede bleiben: (1) Selbst wenn sich die Ausdrücke der Gemeinsprache und der Standardsprache Wort für Wort entsprechen, sind die Wörter der Standardsprache Ausdrücke für systematisierte Begriffe, bei denen Mehrdeutigkeiten und Vagheiten sowohl der einzelnen Wörter als auch der Konstruktionen radikal reduziert wurden und die durch ihre Beziehungen auf entsprechende Explikate in der Konstruktsprache fixiert sind. (2) Die Ge-

---

30 Diese Sprachanalytiker formulieren den Standpunkt häufig so, daß es für sie theoretisch keinen Unterschied zwischen formalen Sprachen und der Gemeinsprache gibt. Vgl. DAVIDSON, [Semantics], SCOTT, [Semantics], MONTAGUE/ SCHNELLE, [Grammatik].

brauchsweise der Standardsprache ist starr fixiert im Hinblick auf die Klarheit der Darstellungsfunktion – die der Gemeinsprache ist weit entfernt davon. Sätze der Gemeinsprache können je nach Kontext zur Ausführung der verschiedensten Sprechakte dienen – die der Standardsprache sind eindeutig als Darstellungen bestimmt. Man sollte sich also nicht durch eine eindeutige Korrespondenz oder gar Gleichheit der Ausdrücke irremachen lassen und die entscheidenden Unterschiede der Funktionsweisen nicht verwischen: *die Reduktion der Standardsprache auf die Darstellungsfunktion und ihre Lösung von der Vielfalt üblicher Gebrauchskontexte und ihre Einschränkung auf einen ganz bestimmten Typ von Gebrauchskontext!*

C. Die Adäquatheit von Explikaten

1. Wir wollen uns jetzt der Frage nach der *Adäquatheit von Explikaten* zuwenden. Bisher sind wir nur auf das formale Verhältnis der in Beziehung zueinander stehenden Sprachformen eingegangen. Für die Ausdrücke von Explikaten war nur gefordert worden, daß sie sich schematisch in Ausdrücke der reglementierten Sprachform übersetzen lassen, etwa mit einer Transformatübersetzung. Muß man nicht zusätzlich noch eine strenge Bedingung für die inhaltliche Entsprechung angeben, damit nicht schließlich Beliebiges als explikatives Erklärungsmodell vorgelegt werden kann? Das beste wäre, wenn man eine präzise Definition der Explikation geben könnte, nach der für vorgebliche Entsprechungen von Explikandum oder Standard-Explikandum und Explikat entschieden werden könne, ob eine Explikation vorliegt oder nicht. Da das Explikandum aber meist unexakt ist, ist der Begriff Explikation nicht in dieser Weise explizierbar. Statt dessen formuliert Carnap Forderungen, denen ein Explikat hinreichend genügen soll. Da nicht fixiert wird, was «hinreichend» ist, sind diese Forderungen weniger als Kriterien, sondern eher als Regulative oder als Orientierungsrichtungen zu verstehen.

Die Forderungen sind folgende:
‹1. Das Explikat muß dem Explikandum soweit *ähnlich* sein, daß in den meisten Fällen, in denen bisher das Explikandum benutzt wurde, statt dessen das Explikat verwendet werden kann. Eine vollständige Ähnlichkeit wird jedoch nicht gefordert. Es werden sogar beträchtliche Unterschiede zugelassen.
2. Die Regeln für den Gebrauch des Explikates müssen in *exakter* Weise gegeben werden, so daß das Explikat in ein wohlfundiertes System wissenschaftlicher Begriffe eingebaut wird.
3. Das Explikat soll *fruchtbar* sein, d. h. die Formulierung soll möglichst viele generelle Aussagen gestatten.
4. Das Explikat soll so *einfach* als möglich sein, d. h. so einfach, als dies

die wichtigeren Forderungen 1 bis 3 gestatten.› [31]

Von J. F. HANNA ist die Frage untersucht worden, ob diese regulativen Forderungen nicht doch in Kriterien überführt werden können, ob nicht, mit anderen Worten, eine Art Explikation des Begriffs Explikation gegeben werden kann.[32]

Vor einer Besprechung seiner Überlegungen wollen wir als Beispiel den Fall betrachten, in dessen Zusammenhang zuerst die Forderungen der Adäquatheit von Begriffs-Explikationen eingeführt wurden: die Explikation zweier Wahrscheinlichkeitsbegriffe durch CARNAP.

CARNAP ist an einer Klärung der Wahrscheinlichkeitstheorie interessiert, insbesondere an gewissen Auseinandersetzungen, die im Zusammenhang mit der Wahrscheinlichkeitstheorie auftraten. Sie waren offenbar ein Zeichen dafür, daß, trotz fruchtbarer mathematischer Untersuchungen im Rahmen der Wahrscheinlichkeitstheorie selbst, der Begriff der Wahrscheinlichkeit und damit der Sinn und das Verständnis der Verwendungsweise dieser Theorie ungeklärt sind. Die mathematische Wahrscheinlichkeitstheorie liefert selbst nur eine sehr partielle Festlegung des Begriffs der Wahrscheinlichkeit, und zwar eine solche, in der fundamentalere begriffliche Mehrdeutigkeiten gar nicht zum Ausdruck kommen.

Um nun diese Probleme zu klären, fragt CARNAP nach den vorwissenschaftlichen Explikanda zur Theorie der Wahrscheinlichkeit und sieht sich auf die Analyse des Wortes «Wahrscheinlichkeit» in seinem vorwissenschaftlichen und fachsprachlichen Gebrauch verwiesen. So betrachtet er insbesondere Formulierungen der Wahrscheinlichkeitstheoretiker, in denen diese versuchen zu klären, was sie explizieren. Er stößt auf eine Vielzahl korrelativer erläuternder Begriffe, die ihn vermuten lassen, daß vielleicht ein Dutzend oder mehr Explikanda im Spiel sind. Dabei darf man aber, nach CARNAP, nicht stehenbleiben. Durch die Vielfalt der korrelativen *Ausdrücke* dürfe man sich nicht irremachen lassen. Ohne weitere Begründung erscheint es ihm klar: ‹Die Zahl der Explikanda dürfte, wenn man von geringfügigen Unterschieden absieht, sich auf einige wenige reduzieren, von denen wieder hauptsächlich zwei in Frage kommen.› [33]

Dies ist wohl so zu verstehen, daß in einem ersten Stadium «oberflächlicher» Analyse des Wortgebrauchs in diesen Texten eine gewisse Anzahl unterschiedlicher Textwort-Bedeutungen auftritt, etwa Wahrscheinlichkeit 1, Wahrscheinlichkeit 2, . . ., Wahrscheinlichkeit 14, daß diese aber durch eine geringere Zahl von Begriffen ausdrückbar sind. Diese Begriffe müssen nicht notwendigerweise mit den gefundenen Textwortbedeutungen identisch sein, etwa *Wahrscheinlichkeit$_1$*, *Wahrscheinlichkeit$_2$*, *Wahrscheinlichkeit$_3$* und

---

31 CARNAP, [Probability], S. 7, zitiert nach CARNAP/STEGMÜLLER, [Induktive Logik], S. 15.

32 HANNA, [Explication].

33 CARNAP/STEGMÜLLER, [Induktive Logik], S. 21.

Wahrscheinlichkeit$_4$. Von diesen sollen aber nur die ersten beiden für die Wahrscheinlichkeitstheorie bedeutsam sein. Diese beiden heißen auch *induktive Wahrscheinlichkeit* und *statistische Wahrscheinlichkeit*.[34]

Mit dem soeben zitierten Satz geht CARNAP also von Textwortbedeutungen der Gemein- oder Fachsprache zu Ausdrücken für reglementierte Bedeutungen über, von denen Explikate für die ersten beiden entwickelt werden sollen. Sie sind also Kandidaten für Ausdrücke der Standardsprache. Diese beiden Kandidaten für *Standard-Explikanda* müssen nun in ihrer Reglementierung geklärt werden. Dies geschieht im allgemeinen in folgenden Stufen:

1. Die Bestimmung der Kategorie der Standard-Explikanda, d. h. der Gegenstandsart, zu der die Standard-Explikanda gehören.
2. Die Angabe von klaren Beispielen für die Standard-Explikanda, und zwar
(a) von positiven Beispielen, d. h. Fällen, in denen die Standard-Explikanda klar anwendbar sind, und
(b) von negativen Beispielen oder Gegenbeispielen, d. h. Fällen, in denen das Standard-Explikandum klar nicht anwendbar sein soll.
3. Die Charakterisierung der einem Standard-Explikandum zukommenden Merkmale.

Zur ersten Stufe stellt CARNAP fest, daß die *Wahrscheinlichkeit*$_1$ zur Kategorie der Bestätigungsbegriffe gehört, wobei diese Begriffe ihrerseits semantische Relationen zwischen Aussagen sind (d. h. ohne empirischen Gehalt). Die *Wahrscheinlichkeit*$_2$, also die statistische Wahrscheinlichkeit, ist demgegenüber ein Begriff, der durch Aussagen mit Tatsachengehalt, genauer, durch hypothetische Annahmen, expliziert wird. In bezug auf ihn kann man die Frage stellen, wie man aufgrund von Beobachtungen solche Annahmen *gewinnt*, wie solche Annahmen durch Beobachtungen *überprüft* werden und wie man sie zu Zwecken von empirischen Erklärungen und Voraussagen *verwenden* kann.

Auf die sehr langen Erörterungen CARNAPS zur zweiten Stufe wollen wir hier nicht eingehen. Aufschlußreich ist insbesondere seine Analyse der geschichtlichen Entwicklung der Verwendung des Wahrscheinlichkeitsbegriffs und der Rolle, die elliptische Formulierungen beim Übergang von einem Standard-Explikandum zum anderen gespielt haben.

Hinsichtlich der dritten Stufe stellt CARNAP in bezug auf die Wahrscheinlichkeit$_1$ einer Hypothese h im Hinblick auf eine Gegebenheit e fest, daß sie in drei verschiedenen Formen interpretiert werden kann, und zwar als

A. Maß der Stützung von h durch e
B. fairer Wettquotient

---

34 Neben diesen beiden Explikanda wird heute meist noch die subjektive oder personelle Wahrscheinlichkeit erörtert; vgl. STEGMÜLLER, [Erklärung], S. 625.

C. Schätzung der relativen Häufigkeit.

Er betont aber, daß diese Erläuterungen nur das Standard-Explikandum verdeutlichen und als Vorbereitung für die Explikation dienen sollen. Es müsse aber Klarheit bestehen, was unter dem Explikandum zu verstehen sei, denn nur dann könne man beurteilen, ob ein vorgeschlagenes Explikat adäquat sei. Hier spricht CARNAP also doch davon, daß eine Beurteilung der Adäquatheit möglich sein solle. Dann aber muß es Kriterien dafür geben und nicht nur regulative Forderungen. Wir werden sogleich darauf zurückkommen.

Auf dieser Grundlage einer Begriffssystematisierung versucht CARNAP, das Explikandum der induktiven Wahrscheinlichkeit oder Wahrscheinlichkeit$_1$ durch ein quantitatives Explikat in Form einer Definition des Bestätigungsgrades einer Hypothese angesichts gegebener Daten zu überführen. Diese Definition wird im Zusammenhang mit einer syntaktisch und semantisch exakt definierten Konstruktsprache gegeben. CARNAP hoffte, damit eine adäquate Explikation des ersten Explikandums zum Wort «Wahrscheinlichkeit» zu liefern.[35] Die offengebliebene Frage nach Kriterien zur Beurteilung eines Explikats werden von J. F. HANNA neu aufgegriffen, insbesondere im Zusammenhang mit der Forderung nach Ähnlichkeit des Explikats mit dem Explikandum. Die anderen drei Forderungen scheinen weniger das Verhältnis von Explikandum zu Explikat zu betreffen, sondern die Stellung des Explikats im Rahmen der Konstruktsprache und der mit dem Explikat in der Konstruktsprache zu Zwecken der Explikation formulierten Theorie.

Die Explikation von «Explikation», die HANNA vorschlägt, geht von der Annahme aus, daß das Explikandum ein *extern vager Terminus* ist. Darunter versteht er einen Terminus, für dessen Anwendbarkeit und Nicht-Anwendbarkeit es zwar klare Fälle gibt, für den die Anwendbarkeit in vielen Fällen aber nicht klar oder nicht eindeutig festgelegt ist. Der Bereich, in bezug auf den die Anwendbarkeit zweifelhaft ist, heißt bei CARNAP [36] Vagheitszone. Das Explikat einer Explikation nach HANNA liefert dann einen exakten Terminus, einen Terminus, dessen Vagheitszone leer ist, anstelle des vagen Explikandums. Das Kriterium der Adäquatheit verlangt dann, daß die Grenze zwischen positiver und negativer Anwendbarkeit des Explikats innerhalb der Vagheitszone des Explikandums liegt, daß also in *allen* klaren Fällen der Anwendbarkeit Explikandum und Explikat übereinstimmen. In der Tat scheinen viele Explikationen der Wissenschaft Explikationen in diesem Sinn zu sein. Vor einer Kritik dieses Vorschlages wollen

---

35 Daß dies nicht der Fall war und sich daraus langwierige Untersuchungen von CARNAP selbst und anderen ergaben, die das gesamte Alterswerk CARNAPS ausfüllten, sei hier nur am Rande erwähnt. Die Einzelheiten dazu wird der bald erscheinende Band IV von STEGMÜLLERS [Wissenschaftstheorie] bringen.

36 CARNAP, [Replies], S. 943.

wir daher als Beispiele Explikationen in der Linguistik erörtern.

2. Die Linguistik erreichte einen neuen und außerordentlich verbesserten Grad methodologischer Präzision durch CHOMSKYS Versuch, die Begriffe ‹grammatisch-im-Englischen› und ‹grammatisch› (überhaupt) zu explizieren.

Er geht davon aus,[37] daß der Begriff ‹grammatisch› von Sprechern des Englischen auf Äußerungen englischer Ausdrücke angewendet werden kann, etwa in der Form ‹Diese Äußerung ist eine normale Äußerung eines grammatisch korrekten englischen Satzes› und ‹Jene Äußerung ist es nicht›, daß sie aber auch häufig im Zweifel sind, ‹Ist dies nun eine normale Äußerung eines grammatisch korrekten Satzes oder nicht?›. Unter der Voraussetzung, daß in einer grammatischen Theorie die (z. B. phonetische) Form von Äußerungen so genau beschrieben werden kann, daß verschiedenen Äußerungen verschiedene Deskriptionen zukommen, kann man versuchen, das angegebene Explikandum ‹grammatisch(-korrekt) im Englischen› in ein Explikat zu überführen, indem man eine Grammatik-Theorie aufbaut, die dies leistet. Wörtlich stellt CHOMSKY fest, daß die klaren Fälle ein Adäquatheitskriterium für eine Explikation von ‹grammatisch-im-Englischen› liefern, ein Kriterium völlig im Sinne von HANNA.

Bei genauerem Hinsehen ist die Sache aber komplizierter. Was ergibt ein Test mit Versuchspersonen, die Englisch beherrschen, wenn man ihnen die Testfrage stellt: ‹Ist die folgende Äußerung eine normale Äußerung eines Satzes, der grammatisch (im-Englischen) ist: – – –?›, bei der an der Stelle – – – eine bestimmte Lautsequenz produziert wird? Kann man sich überhaupt darauf verlassen, daß alle Versuchspersonen die Wörter ‹grammatisch› und ‹normal› gebrauchen und sie hier entsprechend konsistent verstehen? Nur dann würde der Test das messen, was er messen soll, nämlich die *Konsistenz der Beurteilung* des genannten Prädikats in bezug auf Lautsequenzen, also eine partielle Bedingung des den Sprechern gemeinsamen Sprachverständnisses. Es steht nun fast außer Zweifel, daß man sich in bezug auf Wörter wie ‹grammatisch› und ‹normal› kaum auf die Konsistenz des Verständnisses verlassen kann. Diese Wörter sind, mit anderen Worten, keine zuverlässigen Beobachtungsprädikate. Entsprechend inkonsistent sind im allgemeinen die Urteile. Selbst wenn sie konsistent wären, würde dies noch nicht allzuviel besagen, da das ungleiche Verständnis mit einem ungleichen Urteil gekoppelt sein kann.[38]

Es sieht also so aus, als könnte ein konsistentes, wenn auch vages Explikandum, wie HANNA es fordert, gar nicht gefunden werden. Dies bedeutet nicht, daß kein formal explizierter Terminus ‹grammatisch im Englischen› eingeführt werden kann – etwa in Form einer rekursiven Definition

---

37 Vgl. CHOMSKY, [Structures], S. 13/14.
38 Vgl. QUINE, [Reflections], S. 449.

104

einer Untermenge der Phonemsequenzen oder Sequenzen phonetischer Merkmalbündel. Die Beurteilung der Adäquatheit ist dann allerdings nicht mehr nur ein Problem der semantischen Entsprechung von Explikandum und Explikat (wie bei HANNA), sondern eines der Pragmatik wissenschaftlicher Theorieentwicklung; sie ist abhängig von Zweck und Ziel der Entwicklung dieser Theorien. Dies ist QUINES Auffassung der Explikation: Die Explikation ersetzt nicht einen (wenn auch unklaren) Begriff durch einen anderen (klaren) oder ‹entdeckt› gar *die* im Explikandum verborgen vorgegebene Bedeutung. *Die Explikation erfindet für bestimmte Zwecke (der Erklärung), sie füllt Leerstellen aus.* QUINE betont, daß der explizierende Meta-Theoretiker nicht das klar und explizit mache, was die Benutzer einer unklaren Bedeutung bereits im Sinn hatten. Er stelle nicht verborgene Bedeutungen heraus, wie es die Wörter ‹Analyse› und ‹Explikation› scheinbar nahelegen; er fülle statt dessen Lücken aus. Er fixiere die besonderen Funktionen eines unklaren Ausdrucks, die es wert sind, daß er sich Gedanken über sie macht, und entwerfe ein Substitut für diese Funktionen, das klar ist und in einer Terminologie nach seinem Geschmack. Über diese Bedingungen der partiellen Übereinstimmung hinaus, die von seinen Interessen und Zwecken diktiert würden, fallen alle anderen Züge des Explikats unter das Etikett ‹ohne Bedeutung›. Unter diesem Etikett sei er frei, für das Explikat alle möglichen neuen Konnotationen zuzulassen, die niemals zuvor mit dem Explikandum verbunden waren.[39]

Es gibt nun zwei Wege, auf denen versucht wurde, QUINES Sprachskepsis in diesem Bereich zu begegnen. Der eine ist CHOMSKYS Weg der angeleiteten Systematisierung des Explikandums, der andere ist der Weg von CARNAP und NAESS, der Weg des geschickt aufgebauten Sprachtests. CHOMSKYS Methode wird von den transformationellen Grammatikern weithin benutzt. Sie besteht darin, Formulierungen einer Sprache nicht einfach so zu nehmen, wie sie sich zufällig ergeben oder in der Reihenfolge, in der ein Text sie präsentiert, sondern in neuen Anordnungen, in denen anscheinend Ähnliches (und manchmal andererseits Unähnliches) zusammengebracht und der Betrachtung durch den Sprecher einer Sprache zugänglich gemacht wird. CHOMSKYS Beispiel wird durch folgende Sätze illustriert. Er geht aus von den Sätzen:

(1) ‹I persuaded John to leave›
und
(2) ‹I expected John to leave›.

Diese Zusammenstellung läßt allerdings noch nicht erkennen, daß (1) und (2) strukturell verschieden sind, im Gegenteil. Stellt man aber diesen beiden Sätzen die Sätze

(3) ‹I persuaded a specialist to examine John.›
(4) ‹I persuaded John to be examined by a specialist.›

---

39 Vgl. QUINE, [Word], S. 258/259.

(5) ‹I expected a specialist to examine John.›
(6) ‹I expected John to be examined by a specialist.›

gegenüber, so sollte demjenigen, der Englisch beherrscht, ein Licht über Sprachstruktur und Grammatikalität aufgehen. CHOMSKY behauptet, daß diese Anordnung dem Sprecher der Sprache *keine neue Information biete* und ihn nichts Neues über seine Sprache *lehre*.[40] Sie hebt ihm nur etwas ins Bewußtsein, über das er vorher nur unbewußt verfügte. Um zu klären, welches Licht dem Sprecher nach Meinung CHOMSKYS aufgeht, gibt er folgende Erläuterung:

Obwohl die Sätze (1) und (2) *parallel in der Struktur* zu sein *scheinen*, seien sie es nicht. Dies sehe man, wenn man die Sätze (3)–(6) folgendermaßen betrachte: (5) und (6) besagen offenbar dasselbe – genauer: sie sind kognitiv synonym: der eine ist wahr, wenn der andere wahr ist, und umgekehrt. (3) und (4) sind äußerlich strukturelle Entsprechungen zu (5) und (6). Sie seien aber kaum Paraphrasen voneinander. Die Wahrheit von (3) sei völlig unabhängig von der Wahrheit von (4). Der Betrachter soll also erkennen, daß ‹John› in (1) und (4) und ‹a specialist› in (3) sowohl als Objekt zum Hauptverb ‹persuade› auftritt als auch als Subjekt des dem Wort ‹persuaded› untergeordneten Satzes. QUINE hätte auf die (unschönen, aber differenzierenden) Paraphrasen mit ‹such that› zur Disambiguierung verwiesen:

(1′) ‹I persuaded John such that he should leave›
(2′) ‹I persuaded a specialist such that he should examine John›
(3′) ‹I persuaded John such that he should be examined by a specialist.›

Sie zeigen ebenfalls die doppelte Funktion, allerdings handelt es sich hierbei um reglementiertes, problematisches Englisch. CHOMSKY würde wohl meinen, daß gegen QUINES Formen eher der Vorwurf erhoben werden kann, sie führten bereits neue Information ein oder lehrten einen Informanten etwas. CHOMSKYS Sprachanalytiker und Informanten entdecken nach seiner Meinung nur vorhandene, aber unbekannte Zusammenhänge. Diese Zusammenhänge selbst sind die Explikanda und ihre präzise Formulierung in formalisierenden grammatischen Regeln die Explikate. Die zur Anleitung des «Sehens» angeordneten Sprachbeispiele sind also in der Tat die Grundlage für ein Adäquatheitskriterium und sind der Explikation methodologisch vorgeordnet.[41] Sie können andererseits, wie CHOMSKY hervorhebt, auch gebraucht werden, um die Adäquatheit von Verhaltenstests zu bestimmten Explikanda zu beurteilen (wenn man solche Tests braucht).[42] Die Tests selbst können also keine unabhängige Instanz für die Beurteilung

---

40 Vgl. CHOMSKY, [Syntax], S. 22.
41 In der tatsächlichen Forschungssituation gibt es selbstverständlich ein ständiges Hin und Zurück von Explikaten zu «Entdeckungsreisen» von neuen Zusammenhängen als Explikanda und umgekehrt.
42 CHOMSKY, [Syntax], S. 19.

einer linguistischen Theorie sein.

CHOMSKYS Behauptung, daß wir durch einfaches Anordnen von Beispielen (die noch dazu in den angegebenen Fällen partielle Paraphrasen sind) keine neue Information vorlegen und nichts Neues über die Sprache lehren, bleibt für QUINE aber nach wie vor suspekt. Gerade dies steht in Frage. Was passiert, wenn wir die Sprachbeispiele anders anordnen? Wenn wir die Klasse aller möglichen Anordnungsmöglichkeiten allen möglichen Sprechern einer Sprache gegenüber betrachten? Selbst konsistente Urteile wären nicht notwendig überzeugend.[43] Sie müßten erst noch interpretiert werden, und in der Interpretation sind wir wiederum nicht eingeschränkt. Mit anderen Worten: Es gibt keine unabhängigen Systematisierungen von Explikanda, in bezug auf die man die Adäquatheit der Explikation messen könnte. Nicht, daß QUINE die Methode verurteilte, Anordnungen von Beispielen oder Paraphrasen zu betrachten; er tut es selbst ausgiebig. Er bezweifelt nur, daß damit keine neue Information gewonnen und nichts gelehrt werde. Der Unterschied zu einer radikaleren Systematisierung sei allenfalls graduell. Im Prinzip scheinen mir diese Einwände QUINES begründet. In der Praxis aber ist ein Unterschied zwischen Systematisierung sprachlicher Daten und wissenschaftlich-theoretischer Rekonstruktion wesentlich; QUINE selbst macht diesen praktischen Unterschied in [Word], indem er die Systematisierung in den Kapiteln 3 und 4 und die rationale Rekonstruktion in Kapitel 5 behandelt.

Einen anderen Weg, der Skepsis QUINES zu begegnen, schlägt CARNAP ein und, in teilweise noch systematischerer Weise, NAESS. Hier geht es nicht um die Explikation von ‹grammatisch›, sondern um diejenige von ‹analytisch› und ‹synonym›. CARNAP akzeptiert QUINES Vorstellung, daß kein klares Explikandum vorgegeben sei und daß die üblichen vorsystematischen Erläuterungen zu vage und vieldeutig und im Grunde unverständlich seien. Zwar habe er, CARNAP, nur eine Explikation eines semantischen Konzepts geben wollen, das also per definitionem vom Gebrauch unabhängig sei. Um aber einsehen zu können, daß dieses Konzept sinnvollerweise mit dem Wort ‹analytisch› korreliert würde, hielte auch er es für sinnvoll, nach einem korrespondierenden pragmatischen Konzept zu fragen. Da nun kein solches vorgegeben ist, entwirft er ein Konzept in Form gewisser Sprachtests, die mit Versuchspersonen ausgeführt werden können. Er verweist außerdem auf NAESS, der dies noch systematischer getan hat.[44]

CARNAPS Beispiele sind folgende: Er geht aus von der Frage der zwischensprachlichen Synonymie, wie sie in zweisprachigen Lexika ausgedrückt wird. Man betrachte zwei deutsch-englische Lexika. Das eine behauptet die Entsprechung

---

43 Wie oben vgl. QUINE, [Reflections], S. 448/449.
44 Vgl. CARNAP, [Synonymy], und [Replies], S. 919 ff, sowie NAESS, [Interpretation].

‹Pferd – horse›

das andere

‹Pferd – horse or unicorn›

Ist die Frage, welches von beiden recht hat, eine empirische Frage? Die positive Antwort müßte in einem empirischen Verfahren bestehen, und dieses stellt ein Korrelat des Explikandums ‹zwischensprachlich synonym› dar. CARNAP schlägt folgendes Verfahren vor: Man befrage Sprecher der Sprache. Karl sei ein solcher. So frage man Karl, ob er etwas, was so aussähe wie ein Pferd, das aber im Gegensatz zu diesem ein Horn auf der Stirn hätte, auch Pferd nennen würde. Statt dessen kann der Interviewer auch Bilder verwenden. Sagt Karl ja, so ist dies eine Bestätigung für den zweiten Fall, sagt er nein, eine solche für den ersten. (Die Bestätigung müßte natürlich durch viele Befragungen anderer Sprecher des Deutschen gestützt werden.)

Ein anderes Beispiel betrifft ein Explikandum für ‹analytisch›. Wie wäre die Frage: ‹Ist der Satz ‹Alle Raben sind schwarz› analytisch?› zu testen? Man erzähle einem Sprecher des Deutschen, sagen wir Karl, folgende Geschichte: Herr Schmidt hat uns erzählt, er habe einen Raben gefunden, der nicht schwarz, sondern weiß war. Nun wissen wir doch, daß alle Raben schwarz sind. Was sagen Sie dazu? Sagt nun Karl etwa: ‹Das ist erstaunlich! Ich hätte nie geglaubt, daß es weiße Raben gibt. Na ja, keine Regel ohne Ausnahme. Ich will mir den Raben gern einmal ansehen.›, so hält er den angegebenen Satz offenbar nicht für analytisch. Vielleicht sagt Karl aber: ‹Das kann doch nicht sein! Also, zu einem Tier, das nur so aussieht wie ein Rabe, kann man nicht Rabe sagen. Herr Schmidt sollte das Tier anders benennen. Immerhin will ich es mir gerne ansehen.› In diesem Fall ist der Satz für ihn analytisch. Mit unserem Beispiel dürfte der Test wohl überwiegend gegen die Analytizität ausfallen.

Betrachten wir aber folgende Geschichte: ‹Herr Schmidt hat uns erzählt, daß er bei seiner gestrigen Einladung einen Junggesellen getroffen hat, der verheiratet war. Übrigens will er ihn morgen mit zu uns bringen.› Hier dürfte der Test eher nach Art der zweiten Antwort, also zugunsten der Analytizität von

‹Alle Junggesellen sind unverheiratet›

ausgehen. Die Explikanda ‹synonym› und ‹analytisch› lassen sich also hinsichtlich ihres Anwendungsbereiches (der vage bleiben kann) bestimmen, und auf die Explikate läßt sich HANNAS Adäquatheitskriterium anwenden.

Für QUINE bleiben aber folgende Probleme: Angenommen, eine Vielzahl von Tests der vorgeschlagenen Form ist konsistent. Zeigen sie vielleicht nicht bloß etwas über die Gleichförmigkeit von Reaktionen von Versuchspersonen auf die gestellten Fragen, was immer sie oder wir unter ‹Synonymie› oder ‹Analytizität› verstehen, geben also keinerlei Adäquatheitskriterium für die Explikation ab? Oder zeigen sie statt dessen etwas über den Gebrauch obskurer Wörter wie ‹synonym› oder ‹analytisch› durch die Versuchspersonen; es könnte ja sein, daß bei diesem Gebrauch sowohl die Auffassung der vorgegebenen Beispiele als auch das Verständnis der Wörter zwar von Versuchsperson zu Versuchsperson verschieden ist, beide Komponenten einander aber gerade kompensieren. Erst gegen einen Standard der Bedeutung der Synonymie und Analytizität könnten wir die Adäquatheit der Tests beurteilen. Der aber steht ja gerade in Frage. Wie bei CHOMSKY können auch bei QUINE *solche* Tests keine Priorität beanspruchen. Im Gegensatz zu CHOMSKY gibt es für ihn aber auch keine andere Methode, die einen Zugang zu Gegebenem, aber Unbewußtem eröffnete, das unbewußte Wissen von der Sprache bewußtmachen und dann adäquat explizieren könnte. Es gibt keine semantische Sicherung der Explikation (durch Adäquatheits*kriterien*), sondern nur eine pragmatische Abwägung der Ziele und Zwecke.

3. Die Diskussion der Explikation in der Linguistik muß aber noch vertieft werden. Auch in den Naturwissenschaften liegen die Fakten oft nicht so einfach zutage, daß sie nur mit Beobachtungsprädikaten zu charakterisieren wären. Insbesondere die Meßapparaturen und Meßverfahren sind nicht einfach vorgegeben, sondern werden entwickelt und müssen darum im Licht existierender physikalischer Theorien hinsichtlich ihrer Angemessenheit und der Durchsichtigkeit ihrer Resultate beurteilt werden. Ebenso ist es mit physikalischen Teiltheorien, Theorien für Teilbereiche physikalischer Theorien (z. B. Aerodynamik). Auch hier muß ihre Angemessenheit im Lichte der Gesamttheorie beurteilt werden. Eine Hohlwelttheorie des Kosmos ist unter anderem deswegen abzulehnen, weil sie in den heute verfügbaren gesamten theoretischen Rahmen nicht paßt und eine Veränderung wegen der ungeheuren Arbeit der Umformulierung praktisch ausgeschlossen ist, in diesem Fall allerdings auch wegen der erhöhten Kompliziertheit der Formulierung physikalischer Gesetze. Obwohl uns also nichts zu der Aussage berechtigt, daß die Hohlwelttheorie oder irgendeine andere weniger problematische Theorie prinzipiell falsch ist, arbeiten wir praktisch immer im Rahmen der bisher entwickelten physikalischen Theorie. Mit anderen Worten: Die Adäquatheit der Explikation physikalischer Begriffe hängt nicht nur von gegebenen Daten ab, sondern auch von der Theorie, in deren Rahmen wir arbeiten. Die Theorie bringt die gegebenen Einzeldaten im Prinzip mit allen anderen Daten des Gegenstandsbereichs *in einer bestimmten Weise* der Verknüpfung (d. h. der Formulierung physikalischer Gesetze) in Beziehung. Wir müssen also zwischen *deskriptiver Adäquatheit* und *explanatorischer Adäquatheit* (letztere unter Bezug auf die allgemeine Theorie) unterscheiden.[45]

Eine Explikation muß sich notwendigerweise nicht nur auf gegebene Daten, sondern auch auf ein *Hintergrundwissen*, das unter Umständen als

---

45 CHOMSKY, [Syntax], S. 24/25.

eine Theorie präzisiert werden kann, beziehen. Vergleicht man diese Theorie mit den gegebenen Daten und den allgemeinen Bedingungen der Logik allein, so kann sie nur als eine *vorgefaßte* bezeichnet werden. *Jede* wissenschaftliche Explikation, *jede* wissenschaftliche Erklärung wird nun im Lichte einer solchen vorgefaßten Theorie angegangen. Die einzelnen Aussagen dieser Theorie oder des allgemeinen Hintergrundwissens, in bezug auf die Explikation und Erklärung vorgenommen werden, werden von STEGMÜLLER auch als *Oberhypothesen* bezeichnet. Sie werden im Zusammenhang mit der Explikation und Erklärung, deren Oberhypothese sie bilden, nicht in Frage gestellt. Das heißt natürlich nicht, daß sie grundsätzlich nicht in Frage gestellt werden können, sondern nur, daß sie allenfalls in einer *anderen* Untersuchung in Frage gestellt werden sollen. Mit den Oberhypothesen verhält es sich ähnlich wie mit NEURATHS Schiff, auf das sich QUINE so gerne beruft und seinem Buch ‹Word and Object› als Motto gegeben hat:

‹Wie Schiffer sind wir, die ihr Schiff auf offener See umbauen müssen, ohne es jemals in einem Dock zerlegen und aus besten Bestandteilen neu errichten zu können.›[46]

Die These von der grundlegenden Rolle des Hintergrundwissens, der vorgefaßten Theorie oder der Oberhypothesen stammt, wie STEGMÜLLER meint, primär von POPPER. Er selbst sieht darin den entscheidenden Zug des von den Methodologen der Geisteswissenschaften so genannten hermeneutischen Zirkels.[47] Diese Methodologen irren, nach STEGMÜLLER, allerdings, wenn sie meinen, in den Naturwissenschaften gäbe es einen solchen Zirkel nicht. Wie wir erläuterten, hängt auch dort die Adäquatheit der Explikationen und der Theorien von vorausgesetzten und meist umfassenderen Theorien ab.

QUINE scheint nun umgekehrt der Linguistik, so meint CHOMSKY[48], ein entsprechendes Vorgehen verwehren zu wollen, und zwar allein aufgrund behavioristischer Dogmatik. CHOMSKY versucht es gegen QUINE zu verteidigen, da er selbst im Rahmen dieser Methodologie des Hintergrundwissens arbeitet. Er fordert, daß die Explikation von ‹grammatisch-im-Englischen› (oder in irgendeiner anderen Sprache) im Rahmen allgemeinerer Theorien biologischer und psychologischer Entwicklung und Konstitution des Menschen erfolgen sollte. (CHOMSKY betont mit Recht, daß auch QUINE ja einen solchen Rahmen für Sprachlernen und Sprachverhalten ansetzt, allerdings einen solchen, der mit QUINES prinzipiellem Behaviorismus vereinbar ist.) Ein Satz behavioristischer Oberhypothesen ist aber nach CHOMSKYS Meinung bedeutend zu eng. Darüber hinaus müsse man erkennen, daß keine Theorie allgemeinen intelligenten Verhaltens allein als Explika-

---

46 NEURATH, [Protokollsätze].
47 Vgl. STEGMÜLLER, [Hume], S. 42–46 und [Zirkel].
48 CHOMSKY, [Quine], S. 62, 66.

tionsrahmen für linguistische Zusammenhänge ausreicht, sondern daß die Linguistik ihren eigenen Rahmen, eine *allgemeine linguistische Theorie* brauche. Die Sprachphänomene seien, obgleich psychisch und physisch manifestiert, strukturell eigenständig. Dies drücke sich darin aus, daß außer allgemeinen physiologischen und psychologischen Oberhypothesen spezifisch linguistische Oberhypothesen erforderlich seien, die die allgemeine linguistische Theorie konstituieren. In bezug auf sie sei nun auch die Adäquatheit der Explikation von einzelsprachlichen Fakten, z. B. die Explikation von ‹grammatisch-im-Englischen› zu beurteilen. Warum nur will QUINE dies nicht zulassen, so fragt CHOMSKY. Diese Frage zeigt, daß CHOMSKY QUINE teilweise mißverstanden hat (wie viele vor ihm).

QUINE versucht in seiner Antwort [49] dies Mißverständnis zu klären. Die Theorie der Bedeutung (oder entsprechend: der Übersetzungs-Synonymie) und die theoretische Physik entsprechen sich in zwei Punkten: (a) Die Gesamtheit möglicher *Beobachtungen der Natur* ist vereinbar mit verschiedenen physikalischen Theorien, die untereinander unvereinbar sind. – Die Gesamtheit der möglichen *Beobachtungen verbalen Verhaltens* ist vereinbar mit Systemen analytischer Hypothesen der Bedeutung (oder Übersetzung), die untereinander unvereinbar sind. (b) Eine *theoretische Frage der Physik*, die weitab von unmittelbaren Beobachtungssätzen liegt, wird vom Physiker beantwortet mit Bezug auf seine Theorie und nicht mit Bezug auf irgendeine unbekannte und unvereinbare Theorie, die mit den Daten im Prinzip auch vereinbar wäre. – Eine *Frage danach, was jemand gesagt habe*, wird vom Linguisten unter Bezug auf eine übliche und bekannte Standardbeschreibung etwa (ein Wörterbuch, eine Grammatik etc.) beantwortet und nicht mit Bezug auf eine davon verschiedene, aber unbekannte, die mit dem Verhalten auch vereinbar gewesen wäre.[50]

Theoretische Fragen müssen also immer im Rahmen oder im Licht umfassenderer Theorien behandelt werden; hier wird offenbar dasselbe herausgestellt, was STEGMÜLLER, ausgehend von POPPER, betonte.[51] Außerdem kann aus praktischen Gründen zugestanden werden, daß die Antworten jeweils nur im Lichte einer oder einiger weniger verfügbarer Theorien gegeben werden. Das alles klingt zunächst so, als müsse sich völlige Übereinstimmung der Vorstellungen erzielen lassen. Naturbeschreibung (Physik) und Sprachbeschreibung (Linguistik) sind beide durch die verfügbaren Fakten unterbestimmt und brauchen die Interpretation im Lichte umfassender Theorien. Entsprechend ist eine partielle Explikation oder Erklärung (etwa eines linguistischen Faktums oder einer Teiltheorie, wie sie die Grammatik *einer* Sprache darstellt) sowohl in bezug auf die Daten als auch in bezug auf die umfassendere Theorie vorzunehmen.

Aus zwei Gründen wehrt sich QUINE allerdings gegen die Fehlbeurtei-

49 QUINE, [Replies], S. 302 ff.
50 Vgl. QUINE, [Replies], S. 302/303.
51 Vgl. QUINE, [Word], § 5 und S. 75, [Relativity], S. 49, 51 ff, 55 ff.

lung dieser Parallele: Erstens sei die Unterbestimmtheit der Physik nur eine einfache, diejenige der Sprachtheorie dagegen eine doppelte, und zwar so, daß nur deren erster Teil analog demjenigen der Physik sei. Zweitens werde wegen der Verkennung der Parallele eine falsche Einschätzung der Aufgaben der Linguistik gefördert. Die doppelte Unbestimmtheit der Sprachtheorie will QUINE auf folgende Weise plausibel machen: Linguistik ist nach ihm ein Teil der Naturtheorie. Sie behandele ja eine bestimmte Form des Verhaltens von bestimmten Naturobjekten, nämlich von Menschen. So könnte man erwarten, daß alle linguistischen Fakten bestimmt wären, wenn man alle Naturfakten fixiert hätte. Zwar ist dies, wie wir oben sahen, nach QUINE ausgeschlossen, kann aber hier in Form eines Gedankenexperiments einmal angenommen werden. Die Annahme der Bestimmtheit von Naturfakten bestimmt in der Tat auch die Dispositionen des Sprachverhaltens der Menschen. Die Reflexion der allein kommunikativ erlernbaren und kontrollierbaren *Funktion* der Disposition zeigt, daß die einzelnen Dispositionen verschiedener Menschen nicht korrelierbar sein müssen, um dennoch ihre Funktion befriedigend ausüben zu können. Wenngleich die Dispositionen also Naturfakten sind, sind *Entsprechungen* zwischen den Dispositionen (oder die äquivalente Annahme, daß verschiedene Sprachpartner dieselbe Sprache in syntaktischen und semantischen Formen und Bedeutungen haben) prinzipiell keine Naturfakten. Die Linguistik hat es aber gerade mit diesen Entsprechungen oder den äquivalenten *Sprach*formen zu tun. Insofern diese auf *Dispositionen von Sprechern* bezogen sind, hat die linguistische Theorie teil an der Indeterminiertheit der Naturfakten. Insofern sie mit den *Sprach*formen und dem, was verschiedene Sprachen *Gleiches* ausdrücken, befaßt ist, ist sie in einem zusätzlichen Bereich unbestimmt.

Natürlich geht der Linguist von der Annahme aus, daß er Sprachformen beschreiben kann und daß er Wörterbücher und Übersetzungsverfahren zwischen Sprachen aufstellen kann. QUINE hat nichts *da*gegen. QUINE ist allerdings gegen die Überzeugung, die oft damit verbunden ist, es müsse *eine* Sprachform für eine gegebene Sprache und *eine* Entsprechung zwischen verschiedenen Sprachen geben, in gleichem Sinn, wie wir von der Annahme ausgehen, daß es *eine* Welt gibt, wenngleich unsere Beschreibungsformen von ihr unterbestimmt sind. Während mehrere untereinander unvereinbare physikalische Theorien den theoretischen Physiker, wegen der genannten Annahme, beunruhigen und veranlassen, zu einer Vereinheitlichung zu kommen, sollten sie den Linguisten keineswegs dazu veranlassen. Im Gegenteil, der Linguist sollte sich in der freien Erprobung mehrerer Sprachtheorien ermutigt fühlen, geleitet nur von seinen theoretischen und praktischen Zwecken.[52]

---

52 Vgl. QUINE, [Reflections], speziell S. 454 und die voraufgehenden Beispiele.

Nach dieser Klärung des Mißverständnisses reduziert sich also der Unterschied zu CHOMSKY darauf, daß CHOMSKY die Sprache von vornherein als einen genuinen Gegenstand *neben* den Naturgegenständen ansieht, während QUINE als Naturalist die Sprache wenigstens auf die Naturphänomene des Sprachverhaltens *gründen* will. Die Naturgegenstände haben für CHOMSKY dagegen keinerlei A-priori-Auszeichnung gegenüber den Nicht-Naturgegenständen. Er kann daher keinen Sinn in der Unterscheidung einer doppelten Indeterminiertheit der Sprachbeschreibung durch die Daten und einer entsprechenden zweistufigen Reduzierung der Indeterminiertheit durch Oberhypothesen zweier verschiedener Typen sehen, einer durch Naturhypothesen, einer anderen durch freie, aber zweckhaft bestimmte Wahl von allgemeinen Sprachhypothesen. Für die wissenschaftliche Praxis ist es, wie mir scheint, zweckmäßig, CHOMSKY hier beizustimmen. CHOMSKYS Position ist aber mit der Annahme verbunden, es ließe sich auch hier ein *Explikandum* angeben (innate ideas, Sprachfähigkeit), für das die Oberhypothesen der allgemeinen Sprachtheorie ein adäquates Explikat zu liefern hätten (ähnlich wie die Grammatik des Englischen das durch Anordnung englischer Sätze bewußtgemachte Explikandum zu explizieren hat). Den Sinn eines solchen Explikandums kann ich allerdings ebensowenig einsehen wie QUINE. Während im Falle der Grammatik noch ein gradueller Unterschied besteht zwischen dem Grad an erklärender Information, den die Klärung des Explikandums einbringt, und demjenigen, den die Aufstellung des Explikats für den Gegenstandsbereich beiträgt, so daß wegen dieses Unterschieds eine Art Adäquatheitskriterium sinnvoll formuliert werden kann, ist es meiner Meinung nach überflüssig, nach einem Explikandum für das Explikat der allgemeinen Sprachtheorie zu fahnden.

Abschließend zu dieser Diskussion sollten wir folgende Unterscheidungen vornehmen: Ein Explikandum kann

(a) auf einfache Beobachtungszusammenhänge (oder auf stimulus meanings nach QUINE) stabil bezogen sein

(b) in der Gemeinsprache stabil vorgegeben sein

(c) durch geeignete Anordnung von Bestandteilen der Gemeinsprache klar entdeckbar oder erfindbar gemacht werden (vgl. CHOMSKY, auch WITTGENSTEIN, [Untersuchungen], § 122)

(d) durch Reglementierung der Gemeinsprache stabilisiert werden.

Alle vier Versionen der Stabilisierung eines Explikandums können vor der Explikation in Betracht gezogen werden und die Basis für die Beurteilung der Adäquatheit des Explikats abgeben (z. B. in dem von HANNA explizierten Sinn).

Es gibt jedoch eine fünfte Version, die nach der Gewinnung eines Explikats eingeführt wird, etwa ein Verfahren zum Test eines Begriffs der Standardsprache, der sich als Korrelat des Explikats ergibt. Dieses Verfahren hat dann die Aufgabe, den Begriff der Standardsprache und indirekt das Explikat zu stützen. Von dieser Art eines A-posteriori-Explikandums ist CARNAPS

Präzisierung des Begriffs der Bedeutung und der Analytizität. Alle fünf Explikanda liefern eine Stützung eines vorgelegten Explikats unabhängig von der inhärenten Einsicht, die mit der Klärung der Stellung eines Explikats im Rahmen der Gesamttheorie, die zu seiner Explikation benutzt wird, erreicht wird.

Verschiedene Sprachphilosophen und Linguisten sind verschieden tolerant in bezug auf die Formen von Explikanda, die als quasi unabhängige Stützung zugelassen werden. QUINE ist z. B. besonders anspruchsvoll in diesem Punkt. Wie tolerant man aber auch immer sein mag, es scheint mir sinnvoll, Explikate zuzulassen und zu entwickeln, sofern dies zweckmäßig erscheint, selbst wenn sie sich auf kein Explikandum in ausreichend stabilem Sinne stützen können, sondern für sich genommen relativ nebulös sind. Dies gilt, wie ich meine, insbesondere für manche Explikate im Bereich der allgemeinen linguistischen Theorie. Es erscheint mir dagegen überflüssig, angeborene Ideen als Explikanda zu postulieren, die die allgemeine linguistische Theorie *adäquat* wiederzugeben habe. Durch ein solches Postulat wird die Unklarheit solcher Explikanda über Gebühr verwischt.

Einleitung: Ziel der theoretischen Linguistik ist die Entwicklung einer adäquaten Theorie der Sprachen und der Formen des Sprachverhaltens. Die Theorie wird, wie wir sahen, in einer besonderen Sprachform zu formulieren sein, der Sprachform der linguistischen Wissenschaftssprache. Diese Sprachform ist eine Reglementierung einer Gemeinsprache oder sogar eine mit einer Standardform korrelierte Konstruktsprache. Die Theorie soll insbesondere die Fakten über Sprachen und Sprachverhalten erklären und zugleich dadurch die deskriptiven Begriffe der linguistischen Wissenschaftssprache (z. B. ‹grammatisch›, ‹synonym› etc.) explizieren. Die möglichen Gegenstandsbereiche der Linguistik und deren Strukturen sind komplex. Ähnlich komplex sind die Gesichtspunkte sowie die Zwecke der Beschreibung (sogar bei Beschränkung auf bloß theoretische Zwecke). Es erscheint daher sinnvoll, bestimmte Gegenstandsbereiche, Gesichtspunkte und Zwecke herauszugreifen und zunächst Teiltheorien für sie zu entwickeln.

Zwei Teiltheorien standen bisher im Vordergrund des Interesses: Die Theorie sprachlicher Ausdrucksgestalten bzw. die Theorie der grammatischen Form (im engeren Sinn) und die Theorie der Darstellungsfunktion bzw. die Theorie der logischen und inhaltlichen Form sowie der sachbezüglichen Interpretation (Semantik). Die Grammatik im weiten Sinn umfaßt zwar beide Teiltheorien sowie die Beschreibung des Verhältnisses von Ausdrucksgestalten zu inhaltlichen Formen und sachbezüglichen Interpretationen. In diesem Kapitel werden wir uns aber auf die Diskussion von Theorien der grammatischen Form im engeren Sinn beschränken und nur gelegentlich ihr Verhältnis zu semantischen Gebilden andeuten; erst im nächsten Kapitel werden wir auf die Theorien der logischen und inhaltlichen Form eingehen.

Das klassische Teilgebiet linguistischer Beschreibung und Systematisierung ist die Grammatik in dem genannten engeren Sinn. Sie hat die Aufgabe, die grammatische Form einer Sprache – genauer: der Ausdrucksmittel der Sprache – zu beschreiben. Diese Beschreibung kann einen weiteren oder einen engeren Bereich erfassen. Der weitere Bereich schließt die historischen, dialektalen und stilistischen Variationen einer Sprache in allen ihren grammatischen Aspekten und Zusammenhängen ein; der engere Bereich ist auf eine homogene Sprachstruktur, d. h. auf nur eine der Variationen der Sprache oder auf *die* zugrundeliegende Form der Sprache beschränkt.[1] Die beschriebene Variation braucht nicht notwendigerweise in

---

1 z. B. einen sprachlichen Kommunikationskomplex, in der Terminologie von LIEB, [Sprachstadium]. LIEB hat in diesem Buch die theoretischen Eigenschaften der sprachlichen Variabilität präzise formuliert.

dieser Form zu existieren; sie kann auch als theoretisches System konstruiert werden, das einen theoretisch zweckmäßigen Bezugspunkt für wirkliche Systeme abgibt.[2] Im allgemeinen wird die beschriebene Variation als eine für die Sprache typische herausgestellt. Hat die Sprache eine Hochsprache, so wird sich die Beschreibung primär darauf beziehen. In diesem Kapitel werden wir nur Grammatiken im engeren Sinn in Betracht ziehen, d. h. Grammatiken, die nur eine homogene Sprachform erfassen.

Jede Grammatik formuliert eine Menge von metasprachlichen Aussagen, die in dem ihr zugeordneten Gegenstandsbereich wahr sein sollen. Zur Charakterisierung jeder Grammatik ist eine Kennzeichnung des Gegenstandsbereichs und eine Wiedergabe dieser Aussagen erforderlich. Im allgemeinen sollen die Aussagen einer Grammatik in einem systematischen Zusammenhang untereinander stehen, und der Zusammenhang zwischen Aussagen und den Gegenständen, auf die sie sich beziehen, soll systematisch nachvollziehbar sein.

Es sollte möglich sein, beide Forderungen zu erfüllen, indem man eine Grammatik im Prinzip als *deduktiv-nomologische interpretierte Theorie* im Sinne der Wissenschaftstheorie formuliert. Dies ist am sichersten zu gewährleisten, wenn man jede grammatische Theorie einer Sprache in einer Sprachform formuliert, deren logische Form eine der kanonischen Formen der Logik ist. Diese *allgemeine logische Form* wird auf die Zwecke der Grammatik zugeschnitten durch eine Menge von *Termini für grammatische Begriffe und Gegenstände* und eine entsprechende *Interpretation*, nach der für jeden Terminus feststeht, welchen Begriff oder welchen Gegenstand er bezeichnet.

Einige der *Termini* werden *in* einem *definitorischen oder inhaltlichen Zusammenhang* stehen, der allgemein für die Grammatik festzulegen ist. Obwohl jede einzelne Grammatik im Prinzip ihre besondere Terminologie entwickeln könnte, erscheint es möglich und zweckmäßig, die wichtigsten allgemeinen grammatischen Termini ebenso wie ihre definitorischen und inhaltlichen Zusammenhänge universell, d. h. für alle Grammatiken aller Sprachformen festzulegen.

Alles bisher Gesagte bestimmt die Metasprache der grammatischen Sprachanalyse oder *die metasprachlichen Prinzipien der Grammatik:* Die Sprachform der Grammatiken ist eine Sprachform für deduktiv nomologische Theorien. Wir nennen noch einmal die Teilbereiche:

(A1) Kennzeichnung der *Art der grammatischen Gegenstände*, Charakterisierung der *Art grammatischer Eigenschaften, Relationen und Funktionen*.

(A2) Bestimmung der *logischen Form der Grammatiksprache* (d. h. der Metasprache, in der Grammatik formuliert wird).

---

2 im Sinne eines Idealtypus nach M. WEBER. Über die Rolle solcher Idealtypen in der theoretischen Linguistik vgl. SCHNELLE, [Prolegomena].

(A3) Festlegung der *deskriptiven Termini für grammatische Begriffe und Gegenstände.*

(A4) *Allgemeine Definitionen und inhaltliche Zusammenhänge für Termini.*

Als grammatische Gegenstände werden wir die *Ausdrucksgestalten* verschiedener Sprachen und Sprachformen einführen (Wörter, Sätze, usw.), als Eigenschaften, Relationen und Funktionen kommen insbesondere *phonetische, morphologische* und *syntaktische Eigenschaften, Relationen und Funktionen* infrage. Für alle Ausdrucksgestalten, Eigenschaften, Relationen und Funktionen sind unter (A3) Bezeichnungen einzuführen und unter (A4) definitorische Zusammenhänge. Als logische Form (A2) für Grammatiksprachen scheint ein angewandter, extensional interpretierter Prädikatenkalkül erster Stufe auszureichen.[2a]

Die metasprachlichen Prinzipien der grammatischen Form legen die möglichen metasprachlichen Ausdrücke, besonders die *möglichen* (oder wohlgeformten) *metasprachlichen Sätze* und Aussagen fest. Jede *besondere grammatische Theorie* sondert aus der Klasse der in der Sprachform möglichen metasprachlichen Sätze die – nach den Behauptungen der Grammatik – *wahren Sätze* aus. Dies kann unter Verwendung des deduktiv-nomologischen Zusammenhangs geschehen. Man setzt einige nomologische Aussagen und einige nicht-nomologische Aussagen axiomatisch voraus und leitet alle anderen wahren Aussagen nach logischen Deduktionsregeln daraus her. Eine plausible Möglichkeit bestünde darin, die grammatischen Regeln als nomologische Aussagen (als «Gesetze» der Grammatik) und die Aussagen eines Lexikons als nicht-nomologische Aussagen zu formulieren. Beide zusammen bilden die Axiome der Grammatik. Sämtliche wahren Aussagen der Grammatik sollten dann also aus den grammatischen «Gesetzen» und dem Lexikon folgen.

Eine andere Möglichkeit, die wahren Sätze einer Theorie zu bestimmen, besteht darin, ein grammatisches Strukturgebilde als intendiertes Modell der Theorie [3] zu beschreiben. Die wahren Sätze der grammatischen Theorie sind dann diejenigen, die in dem angegebenen Modell gültig sind. Diese Art der Bestimmung der grammatischen Theorie wird insbesondere von *generativen Grammatikern* verfolgt.

2a Der Prädikatenkalkül erster Stufe ist ein Prädikatenkalkül, in dem nur über Individuenvariable quantifiziert werden kann. Dieser Prädikatenkalkül kann ohne Individuenkonstante und Prädikatenkonstante definiert werden. Ein *angewandter* Prädikatenkalkül erster Stufe ist ein Prädikatenkalkül erster Stufe *mit* Individuenkonstanten oder Prädikatenkonstanten. Ein *interpretierter* Kalkül ist ein solcher, der außer den syntaktischen Regeln der Bildung und Ableitung von Ausdrücken *semantische Regeln* der Interpretation (Bezeichnung, Wahrheitswertzuordnung etc.) enthält. Zu ‹extensional› vgl. unten IV. B.

3 im Sinne der Metamathematik, vgl. hierzu u. a. TARSKI, [Method], S. 10, und [Models], I.

Wir haben bisher nur die allgemeine Form einer Grammatiktheorie angesprochen, ihre Sprachform und die Aussonderung der wahren Sätze, die eine Theorie in dieser Sprachform konstituieren. Diese Bestimmungen gelten aber analog für jede Theorie, nicht nur für die Grammatiktheorie. Die spezifischen Prinzipien der grammatischen Form kommen erst in den Blick, wo speziellere Eigenschaften, die grammatische Formen von anderen Formen unterscheiden könnten, namhaft gemacht werden. Das ist in der Tat möglich, und zwar auf zwei Ebenen. Man unterscheidet *Prinzipien der Universalgrammatik* von den *Prinzipien eines Grammatiktypus*. Nach den Prinzipien der Universalgrammatik sind die Gegenstandsbereiche in bestimmter Weise kombinatorisch strukturierte Gebilde, die semantisch auf anderes verweisen, d. h. mit einer semantischen Abbildung verbunden sind. Ein derartiger komplexer Zusammenhang muß an die Stelle des vortheoretisch üblichen *Zeichenbegriffs* treten. Die Art der kombinatorischen Struktur und der Abbildung kann im Rahmen der Theorie der abstrakten Algebra und Mengenlehre genau bestimmt werden. Durch Hinzufügen zusätzlicher struktureller oder beschreibungstechnischer Prinzipien werden einzelne Grammatiktypen als Spezialisierungen des universalen Grammatikbegriffs gewonnen. Beispiele dafür sind die transformationellen Grammatiken mit Phrasenstrukturbasis, die operator-kategorialen Grammatiken usw., die ebenso wie andere Grammatiktypen in diesem Kapitel vorgestellt und untereinander verglichen werden.

Bisher haben wir eine Grammatik als eine Theorie dargestellt, d. h. als einen deduktiv-nomologischen Zusammenhang theoretisch wahrer Aussagen. Diese Auffassung ist noch nicht so weit verbreitet wie eine andere, die wir noch kurz skizzieren wollen, obgleich wir auf sie in diesem Kapitel nicht weiter eingehen werden. Nach dieser Auffassung ist eine *Grammatik eine Anleitung zur Konstruktion grammatischer Gegenstände und ihrer Zuordnung zu Bedeutungen*. Das Verhältnis dieser Auffassung zu der bisher vorgestellten ist analog zum Verhältnis der *konstruktivistischen Auffassung* zur *axiomatischen* in der Grundlagenmathematik. Dort handelt es sich um die Grundlegung der Mengenlehre als des fundamentalen Gebiets der Mathematik. Das axiomatische Vorgehen versucht eine rationale und widerspruchsfreie Rekonstruktion der Annahmen und Schlußweisen für dieses Gebiet, also, in einem bestimmten Sinn, eine Theorie dieses Bereichs. Der Versuch war im Fall der Mengenlehre höchst erfolgreich.[4] Die Konstruktivisten vertraten dagegen den Standpunkt, man solle die Strukturen im Bereich der Mengenlehre nicht als gegeben annehmen, sondern aufkonstruieren, und nur die konstruierbaren sollten als Strukturen akzeptabel sein. An die Stelle der *Feststellungen* über vorgegebene Mengen und Strukturen treten bei den Konstruktivisten daher *Anweisungen* zur Konstruktion solcher Entitäten. Man kann sich also fragen, ob nicht eine

---

4 Vgl. z. B. Fraenkel/Bar-Hillel/Levy, [Set theory].

entsprechende Auffassung sprachlichen Ausdruckgestalten von Theorien sowie ihren Kombinationen und Klassifikationen gegenüber möglich ist.

Es zeigt sich, daß diese Vorstellung der Konstruktion sprachlicher Objekte nicht nur möglich ist, sondern geradezu vorherrschend war, und zwar auch bei Metamathematikern; während sie die Gegenstände der Mathematik axiomatisch charakterisieren wollten, sollte die Menge der wahren Sätze der Mathematik, also der Ausdrücke über mathematische Gegenstände und Strukturen, konstruktiv eingeführt werden.

Offenbar der erste, der vorschlug, in dieser Weise vorzugehen, war D. HILBERT. Aufschlußreich ist insbesondere seine Abhandlung ‹Neubegründung der Mathematik›.[5] Dort stellt er die Metamathematik programmatisch dar, die Metamathematik, die ‹zur Sicherung der Mathematik dient, indem sie sie vor dem Terror der unnötigen Verbote sowie der Not der Paradoxien schützt›.[6] Ein wichtiger Aspekt der von HILBERT vorgeschlagenen Metamathematik besteht darin, das Beweisen als ein *Operieren mit Symbolkonfigurationen* herauszustellen, als ein Herstellen von beweisbaren Formeln aus axiomatischen Formeln. Fast pathetisch stellt er fest: ‹Hierin liegt die feste philosophische Einstellung, die ich zur Begründung der reinen Mathematik – wie überhaupt zu allem wissenschaftlichen Denken, Verstehen und Mitteilen – für erforderlich halte: *am Anfang* – so heißt es hier – *ist das Zeichen.*›[7] In dieser Auffassung wird die Menge der metamathematischen Formeln durch Regeln im Sinne von *Vorschriften* für das Operieren mit Symbolkonfigurationen gewonnen.

Es liegt also nahe, auch die wohlgeformten Ausdrucksgestalten und ihre Strukturen, die eine Grammatik zu bestimmen hat, nicht durch Definitionen und Aussagen über ihre Eigenschaften und Relationen axiomatisch zu bestimmen, sondern durch grammatische Regeln im Sinne zu befolgender Vorschriften für das Operieren mit Symbolkonfigurationen. Diese Vorstellung war in der logischen Grundlagenforschung in der Tat weit verbreitet. Auch für den amerikanischen Strukturalismus innerhalb der Linguistik lag sie nahe – im Gegensatz etwa zur Glossematik (HJELMSLEVS u. a.), die die Grammatik eher im Sinne einer axiomatischen Theorie aufbauen wollte. CHOMSKY übernahm die Auffassung aus den beiden erstgenannten Strömungen, die seine Entwicklung prägten, wie selbstverständlich und bestimmte dadurch die Entwicklung der Linguistik in den sechziger Jahren. Eine Grammatik ist für ihn ein «device», der bald als Menge von Regeln zum Operieren mit Symbolkonfigurationen (genauer Formmarken und Formsymbolen im Sinne von B.7, Seite 159 ff), bald als Automat, bald auch als direkt äquivalent zu einer Theorie angegeben wird.[8]

---

5 Vgl. HILBERT, [Mathematik], S. 12 ff.

6 Ibid. S. 29.

7 Ibid. S. 18.

8 Vgl. etwa CHOMSKY, [Structures], S. 18, [Notion], S. 6, [Grammars], § 1.1, bes. S. 331.

In einer systematischen Entwicklung dieser Ansätze zeigt sich, daß man eine Grammatik also außer als Theorie auch konstruieren kann

(a) als *System mit Imperativsätzen* (Regeln, Vorschriften), das einem Leser Anweisungen zur Konstruktion von Ausdrucksgestalten gibt, die korrekt sind im Sinne der vom Grammatiker erkannten Form der Sprache,

(b) als *speziellen Automat*, der korrekte Ausdrucksgestalten *produziert* oder die Korrektheit vorgelegter Ausdrucksgestalten *entscheidet* und in beiden Fällen auch die Strukturbeschreibung der Ausdrucksgestalten liefert,

(c) als *Programm* für einen programmgesteuerten Automaten, der bei Befolgen des Programms dasselbe leistet wie der unter (b) angegebene.

Wir werden diese Möglichkeiten, eine Grammatik zu realisieren, in diesem Buch nicht weiter verfolgen, wollen aber noch kurz auf die damit verbundenen Mißverständnisse eingehen. Da in allen drei Fällen durch die Grammatik ein Verhalten bestimmt wird und da sprachliche Objekte ebenfalls Abstraktionen aus Resultaten oder Objekten von Verhaltensprozessen sind (nämlich Formulieren und Verstehen), liegt es nahe zu fragen, ob das grammatisch bestimmte Verhalten durch das wirkliche Verhalten von Sprechern und Hörern einer Sprache irgendwie gedeutet werden kann. Man beachte: *Diese* Deutung betrifft *nicht* die Ausdrucksgestalten und die Strukturbeschreibungen, sondern die *Prozesse* bei ihrer Verwendung. Die Frage ist: Sind diese prozeduralen Prozesse vielleicht *Modelle* psychischer Verhaltensprozesse? Dies war von CHOMSKY nicht in dieser Weise beabsichtigt. Er hat mehrfach darauf hingewiesen, daß die Grammatiken einfach nur eine konstruktive Bestimmung der wohlgeformten Sätze und ihrer Strukturbeschreibungen liefern, eine Aufgabe, die ohne prozedurale Hilfsmittel angesichts der Unbeschränktheit der Menge wohlgeformter Sätze nicht lösbar ist. Dennoch ist das Mißverständnis psychologischer Modelle nicht zu vermeiden gewesen. Auf der Grundlage dieses Mißverständnisses wurde sogar eine Anzahl psychologischer Tests angesetzt, allerdings erfolglos. Um diese Mißverständnisse zu vermeiden, ist es jedenfalls besser, Grammatiken in Form von Theorien oder (mengentheoretischen) Modellen für Theorien aufzubauen. Die Prinzipien dafür werden wir in diesem Kapitel erörtern.

A. AUSDRUCKSGESTALTEN EINER SPRACHE

1. Die Gegenstände einer Grammatiktheorie (im engeren Sinn) sind die *Ausdrucksgestalten*. Bei verschrifteten Sprachen sind drei Arten von Ausdrucksgestalten zu unterscheiden: Die phonetischen, die graphischen und die syntaktischen. Bei Sprachen ohne Schrift fällt die zweite dieser Arten weg. Wir wollen in diesem Paragraphen zunächst diese Ausdrucksgestalten als Gegenstände der Grammatiktheorie charakterisieren. Beginnen wir mit dem vorwissenschaftlichen Standpunkt. Da die Sätze aus Wörtern und die

Wörter aus Lauten (oder Buchstaben) aufgebaut sind, scheinen letztlich alle grammatischen Gegenstände als Laute oder Lautkombinationen gegeben zu sein. Was sind das für Gegenstände? In einem ersten Analyseschritt kann man feststellen, daß man Laute und Lautkombinationen aussprechen und hören kann. Außerdem zeigt die wissenschaftliche Analyse, daß Laute und Lautkombinationen als Schwingungen der Luft, d. h. als Schall, beschreibbar und meßbar sind. Offenbar also sind Laute *Produkte gewisser Handlungen* des Menschen, die als solche *wahrnehmbar* sind. Die Handlungen können wir *Akte der Lautartikulation* nennen und die entsprechenden Wahrnehmungen *Akte der Lautwahrnehmungen.* Die feststellbaren Schwingungen in der Luft wollen wir *Lautvorkommnisse* nennen.

Hat die Grammatik es also mit der Beschreibung der von den Sprechern einer Sprache produzierten Lautvorkommnisse zu tun? Das scheint nicht korrekt zu sein. Wir müssen eine Reihe weiterer Unterscheidungen anbringen. Zunächst gilt für alle Kultursprachen, daß Wörter und Sätze der Sprache nicht nur in gesprochener Form vorliegen können, sondern auch in geschriebener. In diesem Fall scheinen die Wörter eher aus Schwärzungen einer Schreibfläche (oder anderen Veränderungen) zu bestehen. Wir nennen sie *Schriftvorkommnisse.* Sie sind Produkte von *graphischen Akten* (Schreibbewegungen, Druckvorgängen) und können in *visuellen Akten* wahrgenommen werden. Im Gegensatz zu den Lautvorkommnissen können die Schriftvorkommnisse lange Zeiträume (Jahrhunderte, ja Jahrtausende) überdauern und über große Entfernungen übertragen werden. Sie haben also einen unschätzbaren Vorteil gegenüber den sehr kurzlebigen Lautvorkommnissen mit relativ kurzer Reichweite. Andererseits ist ihre Produktion nicht ganz so leicht wie diejenige der Lautvorkommnisse. Außerdem wird die Formung der Lautvorkommnisse vom Menschen sehr früh und natürlich erlernt. Die Produktion der Schriftvorkommnisse eignet sich der Mensch später an und sekundär, indem er lernt, wie man jedem Lautvorkommnis ein ihm entsprechendes Schriftvorkommnis zuordnet und es dadurch dauerhafter und in größere Ferne transportierbar macht. Umgekehrt kann ein Schriftvorkommnis wieder in ein Lautvorkommnis überführt werden (z. B. laut vorgelesen werden), wobei aber das dem Schriftvorkommnis entsprechende Lautvorkommnis kaum *genauso* klingt wie das ursprüngliche.

In den letzten Jahrzehnten gelang es aber auch, Lautvorkommnisse in elektromagnetische Modifikationen umzuwandeln und aus diesen die Lautvorkommnisse wiederzugewinnen (mit Hilfe von Mikrophon und Lautsprecher) und sie mit Hilfe der elektromagnetischen Speicherung und Übertragung über weite zeitliche und räumliche Distanzen zu übertragen. Durch diese Umwandlung wird also bei einer Lautartikulation nicht nur direkt ein Lautvorkommnis als Schallschwingung produziert, sondern indirekt auch eine andere Modifikation, z. B. die Magnetisierung eines Tonbandes oder eine elektromagnetische Schwingung bei Funk- und Fernsehübertragung. Offenbar sind wir durch all diese Überlegungen aber weit abgekommen vom Gegenstandsgebiet der Grammatik. Für die Grammatik muß es verhältnismäßig unbedeutend sein, um welche Art von Lautvorkommnis (wann, wo, in welcher physikalischen Realisierung) es sich handelt. Ihre Gegenstände müßten wohl eher Gegebenheiten sein, die bei den verschiedenen Umwandlungen der Lautvorkommnisse erhalten bleiben, eine bestimmte Schwingungsform oder eine bestimmte Kombination physikalischer Eigenschaften. Auf deren Erhaltung achten ja in der Tat auch die Ingenieure der Nachrichtenübertragung. Vielleicht sind es diese physikalisch meßbaren *Eigenschaften der Lautvorkommnisse* oder die für uns wahrnehmbaren Korrelate dieser Eigenschaften, die wir als grundlegende Daten der Grammatik ansetzen sollten? Zu jeder Eigenschaft gehört eine Klasse von Objekten. Vielleicht könnten wir also entsprechend als grundlegende Daten der Grammatik die *Klassen der* meßbaren und wahrnehmbaren *Lautvorkommnisse* nehmen. Eine entsprechende Überlegung könnten wir in bezug auf die Schriftvorkommnisse anstellen und gewisse *Eigenschaften* (Formen) *der Schriftzüge* sowie deren Kombination oder die entsprechenden *Klassen von Schriftvorkommnissen* den Eigenschaften oder Klassen von Lautkombination korrelieren.

Hiermit haben wir aber immer noch nicht die geeigneten Gegebenheiten, auf die sich eine Grammatik beziehen könnte. Im Falle der Schriftgestalten müssen wir z. B. verschiedene Drucktypen und für jede Drucktype verschiedene Auszeichnungsformen (kursiv, Kapitälchen) sowie verschiedene Schriftgrade berücksichtigen. All dies ist vom Standpunkt der Grammatik uninteressant. Sie wird für jede Schriftgestalt statt dessen eine Standard-Schriftgestalt annehmen. Entsprechend wird sie statt der verschiedenen Aussprachevarianten von Lautgestalten eine *Standard-Lautgestalt* annehmen und charakterisieren. Der Komplex von Eigenschaften, die die Standard-Lautgestalt von Lautvorkommnissen darstellen, möge nun *phonetische Ausdrucksgestalt* heißen, und der entsprechende Eigenschaftskomplex von Schriftvorkommnissen heiße *graphische Ausdrucksgestalt.*

Dem Übergang von Laut-(und Schrift-)Vorkommnissen zu Standard-Klassen von Laut-(und Schrift-)Vorkommnissen entspricht im Bereich der Handlungen der Sprecher und Hörer ein Übergang zu *Standard-Klassen von Akten* der Lautartikulation und Lautwahrnehmung bzw. zu graphischen und visuellen Akten, und dem Übergang zu phonetischen und graphischen Ausdrucksgestalten entspricht der Übergang von Akten zu Standard-*Dispositionen* (oder Gewohnheiten), *Vorkommnisse dieser Gestalten zu produzieren oder zu identifizieren.* Es ist nun in der Tat von einigen Grammatikern vorgeschlagen worden, die phonetischen Ausdrucksgestalten und die entsprechenden Standard-Dispositionen zur Erzeugung solcher Gestalten als Grundgegenstände der Grammatik anzusetzen, und manche Theoretiker der Wissenschaftssprachen haben vorgeschlagen, graphische Ausdrucksgestalten als Grundgegenstände der Konstruktsprachen und Kalküle zu nehmen.

Bei einer etwas weitergehenden Analyse wird jedoch klar, daß es jedenfalls eine ganze Reihe von grammatischen Eigenschaften gibt, die Bedingungen sowohl für Realisierungen in phonetischen als auch für Realisierungen in graphischen Ausdrucksgestalten darstellen, die also neutral sind in bezug auf phonetische oder graphische Gestalt. Dies gilt insbesondere für die meisten Regeln einer gewöhnlichen Grammatik. Sie müssen bei allen Realisierungen der Sprache entsprechend beachtet werden, bei der schriftlichen ebenso wie bei der lautlichen. Wir wollen diese Bedingungen mit Ausdrucksgestalten verbinden, die neutral sind im Hinblick auf die Modifikation der Manifestation, und diese *syntaktische Ausdrucksgestalten* nennen.[9] Der Akt ihrer Realisierung heiße *Äußerungsakt*.

Zu jeder syntaktischen Ausdrucksgestalt gibt es also mindestens eine phonetische oder eine graphische Gestalt *realisierender* Vorkommnisse, und umgekehrt realisieren die Lautvorkommnisse (bzw. Schriftvorkommnisse) entsprechender phonetischer (bzw. graphischer) Gestalt eine syntaktische Gestalt. Da wir nicht ausschließen wollen, daß ein Ausdruck als Grundgegenstand der Sprache syntaktisch mehrdeutig strukturiert ist, also mehrere syntaktische Ausdrucksgestalten hat, können wir nun aber die Ausdrücke nicht mit den syntaktischen Gestalten identifizieren.

Wir wollen also zwischen den *Ausdrücken einer Sprache* und ihren *Ausdrucksgestalten,* den phonetischen, graphischen und syntaktischen, unterscheiden. Die Ausdrücke werden durch jeweils drei Ausdrucksgestalten manifestiert; ein *Ausdruck einer verschrifteten Sprache* kann also normalerweise mit einem Tripel aus drei Mengen identifiziert werden: Die erste Menge enthält seine syntaktischen Ausdrucksgestalten, die zweite seine phonetischen und die dritte seine graphischen. Die möglichen Kombinationen sind durch grammatische Bedingungen der Zuordnung stark eingeschränkt: Nur bestimmte phonetische und graphische Ausdrucksgestalten können gegebene syntaktische Gestalten realisieren, und nur bestimmte graphische Gestalten entsprechen gegebenen phonetischen und umgekehrt. Die Identitätsbeziehung zwischen solchen Tripeln definiert die Identität von Ausdrücken einer verschrifteten Sprache. Wir werden in unserer theoretischen Rekonstruktion von dieser Festlegung für verschriftete Sprachen ausgehen. Viele Sprachen sind aber nicht verschriftet, und oft werden auch verschriftete Sprachen in der Linguistik ohne Beschreibung der Schriftformen analysiert. Wir nennen solche Sprachen *schriftfreie Sprachen* (oder schriftfrei beschriebene Sprachen). Andererseits werden in manchen traditionellen Grammatiken Sprachen nur mit Bezug auf die graphischen Ausdrucksgestalten beschrieben. Dies ist insbesondere auch der Fall in den Beschreibungen der Logiker für Konstruktsprachen (Kalküle). Die so beschriebenen Sprachen nennen wir *lautungsfreie Sprachen. Ausdrücke*

---

9 ‹Syntaktisch› bezieht sich hier auf Syntax im weiten Sinne, unter Einschluß der traditionellen Morphologie und Syntax sowie der modernen Morphonologie, aber unter Ausschluß von phonetischen und graphischen Gestaltbeschreibungen.

schriftfreier Sprachen können entsprechend wie oben mit einem Paar von Mengen identifiziert werden, indem man einfach die Menge der graphischen Gestalten von Ausdrücken wegläßt. Bei *Ausdrücken lautungsfreier Sprachen* wird entsprechend statt dessen der Bezug auf die phonetischen Gestalten weggelassen.

Der dreifache Aspekt einer Ausdrucksgestalt (einer verschrifteten Sprache) legt es nahe, daß auch die grammatischen Eigenschaften, Relationen und Funktionen, die die Grammatiktheorie den Ausdrucksgestalten zuschreibt, auf drei verschiedene Bereiche sowie die Beschreibung ihres Zusammenhangs verlagert werden. Mit anderen Worten, die Grammatiktheorie wird in Teiltheorien untergliedert:

(1) die *Syntax-Theorie*

(2) die *Phonetik-Theorie*

(3) die *Graphik-Theorie*

(4) die *Zuordnungstheorie Phonetik–Syntax*

(5) die *Zuordnungstheorie Graphik–Syntax* (oder eventuell statt dessen Graphik–Phonetik)

(6) die *Zuordnungstheorie Syntax – semantische Form von Ausdrucksgestalten*

Die erste Theorie ordnet den syntaktischen Ausdrucksgestalten syntaktische Eigenschaften, Relationen und Funktionen, kurz *syntaktische Strukturen*, zu, die zweite den phonetischen Ausdrucksgestalten *phonetische Strukturen* und die dritte den graphischen Ausdrucksgestalten *graphische Strukturen*. Als Struktur einer Ausdrucksgestalt (im weiten Sinn) kann man alle wahren Aussagen nehmen, die eine Bezeichnung oder Kennzeichnung der betreffenden Ausdrucksgestalt enthalten. Hat man einmal die Strukturen zur Verfügung, so können die Ausdrucksgestalten in der Theorie häufig nicht nur durch direkte Bezeichnungen angegeben werden, sondern auch durch *strukturelle Kennzeichnungen*.

Die *Zuordnungs-Theorien* formulieren die systematischen grammatischen Bedingungen oder Beschränkungen für Zuordnungen von Ausdrucksgestalten verschiedener Art sowie ihrer Strukturen. Diese Formulierung macht normalerweise die Berücksichtigung der grammatischen Strukturen der entsprechenden Ausdrucksgestalten erforderlich. In günstigen Fällen haben diese Strukturen eine starke strukturelle Entsprechung (wenigstens in Teilbereichen; z. B. algebraische Entsprechungen wie Isomorphismus, Homomorphismus). In anderen Fällen sind Umformungen bestimmter Art (z. B. durch Transformationen) erforderlich.

In manchen grammatischen Beschreibungen sind die Zuordnungen der entsprechenden syntaktischen, phonetischen und graphischen Kennzeichnungen nicht der unabhängigen theoretischen Analyse in den drei Bereichen von Ausdrucksgestalten nachgeordnet. Aus methodologischen

Gründen, manchmal auch aus vermeintlich sachlichen Gründen, hält man es im Gegenteil für angemessener, die strukturelle Beschreibung eines der Teilbereiche als grundlegender anzusehen und die strukturellen Beschreibungen der anderen Bereiche davon abhängig zu machen. So sollte nach den methodologischen Prinzipien des amerikanischen Strukturalismus die Beschreibung der syntaktischen Gestalten der Beschreibung der phonetischen Gestalten nachgeordnet und teilweise von deren Resultaten abhängig sein. In einer transformationellen Grammatik ist umgekehrt die Beschreibung der phonetischen Gestalten derjenigen der syntaktischen Gestalten nachgeordnet: Sowohl die phonetischen Kennzeichnungen einer Lautgestalt als auch deren Struktur werden aufgrund der grammatischen Gestalt eines Ausdrucks und der Regeln der Zuordnung einer phonetischen Gestalt bestimmt.

Die Kennzeichnungen der phonetischen, graphischen und syntaktischen Ausdrucksgestalten, die Charakterisierungen ihrer Strukturen und die Zuordnungen der entsprechenden Ausdrucksgestalten eines Ausdrucks bestimmen die *grammatische Form* der Sprache. Neben ihrer grammatischen Form ist, wie schon oben angedeutet, auch ihre semantische Form zu analysieren, und beide sind aufeinander zu beziehen.[10] Im Hinblick auf diesen Bezug müssen bei der Beschreibung der grammatischen Form, insbesondere im Bereich der Syntax, Vorkehrungen getroffen werden. Gewisse syntaktische Strukturen werden unter Umständen im Hinblick auf diesen Bezug ausgesondert. Im Rahmen einer transformationellen Grammatik werden diese Strukturen *syntaktische Tiefenstrukturen* genannt.

2. Nach diesem Exkurs über die Gliederung der Grammatik in Teiltheorien, der Art von Ausdrucksgestalten entsprechend, kehren wir zur Charakterisierung der Ausdrucksgestalten selbst zurück. Grundlegend für die Ausdrucksgestalten einer Sprache ist der *kombinatorische Aufbau*, den sie schon unabhängig von der besonderen grammatischen Struktur aufweisen. Diesen kombinatorischen Aufbau kann man sich beim Entwurf eines Systems von Bezeichnungen für Ausdrucksgestalten in der Grammatiktheorie zunutze machen. Darauf gehen wir im nächsten Paragraphen ein. Hier soll dagegen die Kombinatorik einerseits *algebraisch charakterisiert*, andererseits *grammatisch gedeutet* werden.

Wir wollen zunächst die *algebraische Charakterisierung* skizzieren: Mit Hilfe der kombinatorischen Operationen sollen sich die genannten Mengen der Ausdrucksgestalten als *induktiv bestimmte Klassen*,[11] d. h. vermittels *induktiver Definitionen*,[12] ergeben. Um dem Leser die intuitiven Vorstellun-

---

10 und darüber hinaus möglicherweise rhetorische Formen.

11 Vgl. zum folgenden vor allem CURRY, [Logic], S. 38 ff.

12 Vgl. SHOENFIELD, [Logic], S. 4. SHOENFIELD benutzt den Begriff ‹verallgemeinerte induktive Definition›. Dies hängt damit zusammen, daß bei induk-

gen bei den folgenden Erörterungen zu erleichtern, geben wir die Feststellungen nicht in ihrer allgemeinen Form, sondern auf Ausdrucksgestalten bezogen.

Ich gebe zunächst ein *Beispiel einer induktiven Definition*. Definiert werden soll die Menge X der Ausdrucksgestalten, die aus Folgen der Zeichen ‹+› und ‹×› besteht, also die folgendermaßen angedeutete Menge:
{+, ×, ++, +×, ×+, ××, +++, ++×, +×+, +××, ×++, ×+×, ××+, ×××, ++++, +++×, ...}

Die induktive Definition hat folgende Form:

(1) *Induktiv definitorische Anfangsbestimmungen*

    ‹+› ist eine Ausdrucksgestalt

    ‹×› ist eine Ausdrucksgestalt

(2) *Induktiv generierende Bestimmungen*

    Für alle Ausdrucksgestalten u gilt:

    (a) Wenn u eine Ausdrucksgestalt ist, so ist auch die Verkettung von u mit ‹+› eine Ausdrucksgestalt.

    (b) Wenn u eine Ausdrucksgestalt ist, so ist auch die Verkettung von u mit ‹×› eine Ausdrucksgestalt.

(3) *Induktive Abschlußbestimmung*

    Nichts ist eine Ausdrucksgestalt (in der hier definierten Form), was nicht als solche durch (1) und (2) bestimmt ist.

(3) ist erforderlich, weil die Bestimmungen (1) und (2) nur definieren, unter welchen Bedingungen etwas eine Ausdrucksgestalt ist, nicht aber, unter welchen Bedingungen etwas *nicht* eine Ausdrucksgestalt ist.

Nach diesen Bestimmungen kann zum Beispiel bewiesen werden, daß ‹+×++×› eine Ausdrucksgestalt nach der Definition ist: Der Beweis ist folgender:

1. ‹+›   nach (1)
2. ‹+×›   nach (2) aus 1. (mit u = ‹+›)
3. ‹+×+›   nach (2) aus 2. (mit u = ‹+×›)
4. ‹+×++›   nach (2) aus 3. (mit u = ‹+×+›)
5. ‹+×++×› nach (2) aus 4. (mit u = ‹+×++›)

In diesem Beispiel erscheint dies alles trivial. Es gibt jedoch bei weitem kompliziertere Fälle. In jedem Fall gilt jedoch:

Eine induktive Definition einer Klasse von Ausdrucksgestalten (A-Gestalten) besteht aus einer Menge *definitorischer Feststellungen*. Diese Menge ist in zwei Teilmengen zerlegt:

(1) die Menge der *induktiv-definitorischen Anfangsbestimmungen*,

---

tiven Definitionen eine definite Bestimmung einer Klasse verlangt ist, d. h. die Zugehörigkeit der Elemente zur Klasse soll entscheidbar sein, bei verallgemeinerten induktiven Definitionen nur Semi-Definitheit, d. h. die Elemente einer Klasse brauchen nur aufzählbar zu sein. Vgl. Curry, [Logic], S. 39.

(2) die Menge der *induktiv-generierenden* Bestimmungen; sie enthält außerdem

(3) eine *induktive Abschlußbestimmung*.

Die induktiv definitorischen Anfangsbestimmungen stellen explizit fest, daß bestimmte A-Gestalten, die *elementaren A-Gestalten*, zur Klasse gehören. Die von diesen A-Gestalten gebildete Teilklasse wird oft die *Basis* der induktiv zu definierenden Klasse genannt. Die induktiv generierenden Bestimmungen besagen, daß, unter der Voraussetzung, daß gewisse A-Gestalten in der Klasse sind, gewisse andere A-Gestalten auch zur Klasse zu rechnen sind. Normalerweise werden durch diese Bestimmungen komplexere A-Gestalten zu den «in» ihnen enthaltenen einfacheren in Beziehung gesetzt. Die *induktive Abschlußbestimmung* stellt fest: Keine A-Gestalt gehört zur Klasse, deren Zugehörigkeit nicht aus den definitorisch-induktiven Anfangsbestimmungen und den induktiv-generierenden Bestimmungen folgt, m. a. W. mit Hilfe der beiden obengenannten Bestimmungen wird der *Umfang der induktiven Klasse* genau bestimmt.

Eine zweite Form der induktiven Definition ist möglich, wenn die induktiv generierenden Bestimmungen als Angabe von *Operationen* (Umformungen oder Verknüpfungen) an vorgegebenen A-Gestalten aufgefaßt werden können. Die Resultate der Anwendung der Operationen sind dann zu der zu definierenden Klasse X zu rechnen, wenn die Argumente, d. h. die A-Gestalten, auf die die Operationen angewendet werden, zur Klasse gehören. In diesen Fällen kann die *induktive Definition der Klasse* X durch folgende drei Feststellungen von Eigenschaften von X gegeben werden:

(1) X enthält die *Basis* (also die elementaren A-Gestalten);

(2) X ist *abgeschlossen* in bezug auf die angegebenen Operationen;

(3) X ist in jeder Klasse enthalten, die die Eigenschaften (1) und (2) erfüllt.

Das oben gegebene Beispiel der Menge X der Ausdrucksgestalten wird in dieser Form folgendermaßen formuliert:

(1) ‹+› und ‹×› bilden die Basis der Menge X der Ausdrucksgestalten

(2) Die Menge X der Ausdrucksgestalten ist abgeschlossen bezüglich der Operation der Verkettung (d. h. das Resultat einer Verkettung zweier Ausdrucksgestalten ist stets selbst eine Ausdrucksgestalt)

(3) Die Menge X der Ausdrucksgestalten ist Teilmenge einer jeden Menge, für die (1) und (2) gilt.[12a]

12a Für die folgenden Bestimmungen:
(1′) ‹+›, ‹×› sind die Basis
(2′) Abschluß bezüglich Verkettung *und* Untereinanderschreiben
gilt (1) und (2) offensichtlich auch, nach (3) wäre aber die kleinste Teilmenge zu nehmen, für die (1) und (2) gilt. Diese ist identisch mit der schon in der ersten induktiven Definition bestimmten. (3) ist also, wie man sieht, erforderlich, um die Menge X genau zu beschränken.

Die Operationen einer induktiven Definition können eventuell mehrere Ausdrucksgestalten aus vorgegebenen Ausdrucksgestalten bestimmen. In diesem Fall ist das Resultat nicht eindeutig bestimmt, wenn die Operation und ihre Argumente gegeben sind. Dies ist zum Beispiel der Fall bei einer Operation ‹Zusammensetzen zweier Zeichen›, wobei offenbleibt, ob nebeneinander oder übereinander. Ist dies aber ausgeschlossen, ist also das Resultat eindeutig durch Operation und Argumente bestimmt, so nennt man sie eine *determinative Operation*.

Man kann nun die Bestimmungen einer induktiven Definition auch als Regeln zur schrittweisen Gewinnung aller A-Gestalten der Klasse ansehen, also als Bestimmungen von Handlungen oder Prozessen,[13] und zwar sogar mechanisch ausführbaren, wenn die Einzelbestimmungen selbst mechanisch ausführbar sind. Die Gewinnung der A-Gestalten stellt sich dann folgendermaßen dar: Man nimmt zunächst alle elementaren A-Gestalten, die explizit nach den induktiv-definitorischen Anfangsbestimmungen zur Menge gehören. Man erhält die Basis B. Sodann wendet man alle induktivgenerierenden Bestimmungen (z. B. alle Operationen) auf alle elementaren A-Gestalten an. Man erhält eine Menge B' der einfach zusammengesetzten oder einfach umgeformten A-Gestalten (die mit der Menge B gewisse Elemente gemeinsam haben mag, weil manche elementare A-Gestalten Umformungen anderer sein können). Man bildet die Vereinigung $B^I = B \cup B'$. Man wendet die induktiv-generierenden Bestimmungen auf B^I an und erhält B'', eine Menge komplexer gebildeter A-Gestalten, bildet die Vereinigung $B^{II} = B^I \cup B''$, wendet die Bestimmungen an und fährt mit diesem Prozeß so lange fort, als man neue zunehmend komplexere A-Gestalten bekommt.

Beziehen wir uns nochmals auf das Beispiel der Menge X der Ausdrucksgestalten: Man nehme im ersten Schritt ‹+› und ‹×› als Elemente von B. Man bildet im zweiten Schritt $B' = \{++, +\times, \times+, \times\times\}$, vereinigt zu $B^I = \{+, \times, ++, +\times, \times+, \times\times\}$, bildet alle Verkettungen von diesen B'' (identisch mit allen Ketten der Länge 2, 3 und 4) vereinigt mit B^I und erhält alle Ketten der Länge 1, 2, 3 und 4 und fährt entsprechend fort.

Ein Prozeß zur Gewinnung einer A-Gestalt x einer induktiven Klasse durch fortgesetzte Anwendung der Operationen heiße eine *Konstruktion* von x (relativ zu den Bestimmungen der induktiven Definition). Meist gibt es mehrere Konstruktionen derselben A-Gestalt. Gewisse dieser Konstruktionen sind voneinander nur unwesentlich verschieden, sie können in äquivalenten Klassen zusammengefaßt werden. In jeder dieser Äquivalenzklassen gibt es genau eine Konstruktion, die die Bedingungen

---

13 Man beachte: Man kann! Man kann aber auch bei der abstrakt-logischen Definition stehenbleiben. Wir haben dies schon oben S. 118 ff im Zusammenhang mit der konstruktiven Auffassung in Metamathematik und Grammatik besprochen.

einer sog. *dendritischen Konstruktion* erfüllt.[14] Eine A-Gestalt mag nun entweder durch mehrere dendritische Konstruktionen gewonnen werden, oder aber es gibt genau eine dendritische Konstruktion für die A-Gestalt. Gilt nun für jede A-Gestalt der induktiven Klasse, daß sie genau durch eine dendritische Konstruktion konstruierbar ist, so nennen wir diese eine *monotektonische induktive Klasse,* andernfalls eine *polytektonische induktive Klasse.*[15]

Beziehen wir uns nochmals auf unser Beispiel: Betrachten wir die Ausdrucksgestalt ‹ + × + ›. Die Folge ‹ + ›, ‹ + × ›, ‹ + + ›, ‹ + × + › ist zum Beispiel keine dendritische Konstruktion, sie enthält ein überflüssiges Element, nämlich ‹ + + › in der Ableitung. Ebensowenig ist ‹ + ›, ‹ + ›, ‹ + × ›, ‹ + × + › dendritisch; ein Element kommt überflüssigerweise zweimal vor. Die Menge X der Ausdrucksgestalten ist jedoch polytektonisch; die meisten Elemente können mit verschiedenen dendritischen Konstruktionen gewonnen werden, so auch ‹ + × + ›. Beweis: ‹ + ›, ‹ + × ›, ‹ + × + › ist eine dendritische Konstruktion von ‹ + × + ›, aber auch ‹ × ›, ‹ × + ›, ‹ + × + › ist eine solche.

Unser Beispiel gehört zu einem Typus von polytektonischen Klassen, die man *Verkettungsgebilde* nennt. Sie sind für die Theorie von Ausdrucksgestalten, die Ketten von elementaren Ausdrucksgestalten sind, also die üblichen sprachlichen Ausdrucksmengen, von besonderem Interesse. Wir wollen sie hier nochmals allgemein definieren.

In den *Verkettungsgebilden* gibt es nur eine (zweistellige) determinative Verknüpfung (also eine Verknüpfung im strengen Sinn der Algebra), die sogenannte *Verkettungsoperation.* Wir wollen sie durch das Infix ‹^› bezeichnen. (Wir haben dieses Infix in unserem soeben mehrfach besprochenen Beispiel weggelassen und die Verkettung durch bloßes Nebeneinanderstellen der Zeichen dargestellt.) Wir geben nun folgende

Induktive Definition eines Verkettungsgebildes V* über *A-Gestalten:*

(1) *Anfangsbestimmung:* Eine endliche Menge V sei die Basis des Verkettungsgebildes. Ihre Elemente heißen elementare A-Gestalten des Verkettungsgebildes.

(2) *Generierende Bestimmungen:* Für beliebige Elemente x und y des Verkettungsgebildes V* (also für beliebige A-Gestalten) gilt:
   (x^y) ist ein Element von V* (d. h. ist eine A-Gestalt).

(3) *Abschlußbestimmung:* Kein Objekt ist ein Element von V* (ist eine A-Gestalt), dessen Zugehörigkeit zu V* nicht aus der Anfangsbestimmung und der Generierenden Bestimmung folgt.

Folgende Bedingungen gelten außerdem:

---

14 Zur Definition der dendritischen Konstruktion vgl. WANG, [Verfahren], S. 29. Anschaulich gesprochen läßt sich eine dendritische Konstruktion durch einen markierten topologischen Baum mit Wurzeln darstellen.

15 Vgl. CURRY, [Logic], S. 41.

(4) V ist eine Teilmenge von V*

(5) Für beliebige Elemente x, y, z aus V* gilt

$$(x \,\hat{}\, y) \,\hat{}\, z = x \,\hat{}\, (y \,\hat{}\, z)$$

(Man kann daher ohne Ungenauigkeit die Elemente von V* durch Ausdrücke ohne Klammern bezeichnen:

$$x \,\hat{}\, y \,\hat{}\, z = (x \,\hat{}\, y) \,\hat{}\, z = x \,\hat{}\, (y \,\hat{}\, z).$$

Das Verkettungsgebilde ist daher polytektonisch.)

In der abstrakten Algebra sagt man, ein so definiertes Gebilde trage die *Struktur einer freien Halbgruppe mit Erzeugendemsystem* (nämlich V).

Wir wollen nun zur Illustration zwei Beispiele betrachten. In beiden Beispielen wird die Abschlußbestimmung analog zur eben gegebenen formuliert; wir lassen sie daher weg.

1. Beispiel: *Induktive Definition der Menge* N_0

Anfangsbestimmung: 0 ist ein Element der Klasse N_0.

Generierende Bestimmung: Für alle Elemente x von N_0 gilt: x/ ist ein Element von N_0 (‹/› kann hier als Bezeichnung einer einstelligen Operation aufgefaßt werden, deren Argument durch ‹x› und deren Resultat durch ‹x/› angegeben wird).

Diese induktive Klasse ist offenbar *monotektonisch* (bzgl. dieser Definition). Die Teilklassen des oben angegebenen schrittweisen Aufbaus sind:

$$B = \{0\}, \ B^I = \{0, 0/\}, \ B^{II} = \{0, 0/, 0//\} \text{ usw.}$$

N_0 ist offenbar eine Menge, die als Repräsentation der Menge der natürlichen Zahlen mit 0 aufgefaßt werden kann.

2. Beispiel: *Induktive Definition eines Verkettungsgebildes* V_1:

Anfangsbestimmung:

{ba, da, be, de, bi, di, bo, do, bu, du}

seien die Elemente der Basis V.

Generierende Bestimmung: Wenn x und y Elemente von V sind, so ist auch xy ein Element von V (die Verkettung werde durch bloßes Nebeneinanderschreiben ausgedrückt).

Jedes Element von V wird durch eine endliche Folge von Ausdrücken, die Elemente von V angeben, bezeichnet. Wir wollen zeigen, daß die Klasse polytektonisch ist: Folgende Konstruktionen sind zu dem durch ‹dabididi› bezeichneten Element von V möglich (die Ziffern-Indizes geben die Reihenfolge der Operationen, die mit einer Klammer verknüpft ist, an):

K1: $(((dabi)_1 \ di)_2 \ di)_3$

K2: $((dabi)_1 \ (didi)_2)_3$

K3: $((da(bidi)_1)_2 \ di)_3$

K4: $(da((bidi)_1 \ di)_2)_3$

K5: $((dabi)_2 \ (didi)_1)_3$

K6: $(da(bi(didi)_1)_2)_3$

Die *dendritischen Konstruktionen* erhält man, wenn man die Ziffernindizes wegläßt. Es zeigt sich, daß nach Weglassen der Ziffernindizes K2 und K5 identisch sind, also zur gleichen dendritischen Konstruktion gehören.

Soviel zur algebraischen Charakterisierung. Nun zur *grammatischen Deutung.* Die Deutung ist am einfachsten für Verkettungsgebilde. Wir nehmen zunächst an, daß jede Klasse von möglichen Ausdrucksgestalten, die syntaktischen, phonetischen und graphischen, als induktive Klasse in Form eines Verkettungsgebildes definiert werden kann. Zu jedem dieser Verkettungsgebilde müssen wir die Basis der elementaren Ausdrucksgestalten dieser Art angeben.

Die *Basis der Klasse syntaktischer Ausdrucksgestalten* enthalte die lexikalischen Einheiten der Sprache und die grammatischen Elemente, die bei der Konstruktion von Wörtern im Text und in Sätzen auftreten, d. h. Wortbildungselemente (Präfixe, Suffixe, Umlaute etc.) und grammatische Partikel.

Die *Basis der Klasse phonetischer Ausdrucksgestalten* umfasse alle Standardlaute (z. B. in der Notation und Charakterisierung der Association Phonétique Internationale (API) oder eines analogen Systems). Zwei Anmerkungen sind erforderlich:

(a) In der hier vorgetragenen Version sind die distinktiven phonetischen Merkmale keine phonetischen Ausdrucksgestalten, sondern Eigenschaften elementarer phonetischer Ausdrucksgestalten (unbeschadet der Tatsache, daß die phonetischen Ausdrucksgestalten auf der Grundlage dieser Eigenschaften *gekennzeichnet* werden können). Ebenso sind die sogenannten prosodischen Merkmale wie Standardformen von Intonationsverläufen und Betonungen usw. keine phonetischen Ausdrucksgestalten, sondern Eigenschaften von bestimmten Kombinationen phonetischer Ausdrucksgestalten.

(b) Elementare phonetische Ausdrucksgestalten und elementare syntaktische Ausdrucksgestalten im Tripel eines Ausdrucks entsprechen sich nicht unmittelbar: Eine elementare syntaktische Ausdrucksgestalt ist normalerweise mit bestimmten Kombinationen phonetischer Ausdrucksgestalten verbunden. Man hat dies oft anschaulich so ausgedrückt, daß die elementaren phonetischen Ausdrucksgestalten Unterscheidungsmale an Ausdrücken sind,[16] oder daß die Ausdrucksseite der Sprache zweifach gegliedert (d. h. in elementare Einheiten zerlegt) sei.[17]

Die *Basis der Klasse graphischer Ausdrucksgestalten* bestehe aus Standard-Buchstaben und Hilfszeichen der Schrift. Die Entsprechung zu den phonetischen (und den syntaktischen) Ausdrucksgestalten ist in den meisten Sprachen nicht trivial.[18]

In jedem Fall (der Syntax, Phonetik oder Graphik) können die elementaren Ausdrucksgestalten aber durch eine Liste, gewissermaßen als Alphabet oder Vokabular, angegeben werden. Die *Verkettungsoperation* ist in den drei Klassen von Ausdrucksgestalten aber verschieden zu deuten:

---

16 Vgl. Bühler, [Sprachtheorie], Phoneme = ‹Lautmale› S. 35, 44 ff.
17 Vgl. Martinet, [Sprachwissenschaft], S. 21.
18 Vgl. Bierwisch, [Schriftstruktur].

(a) Im Fall der phonetischen Ausdrucksgestalten: Die Verkettungsoperation zweier phonetischer Ausdrucksgestalten x und y liefert diejenige Ausdrucksgestalt, die vorläge, wenn die Ausdrucksgestalt x *zeitlich unmittelbar vor* der Ausdrucksgestalt y gegeben wäre (bei der Aussprache durch ein und denselben Sprecher). Es mag eine Reihe von Einschränkungen geben, die dies faktisch unmöglich machen, oder das Verkettungsresultat kommt zufällig nicht faktisch vor. Dies soll hier außer Betracht bleiben.[19]

(b) Im Fall der graphischen Ausdrucksgestalten: Die Verkettungsoperation zweier graphischer Ausdrucksgestalten x und y liefert diejenige Ausdrucksgestalt, die vorläge, wenn die Ausdrucksgestalt x auf einer Fläche in einer ausgezeichneten *räumlichen Richtung unmittelbar vor* der Ausdrucksgestalt y gegeben wäre. (Bei Zeilenwechseln und Seitenwechseln oder anderen druck- oder schreibtechnischen Unterbrechungen muß die Relation *unmittelbar vor* mit Rücksicht darauf definiert werden.)

(c) Im Fall der syntaktischen Ausdrucksgestalt ist die Deutung umstritten: Man kann davon ausgehen, daß alle Manifestationen in einer raumzeitlichen Dimension ausgedrückt werden müssen und offenlassen, in welcher. In diesem Fall ist die Verkettung durch ein unmittelbares raumzeitliches Nebeneinander in einer *beliebigen raumzeitlichen Dimension* zu deuten. Oder aber man nimmt die Verkettungsoperation als *ungedeutetes Notationshilfsmittel*, mit dem nur Bezeichnungen für zusammengesetzte syntaktische Ausdrucksgestalten gebildet werden. Die Ausdrucksgestalten werden dann als *abstrakte Konstrukte* verstanden, die nur durch die Zuordnung zu einer ihrer phonetischen oder graphischen Ausdrucksgestalten partiell gedeutet werden. In diesem Fall entsteht natürlich die Frage, ob die *syntaktischen Ausdrucksgestalten* Elemente eines Verkettungsgebildes sein müssen oder ob sie nicht durch *Elemente beliebiger* anderer *induktiver Klassen* gegeben werden können. Speziell kann man hier an monotektonische induktive Klassen denken. In mindestens zwei Grammatikansätzen wird tatsächlich von der Vorstellung abgegangen, die syntaktischen Ausdrucksgestalten müßten Elemente von Verkettungsgebilden sein: in den Ansätzen der operator-kategorialen Grammatiken vom Ajdukiewicz-Typ (im Gegensatz zu denen vom Bar-Hillel-Typ)[20] und den Ansätzen von N. Šaumjan [21] sowie im Ansatz der universalen Grammatik nach Montague.[22] Der zuletzt genannte Ansatz ist zweifellos am universellsten. Er

---

19 Zu Deutungsproblemen in diesem Bereich bzw. den entsprechenden bei Schriftgestalten, wenn man die Gestalten auf wirkliche Ereignisse beziehen will, vgl. u. a. Quine, [Relativity], S. 42.

20 Vgl. Ajdukiewicz, [Konnexität]. Der Übergang von den Kategorialgrammatiken des Ajdukiewicz-Typs zu denen des Bar-Hillel-Typs etwa in Kap. 8 von Bar-Hillel, [Language], zeigt sich am deutlichsten in Kap. 5 des Buches.

21 Vgl. Šaumjan, [Linguistik].

22 Vgl. Montague/Schnelle, [Grammatik].

schließt die operator-kategorialen Grammatiken als Spezialfälle ein; im Grunde verlangt er nur, daß die syntaktischen Ausdrucksgestalten Elemente einer induktiven Klasse aufgrund einer induktiven Definition mit determinierten Operationen (d. h. Operationen oder Funktionen im Sinne der Algebra) sind. In allen diesen Fällen sind die syntaktischen Ausdrucksgestalten theoretische Konstrukte, die durch ihre Zuordnung zu entsprechenden phonetischen oder graphischen Gestalten gedeutet werden müssen.

3. Nach der allgemeinen Charakterisierung der Art und der äußeren Struktur von Ausdrucksgestalten müssen wir nun die *Bezeichnungen* für sie erörtern, d. h. wir müssen die *Individuenausdrücke unserer grammatischen Metasprache* festlegen. Bereits in den Gemeinsprachen gibt es zwei verschiedene Methoden der Einführung von Bezeichnungen von Ausdrücken: Die Methode des Zitierens und die Methode des Buchstabierens. Die systematische Erörterung von Formen der Bezeichnung kann an diese Methoden anknüpfen.

Die konventionell einfachste Form der Bezeichnung ist das *Zitieren*. In schriftlicher Form zitiert man nach der üblichen Konvention, indem man ein Schriftvorkommnis in Anführungszeichen schreibt oder druckt. Was aber wird zitiert? Hier ist eine Unterscheidung angebracht. Man kann entweder ein bestimmtes anderes *Schriftvorkommnis* oder Laut*vorkommnis* zitieren (das, was man selbst oder jemand anderes irgendwann gesagt oder geschrieben hat), oder man kann einen Ausdruck zitieren, ohne zu berücksichtigen, ob überhaupt oder wann und wo jemand diesen Ausdruck geäußert hat. Die häufigste Form des Zitierens dürfte die zuerst genannte sein. Die zweite tritt hauptsächlich dann auf, wenn man sich über Sprachliches unterhält. Ein Beispiel: ‹Peter schwimmt› ist ein Satz des Deutschen aus zwei Wörtern.

Nach dieser Methode des Zitierens stehen uns mit einem Schlag alle Bezeichnungen *für Ausdrücke* einer Sprache zur Verfügung, wenn wir die Ausdrücke der Sprache kennen. Zu jedem Ausdruck gibt es eine schriftliche Bezeichnung, die man einfach dadurch erhält, daß man den Ausdruck in Anführungszeichen [23] setzt. In der grammatischen Theorie brauchen wir aber eigentlich nicht primär *Bezeichnungen* für Ausdrücke, sondern *für Ausdrucksgestalten jeder der drei Arten*. Dazu wollen wir folgendes festlegen [24]:

---

23 Die in diesem Buch befolgte Konvention ist, wie der Leser bemerkt haben wird, folgende: Ein Zitat eines Ausdrucks steht in einfachen Anführungsstrichen. Doppelte Anführungsstriche werden auch als Markierungen der explizit uneigentlichen Redeweise (Ironie etc.) im üblichen Sinn verwendet.

24 Die Festlegungen stehen im Einklang mit Konventionen der Linguistik, wo allerdings für jeden Gestalttyp oft ein besonderes Alphabet eingeführt wird (vgl. u. a. J. LYONS, [Linguistics], S. 60, 69). Bei Notationen mit einem solchen Alphabet fallen die Anführungsstriche weg. Folgende Entsprechungen sollen z. B. gelten

Der Ausdruck ‹Eine der phonetischen Gestalten des konventionell durch ‹— —› zitierten Ausdrucks› werde abgekürzt durch den Ausdruck ‹[‹— —›]›. Der Ausdruck ‹Eine der graphischen Gestalten des konventionell durch ‹. . .› zitierten Ausdrucks› werde abgekürzt durch den Ausdruck ‹·‹— —›·›. Der Ausdruck ‹Eine der syntaktischen Gestalten des konventionell durch ‹— —› zitierten Ausdrucks› werde abgekürzt durch den Ausdruck ‹ / ‹— —› / ›.

Eine andere konventionelle Methode der Gewinnung von Bezeichnungen ist die Methode des *Buchstabierens*. Sie besteht darin, die Zusammensetzung eines Ausdrucks anzugeben vermittels der Nennung der elementaren Bestandteile der Ausdrucksgestalt (Laute, Buchstaben) in der Reihenfolge ihres Vorkommens. Zur Nennung der elementaren Bestandteile braucht man unterschiedene Bezeichnungen. Gesprochene Bezeichnungen für Buchstaben lernt jeder zusammen mit Lesen und Schreiben. Für Buchstabierungen unter erschwerten Kommunikationsbedingungen (z. B. Telefon) sind sichere Buchstabiertafeln festgelegt. Anfang und Ende der allgemeinen Konvention und der Buchstabiertafel des Deutschen sind z. B.

ah   oder Anton bezeichnet ‹a›
beh   „   Berta   „   ‹b›
zeh   „   Cäsar   „   ‹c›
. . . .
iks   oder Xanthippe bezeichnet ‹x›
ypsilon   „   Ypsilon   „   ‹y›
zet   „   Zacharias   „   ‹z›

Andere elementare Schriftzeichen, die keine Buchstaben sind, haben ebenfalls konventionelle Bezeichnungen (‹Komma›, ‹Punkt›, ‹Fragezeichen› . . .). Ebenso kann man festlegen, daß der Wortzwischenraum oder das Leerzeichen bezeichnet wird. Das Buchstabieren wird primär zur Angabe der konventionellen Ausdrücke oder ihrer *Standard-Schriftgestalt* verwendet. Für diesen Zweck können sie auch als Bezeichnungen in die Wissenschaftssprache übernommen werden. Wir unterscheiden dann aber, wie oben, zwischen geh-eh-ha-teh als Buchstabierung des Ausdruckes ‹geht› und · ‹geh-eh-ha-teh› · als Angabe einer seiner graphischen Ausdrucksgestalten.

Zur Angabe der *phonetischen Gestalt* wird die Methode des Buchstabierens ebenfalls verwendet. Allerdings ist es hier angemessen, ein Alphabet für Lautungen zur Verfügung zu haben. Ein solches Alphabet ist dasjenige der Association Phonétique Internationale (API). Jeder Laut wird hier durch ein Zeichen eines umfangreichen Alphabets (unter Umständen zusammen mit diakritischen Zeichen) bezeichnet. Da viele Zeichen von kon-

---

[‹deutsch›] ∼ [dɔɪtʃ]
· ‹deutsch› · ∼ · **deutsch** ·
/‹deutsch›/ ∼ / 1893 /

unter der Voraussetzung, daß im ersten Fall das phonetische Alphabet der API verwendet wurde, im zweiten Fall der Druck des Wortes fett ist und im dritten Fall das Wort die 1893ste grammatische Worteinheit des Deutschen ist.

ventionellen Buchstaben nicht zu unterscheiden sind, wird eine in diesem Alphabet buchstabierte phonetische Ausdrucksgestalt in eckigen Klammern geschrieben (z. B. [dɔɪtʃ], vgl. oben Anmerkung 24).

Die *syntaktische Gestalt* eines Ausdrucks kann im Prinzip ebenfalls auf eine dieser Weisen buchstabiert werden. Zur Markierung, daß es sich um eine syntaktische Ausdrucksgestalt handelt, werden dann zweckmäßigerweise wieder Schrägstriche (aber ohne eingeschlossene Anführungsstriche) verwendet. Bei genauerer Betrachtung ist diese Art der Buchstabierung aber nicht völlig korrekt: Die durch einzelne Bezeichnungen angegebenen Gegenstände sollten doch elementare Ausdrucksgestalten sein. Die elementaren syntaktischen Ausdrucksgestalten von /‹Peter schwimmt›/ sind aber nicht die Buchstaben oder Laute, sondern allenfalls /‹Peter›/, /‹schwimm-›/ und /‹-t›/. Für diese müßte also eine Buchstabierung gefunden werden. Da es sich aber bei den elementaren Ausdrucksgestalten um eine sehr zahlreiche Menge handelt, bleibt man besser entweder bei der Methode des Zitierens für sie (d. h. die elementaren Ausdrucksgestalten), oder man kürzt sie konventionell ab, etwa durch Kursivschreibweise [25] oder teils durch Kursivschreibweise für im Lexikon verzeichnete syntaktische Ausdrucksgestalten und syntaktische Kennzeichnungen für syntaktische Ausdrucksgestalten der Morphologie. Vom ersten Typ wäre (für unseren Beispielsatz):

/‹Peter›/ + /‹schwimm-›/ + /‹-t›/

vom zweiten Typ

Peter + *schwimm* + *t*

vom dritten Typ

Peter + *schwimm* + 3. PS, SG, PRÄS, AKT

Außer der bloßen Nennung der elementaren Ausdrucksgestalten werden in zusammengesetzten Ausdrucksgestalten auch verbindende Zeichen wie ‹→› und ‹+› benutzt. Sie drücken aus, daß die benannten elementaren Ausdrucksgestalten zu verknüpfen sind. Die abstrakte Eigenschaft dieser Verknüpfung ist genau diejenige der im vorigen Paragraphen beschriebenen Verkettung. Die benutzten Zeichen zum Ausdruck der Verkettung sind also Zeichen für Verknüpfungen. Die durch Buchstabierung auf der Grundlage von Bezeichnungen für elementare Ausdrucksgestalten ausdrückbaren Ausdrucksgestalten bilden ein Verkettungsgebilde, also eine spezielle Art einer induktiven Klasse. Die Bezeichnung von Elementen einer induktiven Klasse (auf der Grundlage determinierter Operationen) mögen allgemein identisch sein mit Bezeichnungen der Konstruktionen dieser Elemente.

Für die *Bezeichnungen von Konstruktionen von Elementen induktiver Klassen* seien allgemein folgende Bedingungen formuliert:

(a) Zu jedem Element der Basis der induktiven Klasse wird genau eine Bezeichnung eingeführt.

---

25 Vgl. hierzu und zum folgenden: Chomsky, [Structures], S. 109 u. a.

(b) Zu jeder Operation, auf die sich die induktive Definition der Klasse stützt, wird genau eine Bezeichnung eingeführt. (Die Bezeichnungen für Basiselemente und Operationen seien sämtlich verschieden.)

(c) Für jede Anwendung einer der Operationen in der Konstruktion soll die Konstruktion genau ein Vorkommen der betreffenden Operationsbezeichnung enthalten; zu jedem Basiselement gibt es soviel Vorkommen, als dieses Basiselement verschiedenes Argument irgendeiner auf es angewendeten Operation ist; die Beziehung von Operation und Argumenten soll für jede Anwendung deutlich erkennbar sein.

Die Bedingungen (a) – (c) werden insbesondere durch folgende *Darstellungen* erfüllt:

(a) *Klammerausdrücke* für induktive Klassen. Die Klasse der *Klammerausdrücke* (KA) wird folgendermaßen induktiv definiert:

Anfangsbestimmung: Wenn χ eine Bezeichnung für einen elementaren Ausdruck ist, so gehört χ zu KA.

Generierende Bestimmung: Wenn $\chi_1 \ldots \chi_n$ Elemente von KA sind und ω_j eine Bezeichnung einer n-stelligen Verknüpfung (der induktiven Definition), so ist $\omega_j (\chi_1, \ldots, \chi_n)$ ein Element von KA.

(b) *Baumgebilde* für induktive Klassen. Die Klasse der *Baumgebilde* (BG) wird folgendermaßen induktiv definiert:

Anfangsbestimmung: Wenn χ eine Bezeichnung eines elementaren Ausdrucks ist, so ist χ ein Element von BG.

Generierende Bestimmung: Wenn $\chi_1, \chi_2 \ldots, \chi_n$ Elemente von BG sind und ω_j eine Bezeichnung einer n-stelligen Verknüpfung (der induktiven Definition), so ist

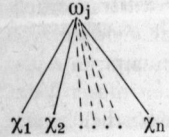

ein Element von BG.

Die Möglichkeiten zur Gewinnung von direkt bezeichnenden Individuenausdrücken für Ausdrucksgestalten einer Grammatiktheorie sind auf diese Weise festgelegt. Man kann Ausdrucksgestalten allerdings auch durch *Kennzeichnungen* identifizieren. Dies erfordert jedoch die Verwendung von Bezeichnungen für ihre grammatischen Strukturen. Diese werden aber erst im nächsten Abschnitt besprochen.

Wichtig ist folgender Spezialfall:

Gibt es nur eine einzige zweistellige, nicht-assoziative Verknüpfung als Operation der induktiven Definition, so ist es nicht erforderlich, eine Bezeichnung für diese Operation zu haben: Die Klammerung bzw. einfache Verzweigung reicht zur Charakterisierung aus. Ist die Operation außerdem assoziativ, so kann man sogar die Klammerung fallenlassen und das Komma durch ein anderes Trennzeichen ersetzen. Ist dieses Trennzeichen ‹+› oder ‹–›, so erhält man die oben angegebenen Notationen für Verkettungsgebilde nach CHOMSKY.

B. GRAMMATISCHE STRUKTUREN

1. Zur Vorbereitung der Erörterung grammatischer Theorien charakterisierten wir zunächst die zu behandelnden Gegenstandsarten und fanden, daß es sich um Ausdrücke handelt, die in drei Gestaltaspekten zu beschreiben sind, und zwar nach ihren phonetischen, graphischen und syntaktischen Ausdrucksgestalten. Nach diesen Gestaltaspekten postulierten wir zunächst drei grammatische Teiltheorien (Phonetik, Graphik, Syntax [einschl. Morphologie]), in denen diesen Gestaltaspekten von Ausdrücken Gestalt-Eigenschaften, -Relationen und -Funktionen zugeordnet werden und in denen die Ausdrucksgestalten in Arten klassifiziert werden. Die Aufgabe der Teiltheorien charakterisierten wir auch so, daß sie den Ausdrucksgestalten ihre jeweilige Struktur zuzuordnen hätten.

Die Ausdrucksgestalten eines Ausdrucks sind schließlich einander zuzuordnen, evtl. unter Berücksichtigung ihrer Struktur. Wir sahen, daß es Ansätze zu Theorien gibt, die eine der Teiltheorien zugrunde legen und die die Aussagen der anderen Teiltheorien mit Hilfe solcher Zuordnungen daraus herleiten. Last but not least ist darauf zu achten, daß die Teiltheorien und ihr Zusammenhang jeweils nur eine Explikation der *grammatischen* Formen einer Sprache darstellen. Die Sprache muß auch hinsichtlich ihrer *semantischen* Formen beschrieben werden, und die Grammatik muß antizipieren, wie der Bezug zwischen beiden Explikationsbereichen hergestellt werden kann. Wir stellten fest, daß die grundlegendste Eigenschaft von Ausdrucksgestalten in allen Fällen ihr generativ-kombinatorischer Charakter ist, d. h. die Mengen von Ausdrucksgestalten zu jeder Teiltheorie sind induktive Klassen. Wenigstens eine der systematischen Methoden zur Einführung von Individuenausdrücken der Theorie, d. h. von Bezeichnungen für Ausdrucksgestalten, konnte sich auf diese kombinatorische Eigenschaft stützen.

Wir können nun zur Analyse *grammatischer Strukturen* übergehen. Die Menge grammatischer Strukturen ist äquivalent zur Menge wahrer Aussagen über die Ausdrucksgestalten der beschriebenen Sprachform, d. h. zur Grammatiktheorie selbst. Die Klasse derjenigen wahren Aussagen, die eine Bezeichnung einer gegebenen Ausdrucksgestalt enthalten, bildet die grammatische *Struktur dieser Ausdrucksgestalt* (im weiten Sinn). Oft können auch gewisse Teilmengen davon zur Charakterisierung der grammatischen Struktur der Ausdrucksgestalt ausreichen. Andere mit dem Strukturbegriff eng verbundene Begriffe einer jeden Grammatiktheorie sind die Begriffe ‹*grammatische Regel*› und ‹*grammatische Kategorie*›. Ihre Explikation stellt wohl den Kern der modernen Grammatikanalyse der letzten Jahrzehnte dar. Die Konzentration auf die mit diesen Begriffen angesprochenen Aspekte ging einher mit einer Abkehr von der Vorstellung, daß die syntaktische Struktur und die semantische Funktion (in logischer und inhaltlicher Form) unmittelbar in jedem einzelnen Element, in jeder grammatischen Eigenschaft und jeder grammatischen Funktion, gewissermaßen eindeutig, verknüpft seien. Diese Vorstellung beherrschte mehr oder minder die Begriffsbildung der traditionellen Grammatiker; alle Begriffe haben dort zugleich einen kombinatorischen und einen inhaltlichen bzw. semantischen Aspekt. Man denke an die Begriffe Wort und Satz, an die zehn Wortarten und ihre Unterarten (gewöhnliche Substantive, Abstrakta usw., transitive und intransitive Verben usw.), die Satzglieder (Nominalphrase, Verbalphrase), die Gliedsätze (Haupt- und Nebensatz), die Flexionsmerkmale (Person, Zahl, Geschlecht, Tempus usw.), die grammatischen Funktionen (Subjekt, Prädikat, Objekt, Attribut) u. a. im Bereich der Syntax. Statt dessen geht man nun von dem Gedanken aus, daß die Ausdrucksgestalten und ihre kombinatorischen Eigenschaften zunächst unabhängig von ihren inhaltlichen Eigenschaften zu beschreiben sind, allerdings so, daß diese Beschreibung Grundlage für eine Interpretation, d. h. Zuordnung der semantischen Form werden kann.[26]

Die Wurzeln der Explikation grammatischer Strukturen und grammatischer Regeln in diesem Sinne finden sich im Strukturalismus der dreißiger und vierziger Jahre [27] und gleichzeitig bei Entwicklungen im Bereich der logischen Grundlagenforschung.[28] Diese beiden Ansätze wurden von Chomsky in den fünfziger Jahren zusammengefaßt und in den Prinzipien der generativ-transformationellen Grammatiktheorie vereinigt. Die Wurzeln der Explikation grammatischer Kategorien liegen in der Sprachphilosophie. Ausgangspunkt wurden Freges Begriff der ungesättigten Ausdrücke und Husserls Lehre von den selbständigen und unselbständigen Bedeutungen und Bedeutungskategorien.[29] Bei beiden herrscht allerdings noch

---

26 Das soll nicht bedeuten, daß die Gewinnung und Klärung dieser Struktur, d. h. Überlegungen anhand des Sprachmaterials, immer ohne Berücksichtigung der semantischen Struktur möglich oder sinnvoll sind, noch daß die phonetischen, graphischen und syntaktischen Strukturen keine Konsequenzen für die logische Form und ihre spezifische semantische Füllung haben. Im Gegenteil, es ist ja *ein* wesentlicher funktionaler Zweck der grammatischen Form, auf die logische Form, die die Darstellungsfunktion expliziert, bezogen zu werden. Allerdings hat die grammatische Form auch noch andere («rhetorische») Zwecke, und dies ist einer der Gründe für die Differenz zwischen der grammatischen Form und dem formal zu spezifizierenden Teil der logischen Form.

27 u. a. Bloomfield, Harris, aber auch Hjelmslev.

28 u. a. E. Post, Turing, Rosenbloom.

29 Husserl, [Untersuchungen], II, 1, Kap. IV, insbesondere S. 318 über

die Vorstellung der unbedingten Parallelität der Verknüpfung von Ausdrucksgestalten einerseits und Bedeutungen andererseits vor, die allenfalls für Sprachen mit reiner Darstellungsfunktion gelten, z. B. für die Konstruktsprachen zur Explikation der logischen Form. Polnische Logiker [30] entwickelten ein entsprechendes Konzept syntaktischer Kategorien, das von Bar-Hillel mit dem linguistischen Strukturbegriff verbunden und so für die Linguistik fruchtbar gemacht wurde.[31]

2. Die systematische Rekonstruktion der Grammatik zusammen mit der Explikation der Begriffe ‹grammatische Struktur›, ‹grammatische Regel› und ‹grammatische Kategorie› ist in sehr unterschiedlichen Formen in Angriff genommen worden. Vor der Besprechung dieser unterschiedlichen Formen soll hier zunächst der Versuch einer allgemeinen Systematik der Grammatikformen gemacht werden. In bezug auf diese Systematik sollte sowohl der jeweils besondere Charakter der einzelnen Grammatiktypen als auch das, was sie untereinander gemeinsam haben, deutlicher werden.

In einer strikten Rekonstruktion der Grammatik wird im allgemeinen gefordert, daß ein Prädikat in der Theorie nur eingeführt werden darf, wenn für jeden Gegenstand des Gegenstandsbereichs, in dem das Prädikat benutzt werden soll, entscheidbar ist, ob das Prädikat auf diesen Gegenstand zutrifft oder nicht, wenn das Prädikat also, wie man sagt, ein definites Prädikat [32] ist. Eine etwas schwächere Forderung kann ebenfalls als ausreichend erachtet werden, nämlich die, daß das Prädikat semi-definit ist, d. h., daß das Zutreffen des Prädikats auf einen bestimmten gegebenen Gegenstand (in endlich vielen Schritten) feststellbar ist bzw. daß die Elemente, die zur Klasse des Prädikats gehören, aufzählbar sind. Dieser Forderung kann man entweder dadurch genügen, daß man dem Prädikat eine induktive Klasse (im Falle der Definitheit) oder eine semi-induktive Klasse (im Falle der Semi-Definitheit) zuordnet, oder dadurch, daß man es durch Definition auf solche Prädikate zurückführt, für die dies gilt.

Entsprechend kann man die Definitheit oder Semi-Definitheit für alle Funktoren einführen, indem man fordert, daß die Relation (zwischen Argumenten und Funktionswert), die der vom Funktor bezeichneten Funktion zugeordnet ist, in ihrem Umfang eine induktive oder semi-induktive Klasse ist. Geschieht dies für alle Prädikate und Funktoren, so wird man die Familie der induktiv definierten Klassen als Modell der Theorie ansehen und die wahren Aussagen der Grammatiktheorie in bezug auf dieses Modell

Bedeutungskategorien; vgl. auch Bar-Hillels Besprechung in [Aspects], Kap. 6.

30 vor allem Ajdukiewicz, [Konnexität], angeregt durch Lesniewski.

31 Vgl. Bar-Hillel, [Language], Kap. 1, 5, 8. Zur neuesten Entwicklung der Kategorialgrammatiken vgl. Potts, [Grammar], sowie Posner, [Grammar].

32 Vgl. Curry, [Logic], S. 38, 50.

einführen. Der soeben beschriebene Ansatz wird in der Tat in der modernen theoretischen Grammatik für alle Teiltheorien verfolgt. Dies aber bedeutet, daß den induktiven Definitionen in diesen Theorien eine zentrale Rolle zukommt. Dies gilt schon für die erste strenge Syntax von Konstruktsprachen, wie sie von CARNAP in seinem Buch ‹Die logische Syntax der Sprache› vorgelegt wurde, und ist in der Linguistik durch BAR-HILLEL [33] und CHOMSKY [34] als *Prinzip der generativen Sprachbeschreibung* eingeführt worden. *Die Aufgabe der grammatischen Teiltheorien* (ohne die Semantik) *erscheint geradezu als reduziert auf die Angabe der induktiven Definition von einfachen und komplexen Prädikaten und Funktoren.* Die Formulierung einer Theorie mit diesen Prädikaten und Funktoren wird offenbar als von einer solchen Angabe impliziert angesehen.

Andererseits kann man aber auch umgekehrt versuchen, die Klasse der wahren atomaren Aussagen mit einem gegebenen Prädikat als induktive Klasse zu bestimmen und die Extension durch die Bezeichnungen in solchen wahren atomaren Aussagen zu bestimmen.[35] Sei ‹P_A› ein solches einstelliges Prädikat. a sei ein Gegenstand des Umfangs von ‹P_A› genau dann, wenn ‹$P_A a$› ein Element der induktiven Klasse atomarer Aussageformeln mit ‹P_A› ist. Sei ‹R_B› ein zweistelliges Prädikat. (a, b) sei ein Paar des Umfangs von ‹R_B› genau dann, wenn ‹$R_B ab$› ein Element der induktiven Klasse atomarer Aussageformeln mit dem Prädikat ‹R_B› ist. Auf diese Weise genügt man der oben angegebenen Forderung der Definitheit der Prädikate und Funktoren durch induktive Definition der Klasse atomarer Aussagen mit jedem Prädikat und nicht durch induktive Definition der Extension aller Prädikate (etwa durch Aufzählung der Bezeichnung ihrer Elemente).

Im folgenden gehen wir von dem Gedanken aus, daß die *Mengen möglicher* (phonetischer, graphischer und vor allem syntaktischer) *Ausdrucksgestalten gegeben* sind – z. B. so, wie im vorigen Abschnitt festgelegt. Eine wesentliche Aufgabe der Grammatik ist es nun, die Ausdrucksgestalten *nach Arten und Kategorien* zu *kennzeichnen* oder zu sortieren. Hier interessieren nicht nur die Arten der elementaren Ausdrucksgestalten (z. B. Phoneme, Grapheme, Lexeme bzw. Wörter), sondern auch die der zusammengesetzten, d. h. der Satzglieder, Gliedsätze, Sätze usw. Nun sind nicht alle möglichen Ausdrucksgestalten wohlgeformte Ausdrucksgestalten, die einer Art zugeordnet werden können, und nicht alle Kombinationen von Ausdrucksgestalten irgendwelcher Art sind wohlgeformt. Die Grammatik

---

33 z. B. BAR-HILLEL, [Language], Kap. 2 und [Definition].

34 CHOMSKY, [Theory].

35 Vgl. z. B. LORENZEN, [Metamathematik], S. 88. Die Weiterentwicklung dieses Gedankens erfolgt durch WANG, [Verfahren] und [Hauptströmungen] (mit Literatur über die bisher von ihm geleistete Arbeit).

hat also die Aufgabe, der allgemeinen unbeschränkten Kombinatorik von Ausdrucksgestalten, wie sie in der Definition möglicher Mengen von Ausdrucksgestalten noch vorkommen, Beschränkungen aufzuerlegen. In einem genauer zu erläuternden Sinn kann man also sagen: *Grammatik ist kategorial beschränkte Algebra* (oder Kombinatorik). Entsprechend kann man versuchen, eine Grammatik aufzubauen:

(1) *Die Algebra:* Eine Grundmenge elementarer Ausdrucksgestalten sowie Operationen zur Bildung komplexer Ausdrucksgestalten.
(2) *Die Beschränkungen:* Eine Klassifikation der elementaren Ausdrucksgestalten nach grammatischen Kategorien und grammatischen Regeln in Form von Operationen, die nur für Ausdrucksgestalten gewisser Kategorien als Verknüpfungsresultate Ausdrucksgestalten einer bestimmten Kategorie liefern.

Je nach der Art, in der die Beschränkungen für Operationen formuliert werden, erhält man verschiedene Typen von Grammatiken. Im nun folgenden restlichen Teil dieses Kapitels werden wir den Versuch machen, solche Typen von Grammatiken, die die Kombinatorik einer Sprache jeweils unter einem etwas anderen Gesichtspunkt formulieren, zu vergleichen. Wir entwerfen also eine *vergleichende Grammatologie.* Vor der Darstellung der Einzelheiten jedes Grammatiktyps wollen wir zunächst noch einmal die traditionelle Motivation für grammatische Kategorien und grammatische Regeln als beschränkte Operationen der Verknüpfung und Umformung von Sprachmaterial erläutern und dann eine einfache Klassifikation von Grammatiktypen geben. Wir werden die klassifikatorischen Grammatiken, die klassifikatorisch geschichteten Grammatiken, die operator-kategorialen Grammatiken und die Formsymbolgrammatiken unterscheiden. Jede dieser Grammatiken kann als einfache oder transformationelle Grammatik ihres Typs formuliert werden, je nachdem, ob sie die syntaktischen Ausdrucksgestalten direkt oder mit Hilfe von Transformationen klassifiziert.

Warum braucht man zur Explikation einer grammatischen Regel beschränkte Operationen? In einer Grammatik wird im allgemeinen davon ausgegangen, daß nicht beliebige Ausdrucksgestalten mit beliebigen anderen Ausdrucksgestalten im grammatischen Sinn verknüpft werden können, sondern nur solche einer ganz bestimmten Art mit anderen einer ganz bestimmten anderen Art. Das Resultat ist selbst ebenso von einer ganz bestimmten Art. So will man etwa feststellen, daß Wörter der Wortart Substantiv, Unterart Eigenname, mit Wörtern der Wortart Verb, Unterart intransitiv, einen Ausdruck ergeben, der ein Satz ist (unter Umständen ein sinnloser), oder daß ein (einfacher oder komplexer) substantivischer Ausdruck mit einem adjektivischen Ausdruck (als Attribut) einen komplexen substantivischen Ausdruck ergibt. Ebenso gilt, daß nicht jede beliebige Ausdrucksgestalt jeder beliebigen Umformung im grammatischen Sinn unterworfen werden kann: Konjugationen werden nur auf Verben, Deklinationen auf Substantive und Adjektive (jedenfalls in vielen Sprachen) angewandt. Diese Zusammenhänge expliziert man am besten mit grammatisch beschränkten Operationen: Eine grammatisch beschränkte Operation, oder eine grammatische Regel, läßt sich also formulieren als eine Operation (im Sinne der Algebra), die für eine Menge von Ausdrucksgestalten definiert ist, zusammen mit einer für sie aufgestellten grammatischen Beschränkung. Während die normalen algebraischen Operationen über beliebigen Objekten operieren können und ihnen Resultate der Operation zuordnen, gilt für eine grammatische Regel eine Beschränkung der Operation.[36]

Eine Beschränkung für Operationen hat zwei Teile: Die *Anwendungsbedingung* und die *Resultatkategorie*. Die Anwendungsbedingung legt fest, daß die Operation entweder nur auf diejenigen Argumente, die die angegebenen Bedingungen erfüllen, angewandt wird [37] oder zwar auf andere auch angewandt werden kann, aber nur für diejenigen Argumente, die die Bedingungen erfüllen, grammatische Resultate ergibt. Die Resultatkategorie besagt, im ersten wie im zweiten Fall, welcher Art das Resultat ist, d. h. welche Anwendungsbedingungen es bei weiteren Anwendungen von Operationen erfüllen würde.

Es gibt nun verschiedene Arten, derartige Beschränkungen zu formulieren. Diese Beschränkungen führen zu verschiedenen Arten von Grammatikregeln und Grammatiken. Die Unterschiede ergeben sich aus den unterschiedlichen Aspekten von Ausdrucksgestalten, die in den Anwendungsbedingungen und in der Resultatkategorie angesprochen werden können. Wir unterscheiden einfache Beschränkungen und komplexe Beschränkungen. In den einfachen Beschränkungen wird, im Gegensatz zu den komplexen, nicht auf Teile der Konstruktion der Argumente und des Resultats Bezug genommen, sondern es werden nur globale Eigenschaften angesprochen. Bei den einfachen Beschränkungen unterscheiden wir Beschränkungen mit Bezug auf

(1) klassifikatorische Eigenschaften (d. h. Arten von Ausdrucksgestalten, deren absolute oder relationale Eigenschaften)
(2) operator-kategoriale Eigenschaften
(3) Formsymbole.

Bei den komplexen Beschränkungen ist die Unterscheidung entsprechend, nur daß hier bei einigen (oder allen) Argumenten und beim Resultat der Bezug nicht auf globale Aspekte der gesamten Ausdrucksgestalt geht, sondern jeweils auf deren Teile. Den verschiedenen Arten von Beschränkungen entsprechen verschiedene Arten von Grammatiken. Wir unterscheiden *klas-*

---

36 In der abstrakten Algebra gibt es auch Operationen mit Beschränkungen: die äußeren Verknüpfungen. Das hier nur rudimentär verwendete Prinzip findet in einer Grammatik weite Anwendung.

37 oder nur für diese definiert ist (in der Sprechweise der Algebra).

sifikatorische Grammatiken, operator-kategoriale Grammatiken und *Formsymbol-Grammatiken*. Grammatiken, bei denen auch komplexe Beschränkungen verwendet werden, heißen *transformationelle Grammatiken*. Die vier genannten Grammatiktypen sollen nur kurz behandelt werden, jeweils mit Bezug auf den in der hier versuchten allgemeinen Systematik von Grammatiktypen gesetzten Rahmen der beschränkten Operationen. In diesem Buch müssen wir uns mit Andeutungen begnügen. Trotzdem, oder zum Teil deswegen, bietet die Lektüre der folgenden Paragraphen gewisse Schwierigkeiten. Da wir in ihnen aber nur die Grundprinzipien entfalten, die in diesem Paragraphen bereits vorgestellt wurden, kann der Leser diese Paragraphen in der ersten Lektüre auch überschlagen.

3. Das wesentlichste Merkmal einer *klassifikatorischen Grammatik* ist, daß zu ihr eine – im allgemeinen endliche – definite Klasse von einstelligen Grundprädikaten gehört, z. B. $\langle P_1 \rangle$, $\langle P_2 \rangle$, . . ., $\langle P_n \rangle$. Normalerweise soll es sich dabei um absolute Prädikate handeln, deren Extension eine Klasse von Ausdrucksgestalten der vom Prädikat angegebenen Art oder Eigenschaft ist. Wortarten, Arten von Satzgliedern und Gliedsätzen, Flexionsmerkmale wie auch phonetische Eigenschaften und Merkmale können z. B. durch Prädikate dieser Art expliziert werden. Andererseits sollen auch Prädikate zugelassen werden, die aus Relationen durch Applikation oder Entrelativierung gewonnen wurden.[38] Sogenannte grammatische Funktionen, wie ‹Subjekt des Satzes›, ‹Objekt› u. a. können als solche Prädikate expliziert werden. Die Definition anderer Prädikate auf der Grundlage der gegebenen, endlichen Menge einstelliger Prädikate kommt nicht in Betracht oder ist sekundär. Nach der im vorigen Paragraphen vorgelegten Systematik erwarten wir zwei Varianten von Grammatiken dieser Art:

(1) Grammatiken, die zuerst ein Grammatikmodell bestimmen, indem sie jedem grammatischen Prädikat eine Menge von Ausdrucksgestalten als Extension zuordnen. Zur Menge der Prädikate der Grammatik gehört also eine Familie von Klassen von Ausdrucksgestalten. Die zugehörige Grammatiktheorie wird indirekt bestimmt als Menge von Theoremen, die bei diesem Modell wahr sind. Wir nennen eine solche Grammatik nach ihrem Resultat ein *klassifikatorisches Grammatikmodell*.[39]

---

38 Aus dem Ausdruck «ein Bruder von», der eine Relation ausdrückt, wird durch Applikation auf «Franz» der Ausdruck «ein Bruder von Franz» gewonnen, der ein einstelliges Prädikat ausdrückt, und durch Entrelativierung der Ausdruck «ein Bruder», der ebenfalls ein einstelliges Prädikat ausdrückt. Vgl. zur Terminologie Quine, [Word], S. 106.

39 Genauer vielleicht: *induktiv-definitorische Grammatik*. Montague hat diese Grammatiken als Syntax in [Grammatik] präzise definiert. Sie könnten mit Recht auch Montague-Grammatiken genannt werden. Andererseits hat er in einer späteren Arbeit [Quantification] eine operator-kategoriale Grammatik verwendet.

(2) Grammatiken, in denen die Klasse der wahren Aussagen (Theoreme), die mit den einstelligen Prädikaten und den Bezeichnungen für Ausdrucksgestalten gebildet werden können, als induktive Klasse definiert wird. Die Elemente der Basis dieser induktiven Klasse können als Axiome im üblichen Sinne einer Theorie aufgefaßt werden, während die Ableitungsregeln (den Schlußregeln der Prädikatenlogik entsprechend) den Kern der generierenden Bestimmung ausmachen. Systeme von Aussagen über Ausdrucksgestalten in diesem Sinn sind von verschiedenen Logikern [40] entwickelt und vor allem von Jüntin Wang auf die Grammatikanalyse übertragen worden.[41] Wegen der Form dieser Grammatiken nennen wir diesen Typ *klassifikatorische Grammatiktheorie*. Der Rest dieses Paragraphen wird den Einzelheiten der beiden Grammatiktypen gewidmet sein.

In einem *klassifikatorischen Grammatikmodell* wird sowohl die Anwendungsbedingung einer grammatischen Operation als auch die Resultatkategorie mit Bezug auf die einstelligen Grundprädikate formuliert. Eine *grammatische Regel* nimmt dann die folgende Gestalt an:

$$\langle F_i, \langle\langle P_1, \ldots, P_n\rangle, P_{n+1}\rangle\rangle$$

oder auch einfach

$$\langle F_i, P_1, \ldots, P_n, P_{n+1}\rangle$$

wobei F_i eine n-stellige Operation (der induktiven Definition der Ausdrucksgestalten) ist und $P_1, \ldots, P_n, P_{n+1}$ einstellige Prädikate sind. Die *Anwendungsbedingung* $\langle P_1, \ldots, P_n\rangle$ besagt, daß P_1 auf das erste Argument, P_2 auf das zweite, ..., P_n auf das n-te Argument von F_i zutreffen soll. Ist dies der Fall, so trifft P_{n+1} auf das *Resultat* der Operation über diesen Argumenten zu. Ein einfaches Beispiel einer solchen Regel ist folgendes:

$$\langle F_9 \langle\langle NP, VP\rangle, S\rangle\rangle$$

Diese Regel hat die Deutung: Wenn die zweistellige Verknüpfung F_9 auf Paare von Ausdrucksgestalten angewendet wird, so trifft auf die Resultate der Verknüpfung das Prädikat S (Satz) zu, wenn das erste Argument der Anwendung von F_9 von der Kategorie NP (Nominalphrase) ist und das zweite von der Kategorie VP (Verbalphrase). Eine spezielle Form einer allgemeinen grammatischen Regel erhält man, wenn es zu jeder möglichen Stelligkeit der Operationen nur eine einzige assoziative Verknüpfung gibt, die als Verkettung dieser Stelligkeit angesehen werden kann. In diesem Fall ist die Angabe der Operation überflüssig, da zu einer n-stelligen Anwendungsbedingung jeweils eine n-stellige Funktion gehört. Anwendungsbedingung und Resultatkategorie brauchen dann nur getrennt markiert zu werden, z. B. durch ein besonderes Trennzeichen (etwa durch = :). In diesem Fall nehmen die Regeln die folgende Form an:

---

40 so Lorenzen, [Metamathematik], S. 88 ff.
41 Zum Überblick vgl. Wang, [Hauptströmungen].

$$P_1 P_2 \ldots P_n = : P_{n+1}$$

Entsprechend geht unser spezielles Beispiel, wenn alle zweistelligen Operationen, also auch F_9, mit der zweistelligen Verkettung identisch sind, über in

$$NP \: VP = : S$$

mit der Deutung: Sind zwei verkettete Ausdrucksgestalten x und y derart, daß x eine Nominalphrase (NP) und y eine Verbalphrase (VP) ist, so ist ihre Verkettung ein Satz (S).

Es ist klar, daß grammatische Regeln der zuerst beschriebenen Art für monotektonisch induktive Klassen von Ausdrucksgestalten formuliert werden, während grammatische Regeln der gerade vorgestellten Art zu Verkettungsgebilden gehören. Sind alle grammatischen Regeln einer definitorisch induktiven Grammatik von der ersten Art, so sprechen wir von einem *monotektonisch klassifikatorischen Grammatikmodell*, sind sie von der zweiten Art, so nennen wir sie ein klassifikatorisches *Verkettungsgrammatikmodell*. Mit den grammatischen Regeln beider Arten kann jeweils eine Familie von Klassen zur Klasse der grammatischen Prädikate definiert werden, derart, daß jede Klasse aus dieser Familie die Extension eines der Grundprädikate ist. Interpretiert man diese Definition so, daß aus der Klasse der Ausdrucksgestalten diejenigen ausgezeichnet werden, die grammatisch wohlgeformt und von einer bestimmten Art sind, so hat die Definition folgende Form:

Definiert wird die Familie C von *grammatischen Kategorien* (Klassen von Ausdrücken), die den Grundprädikaten zugeordnet sei.[42]

(1) Die einfachen Ausdrucksgestalten werden durch endliche Aufzählungen in Kategorien (oder Arten) klassifiziert.

(2) Eine generierte Ausdrucksgestalt y (bzw. eine Ausdrucksgestalt mit Konstruktion) gehört genau dann einer der Kategorien, sagen wir P_j, an, wenn sie das Resultat der Anwendung einer Operation F_i auf gewisse Argumente, sagen wir $x_1 \ldots x_n$, ist $(y = F_i (x_1, \ldots, x_n))$ und es eine grammatische Regel zu F_i gibt (z. B. $\langle F_i, \langle\langle P_1, \ldots, P_n \rangle, P_j \rangle\rangle$) derart, daß P_1 auf $x_1, \ldots, P_n$ auf x_n zutrifft, die Argumente also die Anwendungsbedingung dieser Regel, deren Resultatkategorie P_j ist, erfüllen.

(3) Als induktive Abschlußbedingung kann man angeben, daß jeweils die kleinsten so spezifizierten Klassen gemeint sind.

Betrachten wir nun *klassifikatorische Grammatiktheorien*. Man kann sie in der Form nomologisch-deduktiver Theorien im Sinne der allgemeinen Methodologie der Wissenschaften aufbauen.[43] Die Axiome einer solchen

---

42 in mathematischer Formulierung: Familie C mit der Menge der Grundprädikate als Indexmenge. Zur präzisen Formulierung der Definition in mathematischer Ausdrucksweise vgl. MONTAGUE/SCHNELLE, [Grammatik], S. 40.

43 HEMPEL-OPPENHEIM, [Explanation], vgl. auch STEGMÜLLER, [Erklärung], Kap. I.

Theorie zerfallen in zwei Teilmengen. Zur ersten Menge gehören alle Axiome, die einfachen Ausdrucksgestalten die auf sie zutreffenden grammatischen Prädikate zuordnen. (Dies entspricht etwa den grammatischen Klassifikationen, die ein *Lexikon* liefert.) Zur zweiten Menge gehören alle Axiome, die aus ‹Wenn ... dann ...›-Sätzen bestehen. Sie können etwa die Form haben: ‹Für alle Ausdrucksgestalten x und y gilt: Wenn auf x das grammatische Prädikat P_k zutrifft und auf y das grammatische Prädikat P_l, so trifft auf die Ausdrucksgestalt $F_i(x, y)$ das grammatische Prädikat P_m zu›, wobei P_k und P_l Prädikate der Grammatiktheorie sind und F_i eine Operation zur induktiven Generierung von Ausdrucksgestalten.[44] Allgemeiner – und in der Notation der Logik – haben diese Axiome folgende Form

$$\langle \bigwedge x_1 \wedge x_2 \ldots \wedge x_n \cdot P_1 x_1 \wedge P_2 x_2 \ldots \wedge P_n x_n \rightarrow P_{n+1} \, F_r \, (x_1, \ldots, x_n) \rangle$$

wobei F_r eine n-stellige Operation zur induktiven Definition von Ausdrucksgestalten ist. Die Axiome dieser Form sind die *grammatischen Regeln* der Grammatiktheorie. Zur Theorie gehören außerdem die allgemeine logische Schlußregel des Modus ponens[45] sowie andere Regeln der Logik.

Nimmt man nun alle Paare aus grammatischen ‹Wenn ... dann ...›-Feststellungen und den logischen Bestimmungen (Modus ponens etc.), so kann man jedes solche Paar als eine generierende Bestimmung für eine induktive Klasse ansehen, deren Basis die Menge der axiomatischen Aussagen der ersten Art («lexikalische» Aussagen) ist. Die Verwendung klassifikatorischer Grammatiken kann bei den in den Anm. 40–42 genannten Autoren studiert werden. Hier wollen wir zur Illustration ein einfaches Beispiel in den verschiedenen Formen einer klassifikatorischen Grammatik vorlegen.

DARSTELLUNG 1: Die Ausdrucksgestalten sind ein Verkettungsgebilde.

(A) *Induktive Definition der Ausdrucksgestalten:*

(1) *Anfangsbestimmung:* Folgende Ausdrucksgestalten bilden die Basis: ‹o› ‹/› ‹(› ‹)› ‹¬› ‹+› ‹=› ‹∧›

(2) *Generierende Bestimmung:* Es gibt eine zweistellige, assoziative Verknüpfung, die Verkettung, die durch einfaches Nebeneinanderschreiben repräsentiert wird; die Menge der Ausdrucksgestalten ist abgeschlossen in bezug auf die Verkettung.

---

44 Ein spezielles Beispiel: Wenn x eine Nominalphrase ist und y eine Verbalphrase, so ist die Verkettung von x und y ein Satz für alle Ausdrucksgestalten x und y.

45 Seien p und q irgendwelche Aussagen. Die Regel des Modus ponens besagt: Wird ‹Wenn p so q› als wahr behauptet und wird ‹p› als wahr behauptet, so wird [implizit] auch ‹q› als wahr behauptet (oder so kann auch ‹q› [explizit] als wahr behauptet werden).

(3) *Abschlußbestimmung:* Die Menge der Ausdrucksgestalten ist die kleinste Menge, die in allen Mengen enthalten ist, die (1) und (2) erfüllen.

In algebraischer Bestimmung kann die Menge der Ausdrucksgestalten als die freie Halbgruppe über der angegebenen Basis als Erzeugendensystem charakterisiert werden.

(B) *Die Grammatik*

(1) Die Grammatik enthält *zehn einstellige grammatische Prädikate:*
⟨Z⟩, ⟨T⟩, ⟨F⟩, ⟨ZA⟩, ⟨NG⟩, ⟨JK⟩, ⟨GL⟩, ⟨VK⟩, ⟨KL⟩, ⟨KR⟩

(2) *Die grammatischen Bestimmungen*

    (a) *Lexikalische Bestimmungen:* (nach jedem Prädikat die elementaren Ausdrucksgestalten, die zu diesem Prädikat gehören):
    ⟨Z⟩ ~ ⟨o⟩; ⟨T⟩ ~ (leer); ⟨F⟩ ~ (leer); ⟨ZA⟩ ~ ⟨/⟩;
    ⟨NG⟩ ~ ⟨¬⟩; JK ~ ⟨∧⟩; ⟨GL⟩ ~ ⟨=⟩; ⟨VK⟩ ~ ⟨+⟩;
    ⟨KL⟩ ~ ⟨(⟩; ⟨KR⟩ ~ ⟨)⟩
    (Daß zu jedem Prädikat höchstens eine elementare Ausdrucksgestalt gehört, wurde nur aus Gründen der Darstellungsökonomie so eingerichtet.)

    (b) *Grammatische Regeln:*
      Z + ZA =: Z
      KL + Z + KR =: T
      NG + F =: F
      KL + T + VK + T + KR =: T
      KL + T + GL + T + KR =: F
      KL + F + JK + F + KR =: F

Kommentar: Mit Hilfe der elementaren Ausdrucksgestalten lassen sich Zahlausdrücke, Additionsausdrücke (eine spezielle Form sogenannter Terme) und Gleichungen zwischen Zahlausdrücken und Additionsausdrükken darstellen, aber nicht nur diese, sondern auch eine Vielzahl von Zeichenkombinationen ohne Bedeutung. Die Grammatik hat die Aufgabe, die wohlgeformten auszusondern. Nach ihr gehören, wie man leicht feststellt, die Ausdrucksgestalten
⟨oo⟩; ⟨(((o//) = (o//)) + (o/))⟩ oder ⟨((o//) + (o///) = (o/////))⟩
keiner Extension eines grammatischen Prädikats an, sind also nicht wohlgeformt. (Im letzten Fall ist die Feststellung auf einen Blick allerdings vielleicht nicht möglich; man muß die Forderungen der Regeln genau beachten, um festzustellen, daß eine der Forderungen verletzt ist.) Dagegen sind ⟨o/⟩ und ⟨o/////⟩ Ausdrucksgestalten zum Prädikat Z (Zahlausdruck), ⟨(((o//)+(o/))+ o///)⟩ und ⟨(((o) + (o)) + ((o) + (o)))⟩ Ausdrucksgestalten zum Prädikat T (Term-Additionsausdruck), und (((o//) + (o//)) = (o/////)) ist eine Ausdrucksgestalt der Kategorie F (Formel d. h. Gleichungsausdruck), obgleich er natürlich eine *falsche* Gleichung ist; zur Kategorie F gehören wahre und falsche Gleichungen.

DARSTELLUNG 2: Die Ausdrucksgestalten bilden eine monotektonische induktive Klasse.

(A) *Induktive Definition der Ausdrucksgestalten:*

(1) *Anfangsbestimmung:* Die Basis enthält nur eine elementare Ausdrucksgestalt.

(2) *Generierende Bestimmung:* Es gibt drei einstellige Funktoren
⟨F/⟩, ⟨F()⟩, ⟨F₊⟩ und drei zweistellige: ⟨F₊⟩, ⟨F₌⟩, ⟨F∧⟩.
Die Menge der Ausdrucksgestalten ist abgeschlossen in bezug auf die sechs von den Funktoren benannten Funktionen.

(3) *Abschlußbestimmung* (wie oben)

(B) *Die Grammatik*

(1) Die Grammatik enthält *drei einstellige grammatische Prädikate:*
⟨Z⟩, ⟨T⟩, ⟨F⟩

(2) *Die grammatischen Bestimmungen*

    (a) *Lexikalische Bestimmungen:*

        ⟨Z⟩ ~ ⟨o⟩; ⟨T⟩ ~ (leer); ⟨F⟩ ~ (leer)

    (b) *Grammatische Regeln:*

        ⟨F/, Z, Z⟩
        ⟨F(), Z, T⟩
        ⟨F₊, F, F⟩
        ⟨F₊, T, T, T⟩
        ⟨F₌, T, T, F⟩
        ⟨F∧, F, F, F⟩

Kommentar: Nur eine Teilmenge der in Darstellung 1 als Verkettungsgebilde bestimmten Menge wird in Darstellung 2 als Menge der Ausdrucksgestalten bestimmt. Es gibt z. B. weder ein Korrelat zu ⟨oo⟩ noch zu ⟨((o//) +(o///)=(o/////))⟩, aber eines zu ⟨(((o//)=(o//))+(o/))⟩, nämlich: F₊ F₌ F() F/ F/ o F() F/ F/ o F() F/ o.

Die Menge der Ausdrucksgestalten enthält aber jedenfalls alle grammatisch wohlgeformten. Durch die angegebene Grammatik werden dieselben Extensionen zu ⟨Z⟩, ⟨T⟩ und ⟨F⟩ bestimmt wie in Darstellung 1.

DARSTELLUNG 3 ist eine Grammatiktheorie. Die induktive Definition der Ausdrucksgestalten sei wie in Darstellung 2.

Die Grammatik: Die Grammatik wird im Prädikatenkalkül 1. Stufe formuliert:

Die *Nicht-logischen Konstanten:*

Individuenkonstante: ⟨o⟩

Prädikate (einstellig):   ⟨Z⟩, ⟨T⟩, ⟨S⟩

Funktoren (einstellig):   ⟨F/⟩, ⟨F()⟩, ⟨F₊⟩

        (zweistellig): ⟨F₊⟩, ⟨F₌⟩, ⟨F∧⟩.

Alle logischen Konstanten sind wie im Prädikatenkalkül 1. Stufe.

Axiome: Lexikalische Axiome: ⟨Z(o)⟩

Grammatische Axiome:

$$\bigwedge x. \quad Z\,(x) \to Z\,(F_{/}\,x)$$
$$\bigwedge x. \quad Z\,(x) \to T\,(F_{0}\,x)$$
$$\bigwedge x. \quad S\,(x) \to S\,(F_{\dashv}\,x)$$
$$\bigwedge x \bigwedge y. \quad T\,(x) \wedge T\,(y) \to T\,(F_{+}\,xy)$$
$$\bigwedge x \bigwedge y. \quad T\,(x) \wedge T\,(y) \to S\,(F_{=}\,xy)$$
$$\bigwedge x \bigwedge y. \quad S\,(x) \wedge S\,(y) \to S\,(F_{\wedge}\,xy)$$

Regel: Die Einsetzungsregel und der Modus ponens des Prädikatenkalküls 1. Stufe.

Kommentar: Eine Ausdrucksgestalt x gehöre zur Extension von ‹Z› genau dann, wenn ‹Z(x)› ableitbar ist; sie gehöre zur Extension von ‹T› genau dann, wenn ‹T(x)› ableitbar ist, und zur Extension von ‹S› genau dann, wenn ‹S(x)› ableitbar ist. Die Ausdrucksgestalten, die die Extensionen von ‹Z›, ‹T› und ‹S› bilden, sind daher identisch mit den nach Darstellung 1 und 2 bestimmten Klassen.

4. Die traditionellen oder die traditionell orientierten Grammatiken für flektierende Sprachen formulieren ihre Zusammenhänge zumeist in einer Form, zu deren Explikation ein strukturiertes System von Prädikaten bzw. Klassifikationen erforderlich ist. Den zur Explikation vorgelegten Grammatiktyp wollen wir *geschichtet klassifikatorische Grammatik* nennen.[46] An Prädikaten bzw. Klassifikationen unterscheiden wir Ausdruckstypen (AT), Ausdrucksarten (AA), Ausdrucksmodi (AM) und Modusattribute (MA). In den traditionellen Grammatiken gibt es fünf Schichten und ebenso viele Ausdruckstypen, die man als Namen der Schichten ansehen kann. Die Prädikate verteilen sich etwa wie folgt auf die fünf Schichten:

1. Schicht:

AT. 1:   Satz
AA. 1:   zusammengesetzter Satz, einfacher Satz
AM. 1:   Satzmodus
MA. 1:   deklarativ, interrogativ, imperativ, . . .

2. Schicht:

AT. 2:   Gliedsatz
AA. 2:   Hauptsatz, Nebensatz
AM. 2:   Nominalbestimmung, Satzbestimmung, . . .
MA. 2:   Relativsatz, Apposition, . . .; Temporal, Lokal, Kausal, Final, . . .

3. Schicht:

AT. 3:   Satzglied
AA. 3:   Verbalgruppe, Nominalgruppe, Präpositionalgruppe, . . .
AM. 3:   adnominal, adverbial, . . .
MA. 3:   Apposition, . . .; Temporal, Lokal, Kausal, Final, . . .

---

46 Im angelsächsischen Sprachbereich spricht man statt von Schicht von ‹rank› (HALLIDAY), von ‹level› (PIKE) oder von ‹stratum› (LAMB).

4. Schicht:

AT. 4:   Wort

AA. 4:   Verben, Substantive, Adjektive, . . .

AM. 4:   Person, Numerus, Tempus, Genus, Kasus, . . .

MA. 4:   1. Ps, 2. Ps, 3. Ps; Sg, Pl; Präs, Imperf, Fut, . . .; Masc, Fem, Neutr; Nom, Gen, Dat, Akk;

5. Schicht:

AT. 5:   Wortteil

AA. 5:   Wortkern, Präfix, Suffix

AM. 5:   –

MA. 5:   –

Eines oder mehrere Elemente einer Schicht, die durch die soeben angegebenen Prädikate charakterisiert werden können, werden zu Elementen der nächst komplexeren Schicht kombiniert; zu diesem Zweck müssen zwischen je zwei Schichten *Kombinationen* operieren, und zwar

Kombinationen von Wortteilen bestimmter AA zu Worten bestimmter AA

Kombinationen von Worten bestimmter AA zu Satzgliedern bestimmter AA

Kombinationen von Satzgliedern bestimmter AA zu Gliedsätzen bestimmter AA

Kombinationen von Gliedsätzen bestimmter AA zu Sätzen bestimmter AA

Außerdem gilt der Kern eines «*generativen*» *Prinzips:* Bestimmte Gliedsätze können als Satzglieder fungieren (oder reklassifiziert werden).

Schließlich kann nicht jede Ausdrucksart mit jedem Ausdrucksmodus einer Schicht verbunden werden, sondern jeder Ausdrucksart wird eine bestimmte Klasse von Ausdrucksmodi derselben Schicht zugeordnet, den Verben z. B. die Verbalmodi Person, Numerus, Tempus usw., den Substantiven Genus, Kasus usw.

In bezug auf ein solches System formuliert die traditionelle Grammatik grammatische Zusammenhänge und grammatische Regeln. Unter den grammatischen Zusammenhängen spielen vor allem die Kongruenz von Modusattributen und die Rektion von Modusattributen durch Arten eine Rolle.

Gibt es einen einfachen Grundgedanken hinter diesem komplex erscheinenden System grammatischer Prädikate? Mir scheint, es ist der folgende: Wie im System, das im voraufgehenden Paragraphen beschrieben wurde, werden die grammatischen Regeln mit Hilfe kategorial beschränkter Funktionen ausgedrückt. Der Unterschied besteht darin, daß das System der Kategorien oder die Menge der sie ausdrückenden einstelligen Prädikate strukturiert ist: Die Menge aller grammatischen Kategorien ist zerlegt in Teilmengen, derart, daß zu jeder Schicht eine Teilmenge gehört. Jede der einer Schicht zugeordneten Teilmengen ist weiter zerlegt in Mengen, die den Prädikaten für Ausdruckstypen (normalerweise zu jeder Schicht nur eines), für Ausdrucksarten und Modusattribute zugeordnet sind. Die Ausdrucksmodi sind demgegenüber Prädikate von Modusattributen, d. h. Prädikate von Prädikaten oder Prädikate zweiter Stufe.[47]

Außer der Schichtung müssen nun eine Anzahl von Zuordnungen von Prädikaten und Prädikaten von Prädikaten jeder Schicht definiert werden (bzw. die entsprechenden Zuordnungen zwischen den entsprechenden grammatischen Kategorien): Die Zuordnung der Modusattribute zu den Ausdrucksmodi und die Zuordnung von Ausdrucksmodi zu Ausdrucksarten. Ein Beispiel für eine Zuordnung der ersten Art ist die Feststellung, daß Nom, Gen, Dat und Akk Kasusattribute sind, ein Beispiel für eine Zuordnung der zweiten Art ist die Feststellung, daß Genus, Kasus und Numerus Ausdrucksmodi für Substantive sind.

Ein weiterer charakteristischer Unterschied zum System, das im vorigen Paragraphen erörtert wurde, besteht darin, daß die Ausdrucksgestalten hier nicht durch ein einzelnes Prädikat für eine grammatische Kategorie grammatisch bestimmt werden, sondern durch eine Folge grammatischer Prädikate, deren erstes Glied die Ausdrucksart des Ausdrucks angibt und deren weitere Glieder Modusattribute sind, die auf die Ausdrucksgestalt zutreffen, und zwar zu jedem Ausdrucksmodus, der einer Ausdrucksart zugeordnet ist, genau ein Modusattribut. So sagt man z. B. von einem Wort, daß es ein Substantiv, maskulinum, im Dativ, Plural ist, wenn aufgrund der allgemeinen Zuordnung feststeht, daß Substantiva nach Genus, Kasus und Numerus zu bestimmen sind.

Diese Explikation des zugrundeliegenden Prinzips erläutert nur die *formale Seite* des Systems von Prädikaten. Sie zeigt noch nicht, wieso ein solches System aufschlußreich ist und inwieweit es für die Formulierung grammatischer Regeln besonders nützlich sein mag. Die erste Frage müßte im Zusammenhang mit der jahrtausendealten Erörterung um Kategorien und Typen beantwortet werden. Es ist ja bekannt, wie eng seit ARISTOTELES die Beziehung zwischen grammatischen Kategorien und sachlichen Kategorien gesehen wurde und wie sich die Wechselbeziehung bis in die Terminologie hinein auswirkte.[48] Im vorliegenden Rahmen führt diese Erörterung aber zu weit. Die Frage der Nützlichkeit des Systems soll hier auch nur angeschnitten werden, und zwar im Zusammenhang mit der *grammatischen Kongruenz.* Eine der typischen Kongruenzregeln besagt, daß das Subjekt eines Satzes und das Hauptverb in Person und Numerus übereinstimmen sollen, eine andere, daß ein attributives Adjektiv in einer Nominalgruppe mit dem Substantiv der Gruppe in Genus und Numerus übereinstimmen soll. Eine solche Feststellung faßt eine größere Zahl von Anwen-

---

47 So sagt man, daß die grammatische Kategorie Singular ein Numerusattribut ist und die Kategorie Genitiv ein Kasusattribut.

48 Vgl. LYONS, [Linguistics], S. 134 und 166, speziell § 7.1. Zur Verwendung eines geschichteten Systems für Konstruktsprachen, die vorwiegend durch sachbezogene Überlegungen motiviert wurden, vgl. CARNAP, [System], S. 43 ff.

dungsbedingungen von Regeln zusammen, falls diese Regeln vollauf explizit formuliert werden müßten. Betrachten wir etwa die Kombination eines Personalpronomens als Subjekt mit einem intransitiven Verb, so sind folgende Anwendungsbedingungen kompatibel mit der Kongruenzbedingung:

$\langle$N, 1. Ps, Sg; V, 1. Ps, Sg$\rangle$

$\langle$N, 2. Ps, Sg; V, 2. Ps, Sg$\rangle$

$\langle$N, 3. Ps, Sg; V, 3. Ps, Sg$\rangle$

$\langle$N, 1. Ps, Pl; V, 1. Ps, Pl$\rangle$

$\langle$N, 2. Ps, Pl; V, 2. Ps, Pl$\rangle$

$\langle$N, 3. Ps, Pl; V, 3. Ps, Pl$\rangle$

Mit Variablen kann das kurz folgendermaßen formuliert werden:

$\langle$N, x, y; V, x, y$\rangle$; x sei ein Personenattribut und y ein Numerusattribut. Die zusätzliche Bestimmung schränkt den Variablenbereich für x und y ein. Mit Formvariablen, die wir in Paragraph 6 einführen werden, kann die Kongruenz einfacher formuliert werden als

$\langle$N, Ps$_i$, Nm$_j$; V, Ps$_i$, Nm$_j\rangle$

Durch Verwendung einer übergeordneten Klasse (hier des Modus) und einer Indizierung der Klasse durch eine Variable kann die Gleichheit von Werten der Variablen leicht ausgedrückt werden. Dies möge als kurzer Hinweis auf Verwendungsweise und Nützlichkeit von Modusattributen und Modi genügen. Die Rolle der Ausdrucksarten wurde bereits im vorhergehenden Paragraphen geklärt. Wie steht es nun mit den Ausdruckstypen? Diejenigen Elemente, die die syntaktische Unterscheidung in Typen wesentlich bestimmen, sind die Satzglieder und Gliedsätze. Das wichtigste grammatische Merkmal dieser beiden Ausdruckstypen zeigt sich in der bereits angegebenen Feststellung, daß Gliedsätze die Funktionen von Satzgliedern übernehmen können. Da die Gliedsätze ihrerseits Satzglieder haben können, deren Rolle erneut von Gliedsätzen übernommen werden kann usw., zeigt sich das Prinzip der Generativität oder der Unbeschränktheit der Kombination. Einige Grammatiker, speziell die transformationellen, sind der Meinung, daß hierdurch die Generativität an einer ungeeigneten Stelle der grammatischen Analyse, nämlich in der Oberflächenstruktur, angegangen wird.[49] Eine Behandlung der Generativität in der Tiefenstruktur sei eleganter, mache die Unterscheidung von Ausdruckstypen überflüssig und stelle weniger Probleme. Da aber viele in der traditionellen Grammatik schlecht und recht behandelte Probleme noch nicht formal rekonstruiert bzw. expliziert wurden, sollte man mit einer endgültigen Entscheidung in diesen Fragenkomplexen zurückhaltend sein.

5. Die *operator-kategorialen Grammatiken* (normalerweise kurz Kategorialgrammatiken genannt) werden zwar ebenso wie die klassifikatorischen Grammatiken und deren kompliziertere, soeben besprochene Varianten

---

49 Vgl. Lyons, [Linguistics], § 5.5, S. 200.

mit Hilfe einer definiten Menge einstelliger Prädikate beschrieben. Im Gegensatz zu den klassifikatorischen Grammatiken ist die Menge der Prädikate aber nicht unmittelbar als Menge voneinander unabhängiger oder bloß geschichteter Prädikate gegeben; diese Menge wird statt dessen selbst in einer induktiven Definition auf der Grundlage einer sehr beschränkten Basis von Grundprädikaten bzw. Grundkategorien eingeführt. Diejenigen Kategorien, die keine Grundkategorien sind, heißen *Operatorkategorien*.

Wir wollen zunächst den Sinn der Operatorkategorien an einigen Beispielen verdeutlichen. Der Unterscheidung zwischen Grundkategorien und Operatorkategorien entspricht, wie schon oben angedeutet, FREGES Unterscheidung der Ausdrücke in vollständige und unvollständige.[50] Schon FREGE bezieht sich dabei ausdrücklich auf die Analyse von mathematischen Ausdrücken mit Funktionszeichen. Nach FREGE[51] besteht z. B. der Ausdruck ‹2 + 3› aus zwei vollständigen Ausdrücken ‹2› und ‹3› und dem unvollständigen Ausdruck ‹+›. Unvollständige Ausdrücke wollen wir im folgenden auch *Operatoren* nennen. Der Operator ‹+› ist eigentlich so zu charakterisieren, daß er zwei Leerstellen mitführt – z. B. durch ‹(. . + . .)› –, an denen vollständige Ausdrücke eingesetzt werden können. ‹(2 + 3)› selbst ist aber auch ein vollständiger Ausdruck. Er kann ebenso an den Leerstellen eingesetzt werden und ergibt dann ‹((2 + 3) + (2 + 3))›. In gleicher Weise sollte man, nach FREGE, den Ausdruck ‹Englands Hauptstadt› analysieren: Er besteht aus einem vollständigen Ausdruck ‹England› und dem unvollständigen Ausdruck ‹. . s Hauptstadt›, zu dem ‹die Hauptstadt von . .› eine Paraphrase ist. Das Prinzip der Analyse in vollständige und unvollständige Ausdrücke hat aber anscheinend grundsätzliche grammatische Geltung: *Jeder zusammengesetzte vollständige Ausdruck ist das Resultat der Zusammensetzung eines unvollständigen Ausdrucks (Operators) mit einer passenden Anzahl vollständiger Ausdrücke.* So sollte man, wieder nach FREGE, den Satz ‹Caesar eroberte Gallien› zerlegen in ‹Caesar› und ‹. . eroberte Gallien›.

Die Analyse geht noch weiter. Auch *zusammengesetzte unvollständige Ausdrücke* müssen in ihre Teile zerlegt werden, und auch hier soll es so sein, daß der Ausdruck das *Resultat der Zusammensetzung eines Operators mit einer passenden Anzahl* vollständiger Ausdrücke ist:
‹. . eroberte Gallien› wird zerlegt in
‹. . eroberte . .› und ‹Gallien›.

Eine nähere Analyse zeigt aber, daß die bloße Unterscheidung in unvoll-

---

50 Die Unterscheidung ist verschieden, wenn auch analog zur alten Unterscheidung in kategorematische und synkategorematische Ausdrücke – vgl. etwa BOCHENSKI, [Logik], S. 179 ff – oder zur Unterscheidung in selbständige und unselbständige Ausdrücke vgl. HUSSERL, [Untersuchungen], Bd. II, 1, S. 302 ff.

51 Vgl. FREGE, [Funktion], S. 7, 16 ff. Genauer ist hier und im folgenden von *syntaktischen* Ausdrucksgestalten die Rede.

ständige und vollständige Ausdrücke nicht ausreicht. Analysiert man nämlich ‹((2 + 3) = 5)› in die vollständigen Ausdrücke ‹2›, ‹3› und ‹5› und die unvollständigen Ausdrücke ‹(.. + ..)› und ‹(.. = ..)›, so könnte man aus diesen umgekehrt ‹((5 = 3) + 2)› zusammensetzen, was nicht nur falsch ist, weil 5 ungleich 3 ist, sondern Unsinn, weil man eine Gleichung nicht addieren kann. (Auch ‹((5 = 5) + 2)› wäre Unsinn.) Um also diese Zusammensetzung auszuschließen, muß man festlegen, daß der Operator ‹+› zu seiner Ergänzung zwei Zahlausdrücke fordert und das Resultat dann ein Zahlausdruck ist. Der unvollständige Ausdruck ‹=› fordert zwar auch zwei Zahlausdrücke zu seiner Ergänzung, aber er liefert als Resultat keinen Zahlausdruck, sondern einen Satz (mit dem eine Feststellung getroffen werden kann). Bezeichnen wir die Kategorie der Zahlausdrücke mit Z und die Kategorie des Satzes mit S, so wollen wir die Forderung für die Kombinierbarkeit von ‹+› mit der Operatorkategorie ‹Z \ Z / Z› ausdrücken (d. h. mit einem Zahlausdruck links und einem rechts liefert der Ausdruck dieser Kategorie einen vollständigen zusammengesetzten Ausdruck der Kategorie Z) und die Kombinierbarkeit von ‹=› mit der Operatorkategorie ‹Z \ S / Z› (d. h. Zusammensetzung des Operators mit einem Zahlausdruck links und einem rechts ist ein Satz).

Betrachten wir nun ‹Caesar› und ‹Gallien› als Namenausdrücke, so können wir im Sinne der oben gegebenen Analyse ‹eroberte› zur Operatorkategorie (N \ S) / N rechnen. Mit einem Namen zur Rechten, ‹Gallien›, liefert ‹eroberte› durch Applikation (vgl. S. 95 f) einen Operator (unvollständigen Ausdruck) ‹eroberte Gallien› der Kategorie N \ S, der mit einem Namen zur Linken, ‹Caesar›, einen Satz, ‹Caesar eroberte Gallien› liefert.

Zur Systematisierung der soeben illustrierten Grundgedanken der operator-kategorialen Grammatik wollen wir uns die Deutung der Kategorien überlegen. Die Grundkategorien, also die Kategorien der vollständigen Ausdrücke, werden offenbar wie klassifikatorische Prädikate verwendet: Sie charakterisieren die zu ihnen gehörenden Ausdrucksgestalten nach ihrer Zugehörigkeit zu einer grammatischen Kategorie oder nach einer nicht-funktionalen, grammatischen Eigenschaft. Anders die Operatorkategorien. Auch sie könnten zwar formal als einstellige Prädikate charakterisiert werden, denen die Klasse aller Operatoren dieser Kategorie, also eine grammatische Art zugeordnet ist. Aufschlußreicher aber ist, daß diese Prädikate Ausdrücke, auf die sie zutreffen, nach einer funktionalen oder operationalen Eigenschaft kennzeichnen, d. h. hinsichtlich ihrer Art und Weise, auf andere Gegenstände bestimmter Eigenschaften auf bestimmte Weise zu «reagieren».[52] Eine Operatorkategorie stellt offenbar für die Operatoren dieser Ka-

52 Hier liegt offenbar eine Analogie zu dispositionellen Prädikaten vor, vgl. CARNAP, [Testability], und STEGMÜLLER, [Erklärung], S. 120 ff. Insbesondere ist die Definition dieser Eigenschaft von der Form eines Reduktionssatzes, der notwendige Bedingungen formuliert, vgl. STEGMÜLLER, ibid. S. 123.

tegorie gewisse ‹Anwendungsbedingungen› für deren Kombination mit anderen Ausdrücken. Sie legt aber auch die Kategorie des Resultats einer solchen Zusammensetzung mit Ausdrücken, die die Anwendungsbedingungen erfüllen, fest. Sie ähnelt daher den grammatischen Beschränkungen für grammatische Verknüpfungen und Umformungen.

Um diese Ähnlichkeit deutlich zum Ausdruck zu bringen, führen wir zunächst eine Notation ein, die von den in den Kategorialgrammatiken üblichen abweicht. Wir werden das später korrigieren. Nehmen wir an, der Operator verlange n–1 Leerstellen, so daß die resultierende Zusammensetzung aus genau n Ausdrücken, dem Operator und der Füllung seiner Leerstellen besteht. Nehmen wir weiterhin an, der Operator stehe an der i-ten Stelle der Verknüpfung der n Ausdrücke. Eine Anwendungsbedingung kann dann folgendermaßen formuliert werden:

‹Der Operator kann mit n–1 Ausdrücken verknüpft werden, von denen i–1 Ausdrücke links von ihm und n–i Ausdrücke rechts von ihm stehen. Die Verknüpfung ist grammatisch korrekt, wenn der erste Ausdruck von der Kategorie P_1, der zweite von der Kategorie P_2, der i–1.te von der Kategorie P_{i-1}, der i+1.te von der Kategorie P_{i+1} . . . und der n-te von der Kategorie P_n ist.›

Wir kürzen dies durch folgende Notation ab:

$‹(P_1, P_2, ..., P_{i-1}, {}^*, P_{i+1}, . . ., P_n)›$

Weiter gibt es folgende Bestimmung:

‹Ist die Verknüpfung grammatisch korrekt, erfüllen also die Füllungen der Leerstellen die Anwendungsbedingung, so ist das Resultat von der Kategorie P_{n+1}.›

Beide Bestimmungen zusammen charakterisieren die Operatorkategorie. Wir kürzen sie ab durch

$‹((P_1, P_2, . . ., P_{i-1}, {}^*, P_{i+1}, . . ., P_n), P_{n+1})›$

Nach der soeben gegebenen Bestimmung für die Operatorkategorien ist aber Bezug genommen worden auf die Verknüpfung aller Ausdrücke, den Operator und die, mit denen er reagiert. Für die grammatisch korrekte Verknüpfung mit einem Operator der soeben beschriebenen Kategorie müßten wir also im Prinzip eine entsprechende grammatische Regel formulieren können. Man kann zeigen, daß dies in der Tat der Fall ist, daß also *zu jeder Operatorkategorie im Prinzip eine grammatische Regel gehört.* Hat die Operatorkategorie die soeben beschriebene Form, so muß die Regel wie folgt formuliert werden:

$‹Φ, ‹‹P_1, . ., P_{i-1}, ((P_1, . ., P_{i-1}, {}^*, P_{i+1}, . ., P_n), P_{n+1}), P_{i+1}, . ., P_n›, P_{n+1}›$

Das Zeichen ‹Φ› steht für irgendeine Verknüpfung, sei es eine Operation in einer monotektonischen Klasse, sei es eine n-stellige Verkettung.

Diese Formel macht die Entsprechung von Operatorkategorie (mit ihrer Anwendungsbedingung und Resultatkategorie) und Regel völlig deutlich: Die Operatorkategorie ordnet einem Operator funktionale Eigenschaften zu, die die Kombinatorik der Verknüpfungen von Ausdrücken mit diesem

Operator «widerspiegeln». Man kann diesen Gedanken noch einen Schritt weiter verfolgen: Sollte man nicht den Operator (also die Ausdrucksgestalt selbst) mit der Verknüpfungsoperation Φ verbinden, und ihn so zum Verknüpfer machen? In einer Kategorialgrammatik, die diesen Gedanken verfolgt, gibt es zu jedem Operator genau einen Verknüpfer, der in Regeln auftreten kann, und der Operator ist das Paar aus Ausdrucksgestalt des Operators und Verknüpfung (dieser Ausdrucksgestalt mit passenden anderen). Diese Deutung ist anscheinend die der ursprünglichen Kategorialgrammatiken gewesen. In einer dritten Deutung hat man für alle n-stelligen Operatoren gemeinsam eine Verkettung (der Ausdrucksgestalt des Operators mit den passenden anderen) eingeführt; die Regel ist dann eine Regel einer Verkettungsgrammatik. Diese Deutung ist diejenige der Kategorialgrammatik nach Lewis.[53] Es sollte klar sein, daß die Unterschiede der Interpretation sich in der *formalen* Operation mit den Regeln dieser Grammatiken kaum auswirken; vom formalen Standpunkt aus sind diese Unterschiede also nebensächlich.

Noch eine Bemerkung zur Notation: Die oben verwendete Notation führten wir ein, um die vorhin angesprochene ‹Widerspiegelung› kombinatorischer Verhältnisse in grammatischen Regeln klar zum Ausdruck zu bringen. Die übliche Notation weicht allerdings von dieser ab. Die Übersetzung läßt sich aber leicht angeben. Statt

$$\langle ((P_1, P_2, \ldots, P_{i-1}, {}^*, P_{i+1}, \ldots, P_n)\, P_{n+1}) \rangle$$

schreibt man

$$[P_1\, P_2 \ldots P_{i-1} \setminus P_{n+1} / P_{i+1} \ldots P_n]\ ^{54}$$

In den ursprünglichen Kategorialgrammatiken ging man davon aus, daß die Operatoren in der Form der sog. polnischen Notation (vgl. Łukasiewicz) geschrieben werden. In diesem Fall ist der Operator einer zusammengesetzten Ausdrucksgestalt immer das erste Argument der Verknüpfung, und die Notation ist entsprechend

$$[P_{n+1}/P_2, \ldots, P_n]\ ^{55}$$

Im folgenden werden wir uns auch dieser Notation bedienen.

Nach dieser Erörterung des ersten wesentlichen Aspekts einer Kategorialgrammatik, der ‹Widerspiegelung› kombinatorischer Eigenschaften grammatischer Regeln in grammatischen Kategorien, gehen wir jetzt zum zweiten, bereits in der Einleitung zu diesem Paragraphen hervorgehobenen, über. Durch induktive Definition läßt sich nämlich eine *induktive Klasse* K *von Operatorkategorien* definieren, ausgehend von einer Basis von Grundkategorien. Die induktive Definition von K kann auf folgende Weise formuliert werden:

Anfangsbestimmung: Gegeben sei eine beschränkte Menge von n Grund-

53 Vgl. Lewis, [Semantics], und Schnelle, [Meaning].
54 Vgl. Bar-Hillel, [Language], Kap. 8, S. 101.
55 bzw. $(P_{n+1}/P_2 + \ldots, P_n)$ bei Lewis, [Semantics], S. 171.

kategorien (Grundprädikaten) P_1, P_2, ..., P_n. Ihre Elemente sind Elemente von K.

Generierende Bestimmung: Sind π_1, π_2 ..., π_m (für eine beliebige natürliche Zahl m) irgendwelche Kategorien (Grundkategorien oder Operatorkategorien), so ist

$$[\pi_1 \, \pi_2 \ldots \pi_{i-1} \backslash \pi_i / \pi_{i+1} \ldots \pi_m]$$

eine Kategorie, d. h. ein Element von K.

Ergänzende Bestimmung: Zu jeder so eingeführten Kategorie ist *im Prinzip* eine Regel der oben (S. 155) beschriebenen Form möglich. Ihr *tatsächliches Vorkommen in einer Grammatik* hängt dagegen davon ab, ob die Kategorie im Lexikon elementarer Ausdrucksgestalten vorkommt und ob es eine passende m-stellige Verknüpfung gibt. Im Gegensatz zu den klassifikatorischen Grammatiken wird durch diese Definition in kategorialen Grammatiken also eine unbeschränkte, aber definite Menge möglicher Kategorien zur Verfügung gestellt. Da mit jeder Operatorkategorie auch eine mögliche grammatische Regel bestimmt wird, wird also gleichzeitig eine unbeschränkte, aber definite Menge grammatischer Regeln gegeben.[56]

Aus diesem unbeschränkten, aber definiten Reservoir wird aber jede Sprache mit endlich vielen elementaren Ausdrucksgestalten nur endlich viele aussondern: Mit jeder elementaren Ausdrucksgestalt sind nur endlich viele Grundkategorien oder Operatorkategorien verbunden, die deren grammatische Funktion bestimmen, und jede dieser Kategorien setzt sich aus nur endlich vielen Kategorien in der Anwendungsbedingung und der Resultatkategorie zusammen. Das bedeutet andererseits, daß eine unbeschränkte Anzahl von möglichen Kategorien, d. h. von grammatisch-kombinatorischen Möglichkeiten des Systems, jeweils von einer Sprache nicht benutzt wird. Zu jeder speziellen Sprache gibt es also, wie bei den klassifikatorischen Grammatiken, ein endliches System von Eigenschaften, nach dem die unbeschränkte Menge von Ausdrucksgestalten charakterisiert wird. Der Unterschied besteht darin, daß es sich hier um funktionale oder operationale Eigenschaften handelt.

Ehe wir jetzt die Funktionsweise einer Kategorialgrammatik an einem Beispiel illustrieren, soll noch auf eine Eigenschaft eingegangen werden, die formal bedeutsam ist. Man kann nämlich zeigen,[57] daß die induktive Definition aller Operatorkategorien auch mit der folgenden Bestimmung geleistet werden kann:

Generierende Bestimmung [58]: Sind π_1 und π_2 irgendwelche Kategorien (Grundkategorien oder Operatorkategorien), so sind $\langle[\pi_1/\pi_2]\rangle$ und $\langle[\pi_1 \backslash \pi_2]\rangle$ ebenfalls Kategorien.

---

56 Es handelt sich eigentlich nur dann um Regeln, wenn eine der beiden auf S. 155 gegebenen Interpretationen zutrifft. Ist dies nicht der Fall, so handelt es sich nur um Regelformen, mit unbestimmter grammatischer Operation Φ.

57 Vgl. Bar-Hillel, [Language], Kap. 8.

58 anstelle der oben auf dieser Seite gegebenen.

Wählt man diese generierende Bestimmung, so läßt sich eine nach der früheren Definition eingeführte Kategorie der Form $\langle[\pi_1\backslash\pi_2/\pi_3]\rangle$ nach der neuen Definition entweder als $\langle[\pi_1\backslash[\pi_2/\pi_3]]\rangle$ oder als $\langle[[\pi_1\backslash\pi_2]/\pi_3]\rangle$ schreiben. Zur Illustration dieses Zusammenhangs können wir nochmals auf das von FREGE stammende Beispiel ‹Caesar eroberte Gallien› zurückgreifen. Interessant ist die Kategorie von ‹erobern›. Selbst wenn dieses Wort im Gegensatz zu FREGES Vorschlag primär als ein zweistelliger Ausdruck der Kategorie [N\S/N] eingeführt werden sollte, ist dies äquivalent zur Kategorie $\langle[[N\backslash S]/N]\rangle$. Die letztere Kategorie besagt, daß ‹eroberte Gallien› von der Kategorie [N\S] ist – weil ‹Gallien› von der Kategorie N ist – und ‹Caesar eroberte Gallien› schließlich von der Kategorie S – weil ‹Caesar› ebenfalls von der Kategorie N ist. Diese Form der Kategorialgrammatik läßt sich übrigens noch weiter reduzieren, ohne die formale Leistungsfähigkeit dieses Grammatiktyps wesentlich einzuschränken.

Darauf kann aber hier nicht mehr eingegangen werden.[59]

Als illustratives Beispiel einer Kategorialgrammatik beziehen wir uns auf die Ausdrucksgestaltmengen zu Prädikaten ‹Z›, ‹T› und ‹S›, die wir oben am Ende von Paragraph 3 besprochen haben. Für dieselben Mengen soll hier eine Kategorialgrammatik aufgestellt werden.

Die induktive Definition der Kategorien entspricht der allgemeinen Definition, wobei ‹Z›, ‹T› und ‹S› als Grundkategorien zu nehmen sind. Aus der unendlichen Menge von abgeleiteten Operatorkategorien wird durch das Lexikon eine endliche Teilmenge ausgewählt. Das Lexikon hat folgende Form

‹o› hat die Kategorie Z

‹/›	„	„	„	„	[Z\Z]
‹¬›	„	„	„	„	[S/S]
‹+›	„	„	„	„	[T\T/T]
‹=›	„	„	„	„	[T\S/T]
‹∧›	„	„	„	„	[S\S/S]
‹(›	„	„	„	„	[Z'/Z] oder [S'/S] oder [T'/T]
‹)›	„	„	„	„	[Z'\Z] „ [S'\S] „ [T'\T]

(Für die Klammern mußten hier ad hoc Hilfskategorien eingeführt werden.)

Zu diesem System gehören offenbar die Regeln (in der Darstellungsform für Verkettungsgebilde):

$$Z + [Z\backslash Z] = : Z$$
$$[Z' / Z] + Z + [Z' \backslash Z] = : Z$$
$$[S / S] + S = : S$$
$$[T'/ T] + T + [T \backslash T / T] + T + [T'\backslash T] = : T$$

59 Vgl. BAR-HILLEL, [Language], Kap. 8.

$[S'/S] + T + [T \setminus S / T] + T + [S' \setminus S] = :S$
$[S'/S] + S + [S \setminus S / S] + S + [S' \setminus S] = :S$

Kommentar: Man erkennt die große Ähnlichkeit dieser Kategorialgrammatik mit der Darstellung 1 eines klassifikatorischen Grammatikmodells für ein Verkettungsgebilde, die wir auf den Seiten 146/147 vorstellten. In der Tat bestimmen beide Grammatiken dieselbe Familie von Ausdrucksgestalten, d. h. dasselbe Modell für die Grammatik mit den drei einstelligen Prädikaten ‹Z›, ‹T› und ‹S›.

Allerdings ist die dritte, vierte und fünfte der angegebenen Regeln nicht strikt nach dem oben beschriebenen Prinzip der Zuordnung von Regeln zu einem System von Kategorien erfolgt. Anstelle der drei Regeln hätten wir sonst die Regeln:

$T + [T \setminus T / T] + T = :T \; ; [T'/T] + T = :T' \; ; T' + [T' \setminus T] = :T$

für die dritte Regel und je ein entsprechendes Tripel von Regeln für vierte und fünfte.

6. Durch die Entwicklung der Grammatiktheorie in den letzten Jahrzehnten wurden in der Linguistik *Grammatiken mit Formsymbolen und Ersetzungsregeln* allgemein bekannt und verwendet. Die bekannten transformationellen Grammatiken stützen sich auf diese Darstellungstechniken. Man findet in solchen Grammatiken Regeln wie

‹S → NP + VP›

mit der Erläuterung, daß bei der Anwendung dieser Regel ein *Symbol* ‹S› (allein oder in einer Kette von anderen Symbolen vorkommend) durch die Folge aus den zwei *Symbolen* ‹NP› und ‹VP› zu ersetzen ist und daß durch fortgesetzte Anwendung derartiger und anderer Ersetzungsregeln der Grammatik schließlich, durch die letzten Ersetzungen, die Ausdrucksgestalten der Sprache so, wie sie die Grammatik bestimmt, generiert würden. Wie verhalten sich diese Grammatiken zu dem, was wir bisher über die grammatische Kombinatorik sagten, und welchen Status haben die Darstellungsmittel? Diese Frage wollen wir jetzt untersuchen.

Je nach der Deutung der Ersetzungsregeln ist die Frage auf zwei verschiedene Weisen zu beantworten. Nach der einen Deutung handelt es sich bei den Ersetzungsregeln um formale Relationen zwischen metasprachlichen Ausdrucksgestalten, d. h. Ausdrucksgestalten der Grammatik selbst (und nicht der Sprache, die sie beschreibt). Der Terminus Regel (in ‹Ersetzungsregel›) hat hier also, wie in den vorigen Paragraphen, nicht eigentlich den Sinn einer zu befolgenden Vorschrift, sondern nur den einer partiellen Bestimmung einer sprachlichen Regularität. Dieser Deutung werden wir in diesem Paragraphen folgen. Nach der anderen Deutung ist eine Ersetzungsregel in der Tat eine Vorschrift für die Ausführung bestimmter Aktivitäten. Dabei kann es sich entweder um bloß grammatische Aktivitäten oder um die Bestimmung sprachlicher Aktivitäten handeln. Im ersten Fall soll derjenige, der den Sinn der Grammatik verstehen will, diese Regeln befolgen; er wird dann Ergebnisse bekommen, z. B. Ausdrucksgestalten und deren grammatische Eigenschaften, die zu bestimmen die Aufgabe der Grammatik ist. Die Aktivitäten des Befolgens der Regeln selbst haben aber keinerlei Darstellungsfunktion für die Verhaltensprozesse beim idealen Sprecher oder Hörer. Die Regeln können allerdings auch so interpretiert werden, daß gerade dies, nämlich die Darstellung des Verhaltens von Sprechern und Hörern, beabsichtigt ist. Wir werden auf die Interpretation der Regeln als Verhaltensvorschriften im nächsten Abschnitt zurückkommen.

Hier wollen wir zunächst klären, was unter *Formsymbolen* zu verstehen ist. Angenommen, das klassifikatorische System der Grammatik, d. h. die Einteilung in Arten oder Klassen von Ausdrucksgestalten, sei gegeben. Die Ausdrucksgestalten der Sprache seien (jedenfalls für eine Teiltheorie) in n Klassen eingeteilt, und diese Klassen seien Extensionen der Prädikate P^1, P^2, ... P^n unserer Grammatiktheorie. Außerdem nehmen wir an, daß zu jeder Klasse eine Aufzählung der zu ihr gehörigen Ausdrucksgestalten existiert. Wir können dann neue Bezeichnungen für die Ausdrucksgestalten (unabhängig von den Methoden des Zitierens oder Buchstabierens) gewinnen: Angenommen, die Ausdrucksgestalt gehöre zur Klasse von P^2 und habe die Nummer 717 in der Aufzählung der Ausdrucksgestalten dieser Klasse; dann sei das fettgedruckte Prädikat mit Aufzählungsnummer, also $\mathbf{P^2}_{717}$ eine Bezeichnung dieser Ausdrucksgestalt. Gehört die Ausdrucksgestalt auch noch zu einer anderen Klasse, etwa P^{12}, und hat die Nummer 310 in der entsprechenden Aufzählung, so bezeichnen natürlich ‹P^2_{717}› und ‹P^{12}_{310}› dieselbe Ausdrucksgestalt. Die Prädikate in den Grammatiken natürlicher Sprachen sind etwa ‹Satz›, ‹Nominalphrase›, ‹Verbalphrase›, ‹Substantiv›, ‹Adjektiv› usw. Angenommen, ‹P^2› ist dasselbe wie ‹Substantiv› und ‹P^3› dasselbe wie ‹Adjektiv›. Bei Vernachlässigung der Groß- und Kleinschreibung und der Flexionsendung könnte der Wortkern ‹lieb› in beiden Klassen auftreten. Ein und dasselbe Wortelement wird also durch die folgenden Methoden bezeichnet: ‹lieb›, el-ih-eh-beh, **Substantiv**$_{717}$, **Adjektiv**$_{310}$. Die mit den Prädikaten der Grammatik und festen Zahlenindizes gewonnenen Bezeichnungen sind also feste Bezeichnungen. Wir nennen diese Formsymbole *Formkonstante*. Manchmal möchte man Aussagen machen, ohne auf bestimmte Ausdrucksgestalten Bezug zu nehmen. Angenommen, man möchte ausdrücken, daß die Trennung der Klasse der Substantive von der der Adjektive nicht vollständig ist, daß also manche Substantive zugleich Adjektive sind und umgekehrt. Man könnte das mit Ziffernvariablen der Aufzählung machen: ‹Für manche Ziffernindizes i und j gilt: **Substantiv**$_i$ = **Adjektiv**$_j$›. Hier bezieht man sich auf gewisse Ausdrucksgestalten, eben auf die, die sowohl Substantive als auch Adjektive sind, ohne deren genaue Aufzählungsnummern angeben zu müssen. Die nun eingeführten Formsymbole heißen *Formvariable*.

Oft will man sich dagegen nur auf irgendeine Ausdrucksgestalt beziehen, von der allein erforderlich ist, daß sie von einer angegebenen Art ist. In diesem Fall wollen wir nur das fettgedruckte Prädikat verwenden. ‹Substantiv› steht also z. B. für ein beliebiges Substantiv. Wir nennen diese Formsymbole *Formmarken*.[60]

Formmarken werden besonders zur Kennzeichnung der Form einer Ausdrucksgestalt verwendet. Darunter kann entweder verstanden werden, daß eine bestimmte Zerlegung der Ausdrucksgestalt in Teile einer bestimmten Art die Form der Ausdrucksgestalt kennzeichnet,[61] wir sprechen dann von *Zerlegungsform*, oder daß die gesamte Konstruktion, d. h. jeder Teil einer Ausdrucksgestalt, durch eine Formmarke gekennzeichnet wird. Im letzteren Fall sprechen wir von *Konstruktionsform*. So können wir z. B. den Ausdruck ‹Caesar eroberte Gallien› in verschiedenen Zerlegungsformen charakterisieren, etwa als ‹**Substantiv Verb Substantiv**› oder auch ‹**Eigenname Verb Eigenname**› oder auch ‹**Substantiv Verbalphrase**› oder auch ‹**Satz**›. Angenommen, ‹Caesar› sei der Eigenname Nr. 51 und ‹Gallien›

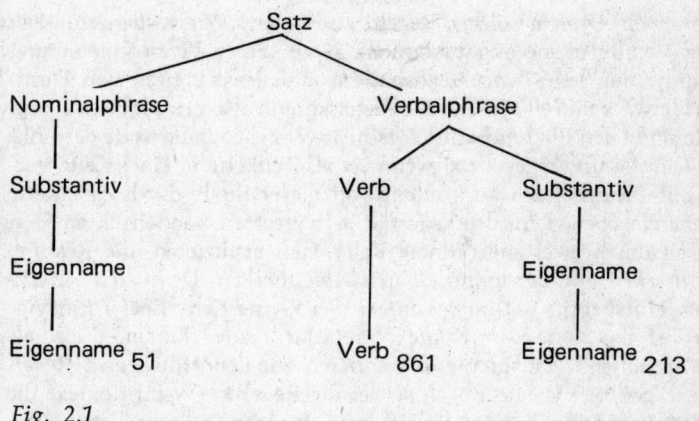

Fig. 2.1

---

60 Die drei verschiedenen hier eingeführten Formsymbole finden sich z. B. schon bei Carnap, [Syntax], S. 15 u. a., und [Logik], S. 80. Da Carnap Frakturzeichen Formsymbole nennt, charakterisiert er die Verwendung der Formsymbole auch als Methode der Frakturzeichen.

61 Unter einer Zerlegung verstehen wir eine Menge von Teilen der Ausdrucksgestalt, so daß kein Element der Menge einen Teil eines anderen Elements der Menge zum Teil hat und jeder Teil der Ausdrucksgestalt, der nicht Element der Menge ist, mit mindestens einem Element der Menge einen Teil gemeinsam hat. ‹abc› kann z. B. in folgenden Weisen zerlegt werden: 1. ‹a›, ‹b›, ‹c›; 2. ‹a›, ‹bc›; 3. ‹ab›, ‹c›, aber nicht in ‹ab›, ‹bc›.

der Eigenname Nr. 213 und ‹eroberte› das Verb Nr. 861, dann können wir alle Formaussagen in ihrer systematischen Zugehörigkeit in einen sogenannten topologischen Baum wie in Fig. 2.1 zusammenfassen; er stellt die Konstruktionsform des Satzes dar.

Diese Konstruktionsform würde sich auch in einem System von Regeln ausdrücken, nach denen entweder Formmarken durch Verkettungen von Formmarken oder Formmarken durch Formkonstanten ersetzt werden. Im ersten Fall handelt es sich um grammatische Regeln im engeren Sinn, im zweiten Fall um lexikalische Regeln. Das System zu Fig. 2.1 ist (mit ‹+› als Verkettungszeichen):

I. **Satz**   → **Nominalphrase**   + **Verbalphrase**
   Nominalphrase → **Substantiv**
   Verbalphrase → **Verb**   + **Substantiv**
   Substantiv → **Eigenname**
II. **Eigenname** → **Eigenname$_{51}$**
   Eigenname → **Eigenname$_{213}$**
   Verb → **Verb$_{861}$**

Wie ist nun ein System solcher Regeln zu deuten? Wir wollen zunächst noch eine Verallgemeinerung betrachten. Nach dieser Verallgemeinerung können nicht nur rechts von ‹→›, sondern auch links Ketten von Formsymbolen (etwa **x** und **y**) stehen. Die Regel könnte also etwa lauten **x** → **y**. Wir wollen nun den Pfeil nicht als Vorschrift verstehen, eine Kette der links angegebenen Ausdrucksgestalt **x**, wenn sie als Teilkette in einer Kette vorkommt (unter Umständen auch allein), an dieser Stelle durch eine Kette der rechts angegebenen Ausdrucksgestalt **y** zu ersetzen, sondern ihren Sinn statt dessen durch zwei zugeordnete Relationen explizieren, die *Relation der Ableitbarkeit* und *der unmittelbaren Ableitbarkeit*. Definieren wir zunächst den Hilfsbegriff *Kette-im-Kontext*. Sei **x** eine Kette über Formsymbolen, so ist die Kette-**x**-im-Kontext die Klasse aller Ketten, die **x** als Teilkette enthalten.[62] Entsprechend definieren wir den Hilfsbegriff *Regel-im-Kontext*. Sei **x** → **y** eine Regel, so sei die Regel-**x** → **y**-im-Kontext die Klasse aller Paare von Ketten, die sich nur an einer Stelle dadurch unterscheiden, daß das Erstglied dort die Kette **x**, das Zweitglied die Kette **y** als Teil hat.[63] Regelsystem-$\mathfrak{R}$-im-Kontext sei die (mengentheoretische) Vereinigung aller Regeln-im-Kontext des Regelsystems.[64]

Regelsystem-$\mathfrak{R}$-im-Kontext ist eine zweistellige Relation, definiert in

---

62 Die Klasse aller **w** derart, daß es Ketten **u** und **v** gibt und **w** = **u**^**x**^**v** ist.

63 Die Klasse aller (**w**, **z**) derart, daß es Ketten **u** und **v** gibt und **w** = **u**^**x**^**v** und **z** = **u**^**y**^**v** ist. (‹^› sei der Verkettungsoperator.)

64 Die Klasse aller (**w**, **z**) derart, daß es eine Regel **x** → **y** des Regelsystems $\mathfrak{R}$ gibt derart, daß (**w**, **z**) ein Element dieser Regel-im-Kontext ist.

der Klasse aller Ketten über Formsymbolen. Man nennt diese Relation auch Relation der *unmittelbaren Ableitbarkeit*. Besteht diese Relation zwischen den Ausdrucksketten über Formsymbolen **w** und **z**, so sagt man auch, **z** ist *unmittelbar ableitbar* aus **w**. Eine solche Relation kann zur Grundlage einer induktiven Definition einer umfassenderen Relation genommen werden, einer Relation, die man den *transitiven Abschluß* eines Regelsystems-im-Kontext nennen könnte. Sie wird meist dagegen die Relation der *Ableitbarkeit* genannt. Besteht die Relation zwischen zwei Ketten **t** und **z**, so sagt man, **z** sei *ableitbar* aus **t**.[65] Die *induktive Definition* ist folgende:

Anfangsbestimmung: Die Elemente des Regelsystems-$\Re$-im-Kontext bilden die Basis.

Generierende Bestimmung: Sind (**t**, **w**), (**w**, **z**) zwei Elemente des transitiven Abschlusses des Regelsystems-$\Re$-im-Kontext, so ist auch (**t**, **z**) ein solches Element.[66]

Eine Regel oder genauer ein System von Regeln wird also durch die beiden Relationen der unmittelbaren Ableitbarkeit (bzw. des unmittelbaren Generierens bzw. des Regelsystems im Kontext) und der Ableitbarkeit (bzw. des Generierens bzw. des transitiven Abschlusses des Regelsystems im Kontext) expliziert; *ein Bezug auf Aktivitäten oder Vorschriften für Aktivitäten* (z. B. des Ersetzens von Symbolen) ist also überflüssig.

Im Hinblick auf die Definitionen haben wir oben eine Verallgemeinerung gemacht, die wir nun durch eine Spezialisierung wieder auf die Konventionen der sogenannten Phrasenstrukturregeln reduzieren wollen. Die sogenannten kontextabhängigen Phrasenstrukturregeln haben die Form $\langle \mathbf{X} \rightarrow \mathbf{r}\,/\,\mathbf{p} – \mathbf{q} \rangle$, wo **X** ein einzelnes (!) Formsymbol ist, **p**, **q** und **r** dagegen bestimmte Ketten sind (**p** und **q** möglicherweise leer). Die Definition der Regel-im-Kontext sowie des Regelsystems im Kontext ist dieselbe wie oben, allerdings mit der zusätzlichen Bedingung, daß $\mathbf{x} = \mathbf{p}\,\hat{}\,\mathbf{X}\,\hat{}\,\mathbf{q}$ und $\mathbf{y} = \mathbf{p}\,\hat{}\,\mathbf{r}\,\hat{}\,\mathbf{q}$.[67] Die Definitionen der unmittelbaren Ableitbarkeit und der Ableitbarkeit sind dann entsprechend. Der darstellungstechnisch bedeutendste Aspekt

---

65 Diese Bezeichnungen stammen aus der formalen Explikation der Ableitbarkeit, wie sie von POST in [Reductions] gegeben wurde. Tatsächlich betrachtete POST noch einen allgemeineren Fall der Ableitbarkeit; vgl. auch HERMES, [Aufzählbarkeit], § 33. Die vorliegende Spezialisierung hängt mit den sog. Semi-Thue-Systemen zusammen. Vgl. HERMES, ibid. § 23. Im Zusammenhang mit Grammatiksystemen wurden diese Relationen auch unter den Termini ‹generiert unmittelbar› und ‹generiert› definiert, vgl. etwa BAR-HILLEL, [Language], S. 104 und 118. Vgl. auch CHOMSKY, [Grammars].

66 Normalerweise wird der transitive Abschluß als Folge definiert: (**t**, **z**) gehören zum transitiven Abschluß, wenn es eine endliche Folge von Ketten $s_1, s_2 \dots s_n$ gibt und für jedes $1 \leq i \leq n$ gilt: s_{i+1} ist unmittelbar ableitbar aus s_i und wenn $s_1 = \mathbf{t}$ und $s_n = \mathbf{z}$ ist.

67 Die Paare (**w**, **z**) sind also $(\mathbf{u}\,\hat{}\,\mathbf{p}\,\hat{}\,\mathbf{X}\,\hat{}\,\mathbf{q}\,\hat{}\,\mathbf{v}, \mathbf{u}\,\hat{}\,\mathbf{p}\,\hat{}\,\mathbf{r}\,\hat{}\,\mathbf{q}\,\hat{}\,\mathbf{v})$ für irgendwelche Ketten **u** und **v**.

der Phrasenstrukturregeln ist, daß sich der Relation der Ableitbarkeit immer ein topologischer Baum (so wie in Fig. 2.1) zuordnen läßt, der einer Konstruktion der schließlich abgeleiteten Ausdruckskette mit Markierung durch Formmarken entspricht. Jede Formmarke charakterisiert eine Teilkette (die von ihr ableitbare) nach ihrer Zugehörigkeit zu der grammatischen Kategorie, der auch die Formmarke zugeordnet ist.

Zum Abschluß wollen wir andeuten, daß die Formsymbole zwar praktisch sind bei der Formulierung der Grammatik,[68] daß man aber auch ohne sie auskommen kann. Bei den Formkonstanten sahen wir bereits, daß sie nur andere Ausdrücke für im Prinzip schon nach der Methode des Zitierens oder des Buchstabierens vorhandene Ausdrucksgestalten sind. Die Formvariablen entsprechen den Variablen in sogenannten mehrsortigen Kalkülen. Sie können ebenfalls eliminiert werden, wenn man sie in jeder Ausdrucksform, in der sie vorkommen, durch eine normale Variable ersetzt, zusammen mit einem «derart, daß-Satz» oder einem vorgeschalteten Implikans, die eine entsprechende grammatische Bestimmung enthalten. So würde z. B. ‹... **Substantiv**$_i$ ...› überführt in ‹... x_i ... derart, daß x_i ein Substantiv ist› oder in ‹wenn x_i ein Substantiv ist, so... x_i ...›. Entsprechend würden auch Formmarken behandelt: ‹Satz der Form ‹**Eigenname** $^\frown$ **Verb** $^\frown$ **Eigenname**›› kann überführt werden in: ‹Satz der Form ‹x $^\frown$ y $^\frown$ z› derart, daß x und z Eigennamen sind und y ein Verb ist›.

7. Eine *Transformationsgrammatik* ist im wesentlichen dadurch charakterisiert, daß in ihr beschrieben wird, wie die Ausdrucksgestalten einer Sprache auf andere Ausdrucksgestalten derselben Sprache oder einer anderen Sprache systematisch bezogen werden können. Bei den *eigentlichen Transformationen* muß zwischen den in transformationelle Beziehung gesetzten Ausdrucksgestalten auch ein Unterschied der grammatischen Form formulierbar sein. Die *uneigentlichen Transformationen* nehmen entweder keinen Bezug auf die grammatische Form der Ausdrucksgestalt, oder von zwei Ausdrücken wird gerade (und allein) die Gleichheit eines bestimmten Aspekts der grammatischen Form festgestellt. Wir werden jetzt nacheinander die beiden uneigentlichen und die eigentlichen Transformationen erörtern.

Typische uneigentliche Transformationen sind die *Ersetzung, Beseitigung, Einfügung* und *Vertauschung* von Teilen einer Ausdrucksgestalt, und zwar so, daß die diesen unterworfenen Ausdrucksgestalten selbst (und nicht etwa nur ihre Form), d. h. die Teile der zuerst genannten, spezifiziert werden. Die genauere Charakterisierung dieser Operationen macht keine besonderen Schwierigkeiten; wir übergehen sie hier.

---

68 Formsymbole wurden oft von den Linguisten angewandt. Man vergleiche etwa Harris, [Linguistics], S. 18 und 246. Harris nannte sie Variable und Klassenmarken.

Interessant ist aber, daß sich durch Ersetzung Klassifikationen von Ausdrucksgestalten in einer Menge von Ausdrucksgestalten bilden lassen. Dies ist der Grundgedanke der sogenannten *Distributionsanalyse*. Angenommen, nur gewisse Ausdrucksgestalten, und keineswegs alle möglichen, seien wohlgeformt. Eine gegebene Ausdrucksgestalt mag in einer bestimmten Menge von wohlgeformten Ausdrucksgestalten als Teil vorkommen. Läßt sich diese Ausdrucksgestalt, nennen wir sie a, in allen wohlgeformten Ausdrucksgestalten, in denen sie als Teil vorkommt, durch eine andere, sagen wir b, ersetzen, so daß das Resultat wieder wohlgeformt ist, und läßt sich umgekehrt auch b in allen wohlgeformten Ausdrucksgestalten durch a ersetzen, so sind a und b in diesem Sinne, *distributionell*, wie man sagt, *äquivalent*. Aufgrund des Bestehens der Äquivalenzrelation zwischen a und b kann man beide auch zu einer Klasse (Distributionsklasse) rechnen. Betrachtet man nun die Äquivalenzrelation in ihrem gesamten Umfang (d. h. alle Ausdrucksgestalten, die in dieser Relation stehen), so gehört zu ihr eine Zerlegung der Menge der wohlgeformten Ausdrücke in Äquivalenzklassen. Mit anderen Worten, durch Ersetzbarkeit innerhalb wohlgeformter Ausdrucksgestalten allein wird eine Klassifikation der Ausdrucksgestalten (hinsichtlich ihres Verhaltens als Teile in größeren Ganzen) erzeugt. Die amerikanischen Strukturalisten hofften in dieser Klassifikation das formale Gegenstück zu den traditionellen Wortarten und anderen Klassen von Ausdrucksgestalten gefunden zu haben. Diese Hoffnung war aber nicht begründet, wie CHOMSKY zeigte, unter anderem deswegen, weil Transformationen im eigentlichen Sinne nicht in Betracht gekommen waren. Wir wollen uns hier mit diesen Andeutungen begnügen.

Gehen wir nun zu *uneigentlichen Transformationen der zweiten Art* über. Am einfachsten kann man sie dadurch charakterisieren, daß man sich auf die Bezeichnung von Ausdrucksgestalten durch Formkonstanten oder eine Kombination von Formkonstanten bezieht: Eine bloße Ersetzung von Indizes der Formkonstanten ist eine uneigentliche Transformation, wie wir sie hier betrachten. Nehmen wir FREGES Beispielsatz ‹Caesar eroberte Gallien›. In der oben gegebenen Charakterisierung durch Formsymbole konnte er auch ausgedrückt werden durch: ‹**Eigenname**$_{51}$**Verb**$_{861}$**Eigenname**$_{213}$›. Eine uneigentliche Transformation hiervon ist ‹**Eigenname**$_{80}$ **Verb**$_{869}$ **Eigenname**$_{151}$› oder in der Bezeichnungsweise des Zitierens ‹*Napoleon belagerte Moskau*›, also eine *Ersetzung elementarer Ausdrucksgestalten derselben syntaktischen Kategorie*.

Wir gehen nun zu den *eigentlichen Transformationen* über. In einer sehr allgemeinen Form kann man die Transformationen charakterisieren als Relationen zwischen Ausdrucksgestalten x_1 und x_2, wenn diese die folgenden Bedingungen erfüllen:

(1) Kommen in x_1 n einfache Ausdrucksgestalten (die durch n verschiedene Formkonstanten bezeichnet werden können) vor, so sollen dieselben auch in x_2 vorkommen und umgekehrt. Die Anzahlen der Vor-

kommen dieser Ausdrucksgestalten mögen dagegen verschieden sein.

(2) Es gibt eine mit Hilfe der Bezeichnungen der grammatischen Eigenschaften der Teile der Ausdrucksgestalten definierte Relation zwischen der Strukturbeschreibung von x_1 und derjenigen von x_2.

Der Grundgedanke ist der, daß man Ausdrücke, die mit denselben Worten, aber in verschiedener grammatischer Form dasselbe besagen, aufeinander müsse beziehen können, und zwar durch Charakterisierung der Unterschiede der grammatischen Form. So sollten etwa die Sätze

(1) ‹Der gewohnheitsmäßige Lügner ist nicht glaubwürdig.›
(2) ‹Derjenige, der gewohnheitsmäßig lügt, ist nicht glaubwürdig.›
(3) ‹Wer gewohnheitsmäßig lügt, ist nicht glaubwürdig.›
(4) ‹Wer lügt und dies gewohnheitsmäßig tut, der ist nicht glaubwürdig.›
(1') ‹Dem gewohnheitsmäßigen Lügner kann man nicht glauben.›
(1'') ‹Dem gewohnheitsmäßigen Lügner kann nicht geglaubt werden.›

und die Sätze (2'), (2''), (3'), (3''), (4'), (4''), die sich zu (2), (3) und (4) wie (1') und (1'') zu (1) verhalten (und die der Leser daher leicht selbst bildet), durch Transformationen aufeinander bezogen werden. Die obengenannten Bedingungen könnten bei geeigneter Definition grammatischer Relationen erfüllt werden. Vielleicht ist die Überführung von ‹nicht glaubwürdig› in ‹unglaubwürdig› auch noch zuzulassen. Der inhaltlich entsprechende Satz

(5) ‹Wer habituell die Unwahrheit sagt, dem kann kein Glaube geschenkt werden›

kann dagegen wohl nicht *aufgrund der grammatischen Form* allein auf (1) – (4'') bezogen werden.

Man kann nun versuchen, die in Bedingung 2 angedeutete grammatische Relation strenger zu fassen. Eine Möglichkeit dazu ist die folgende:[69] Irgendwelche Ausdrücke x_1 und x_2 stehen in transformationeller Beziehung zueinander, wenn x_1 eine Konstruktion aus irgendwelchen Teilausdrücken $y_1, \ldots, y_n$ ist, von denen nur verlangt wird, daß die Prädikate $P_1, \ldots, P_n$ auf sie zutreffen sollen (bzw. sie mit entsprechenden Formmarken $P_1, \ldots, P_n$ markiert sind) und x_2 eine entsprechende Konstruktion aus Teilausdrücken $y_1', \ldots, y_n'$ ist, so daß für alle y_i' eine der folgenden Alternativen gilt:

(a) $y_i' = y_i$, und y_i' ist ein P_i,
(b) Es gibt zu y_i ein y_j, so daß $y_i' = y_j$ und $y_j' = y_i$ und y_i' ist ein P_j und y_j' ist ein P_i (Vertauschung),
(c) Es gibt ein z_{ki} derart, daß auf $y_i \,\hat{}\, z_{ki}$ ein Prädikat, etwa P_i' zutrifft und $y_i' = y_i \,\hat{}\, z_{ki}$ (Rechtsadjunktion),
(d) Es gibt ein z_{li} derart, daß auf $z_{li} \,\hat{}\, y_i$ ein Prädikat, etwa P_i'' zutrifft und

69 Eine wirklich allen linguistischen Forderungen genügende Explikation konnte bisher noch nicht gegeben werden, zum Teil deswegen, weil diese Forderungen noch nicht vollauf geklärt werden konnten.

$y_i' = z_{l_i} \char`\^ y_i$ (Linksadjunktion),

(e) Es gibt ein z_{m_i} derart, daß auf z_{m_i} das Prädikat P_i zutrifft und $y_i' = z_{m_i}$ [70]
    (Ersetzen, z. B. Pronomina für Nominalausdrücke),

(f) $y_i' =$ (Leerkette) [71].

Der erste Fall ist offenbar die *Erhaltung* des betreffenden Teils der Ausdrucksgestalt, der zweite die *Vertauschung* zweier Teilausdrucksgestalten, der dritte und vierte die *Beifügung* einer Teilausdrucksgestalt, der fünfte die *Ersetzung* und der sechste die *Beseitigung*. Diese Form der Transformation ist analog der uneigentlichen Transformation der ersten Art. Sie unterscheidet sich von dieser aber dadurch, daß nicht bestimmte Teilausdrücke in Betracht gezogen werden, sondern alle, die die Prädikate P_1, ... P_n erfüllen.

Es sollte klar sein, daß man Transformationen im Anschluß an jedes oben angegebene System zur Explikation der einfachen grammatischen Regel, der einfachen grammatischen Struktur und der einfachen grammatischen Kategorie formulieren kann. Aus den angegebenen einfachen Formen zur Explikation einer Grammatik wird dann eine transformationelle Grammatik.

---

70 nur wenn z_{m_i} die allgemeine Bedingung (1) erfüllt, d. h. alle Ausdrucksgestalten enthält, die in y_i mit Formkonstanten bezeichnet werden oder werden könnten.

71 nur wenn y_i keine Ausdrucksgestalten enthält, die mit Formkonstanten bezeichnet werden oder werden könnten.

IV. PRINZIPIEN DER SEMANTISCHEN FORM

Einleitung: Die logische und inhaltliche Form einer Sprache soll die zentralen Bestimmungen der Semantik einer Sprache umfassen. Diese Vorstellung liegt jedoch nicht ohne weiteres auf der Hand und muß erst erläutert werden. Wir wollen mit einer Charakterisierung *semantischer Grundauffassungen* beginnen.

(a) Die *Ausdrücke einer Sprache* sind *bedeutungtragende Zeichen*, sie haben Bedeutung. Dieser Gedanke ist so entscheidend, daß für einige moderne Linguisten (in der Nachfolge von Saussure) ein Ausdruck geradezu eine Einheit aus Gestalt und Bedeutung ist, deren Komponenten sich eigentlich erst bei einer Analyse zeigen.

(b) Die *Bedeutungen* der Ausdrücke einer Sprache sind nicht unabhängig voneinander. Sie stehen im Gegenteil *in einem systematischen Zusammenhang*, und zwar in doppelter Weise:

(b1) Die Bedeutungen zusammengesetzter Ausdrücke lassen sich durch Bedeutungskombinationen aus den Bedeutungen gewisser Teile der Ausdrücke bestimmen. M. a. W., die Bedeutungen komplexer Ausdrücke bestimmen sich kombinatorisch-auf-der-Grundlage-der-Syntax oder *syntagmatisch*, wie man dafür auch sagt.

(b2) Die Bedeutungen einfacher Ausdrücke lassen sich durch Beziehungen auf andere Ausdrücke, die nicht im gleichen Text vorkommen müssen, partiell bestimmen. (Das gilt häufig auch für zusammengesetzte Ausdrücke; auch sie lassen sich semantisch auf Ausdrücke beziehen, die eine andere syntaktische Zusammensetzung aus anderen einfachen Ausdrücken haben als sie selbst.) Man sagt, daß die Bedeutung der Ausdrücke durch ihren Platz im relationalen System [1] der Bedeutungsbeziehungen bestimmt ist (oder im semantischen Beziehungsnetz) oder, wie man auch sagt, *paradigmatisch*.

(b3) Die Bestimmungen nach (b1) und (b2) können voneinander abhängen. Die paradigmatischen Beziehungen können in bezug auf den syntagmatischen Rahmen bestimmt werden, und die syntagmatischen Kombinationen können paradigmatisch vorbestimmt sein.

(c) In vielen Sprachen (darunter allen Gemeinsprachen) gibt es *Ausdrucksteile, die nicht bedeutungtragend*, sondern nur *bedeutungdifferenzierend* sind, Ausdrucksteile, die keine unabhängige Bedeutung haben, sondern nur einen Beitrag zur unabhängigen Bedeutung derjenigen Ausdrücke leisten, deren Teil sie sind.

---

1 Manchmal kann das System auch ein *klassifikatorisches* sein, derart, daß jede Bedeutung eine Anzahl von Bedeutungsmerkmalen hat. Es ist klar, daß einem solchen klassifikatorischen System aber auch ein relationales System entspricht, das System der zugehörigen Äquivalenzrelation, und umgekehrt.

Wir wollen die Bemerkungen zu (b) und (c) noch ein wenig illustrieren. Daß die Bedeutung von Sätzen sich irgendwie aus der Bedeutung der Wörter zusammensetzt, die der Satz enthält, und daß die Bedeutung der Texte sich aus der Bedeutung der Sätze des Textes ergibt, diese *syntagmatische Bestimmung* erscheint als nahezu trivial. Etwas problematischer ist die Beantwortung der Frage, ob oder in welchem Grade sich die Bedeutung der zusammengesetzten oder abgeleiteten Wörter aus der Bedeutung ihrer Teile ergibt. (Wie verhält es sich z. B. mit ‹Eisenbahn› oder ‹herrlich›?)

Daß Wörter auf andere Wörter des Wortschatzes bezogen sind – um nun auch die *paradigmatischen Zusammenhänge* zu illustrieren –, zeigt jedes einsprachige Wörterbuch mit Worterklärungen. Die Erklärungen verwenden die verschiedensten Typen von Beziehungsmitteln: Definitionen, synonyme Wörter und Wendungen, Antonyme (d. h. im Inhalt entgegengesetzte Wörter), Hyponyme (z. B. in Bestimmungen der Artzugehörigkeit) usw. Andererseits gibt es Thesauri und nach Sinnbezirken bzw. inhaltlichen Feldern zusammengestellte Wörterbücher. In ihnen werden demgegenüber primär klassifikatorische oder relationale Gesichtspunkte (oft sagt man: semantische Merkmale) zu einem deskriptiven System zusammengefaßt, und zwar so, daß die Bedeutungen der einzelnen Wörter partiell oder vollständig durch ihren Platz im System charakterisiert werden. Die empirischen Verfahren zur Aufstellung solcher Systeme sind in der Linguistik höchst kontrovers. Welche sachliche oder inhaltliche Begründung aber auch immer gefunden werden mag, die formale Rekonstruktion soll immer zu einem System *spezieller* semantischer Prädikate (oder Kategorien) [2] führen, derart, daß die einzelnen Bedeutungen sprachlicher Ausdrücke sich als Kennzeichnungen (Deskriptorausdrücke) mit Hilfe der semantischen Prädikate definieren lassen.

Gehen wir nun zu Punkt (c) über und zur Frage, welche Ausdrücke und Ausdrucksteile *unabhängige Bedeutung* haben und welche nur *bedeutungsdifferenzierende*. Wo ist die Grenze in der bedeutungsmäßigen Zergliederbarkeit nach unten? Von einer bestimmten Schwelle ab wird man sagen, daß kleinere Ausdruckseinheiten zwar einen Beitrag zur Bestimmung der Bedeutung liefern können, aber keine Bedeutung *haben*. Das klassische Beispiel ist die Bestimmung eines Phonems als der kleinsten *bedeutungsdifferenzierenden* sprachlichen Einheit, die lautlich verschieden manifestiert sein kann. Bei der Betrachtung der Realisierungen von [burg], [bʊrg], [borg] und [bɔrg] zeigt sich, daß im Deutschen die ersten beiden und die letzten beiden Realisierungen derselben Phonemkombinationen sind und daß die lautliche Differenz des Phonems ‹u› (zu dem [u] und [ʊ] phonetische Realisierungen sind) zum Phonem ‹o› (zu dem [o] und [ɔ] phonetische Realisierungen sind) offenbar die einzige Grundlage dafür abgibt, daß der Hörer

---

2 im Gegensatz zu den *allgemeinen* semantischen Prädikaten der Wahrheit, Analytizität, Synonymie, Hyponymie usw.

erkennt, ob vom Sprecher die Bedeutung von ‹Burg› oder von ‹borg› (etwa in borg-te) übermittelt wurde.[3]

Haben nun vielleicht nicht nur die Phoneme bloß bedeutungdifferenzierende und nicht bedeutungtragende Funktion? Muß die untere Grenze der unabhängig bedeutungtragenden Ausdrücke nicht bei den Sätzen statt bei den Wörtern angesetzt werden (so daß die Wörter nur bedeutungdifferenzierende Funktion für Sätze haben)? Oder sind vielleicht eigentlich nur ganze Texte unabhängig bedeutsam und alle Teile davon nur bedeutungdifferenzierend? Oder sogar nur die Sprache als ganze, so daß kein Wort Bedeutung hat unabhängig von der Sprache? Aber was ist die Bedeutung der Sprache? Gewiß, die Auffassung, nur Texte oder die Sprache als ganze als Träger unabhängiger Bedeutungen anzusehen, ist extrem, aber die Auffassung vom Satz als eigentlich unabhängig bedeutsamer Einheit hat viele Anhänger. Insbesondere die im ersten Abschnitt dieses Kapitels zu besprechende Theorie der Wahrheit geht im Prinzip von dieser Vorstellung aus.

Der Leser sollte bemerken, daß wir bisher noch nicht darauf eingegangen sind, was Bedeutungen eigentlich sind. Alles, was wir feststellten, war, daß Ausdrücke nicht nur eine Gestalt haben – und zwar unter drei Gesichtspunkten, dem phonetischen, graphischen und syntaktischen –, sondern auch Bedeutung haben oder wenigstens bedeutungdifferenzierende Ausdrucksteile sind. Solange man auf die Frage nach der *Bedeutung von* ‹*Bedeutung*› nicht eingeht, können die angegebenen, semantischen Grundauffassungen (a), (b) und (c) als Gemeingut aller Sprachanalytiker angesehen werden. Sobald man aber auf die Frage eingeht, was außer ihrer Gestalt an den Ausdrücken zu beschreiben sei und was insbesondere ‹Bedeutung› bedeute, hat diese Gemeinsamkeit schlagartig ein Ende. Wir wollen die Beantwortung dieser Frage jetzt jedoch angehen.

Die Explikation des Begriffs ‹Bedeutung› wird offenbar im Zusammenhang mit einer *semantischen Theorie* unternommen werden müssen. Vielleicht sollte man aber zuerst den Begriff ‹Bedeutung-in-einer-Sprache-L› explizieren (z. B. ‹Bedeutung-im-Deutschen›, ‹Bedeutung-im-Englischen›). Die Theorie zu dessen Explikation muß offenbar so beschaffen sein, daß sie jedem bedeutungtragenden Ausdruck der Sprache L seine Bedeutung zuordnet, also diejenigen Bestimmungen, die den Ausdruck über seine phonetische, graphische und syntaktische Ausdrucksgestalt hinaus charakterisieren, und zwar nach seiner Verwendung als sprachlicher Ausdruck oder sprachliches Zeichen, mit dem man anderes als den Ausdruck selbst

---

3 ‹Burg› und ‹Berg› wäre in unserem Beispiel zur Bedeutungsunterscheidung besser gewesen, weil hier die Entschlüsselungshilfen der Endung ‹te› und der unterschiedlichen Wortart, die eine unterschiedliche Stellung im Satz bewirkt, weggefallen wären. Andererseits ist in unserem Beispiel deutlicher, daß der Schnitt in der Klasse gleich ähnlicher Laute [u], [ʊ], [o], [ɔ] ganz offenbar von der Sprache willkürlich gezogen wird.

ausdrückt. Wir können sagen, daß ein Ausdruck das bedeutet, was mit diesen Bestimmungen erfaßt wird. Ist dies richtig, so haben alle elementaren Aussagen der Theorie, die den Begriff ‹Bedeutung-in-L› explizieren, die Form

(B) ‹S bedeutet B›,

in der an der Stelle S die Bezeichnung eines Ausdrucks, evtl. mit seiner grammatischen Kennzeichnung steht und an der Stelle B die soeben genannte zugehörige Bestimmung.

Nicht in jedem Fall wird die Theorie die Bedeutung eines Ausdrucks direkt in Form einer solchen elementaren Aussage angeben; dies wird tatsächlich im allgemeinen nur für eine sehr beschränkte Menge möglich sein, die man etwa in einem Lexikon oder in einer Liste angeben kann. Alle anderen wahren Aussagen dieser Form sollten aus den Axiomen der Theorie folgen. Zu den Axiomen müssen außer der direkten Angabe von Bedeutungen für eine beschränkte Anzahl von semantisch grundlegenden Ausdrücken generelle Hypothesen der semantischen Theorie treten, z. B. in Form genereller ‹Wenn . . . dann . . .›-Sätze. Außerdem kann es nützlich sein, semantische Relationen und Eigenschaften (d. h. semantische Merkmale) als deskriptive Begriffe der semantischen Theorie zu postulieren, um die Formulierung der ‹Wenn . . . dann . . .›-Sätze zu erleichtern. Diese semantischen Relationen und Eigenschaften kann man ebenso wie oben als die Gesichtspunkte oder Merkmale auffassen, mit deren Hilfe die semantische Struktur einer Sprache erfaßt wird.

Häufig sagt man, die *linguistische Semantik* habe allein die Aufgabe, die semantische Struktur der Sprache festzulegen; die genaue Bestimmung der Bedeutungen gehe dagegen über den Aufgabenkreis der Linguistik allein hinaus. Diese Aussage kann wohl am besten so interpretiert werden, daß die Linguistik nur eine Teil-Theorie der Bedeutungstheorie aufzustellen habe, deren Theoreme den Charakter allgemeiner Aussagen haben, die in einer Bedeutungstheorie als ‹zentrale› Teilmenge der Menge der Axiome eingeführt werden können. Dies mag als Arbeitsansatz akzeptabel sein. Es ist jedoch ein unter Linguisten leider weitverbreiteter Irrtum, aus der Beschränkung ihres semantischen Aufgabenkreises folge, daß eine Klärung des Charakters von Bedeutungen überhaupt in den verschiedenen Bedeutungstheorien (insbesondere den sprachphilosophischen) für sie irrelevant sei oder daß gar die von der Linguistik ermittelte semantische Struktur bereits einen Bedeutungsbegriff, d. h. eine Bedeutung von ‹Bedeutung›, festlege. Das ist jedoch, wie wir sehen werden, nicht der Fall; festgelegt werden allenfalls gewisse allgemeine Bedingungen einer Bedeutungstheorie.

Bisher erörterten wir nur die Explikation des Begriffs ‹Bedeutung-in-L›. Gibt es darüber hinaus eine universelle Bedeutungstheorie, die ‹Bedeutung (überhaupt)› expliziert? In eine solche Theorie würden Beschränkungen eingehen müssen über die sprachlichen Formulierungen, die prinzipiell an der Stelle von B in (**B**) stehen dürfen, sowie über die Arten von Verknüpfungen zwischen Aussagen der angegebenen Form. Bisher hatten wir nur allgemein festgelegt, daß an der Stelle B Bestimmungen stehen sollten, die das, was einen Ausdruck über seine Gestalt hinaus kennzeichnet, fixieren, die also das charakterisieren, was ein Ausdruck «ausdrückt». Meist geht man aber davon aus, daß ein Ausdruck verschiedene Aspekte ausdrücken kann, daß er verschiedene sprachliche Funktionen hat.

Eine dieser Funktionen ist, daß man sich mit dem Ausdruck auf anderes beziehen kann, auf Dinge, Personen, Sachverhalte usw. Man nennt diese Funktion die *Darstellungsfunktion*. Ein wesentlicher Bestandteil einer allgemeinen Bedeutungstheorie ist die Explikation der Darstellungsfunktion in den verschiedenen Sprachen, und es scheint, daß andere Funktionen noch kaum in angemessener Weise so vorgeklärt wurden, daß die Aufstellung einer Theorie für sie gerechtfertigt ist. Am weitesten dürfte die Vorklärung im Bereich der sogenannten *illokutiven Funktion* gediehen sein. Hier handelt es sich um die mit sprachlichen Ausdrücken (die meist auch eine Darstellungsfunktion haben) ausführbaren Sprechakte, z. B. eine Feststellung treffen, eine Behauptung aufstellen, eine Frage stellen, einen Befehl geben, eine Aufforderung aussprechen, einen Rat geben, ein Versprechen geben, eine Voraussage machen usw. usw. Rudimentäre Ansätze zu diesen Unterscheidungen waren in der traditionellen Grammatik die Satzarten: Aussagesatz, Fragesatz, Wunsch- oder Befehlssatz. Den illokutiven Funktionen von Sätzen entsprechen illokutive Funktionen von Texten: Einen Bericht geben, einen Sachverhalt schildern, einen Sachzusammenhang erklären, eine Behauptung begründen, eine Geschichte erzählen usw., usw., aber auch die indirekteren Formen illokutiver Funktionen von Texten, etwa ästhetische oder poetische Funktionen, wie einen Witz erzählen, Theater spielen, ein Lied singen, ein Gedicht machen oder lesen usw. oder gewisse einer Gesamtorientierung dienende Funktionen wie die Charakterisierung eines Weltbildes oder einer Grundhaltung (wie in Philosophie, Theologie). [4] Über die illokutive Funktion von Sätzen und Texten hinaus kann ihre *perlokutive Funktion*, d. h. ihre Wirksamkeit auf Zuhörer, in Betracht gezogen werden, speziell ihre rhetorische Funktion, d. h. ihre Überredungs- oder Überzeugungskraft. In all diesen Bereichen sind gegenwärtig, im Gegensatz zur Darstellungsfunktion, kaum mehr als eine Vorklärung der Begriffe oder Sachverhalte oder orientierende Betrachtungen möglich; wir werden uns also in diesem Buch auf die Explikation der Darstellungsfunktion beschränken und einige Aspekte der genannten anderen Funktionen im nächsten Kapitel allenfalls streifen.

Das Kernstück einer Explikation der Darstellungsfunktion ist auf alle Fälle eine *Theorie der logischen Form* zusammen mit einer *Theorie der in-*

---

4 Diese indirekteren Formen können, wie schon oben dargestellt, zu Sondersprachformen führen, analog zur Sondersprachform der Wissenschaftssprachen.

haltlichen Form. Versionen von Theorien der logischen Form werden wir in den ersten drei Abschnitten dieses Kapitels vorstellen, eine Version einer Theorie der inhaltlichen Form in Abschnitt C. Je nach den prinzipiellen Beschränkungen für Formulierungen, die als Beschreibungen oder Bezeichnungen von Bedeutungen in Ausdrücken der Form (**B**) zugelassen sind, unterscheiden wir verschiedene Typen semantischer Theorien: Die *Gebrauchstheorie der Bedeutung* führt über den Rahmen der Semantik hinaus und muß im Rahmen der Theorie des Sprachhandelns behandelt werden. Klassische semantische Theorien sind demgegenüber *Theorien des Sachbezugs*, d. h. Theorien, die auf dem Sachbezug von Ausdrücken aufgebaut sind. Unter den Theorien des Sachbezugs sind zwei Varianten von *Bezeichnungstheorien*, die extensionale und die intensionale, in den letzten Jahrzehnten besonders entwickelt worden. Sie enthalten als Teilstück eine *Theorie der Wahrheit*, die sich aber auch, wie gezeigt wurde, unabhängig von den Bezeichnungstheorien aufbauen läßt. Linguisten nehmen oft an, daß eine *Theorie der sprachinhaltlichen Form* unabhängig von semantischer Gebrauchstheorie oder von einer Theorie der semantischen Form aufgebaut werden kann. Im Abschnitt D dieses Kapitels werden wir zu zeigen versuchen, daß dies zutrifft, sofern die Form der Aussagen der Theorie in Betracht kommt: Die Aussagen haben tatsächlich nicht die Form (**B**). Dennoch bedeutet dies keine Unabhängigkeit von derartigen semantischen Theorien: Die Grundbegriffe der Theorie der inhaltlichen Form, die semantischen Relationen und Eigenschaften müssen innerhalb einer der zuvor besprochenen semantischen Theorien definiert werden. Wir wollen nun noch einige der angesprochenen Aspekte illustrieren.

Die Gebrauchstheorie der Bedeutungen versteht Bedeutungen als Leistungen eines Instruments: Ausdrücke, von einem Sprecher unter geeigneten Umständen in geeigneter Weise angewandt, können bestimmte Effekte auf Hörer haben; die Effekte im Kontext der Umstände der Verwendung sind die ‹Bedeutungen› der Ausdrücke.[5] Diese Formulierung macht unmittelbar klar, daß diese Theorie nur im Rahmen einer Theorie der Sprachhandlung expliziert werden kann. Ihre Behandlung muß daher auf das nächste Kapitel verschoben werden.

Nach den verschiedenen Varianten der *Bezeichnungstheorien* sind die Bedeutungen von Ausdrücken bestimmte Gegebenheiten (z. B. konkrete

---

5 Diese Formulierung muß präzisiert werden: Man sollte zwischen zufälligen Effekten und regulären Effekten und bei letzteren wieder zwischen sprachlich und nicht-sprachlich (z. B. sachlich oder durch Umstände) bedingten Effekten unterscheiden. Nur die sprachlich-bedingten regulär erwartbaren Effekte auf Hörer sind Bedeutungen in präziserem Sinn dieser Auffassung. Jemand mag zum Beispiel den Satz äußern: ‹Du bist verrückt›, und der Angesprochene macht daraufhin das Fenster auf. Dieser Effekt mag durchaus mitbedingt sein von der angegebenen Äußerung, so daß man von einem Effekt der Äußerung sprechen kann. Ohne die *sehr spezifischen* Umstände war dies aber kaum für die Äußerung zu erwarten.

oder abstrakte Objekte oder Sachverhalte, Vorstellungen, Ideen usw.). In diesem Fall kann die Bedeutung also in Form einer Bezeichnung für solche Gegebenheiten angegeben werden. Das Vorbild einer Bezeichnungsrelation ist die Beziehung zwischen einem Namen eines Dings oder einer Person und dem vom Namen bezeichneten Ding oder der von ihm bezeichneten Person. Dieses Vorbild muß aber in mannigfaltiger Weise abgewandelt werden, ehe eine leistungsfähige semantische Theorie daraus wird. Je nach der Abwandlung und je nach der Art der bezeichneten Entitäten lassen sich verschiedene Bezeichnungstheorien unterscheiden.

Die Erkenntnis, die man im Zusammenhang mit den Überlegungen zur Gebrauchstheorie der Bedeutungen gewinnt, nämlich, daß die Umstände entscheidend mitbestimmen, welche bedeutsamen Effekte mit einem Ausdruck hervorgebracht werden, sollte jedoch im Zusammenhang mit den Bezeichnungstheorien, wenn schon nicht behandelt, so doch berücksichtigt werden. Eine geeignete Weise der Berücksichtigung besteht darin (wie schon in Kapitel II erläutert), für die Zwecke der semantischen Analyse klar zwischen einer reglementierten Sprachform oder einer *Standardform der Sprache* auf der einen Seite *und* dem «*Naturwuchs*» der Sprache (einschließlich der naturwüchsigen komplexen und kontextabhängigen Verwendung) auf der anderen Seite zu unterscheiden, wobei deutlich gemacht wird, daß die semantische Analyse direkt nur auf die Standardform der Sprache angewendet wird. Bei einer sehr weit entwickelten semantischen Analyse von Standardformen zu einer Gemeinsprache ist es vielleicht zu erreichen, daß die Ausdrucksmengen und die Grammatik für Standardform und ‹Naturwuchs› der Sprache identisch werden.[6] Es bleibt dann immer noch der Unterschied, daß die Semantik den Ausdrücken ihre Bedeutungen nur für Standardumstände zuordnet, die Sprache also semantisch nach wie vor reglementiert ist.

Mit semantischen Bezeichnungstheorien eng verbunden ist, wie schon betont, die semantische *Theorie der Wahrheit*. Das erkennt man auf folgende Weise.[7] Die Bezeichnungstheorien der Semantik sind mit einer Anzahl von Problemen verbunden. Man kann sich fragen, ob diese Probleme nicht durch einen anderen Ansatz vermieden werden können. Im Grunde scheint es ja nicht unbedingt erforderlich zu sein, daß die elementaren Aussagen der semantischen Theorie die Form haben ‹S bedeutet B›. Es würde anscheinend genügen, wenn die Theorie zu jeder *Satz*form S in der zu beschreibenden Sprache einen Satz liefert, der die ‹Bedeutung des Satzes (in einem bestimmten Sinn)› gibt. Der besondere Sinn dieser Bedeutung wird noch zu präzisieren sein. Wir könnten sogar probieren, einfach einen Satz – sagen wir ‹p› – an der Stelle B zu verwenden. In dem Fall, in dem die Sprache, in der wir die Analyse betreiben (die Metasprache), die zu

---

6 Ein solcher Entwicklungsstand erscheint allerdings gegenwärtig als utopisch.
7 Zum folgenden vgl. DAVIDSON, [Truth], S. 6.

analysierende Sprache (die Objektsprache) als Teil enthält, könnten wir für ‹p› einfach den Satz selbst verwenden, dessen grammatische Spezifikation bei S steht. Ist unsere Analysesprache dagegen verschieden von der Objektsprache, so sollte sie Übersetzungen der Sätze der Objektsprache enthalten. In diesem Fall setzen wir an die Stelle von ‹p› die Übersetzung des grammatisch spezifizierten Satzes. Vor ‹p› setze man nun einen passenden Satzverknüpfer, z. B. ‹dann und nur dann, wenn›. Links von diesem Verknüpfer wird man dann aber statt einer Satzkennzeichnung ‹S› selbst einen Satz haben müssen, der die Kennzeichnung enthält. Das einfachste wäre, ein Prädikat der Kennzeichnung selbst zu verwenden. Der Satz sollte doch ein Ausdruck sein, der eine ‹Bedeutung (in einem bestimmten Sinn)› trägt oder hat. Also schreiben wir in Ausführung dieser Vorschläge anstelle von (**B**) ‹S hat die Bedeutung B›: (**W**) ‹S hat eine ‹Bedeutung (in einem bestimmten Sinn)› dann und nur dann, wenn p›.

Wir wollen nun noch ‹hat eine ‹Bedeutung (in einem bestimmten Sinn)›› durch ‹ist W› abkürzen und erhalten

(**W**) ‹S ist W dann und nur dann, wenn p›

(wobei p ein Satz ist, der die Bedeutung des durch ‹S› grammatisch gekennzeichneten Satzes angibt, eventuell sogar ein dazu wahrheitsäquivalenter Satz). Wir bemerken nun, daß dieser Satz genau die Form hat, die in Tarskis Konvention (**W**) für den Wahrheitsbegriff angegeben wird.[8] Damit können wir nun präzisieren, was die Formulierung ‹Bedeutung (in einem bestimmten Sinn)› heißen soll: Es ist die semantische Eigenschaft, wahr zu sein, die ein Satz haben kann.

Von allen semantischen Theorien macht die Theorie der Wahrheit die wenigsten Voraussetzungen. Wir werden daher in dem folgenden Abschnitt A dieses Kapitels diese Theorie der Wahrheit besprechen, in den Abschnitten B und C die neuesten und fruchtbarsten Varianten der Bezeichnungstheorie, nämlich die extensionalen und intensionalen. Im Abschnitt C werden wir dann auf Aspekte des Systems der Bedeutung eingehen, die für die Linguistik besonders wichtig sind, auf Bedingungen, die die inhaltliche Form der Sprache kennzeichnen.

A. Theorie der Wahrheit [9]

1. Die Theorie der Wahrheit ist eine der bedeutendsten Theorien der logischen Form und der Semantik. Diese Theorie wurde insbesondere von Tarski entwickelt und in den letzten Jahren von Davidson konsequent

---

8 Vgl. Tarski, [Wahrheitsbegriff], S. 306, und [Conception], S. 59.

9 Die Darstellung dieses Abschnitts folgt im wesentlichen den Gedankengängen Davidsons, wie sie in den Arbeiten [Truth], [That] und [Semantics] dargelegt wurden.

entfaltet und auf die natürliche Sprache angewendet. Ein wesentliches methodisches Prinzip der Theorie der Wahrheit ist es, die Semantik nicht sogleich in allen ihren Aspekten zu behandeln, sondern einen zentralen Teilbereich herauszugreifen und die Konsequenzen einer Theorie für diesen Bereich zunächst zu entwickeln. Mit QUINE kann man die Semantik in zwei Teilbereiche untergliedern, den Bereich einer Theorie des Sachbezugs und den Bereich einer Theorie der Bedeutung. Die Explikation von ‹wahr› gehört klar in den Rahmen der Theorie des Sachbezugs. Die beiden Bereiche sind offenbar verschieden, dennoch gibt es, nach Meinung DAVIDSONs, eine grundlegende Beziehung zwischen beiden: Alle Bedeutungen einer Sprache sind bestimmt, wenn die Wahrheitsbedingungen aller Sätze einer Sprache angegeben wurden. Die Theorie der Wahrheit, in der der Begriff ‹wahr› (angewandt auf die Sätze einer Sprache) im Prinzip für jede Sprache rekursiv definiert werden kann, ist also auch die Grundlage einer Theorie der Bedeutung.

QUINE lobt den Ansatz DAVIDSONs begeistert [10] und hebt hervor, daß dem Grundgedanken der sprachanalytischen Reglementierung (vgl. Kap. I, Abschn. D und Kap. II) hierdurch eine klare und zentrale Rolle in der Theorie der Bedeutung gegeben wird. Das, was von den sprachanalytischen Reglementierern schon grundsätzlich angesteuert worden war, wenn auch nicht immer klar und direkt, erhalte hier eine klare Ausrichtung und analytische Zweckorientierung: Die Reglementierung soll zur Aufstellung rekursiver Definitionen im Rahmen einer TARSKIschen Wahrheitsdefinition führen.

Die Theorie der Wahrheit ist nach DAVIDSON eine *Menge von Axiomen, aus denen zu jedem Satz eine Aussage folgt, die dem Satz die Bedingungen zuordnet, unter denen er wahr ist.* Die Form dieser Aussagen könnte der in der *Einleitung* angegebenen Konvention (**W**) entsprechen:

(**W**) ‹S ist W dann und nur dann, wenn p›

(wobei an der Stelle S die Bezeichnung bzw. Strukturbeschreibung eines Satzes stehen sollte und an der Stelle p die Wahrheitsbedingungen).

Um als Kernstück und Grundlage einer semantischen Theorie dienen zu können, sollte die Theorie außerdem folgende Bedingungen erfüllen:

(a) Die Wahrheitsbedingungen eines Satzes sollten analysierbar sein in Bestandteile, die einer endlichen Menge von «grundlegenden» Wahrheitsbedingungen entstammen; diese Bedingung soll garantieren, daß die Sprache (insbesondere hinsichtlich ihrer Wahrheitsbedingungen) *lernbar* ist.

(b) Für jeden vorgelegten Satz soll die Theorie eine Methode bereitstellen, nach der entschieden werden kann, was die Bedeutung dieses Satzes ist; diese Bedingung soll garantieren, daß die Sprache *verstehbar* (im strengen Sinn) ist.

(c) Die Feststellungen der Wahrheitsbedingungen von Einzelsätzen, die

---

10 Vgl. QUINE, [Replies], S. 333.

aus der Theorie folgen, sollten, in einem noch zu präzisierenden Sinn, prinzipiell mit denselben Begriffen aufgebaut sein wie die Sätze, deren Wahrheitsbedingungen sie festlegen.[11]

Die Bedingung (c) ist die einschneidendste; insbesondere charakterisiert sie den Unterschied der Theorie DAVIDSONS von einer Gruppe abgeleiteter Theorien der Wahrheit, insbesondere von solchen Theorien, in denen in den Feststellungen der Wahrheitsbedingungen semantische Begriffe wie ‹bezeichnet›, ‹bedeutet›, ‹benennt›, ‹Ding› (= ‹Entität›), ‹Welt›, ‹Modell›, ‹erfüllt› usw. verwendet werden. Auf solche Theorien werden wir im nächsten Abschnitt eingehen. In DAVIDSONS Theorie wird nicht davon ausgegangen, daß sprachliche Ausdrücke irgend etwas bezeichnen, bedeuten oder benennen, daß es etwas gibt – z. B. Dinge, Eigenschaften und Beziehungen von Dingen, eine Welt, ein Modell oder ähnliches –, das zunächst noch vor der semantischen Analyse irgendwie zu charakterisieren wäre – und sei es auch nur in seiner Struktur. DAVIDSON erscheint es nämlich aus philosophischen Gründen bedenklich, sich gleich zu Beginn des sprachphilosophischen Geschäfts auf eine so schwere, hinsichtlich ihrer Zuverlässigkeit ungeprüfte Hypothek zu verlassen.

Die einzigen Annahmen, die DAVIDSON machen muß, sind

(a) daß wir in der Sprache, in der wir die Semantik der zu beschreibenden Objektsprache darstellen (in der Meta- oder Semantiksprache), zwei semantische Prädikate für Sätze haben (nämlich ‹wahr› und ‹falsch›),

(b) daß wir die Sätze der Objektsprache in der Semantiksprache benennen und grammatisch kennzeichnen können und

(c) daß wir eine beschränkte Menge von Feststellungen von grundlegenden Wahrheitsbedingungen sowie von Kombinationsweisen für solche Wahrheitsbedingungen haben.

Die Semantiksprache muß natürlich für diejenigen, die Semantik betreiben, schon intersubjektiv verständlich sein. Außerdem sollen die «Konzepte» (nicht notwendigerweise die Wörter) der Semantiksprache irgendwie in der Objektsprache schon verwendet werden.

---

11 Vgl. zur Charakterisierung der Theorie der Wahrheit und den für sie formulierten Bedingungen (a) – (c) DAVIDSON, [Semantics], S. 178/179. Die Bedingungen (a) und (b) könnten in etwas formalerer Darstellung so formuliert werden:
(a) Sei S_0 ein strukturell analysierter Satz und $S_1 \ldots S_n$ seine elementaren Ausdrucksgestalten derart, daß innerhalb der Syntax gilt: S_0 ist aus $S_1 \ldots S_n$ syntaktisch konstruierbar. WB(S_0) sei die Wahrheitsbedingung von S_0, und WB(S_1) ... WB(S_n) seien mit den elementaren Ausdrucksgestalten zusammenhängende Beiträge zu Wahrheitsbedingungen. Dann sollte in der Semantik gelten: WB(S_0) ist konstruierbar aus WB(S_1), ..., WB(S_n). Unter Umständen sollten die syntaktische und die semantische Konstruktionsform sich auch entsprechen.
(b) Sei Bed(S_i) die Bedeutung eines beliebigen Satzes S_i (für alle i), so gelte Bed(S_i) = f (S_i), wobei f eine entscheidbare Funktion sein soll.

2. Eine Variante der Theorie der Wahrheit, übrigens die bekannteste und von TARSKI eingeführte, geht davon aus, daß die in ihrer Semantik beschriebene *Objektsprache nur ein Teil der Semantiksprache* ist. Da wir hier davon ausgehen wollen, daß die Analyse in reglementierter Standardsprache oder in einer Konstruktsprache ausgeführt werden soll, nur die Standardsprache aber im Prinzip unmittelbar verständlich ist, bedeutet dies, daß die Semantiksprache eine Standardsprache ist, die den zu beschreibenden Teil der Standardsprache enthält. Sie soll außerdem die Formulierungsmittel für die Syntax dieses Teils sowie für die Wahrheitsbedingungen besitzen und natürlich das Prädikat ‹wahr›.

Vernachlässigt man zunächst die die allgemeine Theorie einschränkenden Bedingungen (a) – (c) (auf S. 176), so ist die Theorie rasch formuliert: Die Theorie braucht nur alle Sätze der Form (**W**) aufzuzählen, bei denen an der Stelle ‹S› die Bezeichnung eines Satzes x der Sprache bzw. seine Strukturbeschreibung (also etwa seine Konstruktion) steht und an der Stelle ‹B› der Satz selbst. Ein Beispiel (bei dem SB(x) für ‹der syntaktisch eindeutig beschriebene Satz x› stehe) wäre folgendes:

(1) ‹SB (Der Bundespräsident und der Bundeskanzler der BRD kamen am 17. oder 18. Mai 1972 nach West-Berlin) ist wahr dann und nur dann, wenn der Bundespräsident und der Bundeskanzler der BRD am 17. oder 18. Mai 1972 nach West-Berlin kamen.› [12]

Diese Theorie gibt zwar eine Explikation von ‹wahr in Standard-Deutsch›, und sie erfüllt die Bedingung (c) (und vielleicht auch (b)), nicht dagegen die Bedingung (a). Sie ist deswegen nicht genügend aufschlußreich, weil sie nicht zeigt, wie die Wahrheitsbedingungen des Satzes sich aus den Wahrheitsbedingungen seiner Teilstücke zusammensetzen. Eine Formulierung, die der Erfüllung der Bedingung (a) schon näher kommt, wäre z. B.

(2) ‹SB (Der Bundespräsident und der Bundeskanzler der BRD kamen am 17. oder 18. Mai 1972 nach West-Berlin) ist wahr dann und nur dann, wenn (der Bundespräsident der BRD am 17. Mai 1972 nach West-Berlin kam und wenn der Bundeskanzler der BRD am 17. Mai nach West-Berlin kam) oder wenn (der Bundespräsident der BRD am 18. Mai nach West-Berlin kam und wenn der Bundeskanzler der BRD am 18. Mai 1972 nach West-Berlin kam).›

Zweifellos sind die Wahrheitsbedingungen auch hier noch nicht in elementarste Komponenten zerlegt, wie es die Bedingung (a) fordert.

In welcher Weise kann nun eine solche Zuordnung einer komplexen Wahrheitsbedingung hergeleitet werden? Die Situation ist nicht mehr so trivial wie oben, wo es ausreichte, den Satz selbst, dessen syntaktische Kennzeichnung an der Stelle ‹S› der Bedingung (**B**) steht, an die Stelle

---

12 Tempusprobleme wollen wir hier ausschalten, indem wir nur eine Standardsprache für Aussagen über vergangene Ereignisse betrachten.

‹B› zu setzen. Hier wird von unserer Wahrheitstheorie eine echte Herleitung der Aussage in Form eines Beweises im Rahmen einer Theorie gefordert. Wegen des unbeschränkten Umfanges der Menge der Sätze wird die Menge der Feststellungen von Wahrheitsbedingungen von Sätzen der Objektsprache den Charakter einer induktiven Klasse haben. Die theoretische Leistung der Theorie läßt sich dann nicht so sehr an den Feststellungen selbst ablesen, sondern vielmehr an den rekursiven Formen ihrer Beweise. Es ist aber klar, daß solche Beweiszusammenhänge leichter aufgestellt werden könnten, wenn die syntaktische Strukturbeschreibung selbst bereits eine solche Zerlegung vornimmt. Der Beweis der Wahrheitstheorie kann dann in Abhängigkeit von syntaktischen Zusammenhängen formuliert werden. Hiermit wird von seiten der Semantik eine Forderung an die Syntax gestellt. Das bedeutet, daß unabhängig von immanenten Kriterien der Einfachheit syntaktischer Analyse ein Beurteilungskriterium für die Leistungsfähigkeit der Grammatik aufgestellt wird, dem die Syntax etwa dadurch genügen kann, daß sie tiefenstrukturelle Analysen von Sätzen vorlegt.

Die Variante der Wahrheitstheorie, die wir gerade besprechen, hat den außerordentlichen Vorteil, empirisch sehr leicht prüfbar zu sein. Die Prüfung erfordert keine Einsicht in irgendeine außersprachliche Entität, die die Bedeutung eines Satzes sein soll, sondern nur die Fähigkeit zu erkennen, wann die beiden Teilsätze einer Feststellung der Form (**W**) wahr sind. Das gilt für alle Feststellungen der Theorie der Wahrheit (in einer gegebenen Sprache) überhaupt, und daher ist der empirische Test der Gesamttheorie im Prinzip nicht schwerer als der Test der Einzelfeststellungen. Es ist sogar denkbar, daß, wenn der Sprachgebrauch ausreichend fixiert verstanden wird, der empirische Teil einer Wahrheitstheorie leichter ist als der einer Theorie der grammatischen Form (oder Grammatikalität) in einer Sprache.

In der bisher besprochenen Variante einer Theorie der Wahrheit wird die semantische Analyse in einer passenden Standardsprachform durchgeführt, die die zu analysierende Sprachform als Teil enthält. Eine andere Variante ergibt sich, wenn die *Semantiksprache* (also die Metasprache, in der die semantische Theorie formuliert wird) und die *Objektsprache* (d. h. die zu beschreibende Standardsprache) *verschieden* sind. Der Sprachanalytiker muß selbstverständlich seine Semantiksprache verstehen, aber nicht notwendigerweise die Objektsprache. Diese Variante erscheint auf den ersten Blick angemessener als die vorige, denn unsere Theorie soll doch erst die Semantik der Objektsprache bestimmen; muß man da nicht vom Verständnis der Objektsprache, jedenfalls in deren Beschreibung, gerade absehen? Diese Auffassung ist zwar nicht grundsätzlich begründet – im Prinzip kann auch eine Sprache durch Exposition der internen Zusammenhänge ihrer Begrifflichkeit geklärt werden. Andererseits wird es aber durch die Unterscheidung von Metasprache und Objektsprache möglich, in der Metasprache passende Explikate zu entwickeln und zu verwenden, die die Objektsprache nicht in reiner Form enthält. Die Variante, in der Metasprache und Objektsprache keinen Teil gemeinsam haben, hat also unbezweifelbare methodische Vorteile. Bei dieser Variante ergeben sich allerdings Schwierigkeiten, wenn man die *empirische Adäquatheit* der angegebenen Wahrheitsbedingungen beurteilen will. Diese Schwierigkeiten hängen eng mit der berühmten QUINEschen These der Unbestimmtheit der Übersetzungen zusammen. (Vgl. auch Kap. II, Abschn. C.)

Die Form dieser Variante der Theorie der Wahrheit wird analog der oben beschriebenen sein: Die Theorie gibt eine rekursive Aufzählung von Zuordnungen der Wahrheitsbedingungen der Metasprache zu grammatisch gekennzeichneten Sätzen der Objektsprache. In diesem Fall hat jedoch der Sprachanalytiker selbst keine direkte Einsicht in die wahrscheinlichen Entsprechungen seiner Sprache (der Semantiksprache) und der fremden zu beschreibenden Sprache. Was er zu tun hätte, wäre, herauszufinden, welche Sätze der Fremde in seiner Sprache für wahr hält bei gegebenen Umständen. Nachdem er das herausgefunden hat, könnte er versuchen, eine Charakterisierung von ‹wahr-für-den-Fremden› zu bringen, indem er die Sätze, die für den Fremden wahr (oder falsch) sind, Sätzen zuordnet, die für ihn (in seiner Semantiksprache) wahr (oder falsch) sind. Oft wird keine vollkommene Übereinstimmung erreichbar sein: Manche für den Fremden wahre Sätze werden in für den Sprachanalytiker falsche übersetzt und manche falsche in wahre. Natürlich wird man versuchen, solche Abweichungen in der Entsprechung möglichst klein zu halten; andernfalls wird man kaum verstehen, worüber der Fremde spricht. Aufgrund von QUINES Prinzip der «Nächstenliebe» bei der Interpretation von Fremden sollte man aber voraussetzen, daß der andere jedenfalls weiß, *wovon* (oder von welchen Sachverhalten) er spricht und daß er *in der Art seines Sachbezuges* verstehbar sein sollte.

Andererseits sollten wir aber, aufgrund desselben Prinzips, auch davon ausgehen, daß der Fremde im hohen Maße konsistent, d. h. widerspruchsfrei, sprechen kann, andernfalls werden wir nur verstehen, worüber jeweils gesprochen wird, werden aber den Fremden nicht in seiner inneren «Logik» verstehen. Es ist nun nicht notwendigerweise so, daß beides zugleich maximiert werden kann. Manchmal wird der Sprachanalytiker keinen Weg sehen, eindeutig zwischen versuchsweise vorgelegten Entsprechungen zu unterscheiden, die in seiner Sprache klar nicht-synonym sind. Es gibt kein Prinzip einer einzigen optimalen «Nächstenliebe» der Interpretation.

Es kommt darauf an, dieses Problem der Unbestimmtheit der Übersetzung in seiner vollen Tragweite zu verstehen. Sobald der Sprachanalytiker oder der Linguist ein System semantischer Eigenschaften oder Merkmale entwirft, das nicht selbst nur Wörter der zu beschreibenden Sprache enthält, sondern geklärte Konzepte der sprachwissenschaftlichen Fachsprache, mit dessen Hilfe er nichtsdestoweniger die Bedeutung einer Sprache wiederzugeben wünscht, befindet er sich in der Situation desjenigen, der eine Sprache in eine andere zu übersetzen wünscht; schließlich soll eine bestimmte Kombination sprachwissenschaftlich geklärter Begriffe (man denke etwa an die Faktoren ‹Rind› und ‹männlich› bei der Beschreibung von ‹Ochse›) der Bedeutung des zu analysierenden Ausdrucks äquivalent sein. Wegen dieser grundsätzlichen Schwierigkeiten gibt es nicht *die* Theorie der Semantik, *die* Theorie der Wahrheit, *die* Theorie der Bezeichnung, ausgedrückt in einer der Objektsprache fremden sprachwissenschaftlichen Fachsprache. Im strengen Sinne gilt dieses Problem sogar, wenn ich in meinem Idiolekt einen Gesprächspartner mit einem anderen Idiolekt verstehen möchte.[13]

3. Die Theorie der Wahrheit kann als eine Explikation *des Begriffs ‹wahr›* verstanden werden. Dies erfordert die Erörterung der Begriffsklärung, während wir bisher nur analysiert haben, welche Formen eine Theorie der Wahrheit annehmen kann und welche Probleme bei der Prüfung ihrer empirischen Begründung auftreten mögen. Die empirische Prüfung hängt nun aber ganz offensichtlich davon ab, daß der Begriff ‹wahr› in der Semantiksprache genügend geklärt ist, um zwischen der Verwerfung oder der Annehmbarkeit einer vorgelegten Zuordnung von Wahrheitsbedingungen zu Sätzen unterscheiden zu können. Dieser Begriff ist aber in den Gemeinsprachen keineswegs in allen Verwendungen eindeutig und scharf. Liefert die Theorie der Wahrheit ein adäquates Explikat für ein mögliches Explikandum ‹wahr›? Mit dieser Frage hat sich TARSKI beschäftigt.[14] Wir wollen seinen Darlegungen folgen und sie an einigen Stellen geringfügig ergänzen. Die erste Feststellung ist, daß ‹wahr› ein Adjektiv des Deutschen ist, das sowohl prädikativ wie nicht-prädikativ gebraucht werden kann. Betrachten wir zunächst die Verwendungen als Attribut in Nominalphrasen. Sie können in sechs Gruppen eingeordnet werden:

(a) ein wahres Glück, eine wahre Schande, ein wahrer Sturm der Entrüstung (Begeisterung usw.), ein wahrer Freund, ein wahres Wort usw.

(b) eine wahre Behauptung, eine wahre Äußerung, eine wahre Aussage usw.

(c) eine wahre Geschichte, eine wahre Erzählung usw.

(d) (Er zeigt sein) wahres Gesicht, (er verbarg seine) wahre Gesinnung usw.

(e) der wahre Täter, die wahre Ursache (Grund), der wahre Fehler usw.

(f) die wahre Überzeugung, der wahre Glaube usw.

‹wahr› scheint in allen Fällen (a) – (e) vom Typus eines Adjektivs mit komplementärem Antonym zu sein. Diese Beziehung dient uns auch zur Klassifikation dieser vier Adjektive. In der Gruppe (a) drückt ‹wahr› offenbar einen Gegensatz aus zu ‹normal›, ‹üblich› oder ‹gewöhnlich›. In der Gruppe (b) ist der Gegensatz dagegen ‹erlogen›, ‹falsch›, in der Gruppe (c)

13 Ein sehr schönes Beispiel dieses Falles wird in DAVIDSON, [That], S. 165/166, erörtert. Wir werden dieses Beispiel in Abschnitt 6, S. 190 ff noch diskutieren.

14 Vgl. TARSKI, [Conception], aber auch [Wahrheitsbegriff].

kann der Gegensatz entweder derselbe sein wie in (b) oder aber ‹(bloß) erfunden›, ‹(bloß) erdacht›. In Gruppe (d) ist der Gegensatz ‹scheinbar›, ‹vorgeblich›. In Gruppe (e) ist der Gegensatz ‹vermeintlich›, ‹anscheinend›, in Gruppe (f) kann man den Gegensatz in ‹(bloß) vermeintlich wahr› sehen. Vielleicht muß man hier jedoch eher interpretieren: ‹die Überzeugung (der Glaube), die (den) man haben sollte›. Der Gegensatz ist dann ‹die Überzeugung (der Glaube), die (den) man nicht haben sollte›.

Betrachtet man nun die prädikative Verwendung von ‹wahr›, etwa im Schema ‹x ist wahr›, so zeigt sich, daß anscheinend nur Nominalphrasen in (b) und (c) in natürlicher Weise in diese Form gebracht werden können. Die Verwendung nach (b) wollen wir die *sachbezügliche* nennen und ein Explikandum einer reglementierten Sprache mit ‹w_s› benennen. Die Verwendung nach (c) soll demgegenüber die *modale* heißen und als Explikandum ‹w_m› genannt werden. Die Theorie der Wahrheit befaßt sich nur mit dem Explikandum ‹w_s›. Kann man die Gegenstände charakterisieren, auf die man das Prädikat ‹w_s› anwenden kann? Von welchen Gegenständen x kann man sagen, ‹x ist w_s› (also ‹x ist nicht erlogen [gelogen]›)? Offenbar müssen dies sprachliche Gegenstände sein. Oder können es auch durch sprachliche Äußerungen ausgedrückte Sachverhalte sein? Wie sind Sätze zu beurteilen wie ‹Die Begebenheit war erlogen›, ‹Der Unfall war erlogen›? Wir sollten unsere reglementierte Sprache offenbar so anlegen, daß diese Sätze in bezug auf sie als elliptisch erscheinen: ‹Der Bericht von der Begebenheit war erlogen.› ‹Die Behauptung des Unfalls war erlogen.› Zu welcher Art von Gegenständen wollen wir nun das rechnen, auf das man sich hier mit ‹Behauptung› oder ‹Bericht› bezieht? Ist es der einzelne Lautkomplex, der zu einem ganz bestimmten Zeitpunkt unter ganz bestimmten Umständen produziert wurde, seine phonetische (oder graphische) Gestalt oder seine syntaktische Gestalt? Oder ist es das Gemeinte, das, was auch durch eine andere synonyme Gestalt hätte geäußert werden können oder auch durch einen Ausdruck einer anderen Sprache, das, was manche Logiker die Proposition nennen? Diese zuletzt angegebene Interpretation hat insofern viel für sich, als man dann mit dem Satz ‹Die Behauptung des Unfalls war erlogen› eine Feststellung machen würde, die unabhängig von der verwendeten Sprache wäre. Die Klärung des Begriffs Proposition wirft aber so große Probleme auf, daß die Sprachanalytiker es im allgemeinen vorzogen, die graphische Gestalt oder die syntaktische Gestalt in ihrer reglementierten Verwendung als Gegenstände zu postulieren, von denen wahr (oder falsch) prädiziert werden kann. Dies bedeutet allerdings, daß der Begriff der Wahrheit stets auf eine bestimmte Sprache (in einer angenommenen Standardform) bezogen ist. Wahr (oder falsch) sind dementsprechend gewisse Sätze einer Sprache, nämlich deklarative Sätze (mit denen in Standardverwendung Aussagen gemacht werden).

Man könnte nun versuchen, sich darauf zu verlassen, daß für jeden, der Sprachanalyse betreibt, jedenfalls in seiner eigenen Sprache das Prädikat ‹wahr› genügend klar ist, daß er eine Theorie der Wahrheit in seiner eigenen Sprache aufstellen kann, die er auch für andere Sprachpartner, sofern sie gleichgeformte Sätze verwenden, als gültig postulieren kann. Die Tatsache, daß zwei verschiedene Sprachpartner zu verschiedenen Resultaten kommen, brauchte an sich noch nicht zu stören, sie könnten ja verschiedene Idiolekte sprechen. Natürlich können beide darüber hinaus versuchen, hypothetisch ein System zu entwickeln, das zwar nicht vollständig mit ihrem eigenen Idiolekt übereinstimmt, aber nach ihren Erfahrungen mit einer Vielzahl von Idiolekten (vielleicht allen Idiolekten der deutschen Sprache) kompatibel ist. Mehr ist von einer empirischen Untersuchung wohl kaum zu erwarten.

Man kann jedoch versuchen, den Gebrauch des Wortes ‹wahr› durch zusätzliche Erörterungen zu stabilisieren, Erörterungen, die sich an das anlehnen mögen, was die Philosophen über den Begriff der Wahrheit gesagt haben. TARSKI verweist in diesem Zusammenhang besonders auf eine Formulierung von ARISTOTELES: ‹Von etwas, das ist, zu sagen, daß es nicht ist, oder von etwas, das nicht ist, zu sagen, daß es ist, ist falsch, während von etwas, das ist, zu sagen, daß es ist, oder von etwas, das nicht ist, daß es nicht ist, wahr ist› (ARISTOTELES, Metaphysik, 1011 b).

Eine entsprechende modernere Formulierung wäre ‹Die Wahrheit einer Aussage besteht in ihrer Übereinstimmung mit der Wirklichkeit› oder ‹Eine Aussage ist wahr, wenn sie einen existierenden Sachverhalt bezeichnet›. Diese Feststellungen sind Varianten der sogenannten *Korrespondenztheorie* der Wahrheit. TARSKI betont, daß alle diese Formulierungen nicht frei von Mißverständnissen sind, daß aber, wie immer sie verstanden werden mögen, seine Konvention für Definitionen des Wahrheitsbegriffs und seine Methoden zur Konstruktion solcher Definitionen jedenfalls eine Explikation liefern, die im Einklang mit diesen Formulierungen steht. Oft wird nun irrtümlich daraus der Schluß gezogen, der TARSKISCHE Wahrheitsbegriff setze eine Korrespondenztheorie der Wahrheit voraus. Das ist jedoch nicht der Fall. Die TARSKISCHE Konvention ist ein Explikat zum Explikandum w_s und kann in bezug darauf beurteilt werden, unabhängig davon, welcher philosophischen Doktrin man anhängt. Obgleich diese Tatsache mehrfach klar und deutlich zum Ausdruck gebracht wurde,[15] hält sich das Mißverständnis hartnäckig. HABERMAS ordnet z. B. TARSKI den ontologischen Wahrheitstheoretikern zu und stellt seine Theorie damit in Gegensatz zur sog. *Konsensustheorie,* nach der ‹die Bedingung für die Wahrheit von Aussagen die potentielle Zustimmung aller anderen›[16] Gesprächspartner sei.

Diese Formulierung, mit der HABERMAS die Position der Konsensustheo-

---

15 u. a. TARSKI, [Conception], S. 86 ff; STEGMÜLLER, [Wahrheitsproblem], S. 233 ff.

16 HABERMAS, [Kompetenz], S. 124.

retiker KAMLAH und LORENZEN wiedergeben will,[17] ist natürlich Unsinn. Wäre sie zutreffend, so ergäbe sich allerdings kein Gegensatz zu TARSKIS Wahrheitskriterium, zumindest im weiten Sinn von DAVIDSON, denn ein Satz

‹S ist wahr dann und nur dann, wenn alle Gesprächspartner allen (?) Äußerungen von S zustimmen›

ist ja von der geforderten Form. Natürlich erfüllt sie nicht die drei zusätzlich von DAVIDSON geforderten Einschränkungen. Sie zeigt nicht, wie die Sprache gelernt, noch wie sie verstanden werden kann, noch benutzt sie in angemessener Weise die Begrifflichkeit der Sprache. Gerade das erste aber versuchen KAMLAH und LORENZEN zu leisten. Ihr Problem ist nicht die Angabe einer Wahrheitsdefinition im deskriptiven Kontext einer Metasprache, sondern wie sich jemand vernünftigerweise beim Erlernen einer Sprache verhalten sollte. Die Verwendung der Sprache in konkreten Situationen durch einen lehrenden Partner lasse den Sinn eines Sprachverhaltens, soweit es in Korrespondenz mit der Situation steht, unmittelbar erkennen (es braucht jedenfalls in den einfachen Lernsituationen nicht erst beschrieben zu werden), und es sei vernünftig, dieses Sprachverhalten zu übernehmen. Wie KAMLAH und LORENZEN betonen, geht es ihnen um die interpersonale Verifizierung. Dies ist aber ein völlig anderes Problem als das Problem der Aufstellung einer adäquaten Definition. Wir wollen zum Schluß noch einmal klar hervorheben: TARSKIS Wahrheitsbegriff expliziert nicht irgendeine philosophische Position der Wahrheit, sondern gibt ein Schema der Zuordnung von Sätzen der Metasprache, nach denen das Prädikat w_s rekursiv expliziert werden kann. Ein solches Schema kann für eine bestimmte vorgegebene Sprache ausgefüllt werden, wenn man die Semantiksprache versteht. Zusammen mit den von DAVIDSON explizit genannten einschränkenden Bedingungen liefert eine solche Definition aber genauen Aufschluß über die semantische Struktur der Sprache.

4. Die Theorie der Wahrheit liefert auch einen entscheidenden Beitrag zur *Theorie der logischen Form.* In der Tat, da nämlich die Menge der Sätze, für die die Theorie der Wahrheit Wahrheitsbedingungen bereitstellen muß, unbeschränkt ist, muß die Zuordnung der Wahrheitsbedingungen im Prinzip rekursiv aufgebaut werden. Dies erfordert, wie wir sahen, eine bestimmte syntaktische Strukturierung der Standardform der Sprache, die von einer geeigneten Zuordnung von Wahrheitsbedingungen allein erzwungen wird. Die so bestimmte Struktur kann sehr wohl die logische Form von Sätzen genannt werden. Insbesondere liefert die Theorie der Wahrheit eine effektive *Erklärung der semantischen Rolle jeder bedeutungtragenden Ausdrucksgestalt* in jedem ihrer Vorkommnisse. Die Theorie beantwortet Fragen der Art: ‹Was leisten diese uns bekannten Wörter eigent-

---

17 Kap. IV von KAMLAH/LORENZEN, [Propädeutik].

lich an dieser Stelle des Textes?> mit der Angabe ihres Beitrages zu den Wahrheitsbedingungen des Satzes, in dem sie vorkommen. Man beachte aber, daß hier der semantische Aspekt, der mit einer Ausdrucksgestalt verknüpft ist, keine Bedeutung und kein Sachbezug ist, sondern allein ein Beitrag zum Ganzen der Bedeutung des Satzes. Die Theorie ordnet den Ausdrucksteilen von Sätzen also allenfalls semantische Funktionen im Satz zu, keine unabhängigen Bedeutungen.

Die Aufgabe einer Theorie der logischen Form wird aber oft nicht so sehr darin gesehen, die «wahrheitsfunktionale» Rolle von Wörtern und Sätzen in Einzelsätzen zu klären, sondern die Sätze hinsichtlich ihres Platzes in einem *Netz von Folgerungszusammenhängen* zu charakterisieren, d. h. sie so zu repräsentieren, daß zusammen mit allgemeinen Schlußregeln festgestellt werden kann, aus welchen Sätzen sie logisch folgen und welche Sätze sie als logische Folgerungen haben. Natürlich soll die Notation einer derartigen Charakterisierung so geschickt gewählt werden, daß die Theorie des Schließens einfach wird und die Ausführung mechanisch, wo immer möglich. Auf den ersten Blick scheinen die beiden Forderungen an eine Explikation der logischen Form von Sätzen nicht notwendigerweise dieselben Resultate haben zu müssen. Tatsächlich scheint auch die Entwicklung der kanonischen Notationen etwa des Prädikatenkalküls nur sehr indirekt zur Klärung der «*wahrheitsfunktionalen*» *Rolle von Satzteilen* in Standardsprachformen (zu Gemeinsprachen) beizutragen. Vom Standpunkt der üblichen Aufgabenstellung, das *logische Schließen* zu präzisieren, ist dies auch nicht erforderlich; Konstruktsprachen sind hier einfacher und mechanisch praktischer; sie leisten alles, was man wünscht, sofern man sie in Standardsprachformen übersetzen kann. Der Unterschied in der Aufgabenstellung der Explikation der logischen Form führt hier also zu den beiden unterschiedlichen Sprachformen, der bloß reglementierten Standardsprachform und der Konstruktsprachform.

Die beiden Explikationen der Theorie der logischen Form, diejenige, die die wahrheitsfunktionale Rolle von Ausdrücken im Satz klärt, und diejenige, die das Netz der logischen Folgerungen über Sätzen charakterisiert, sind nicht völlig unabhängig voneinander. Es gibt einen inhärenten *Zusammenhang*, der durch die logischen Konstanten geknüpft wird. Sagt man, daß ein zweiter Satz eine logische Folge des ersten sei, so sagt man ungefähr dasselbe wie, daß der zweite wahr ist, wenn der erste wahr ist, *wie auch immer die nicht-logischen Konstanten interpretiert werden*. Trotzdem sind die beiden so aufeinander bezogenen Explikationen der logischen Form keineswegs bloße Notationsvarianten voneinander: Das, was wir als logische Konstanten ansehen, kann nämlich in einem gewissen Grade variiert werden, ohne daß sich die Menge der Wahrheiten ändert.

In den üblichen Explikationen ist dieser Zusammenhang offenbar folgendermaßen zu beschreiben: Nach der Theorie der Wahrheit, wie sie TARSKI und DAVIDSON entwickelten, kommt es darauf an, alle Darstellungsmittel zu erfassen, die eine fortgesetzte Kombinatorik der Zuordnung von Wahrheitsbedingungen regieren. In den bekannten Sprachformen, für die man weiß, wie das System der Zuordnungen zu konstruieren ist, sind diese Darstellungsmittel reduzierbar auf Satzverknüpfer, Quantoren und ihre Verwendungszusammenhänge und vielleicht den Deskriptoroperator, wenn er als Grundoperator eingeführt wird.

Diese Darstellungsmittel bauen Quantorenausdrücke (z. B. in den kanonischen Notationen von Konstruktsprachen) auf. Dort, wo nun ein Satz aufgrund der Strukturen allein eine *logische Folge* eines anderen ist (also gemäß der zweiten Explikation von logischer Form), dort impliziert eine *Wahrheitstheorie* (also die erste Explikation), daß, wenn der erste Satz wahr ist, es auch der zweite ist. Es ist dann aber gerechtfertigt, die Teilausdrücke, die die Strukturen bestimmen, zu den logischen Konstanten zu rechnen und ihre Korrelate in der Standardform ebenso. Mehr Ausdrücke brauchen wir dagegen nicht notwendigerweise zu den logischen Konstanten zu rechnen; für *logische* Wahrheiten ist die Theorie ausreichend bestimmt. Würden wir die Rolle weiterer Ausdrücke analysieren, so würden wir zunehmend reichere Versionen der logischen Form der Sprache gewinnen, diese tragen dann aber nichts mehr zur Explikation der logischen Folgerung bei.[18]

Fassen wir nochmals zusammen: Die Theorie der Wahrheit führt zu einer Explikation der logischen Form der Sprache. Diese Explikation kann reicher oder ärmer gestaltet werden. Das Minimum ist jedoch eine Theorie der logischen Form, die den Begriff der logischen Folgerung expliziert. Diese verlangt, daß in den bekannteren Sprachkonstruktionen und Standardformen mindestens die Rolle der Quantoren und logischen Verknüpfer als strukturelle Darstellungsmittel der Sprache in der Wahrheitsdefinition geklärt wird. Mehr Ausdrücke zu den logischen Konstanten zu rechnen ist nicht erforderlich. Weitere Bestimmungen führen zu reicheren Varianten der logischen Form.

5. Sollte der Leser schon früher von Tarskis Wahrheitsbegriff gehört haben, so wird ihm Tarskis Behauptung in Erinnerung sein, die Form der von ihm vorgeschlagenen *Wahrheitsdefinition sei in direkter Weise nicht widerspruchsfrei auf natürliche Gemeinsprachen anwendbar.* Entwertet dies nicht die Bedeutung dieser Wahrheitsdefinition für Sprachphilosophie und Linguistik beträchtlich?

Tarski führt die Problematik auf die Universalität der Umgangssprache zurück: ‹Es wäre mit dem Geiste dieser Sprache unvereinbar, wenn in irgendeiner anderen Sprache Worte oder Ausdrücke auftreten würden, die man nicht in die Umgangssprache übersetzen könnte.

---

18 Hierdurch erhält der oben, in Kap. II, *Einleitung*, S. 82, angegebene Unterschied zwischen allgemeinen logischen Begriffen und anderen allgemeinen Begriffen eine klare Deutung.

Andererseits ist eben diese Universalität der Umgangssprache im Gebiet der Semantik vermutlich die wesentliche Quelle aller sog. semantischen Antinomien ... Sind obige Bemerkungen richtig, so scheinen mir selbst die Möglichkeit eines konsequenten und dabei mit den Grundsätzen der Logik und dem Geiste der Umgangssprache übereinstimmenden Gebrauchs des Ausdrucks ‹wahre Aussage› und, was daraus folgt, die Möglichkeit des Aufbaus irgendwelcher korrekten Definitionen dieses Ausdrucks sehr in Frage gestellt.› [19] Allerdings folgt daraus auch nach Tarskis Meinung noch keineswegs, daß seine Methoden zur Konstruktion von Wahrheitsdefinitionen auf die Gemeinsprachen nicht anwendbar wären. Die Anwendung verlangt aber, den anscheinend in der Gemeinsprache grundsätzlich verankerten Universalismus «aufzuknacken». Dies kann, wie Tarski selbst andeutet, so geschehen, daß man einerseits eine von Mehrdeutigkeiten und Vagheiten befreite Standardform wählt und andererseits diese in eine Folge von Teilsprachen zunehmenden Umfangs aufspaltet, von denen jede einen bestimmten Teil von sich selbst als Objektsprache enthält. ‹Man darf jedoch zweifeln, ob die auf diesem Wege ‹rationalisierte› Umgangssprache die Eigenschaft der ‹Natürlichkeit› behalten würde und ob sie dann nicht die charakteristischen Eigenschaften der formalisierten Sprachen annehmen würde.› [20]

Tarskis Behauptung, die Gemeinsprache (und eine Standardsprachform gleichen Umfangs) sei universalistisch und führe daher zu Antinomien, wird von Davidson zwar erwähnt. Er gibt auch zu, Tarskis Problematik nicht ernsthaft widerlegen zu können, äußert aber starke Zweifel an der Vorstellung, die Gemeinsprache sei wirklich in dem Grade universalistisch, in dem Tarski dies annimmt. Da dies zu Antinomien führt, sollten wir mißtrauisch sein. Dieses Mißtrauen wird übrigens von Bar-Hillel genauer erörtert,[21] mit dem Resultat, daß die Gemeinsprache nicht zu Antinomien oder Widersprüchen führen muß, weil sie nicht vollständig und universalistisch sei. Bar-Hillel wendet die Analyse auf den Sprachgebrauch im Kontext an. Sein Resultat kann in bezug auf eine Theorie der Wahrheit in Standardform so übertragen werden, daß in ihr gewissen Sätzen keine Wahrheitsbedingung zugeordnet werden kann.

Ein Beispiel eines solchen Satzes ist
‹Dieser Satz ist falsch›
Es ist keineswegs so, daß das Vorkommen von «dieser» im angegebenen Satz automatisch reflexiv auf den Satz selbst verweist und er damit falsch ist, nach dem, was er besagt, wenn er wahr ist, und umgekehrt. ‹Dieser› verweist in diesem Satz normalerweise anaphorisch auf einen anderen Satz. Solange der Verweis durch den Kontext nicht klar ist, kann dem Satz

---

19 Tarski, [Wahrheitsbegriff], S. 278/279.
20 Tarski, [Wahrheitsbegriff], S. 393.
21 Bar-Hillel, [Aspects], Kap. 24.

keine Wahrheitsbedingung zugeordnet werden. Da aber die Theorie der Wahrheit als semantische Theorie kontextfrei aufzubauen ist, kann in dieser Theorie diesem Satz keine Wahrheitsbedingung zugeordnet werden.

DAVIDSON fragt jedoch, ob man nicht zunächst, trotz dieser noch offenen Problematik, überlegen solle, wie weit man in der wahrheitstheoretischen Analyse kommen kann: TARSKI hat gezeigt, wie man eine Theorie für interpretierte Konstruktsprachen geben kann. Die Klasse von Sprachen, die hier in Frage kommt, ist außerordentlich groß; Klassenkalkül, Prädikatenkalkül u. ä. sind nur spezielle Elemente aus dieser Klasse. Man wähle nun aus dieser Klasse eine Konstruktsprache, die dem Englischen soweit wie möglich ähnelt. Da diese neue Sprache in Englisch erklärt wurde und einen großen Teil des Englischen enthält, können wir nicht nur, sondern müssen sie, nach DAVIDSONS Ansicht, als einen Teil des Englischen ansehen, natürlich für die, die diese «neue» Sprache verstehen. Für diesen Teil des Englischen haben wir nun aber, nach Voraussetzung, eine Theorie der gewünschten Art. Mehr noch: Da wir diesen Teil ja in normalem vorgegebenen Englisch interpretiert haben, haben wir notwendigerweise Hinweise gegeben für die Verbindung von vorgegebenem Englisch und konstruktsprachlich zugeordnetem. Für alle Sätze des vorgegebenen Englisch, die nun dieselben Wahrheitsbedingungen bekommen wie gewisse konstruktsprachlich zugeordnete, wenden wir die Theorie an. Dieselbe Argumentation läßt sich selbstverständlich auf jede andere Gemeinsprache anwenden. Die Methode ist zweifellos bestechend und verdient weite Anwendung unabhängig davon, ob der gesamte Umfang der Gemeinsprache unter allen Umständen auf diese Weise erfaßt werden kann oder nicht. Man sollte sich aber darüber im klaren sein – dies kommt bei DAVIDSON nicht in wünschenswerter Klarheit zum Ausdruck –, daß die Übertragung der formalsprachlichen Analyse auf Sätze der Gemeinsprache diese in Standardform bringt und daher jedenfalls nicht ihre gewöhnliche Flexibilität wiedergibt. In einer extremen Interpretation der Flexibilität hat ein Satz, unabhängig vom Kontext, in dem er geäußert wird, weder eine bestimmte Bedeutung noch eine eindeutige, seine Wahrheit charakterisierende Wahrheitsbedingung. Dies muß sich beim Übergang zu Standardformen oder Konstruktsprachen so auswirken, daß diese entweder undurchsichtig vieldeutig beschrieben werden oder daß Standardbedeutungen und Standardwahrheitsbedingungen postuliert werden, die allerdings die Flexibilität der Gemeinsprache im standardsprachlichen Korrelat nicht wiederzugeben gestatten.

DAVIDSON diskutiert allerdings ein von BAR-HILLEL vorgelegtes Beispiel und erkennt in diesem Zusammenhang eine gewisse Beschränkung des Ansatzes an. Das Beispiel ist ‹They come by slow train and plane›. Die syntaktische Analyse weist eine Zweideutigkeit aus, die darin besteht, daß ‹slow› ein Attribut zu ‹train› oder zu ‹train and plane› ist. DAVIDSON bemerkt, daß diese Mehrdeutigkeit durch die Theorie der Wahrheit in entsprechender Weise erkannt wird, weil diesem Satz offenbar zwei verschiedene Wahrheitsbedingungen zuzuordnen sind, die einander ausschließen. Die Sachkenntnis eines normalen Sprechers des Englischen, die nicht in einfacher und praktikabler Weise in der Theorie der Wahrheit eingefangen werden kann, löst diese Mehrdeutigkeit aber spielend auf: Natürlich gilt ‹They come by slow train and they come by plane›.

Ein anderes Beispiel, das ebenfalls von BAR-HILLEL stammt, ist ‹Entweder du kommst oder du kommst nicht›. Die Theorie der Wahrheit stellt hier für den Standardfall nur eine Disjunktion zwischen einem Satz und der Negation dieses Satzes fest, so daß dieser Satz immer wahr ist. Tatsächlich aber wird der Satz normalerweise dazu verwendet, den anderen zu einer Entscheidung bezüglich des Kommens aufzufordern oder die Gleichgültigkeit des Sprechers in bezug auf die Alternativen auszudrücken. Die Auflösung dieser Mehrdeutigkeit geschieht in Abhängigkeit von situativen Daten (auffordernde oder gleichgültige Miene oder Geste des Sprechers) oder von Vorwissen. Zur Klärung dieser Zusammenhänge kann eine Theorie der Wahrheit zugegebenermaßen nichts beitragen. Es wäre jedoch ungerechtfertigt zu folgern, daß sie ohne Bedeutung sei. Im Gegenteil: Ihre theoretische Bedeutung kann als klares Bezugssystem ebenso groß oder größer sein als diejenige der «idealen» Gase für die Erklärung des Verhaltens realer Gase.

Ein vom Standpunkt der Linguistik wichtiges Problem muß noch erwähnt werden: Die Theorie der Wahrheit hat in erster Linie die Aufgabe, Fragen der logischen Form und der Übersetzung von Sätzen (in der Form der Übersetzung von Objektsprache in Metasprache) zu behandeln. Die Struktur des Wortschatzes, d. h. die Frage, welche semantischen Zusammenhänge zwischen den Elementen des Vokabulars wirksam sind (Fragen der Definition, Synonymie, Antonymie etc.), scheint hier vernachlässigt zu werden. Die Wortschatzstruktur ist aber ein wichtiger Teil einer semantischen Theorie; die Vernachlässigung beeinträchtigt also offensichtlich den Beitrag der Theorie der Wahrheit für eine Theorie der Semantik. Diese Einschätzung muß bei genauerer Überlegung allerdings relativiert werden. Insbesondere die Ansätze von LYONS zur semantischen Analyse des Wortschatzes könnten wahrscheinlich im Rahmen einer Theorie der Wahrheit expliziert werden. Es geht LYONS um die Erklärung von Begriffen semantischer Relationen zwischen lexikalischen Elementen, Begriffen wie Synonymie, Antonymie, Komplementarität, Hyponymie usw. In bezug auf die Synonymie schreibt er z. B., daß zwei (oder mehr) lexikalische Elemente synonym sind, wenn die Sätze, die aus der Ersetzung des einen durch den anderen resultieren, dieselbe Bedeutung haben.[22] Er betont, daß diese ‹Definition› ganz offensichtlich vom Begriff der Bedeutungsgleichheit von Sätzen abhängt. In LYONS' Ansätzen zur Präzisierung wird die Gleichheit der Bedeutung sogar extensional verstanden. Synonymie wird in Abhängigkeit

---

22 LYONS, [Linguistics], S. 428.

von der wahrheitsfunktionalen Äquivalenz (des Bikonditionals oder der Bisubjunktion) eingeführt. Seien S_1 und S_2 zwei wahrheitsfunktional äquivalente Sätze ($S_1 \Leftrightarrow S_2$) mit derselben syntaktischen Struktur, die nur darin unterschieden sind, daß S_2 ein lexikalisches Element y hat, wo in S_1 das lexikalische Element x steht, so sind x und y synonym. Gilt dagegen die Subjunktion zwischen S_1 und S_2 ($S_1 \Rightarrow S_2$), so ist x ein Hyponym zu y.[23] Diese Überlegungen zur Struktur des Wortschatzes lassen den Versuch einer semantischen Analyse im Rahmen einer Theorie der Wahrheit also durchaus als fruchtbar erscheinen.

6. Die *Theorie der Wahrheit* kann auch im *Rahmen von Theorien der Bezeichnung*, die wir in den nächsten beiden Abschnitten beschreiben werden, entwickelt werden. Tatsächlich ist auch für diese Theorien, die sogar zum Teil von TARSKI und seinen Schülern entwickelt wurden, das entscheidende Adäquatheitskriterium, wieweit es mit den entwickelten Beschreibungsmitteln – den modernsten Darstellungsmitteln der mathematischen Grundlagenforschung – gelingt, Wahrheitsdefinitionen für konstruierte und natürlich vorgegebene Sprachen zu liefern. Warum folgt DAVIDSON diesen Vorschlägen nicht, obgleich die Methoden sowohl höchst elegant als auch mit der TARSKISchen Wahrheitskonzeption kompatibel sind, wie er selbst zugibt?[24]

Der Grund ist, wie mir scheint, höchst aufschlußreich. Nach den Bezeichnungstheorien wird jedem sprachlichen Ausdruck ein *Sachbezug* oder eine *Bedeutung* zugeordnet.[25] Die grundlegende Form der theoretischen Aussage ist: ‹Der Ausdruck x bezeichnet die Bedeutung y in Sprache L.› Diese Zuordnung von Bedeutungen ist im Prinzip ohne weiteres durchführbar, hat aber bestimmte Konsequenzen, die für DAVIDSON, wie für QUINE, unerwünscht sind. Angesichts der Verwendung der Ausdrücke stellt sich häufig heraus, daß die Ausdrücke eigentlich nicht die Bedeutung haben können, die sie nach der Theorie haben sollten, stellt man die Kohärenz zwischen den Auffassungen über die Welt, die man dem Sprecher zubilligen muß, in Rechnung. Wir wollen dies an einem von DAVIDSON selbst vorgelegten Beispiel diskutieren.

Herr X ist mit Herrn Y bei Herrn Z eingeladen. Herr X ist recht müde und bringt dies Herrn Y gegenüber zum Ausdruck. Daraufhin sagt Herr Y: ‹Herr Z hat ein Nilpferd im Eisschrank.› Wenn nun ‹ein Nilpferd› in der deutschen Sprache immer ein Nilpferd und ‹ein Eisschrank› einen Eisschrank bezeichnet, wie wir als deutsch sprechende Beobachter der Szenerie wohl annehmen müssen (und als Linguisten als Bezeichnungsregel festzuhalten geneigt sind), dann folgt, daß, wenn Herr Y meint, was er sagt,

---

23 Vgl. LYONS, [Linguistics], S. 445, 450, 455. Näheres in Abschnitt D.
24 DAVIDSON, [That], S. 164/165.
25 Mehrdeutige Ausdrücke erhalten natürlich mehrere Bedeutungen.

Herr Y meint, Herr Z habe ein Nilpferd im Eisschrank. Diese Meinung können wir Herrn Y aber nur zuschreiben, wenn wir ihm zugleich sehr merkwürdige Auffassungen über Größenverhältnisse, Existenzweisen und Verwendungsweisen von Nilpferden und Eisschränken zutrauen. Ihm solche Auffassungen zuzutrauen, wäre aber recht unfair. Nehmen wir aber an, daß er über die Dinge in der Welt, also über Größenverhältnisse, Existenzweisen und Verwendungsweisen von Nilpferden und Eisschränken ungefähr dasselbe glaubt wie wir und nicht ‹geistesgestört› ist, so müssen wir zugleich zugeben, daß die Wörter, die Herr Y gesagt hat, nicht das bezeichnen, was sie bezeichnen sollten. Normalerweise wird man sagen: In *dieser* Verwendung bezeichnen sie nicht das, was sie normalerweise bezeichnen. Aber stimmt das? Angenommen, daß aus dem voraufgehenden und dem folgenden Kontext sich schließlich ergibt, daß Herr Y mit dieser Verwendung von ‹ein Nilpferd› eine bestimmte Art von Erfrischungsgetränk, das kühl zu servieren ist, gemeint hat. Vielleicht stellt sich sogar heraus, daß der Ausdruck für viele Sprecher des Deutschen auch diese Bedeutung haben kann. Sollte die Bedeutung von ‹ein Nilpferd› dann als zweideutig genommen werden? Aber woher sind wir sicher, daß nicht oft noch andere Bedeutungen von ‹ein Nilpferd› in Betracht zu ziehen sind? Wo ziehen wir die Grenze? Wird nicht die Bedeutung von ‹Bedeutung› höchst flau?

Nun wird man fragen, ob denn eine Theorie der Wahrheit nicht genau die gleichen Probleme stelle. Nicht so ganz! Verschiedene Fälle müssen auseinandergehalten werden. Im ersten Fall sei die Objektsprache in der Metasprache als Teil enthalten. In diesem Fall könnte die Wahrheitsbedingung lauten:

‹Herr Z hat ein Nilpferd im Eisschrank› ist wahr dann und nur dann, wenn Herr Z ein Nilpferd im Eisschrank hat.

Ist die Metasprache gewöhnliches Deutsch und die Objektsprache ein Teil davon, so ist die Interpretation korrekt, wenn auch seltsam, weil Nilpferde doch offenbar nicht in Eisschränke passen. Ist die Metasprache eine Variante des Deutschen und die Objektsprache ein Teil *dieser* Variante, in der man sich mit ‹Nilpferd› entweder auf ein Tier einer bestimmten Art oder auf ein Erfrischungsgetränk bezieht, so ist die Interpretation korrekt und nicht mehr seltsam, weil ‹Nilpferd› in der Metasprache dieselbe Mehrdeutigkeit hat wie in der Objektsprache. Zusätzliche Beschränkungen aufgrund von Sachkenntnissen können hier eine Restriktion der Wahrheitsbedingung für dieses besondere Vorkommen von ‹Nilpferd› bewirken.

Im zweiten Fall sei nun die Metasprache von der Objektsprache verschieden. Insbesondere soll angenommen werden, daß die Metasprache ein von mir gewöhnlicherweise verstandener Idiolekt des Deutschen ist, nach dem ‹ein Nilpferd› nur ein Tier einer gewissen Art bezeichnen kann, und die Objektsprache ein mir vorerst noch unbekannter Idiolekt des Deutschen von Herrn Y ist. Jetzt ergeben sich in der Tat offenbar dieselben Probleme wie oben hinsichtlich der Bedeutungen. Soll das entsprechende Theorem, das aus meiner Theorie der Wahrheit für die Sprache von Herrn Y folgt, nun lauten: ‹Herr Z hat ein Nilpferd im Eisschrank› ist wahr dann und nur dann, wenn Herr Z ein Nilpferd im Eisschrank hat (die unfaire Variante) oder ‹Herr Z hat ein Nilpferd im Eisschrank› ist wahr dann und nur dann, wenn Herr Z ein Nilpferd im Eisschrank hat oder wenn Herr Z ein Erfrischungsgetränk im Eisschrank hat? Vielleicht sollten wir sogar in die Theorie der Wahrheit ein wenig Sachkenntnis einbauen, zusammen mit gewissen Interpretationspostulaten, so daß sich ergäbe:

‹Herr Z hat ein Nilpferd im Eisschrank› ist wahr dann und nur dann, wenn Herr Z ein Erfrischungsgetränk der Art soundso im Eisschrank hat.›

Dabei müssen wir natürlich darauf achten, daß die Rekursivität der gesamten Theorie durch solche Festsetzungen nicht gestört wird. Sind also die Metasprache und die Objektsprache verschieden, so scheinen sich tatsächlich dieselben Probleme zu stellen wie bei den Bezeichnungstheorien. Der entscheidende Unterschied besteht aber darin: Die Theorie der Wahrheit ist grundsätzlich und offensichtlich mit einer Übersetzungsprozedur verbunden, und damit gilt für sie in klarer Weise die Unbestimmtheit der Übersetzungen, die QUINE hervorgehoben hat:[26] Ein Ausdruck einer gegebenen Sprache kann prinzipiell durch wesentlich verschiedene Ausdrücke der übersetzenden Sprache wiedergegeben werden, d. h. durch verschiedene nicht synonyme, ja manchmal widersprüchliche Ausdrücke. Da man in der Zielsprache aber nur eine (faire) Interpretation geben sollte, muß ein Kompromiß zwischen der Zuordnung der semantischen Gliederung der Ausdrücke der Ursprungssprache und der Konsistenz der Wiedergabe in der Zielsprache geschlossen werden. Diese Unbestimmtheit haftet jeder Übersetzung prinzipiell an. Daher kann a fortiori eine Wahrheitstheorie prinzipiell nicht so verstanden werden, als liefere sie *die* Wahrheitsbedingungen eines Satzes. Sie kann jedenfalls prinzipiell nicht im gleichen Sinn wie die Bezeichnungstheorien behaupten (implizit oder explizit), sie liefere *die* Bedeutungen oder Sachbezüge von Ausdrücken der Sprache.

Wie gegen Ende des Abschn. 2 soll auch hier nochmals dem wahrscheinlichen Mißverständnis eines Linguisten begegnet werden, er sei von diesen Erörterungen eigentlich nicht betroffen. Die Tatsache, daß Übersetzungen zwischen Sprachen Probleme bieten, sei ihm geläufig. Eine semantische Beschreibung mit Hilfe einer Übersetzung einer Sprache in eine andere erledigen zu wollen, erscheine aber eher pervers. Habe nicht die Sprachwissenschaft seit der Überwindung der grammatischen und semantischen Vormachtstellung der klassischen Sprachen diesen Standpunkt bereits überwunden? *Beschreibe* er, der Linguist, nicht statt dessen die Struktur einer Sprache auf der Grundlage empirischer Beobachtungen und Verfahren und

---

26 Vgl. insbesondere QUINE, [Word], S. 216–221.

bemühe sich, dies adäquat, d. h. sachangemessen zu tun? Was gehe ihn also die erörterte Problematik an?

Eine solche Äußerung würde verraten, daß der entscheidende Punkt nicht verstanden wurde. Man sollte sich vergegenwärtigen, daß der Linguist das Resultat seiner Beobachtungen und Verfahren notwendig in einer bestimmten Sprache formulieren und mitteilen muß: Einer linguistischen Fachsprache zusammen mit geeigneten Notationssystemen. Diese Fachsprache stellt aber ganz offenbar eine Metasprache relativ zu der zu beschreibenden Objektsprache dar. Sollen nun Bedeutungen (z. B. semantische Merkmale) der Objektsprache beschrieben werden, so sind dafür Ausdrücke in der Metasprache bereitzustellen. Von einer bestimmten Kombination von Zeichen für Bedeutungen oder semantische Merkmale wird man behaupten, daß sie die Bedeutung eines gewissen Satzes wiedergibt, mit anderen Worten, daß die Bedeutung der Zeichenkombination dieselbe ist wie diejenige des zugeordneten Ausdrucks der Objektsprache. Das Einander-Zuordnen von Ausdrücken verschiedener Sprachen mit der Behauptung, ihre Bedeutung sei dieselbe (sie seien semantisch entsprechend), ist aber nichts anderes als eine Übersetzung. Die linguistische Deskription ist nichts anderes als eine Übersetzung der Objektsprache in bestimmte Zeichenkombinationen (für semantische Merkmale) der Metasprache. Die linguistische Beschreibung unterliegt also strenggenommen ebenfalls dem Prinzip der Unbestimmtheit der Übersetzungen, allerdings, im Unterschied zur Theorie der Wahrheit, nur in verschleierter Form. Dasselbe gilt für die üblichen Bezeichnungstheorien. Demgegenüber ist die Bezeichnungstheorie, die wir im Abschnitt C darstellen werden, explizit mit einem doppelten Übersetzungsschema verbunden. In bezug auf sie sollten DAVIDSONS Bedenken gegenstandslos werden. Allerdings arbeitet diese Bezeichnungstheorie freiweg mit abstrakten Entitäten, sogenannten Intensionen bzw. möglichen Welten, die weithin ontologische Bedenken hervorrufen. Angesichts ontologischer Bedenken halte ich aber auch hier CARNAPS Toleranzprinzip für bedenkenswert: Es sollte uns auf die Klärung von Voraussetzungen ankommen, nicht darauf, Verbote auszusprechen, welche Instanz sie auch immer zu legitimieren scheint.

B. THEORIEN DER EXTENSIONALEN BEZEICHNUNG

1. Eine Theorie der Bedeutung von Ausdrücken einer Sprache soll jedem bedeutungtragenden Ausdruck der Sprache eine adäquate Bedeutung zuordnen. Diese Bedeutung mag durch Bestimmungen fixiert werden, die den Ausdruck über seine phonetische, graphische und syntaktische Ausdrucksgestalt hinaus charakterisieren, und zwar nach seiner Verwendung als sprachlicher Ausdruck oder sprachliches Zeichen, mit dem man anderes als den Ausdruck selbst «ausdrückt». Nach der nunmehr zu besprechenden

Theorie, die, wie die Theorie der Wahrheit, primär die Darstellungsfunktion der Sprache zu explizieren trachtet, sind die Bedeutungen von Ausdrücken primär bestimmte Gegebenheiten, und zwar konkrete oder abstrakte Objekte (u. a. auch Eigenschaften, Relationen und Funktionen von Objekten) oder Sachverhalte. Die Angabe der Bedeutung nimmt in diesem Fall also die Form einer *Bezeichnung für Objekte oder Sachverhalte* an. Auf der Grundlage dieses semantischen Begriffs der Bezeichnung expliziert die in diesem Abschnitt zu erörternde semantische Theorie andere semantische Begriffe wie denjenigen des *Prädizierens,* einer *Bedingung,* der *Erfüllung,* der *Variablenbewertung,* der *extensionalen Interpretation* sowie des *Modells einer Theorie,* die äquivalenten Methoden der *Interpretation von Prädikaten durch Mengen bzw. Klassen* einerseits *oder* durch *charakteristische Funktionen* andererseits. Mit diesen Explikationen verbunden sind die drei semantischen Prinzipien, das *Prinzip der Eindeutigkeit,* das *Prinzip des Sachgehalts* und das *Prinzip der Ersetzbarkeit.*

Die Entwicklung von Bezeichnungstheorien hat, wie mir scheint, einen entscheidenden Ansatzpunkt: Die wesentlichen Grundlagen der modernen abstrakten Mathematik, des fruchtbarsten Instruments der wissenschaftlichen Darstellung und Argumentation, konnten im Zusammenhang mit semantischen Bezeichnungstheorien für beschränkte formale Sprachen geklärt werden. Andererseits erwies sich in den letzten Jahren, daß diese mathematischen Zusammenhänge so geschickt ausgenutzt werden können, daß die Klasse der Sprachen, die bezeichnungstheoretisch problemfrei erfaßt werden kann, enorm erweitert wird. Manchen Theoretikern erscheinen die angesetzten Methoden als praktisch unbegrenzt, so daß nicht nur Standardsprachformen wesentlicher Fragmente natürlicher Sprachen beschreibbar werden, sondern vielleicht Standardsprachformen, die im Bestand der Ausdrucksmittel mit den Gemeinsprachen identisch sind.

Die Bezeichnungstheorien dieser Art mögen von manchen philosophischen Standpunkten aus als bedenklich erscheinen; daß auf ihrer Grundlage ein großartiges und leistungsfähiges Instrumentarium der Analyse verfügbar wird, das elegante Formulierungen komplexer Zusammenhänge ermöglicht, kann kaum bestritten werden.

Der einfache Grundbegriff, von dem aus Bezeichnungstheorien entwickkelt werden, ist die semantische Beziehung zwischen einem Namen und einem von dem Namen benannten Ding. Eine radikale Verallgemeinerung dieser Beziehung führt dazu, *jede* syntaktische Ausdrucksgestalt als einen Namen aufzufassen, als einen Namen notwendigerweise nicht für Dinge, sondern für aus Dingen «aufkonstruierbare» Entitäten, nämlich Mengen von Dingen, Mengen von Paaren, von Tripeln usw. von Dingen und Funktionen, die in Mengen von Dingen definiert sind. Ja, nach diesem Prinzip kann man weiter «aufkonstruieren»: Mengen von Mengen, Mengen von Funktionen, Paare, Tripel usw. von Mengen, Funktionen über Mengen, Mengen von Paaren, Tripeln usw. von Mengen usw. usw., d. h. die gesamte mengentheoretische «Hierarchie» über einer gegebenen Menge von Dingen. Die Sätze bezeichnen allerdings nicht Dinge oder Elemente der «Hierarchie», sondern einen Wahrheitswert, das Zutreffen oder Nicht-Zutreffen des Satzes.

Das, was die syntaktischen Ausdrucksgestalten nach dieser Bezeichnungstheorie bezeichnen – die Dinge, die Mengen in der Hierarchie oder die Wahrheitswerte –, nennt man ihre *Extension*. Die auf der Grundlage dieses Begriffs entwickelten semantischen Theorien nennt man *extensionale Bezeichnungstheorien*. Theorien dieser Art sind im Prinzip einfach, klar und durchsichtig. Es lassen sich Sprachformen entwickeln, deren Semantik mit Hilfe dieser Theorien genau erfaßt werden kann, die sogenannten extensionalen Sprachformen. Die üblichen Sprachformen der Aussagenlogik und der Prädikatenlogik erster und höherer Stufen gehören dazu. Viele Wissenschaftstheoretiker sind der Meinung, daß diese Sprachformen für die präzise Formulierung wissenschaftlicher Theorien in den meisten Wissenschaften ausreichen (wobei als Interpretationen allerdings nicht notwendigerweise bloß Extensionen in Betracht gezogen werden können, sondern auch Intensionen, wenn dies angemessener erscheint) [27]. Diese Sprachformen wurden daher auch schon oben in Abschnitt II.B.2 (S. 95 ff) besprochen.

Der Versuch, diese Semantik auf Standardsprachformen anzuwenden, die den natürlichen Gemeinsprachen nahestehen, führt jedoch sehr rasch zu mannigfachen Problemen. Die Lösung dieser Probleme erfordert den Übergang zu Theorien, nach denen Ausdrücke primär normalerweise nicht eine Extension, sondern eine Intension bezeichnen und erst sekundär, in bestimmten Fällen, eine Extension haben. Man nennt diese Theorien daher *intensionale Bezeichnungstheorien*. Die moderneren Versionen der Bezeichnungstheorien, die auch zur Beschreibung quasi-natürlicher Standardsprachformen weiteste Anwendung verdienen, sind daher keine «Namentheorien», wenngleich sie historisch und systematisch in einem gewissen Zusammenhang mit ihnen stehen. Dies wird hier vorausgeschickt, damit sich bei der nun folgenden Besprechung der extensionalen Bezeichnungstheorien in den ersten drei Paragraphen dieses Abschnittes keine falsche Vorstellung festsetzt.

2. Ausgangspunkt der durch extensionale Bezeichnungstheorien gelieferten Explikation sind Begriffe wie ‹Name›, ‹Bezeichnung›, ‹Gegenstand› (oder ‹Objekt› bzw. ‹Ding›; diese Begriffe sind hier quasi synonym). Eine genauere Analyse dieser Begriffe führt jedoch in einen Dschungel von Problemen, in dem sich schon mancher verirrt hat. Die Versuchung, sich in diesen Dschungel locken zu lassen, ist sehr groß, weil die genannten Begriffe auf

---

27 CARNAP, [Replies], S. 895 u. a., glaubt z. B., daß das Denken der Philosophen und Wissenschaftler angemessener in einer intensionalen Interpretation wiederzugeben ist als in einer extensionalen.

den ersten Blick überaus klar erscheinen. Es ist jedoch möglich, diese Klarheit für einen Einstieg in Bezeichnungstheorien zu verwenden, wenn man zeitig genug vor dem Eintritt in den Dschungel abbiegt und den gewonnenen, soweit klaren und einfachen Begriff praktisch anwendet.

Jedermann weiß, daß jede Person einen Namen hat und daß man mit diesem Namen die betreffende Person bezeichnet. Mit ‹Sokrates› bezeichnet man den berühmten griechischen Philosophen, der den Schierlingsbecher nahm, mit ‹Caesar› den berühmten römischen Staatsmann, der an den Iden des März ermordet wurde, und mit ‹Helmut Schnelle› den, weniger berühmten, Autor dieses Buches. Die Sache sollte einfach und klar sein: Hier gibt es eine Kollektion verschiedener sprachlicher Ausdrücke, dort die Menschen, die gelebt haben, leben und leben werden, und jedem Menschen ist genau einer aus der Kollektion der verschiedenen sprachlichen Ausdrücke zugeordnet. Die Zuordnung ist die Beziehung der Bezeichnung: Jeder Name bezeichnet genau einen Menschen. Natürlich ist die Sache nicht so einfach, doch davon später.

Nicht nur Menschen haben Namen. Für ausreichend markante geographische Lokalitäten gilt das gleiche: ‹Paris› bezeichnet die Hauptstadt Frankreichs und ‹London› die Hauptstadt Englands. ‹Mount Everest› bezeichnet den höchsten Berg der Erde und ‹Montblanc› den höchsten Berg Europas. Es gibt noch eine Reihe von Gegebenheiten, die in dieser Weise mit Namen bezeichnet werden, z. B. Himmelskörper, u. a. die Planeten wie Mars, Venus, Jupiter usw. Das Prinzip scheint immer dasselbe zu sein: Hier die Kollektion verschiedener sprachlicher Ausdrücke, dort die Gegenstände und zwischen beiden die Bezeichnungsrelation, so daß jede Bezeichnung genau einen Gegenstand bezeichnet. Es ist fast so, als sei den Gegenständen der Name gewissermaßen «dingfest angeheftet», wie BÜHLER sagt.[28]

Nach diesem einfachen Bild könnten wir uns eine sprachlich gefaßte Welt vorstellen, die aus einer Kollektion von Gegenständen (einschließlich der Lebewesen) besteht und die durch die Kollektion der sprachlichen Ausdrücke zu ihrer Bezeichnung gedoppelt wird. Wir alle wissen: die gemeinsprachlich gefaßten Welten sind nicht so. Das Nachdenken darüber, welche Abweichungen vom Idealbild mit ihnen verbunden sind, führt sehr rasch in das Innere des obenerwähnten Dschungels. Wir wollen den Eingang nur kurz markieren, ehe wir uns abwenden.

Zunächst: Viele klar identifizierbare Gegenstände, ja die allermeisten, haben keinen Namen: Der Bleistift auf meinem Schreibtisch, die Seiten dieses Buches, meine Armbanduhr, der Baum vor dem Fenster meines Arbeitszimmers usw. usw. Zweitens: Die Bezeichnungsrelation ist keineswegs eineindeutig. Ein Gegenstand oder eine Person kann mehrere Namen haben, und ein Name kann Name von mehreren Gegenständen oder Per-

---

28 BÜHLER, [Sprachtheorie], S. 159.

sonen sein. Ein Beispiel für den ersten Fall ist der Planet Venus, der auch ‹Morgenstern› oder ‹Abendstern› genannt wird, je nach den Bedingungen der Sichtbarkeit von der Erde aus. Das Tripel der Bezeichnungen ‹Venus›, ‹Morgenstern› und ‹Abendstern› spielt in der Geschichte der Bezeichnungstheorien seit Frege eine berühmte Rolle, auf die wir noch zurückkommen werden. Beispiele dafür, daß mehrere Personen und Gegenstände durch denselben Namen bezeichnet werden, sind Legion. Es gibt in Deutschland eine ganze Anzahl von Menschen mit dem Namen ‹Peter Müller› (z. B.), und fast zu jeder größeren Stadt in Europa gibt es in den USA mindestens eine Ortschaft gleichen Namens. Schließlich ist es höchst problematisch, die Klasse der namenfähigen Gegenstände, d. h. der identifizierbaren Objekte, zu bestimmen. Man ist oft geneigt zu fordern, daß die Objekte raumzeitlich klar als zusammenhängend erkennbar sein sollten. Aber auch das ist problematisch: Die Vereinigten Staaten sind zum Beispiel kein räumlich zusammenhängendes Gebiet.

Wir wollen diese Fragen nicht näher erörtern und uns daran erinnern, daß wir insbesondere in den Konstruktsprachen, aber auch in den Standardsprachen die Freiheit haben, solche Komplikationen zunächst zu vermeiden. Dies erspart uns natürlich nicht, die Probleme bei Gelegenheit zu behandeln, aber es ermöglicht uns, zuerst geeignetes Rüstzeug für diese Behandlung zu entwickeln.

Eine besondere Kategorie von Namen muß allerdings noch besprochen werden, damit der möglicherweise entstandene falsche Eindruck zerstreut wird, das intuitive Konzept eines wirklich gegebenen Gegenstandes sei eine wesentliche Grundlage der Namenrelation. Zweifellos bilden die Koordinatenangaben eines Koordinatensystems einen Satz von Namen, die zur Bezeichnung von Entitäten bereitstehen. Die Entitäten, die man mit solchen Namen bezeichnet, sind jedoch keine konkreten Gegenstände, sondern gewöhnlich Positionen in einem Feld von Raum und Zeit. Bekannte Koordinaten sind zum Beispiel die Längen- und Breitengrade, die jeden Punkt des Erdballs zu benennen gestatten. Ähnlich können aber auch Gegenstände in systematischer Weise durch Koordinaten benannt werden. Ein Beispiel bieten die Benennungen von Häusern einer Stadt nach Stadtbezirk, Straße und Hausnummer. Die vor allem aus dem ersten Beispiel zu ziehende wichtige Lehre ist die, daß die von Namen benannten Gegebenheiten keineswegs in irgendeinem Sinn Dinge oder konkrete Gegenstände sein müssen. Als wesentlichen Grundgedanken wollen wir festhalten, daß man sich als Grundlage der Sprachbeschreibung eine Kollektion irgendwelcher voneinander unterschiedener Objekte denken kann. Wir nennen sie Grundobjekte der Sprachbeschreibung.

Diese Objekte sollen sprachlich durch unterschiedene Ausdrücke vertreten werden können. Die die Objekte vertretenden Ausdrücke brauchen nicht sämtlich elementare syntaktische Ausdrucksgestalten zu sein. Wir wollen sie *Terme* nennen. Diejenigen Terme, die zugleich elementare syntaktische Ausdrucksgestalten sind, seien die *Namen*. Wir wollen die von den Termen vertretenen Objekte ihre *extensionalen Designate* nennen. Die Art der Vertretung soll dem *Prinzip der Eindeutigkeit* folgen: Jeder Name bezeichnet genau ein Objekt.[29]

3. Zu der Vielzahl von Ausdrucksabsichten der Sprachverwendung gehört auch die, über Gegenstände etwas auszusagen, *von Gegenständen etwas zu prädizieren*. Zum Beispiel können wir über Sokrates aussagen, daß er Philosoph war, mit der Äußerung des Satzes
(1) ‹Sokrates war ein Philosoph›.
Manchmal bezieht sich das, was man aussagt, auf mehr als eine Person, ein Lebewesen oder Ding. Der Satz
(2) ‹Sokrates war mit Xanthippe verheiratet›
besagt zum Beispiel etwas über zwei Personen oder ein Paar von Personen. Sätze dieser Art enthalten normalerweise Namen oder Terme derjenigen Objekte, über die der Satz etwas aussagt. Für eine typische Sprache, in der dies zutrifft, können wir nun nach CARNAP ein weiteres Prinzip formulieren, das *Prinzip des Sachgehalts*: Ein Satz *ist über* die Designate der Terme, die in ihm vorkommen.[30] Alternativ: Ein Satz *handelt von* den Designaten der in ihnen vorkommenden Terme, oder: Die Designate sind im Sachgehalt des Satzes enthalten.

Nehmen wir nun die Terme aus dem Satz heraus, so bleiben unvollständige Satzgebilde mit Leerstellen, z. B.
(3) ‹. . . war ein Philosoph› oder
(4) ‹. . . war mit . . . verheiratet›.
Da die herausgenommenen Terme die Designate bezeichnen, über die der Satz etwas aussagt, liegt die Annahme nahe, daß die Reste, die nach Herausnahme der Terme in den Satzgebilden bleiben, das bezeichnen, was von den Designaten der herausgenommenen Terme ausgesagt wird. Man nennt diese Reste normalerweise Prädikatausdrücke. Auch sie können syntaktisch einfache oder zusammengesetzte Ausdrucksgestalten sein. Die unvollständigen Sätze, die aus den Prädikatausdrücken mit Leerstellen für Terme bestehen, nennt man *offene Satzformeln* oder auch *Bedingungen* für Objekte.

Die Bezeichnung ‹Bedingung› ist verbunden mit einer anderen wichtigen semantischen Relation, die für TARSKIS Theorie der Wahrheit, im Gegensatz zu derjenigen DAVIDSONS, grundlegend wurde: Die Beziehung der *Erfüllung*: Eine Bedingung wird von gewissen Objekten erfüllt. Ähnlich

---

29 Das Prinzip der Eindeutigkeit wurde zur Klärung der Namenrelation formuliert. Vgl. CARNAP, [Meaning], S. 98. CARNAP formulierte übrigens vorsichtiger: ‹Jeder Ausdruck, der (in einem bestimmten Kontext) als Name gebraucht wird, (. . . usw. wie oben)›, d. h. gewisse Ausdrücke können in bestimmten Kontexten als Namen, in anderen anders gebraucht werden.

30 CARNAP, [Meaning], S. 98.

wie der Begriff ‹Bezeichnung› eine semantische Relation ist zwischen gewissen sprachlichen Ausdrücken, den Termen, und gewissen Objekten, den Designaten der Terme, ist der Begriff ‹Erfüllung› eine semantische Relation zwischen gewissen sprachlichen Ausdruckskomplexen, den offenen Satzformeln oder Bedingungen, und gewissen Objekten (die möglicherweise Designate von Termen sein könnten).[31] Man sagt, daß unter den Objekten einer vorgegebenen Kollektion gewisse Objekte (oder Objektpaare, Objekttripel usw.) eine vorgegebene Satzformel erfüllen, andere nicht. Die Satzformel

(3) ‹. . . war ein Philosoph›

wird von den Personen Sokrates, Plato, Aristoteles und vielen anderen erfüllt. Die Satzformel

(4) ‹. . . war mit . . . verheiratet›

wird von gewissen Paaren von Personen erfüllt, unter anderem von Sokrates und Xanthippe, Aristoteles und Pythias, Caesar und Calpurnia.

Diejenigen Objekte, die eine Bedingung mit genau einer Leerstelle erfüllen, bilden eine *Klasse* (oder *Menge*) von Objekten. Oft bestimmt man die Klasse mit Hilfe der Bedingung und benennt sie entsprechend auch nach dieser Bedingung: Die Klasse der Philosophen oder, etwas ausführlicher, die Klasse aller derjenigen, die Philosophen sind. Diejenigen Paare von Objekten, die eine Bedingung mit zwei Leerstellen erfüllen, bilden eine *Klasse von Paaren* (manchmal auch *Relation* genannt). Die durch die genannte Bedingung bestimmte Klasse ist die Klasse derjenigen Paare, die miteinander verheiratet sind, oder die Relation, die alle Paare enthält, zwischen denen die Beziehung besteht, miteinander verheiratet zu sein.

Es erscheint nun sinnvoll, einige etwas *schwierigere semantische Begriffe* der semantischen Theorie der Konstruktsprachen hier einzuführen: Die *Variablen, mögliche Variablenbewertungen* und die *Erfüllung* einer (offenen) Satzformel *durch eine Variablenbewertung*. Variable sind bestimmte Ausdrücke in Konstruktsprachen und gewissen Standardsprachformen, die in Gemeinsprachen nicht vorkommen (dort werden entsprechende Funktionen von anderen Sprachmitteln, z. B. den Pronomina, übernommen). Variable werden zur Markierung von Leerstellen in Satzformeln verwendet. Sie markieren entweder offene Leerstellen oder sogenannte gebundene. Bei der *Markierung von offenen Leerstellen* können sie zwei verschiedene Funktionen erfüllen:

(a) die Unterscheidung verschiedener Leerstellen in offenen Satzformeln und
(b) die Markierung «gleichbedeutender» Leerstellen.

Sind die Variablen *Markierungen gebundener Leerstellen*, so versteht man sie besser als Adjunkte zu Quantorausdrücken, d. h. gewissen noch zu besprechenden Ausdrucksteilen in Sätzen.

Wir beschränken uns zunächst auf die Funktion von Variablen in offe-

---

31 Genauer: die Konverse einer solchen Beziehung.

nen Satzformeln. Als Variable verwendet man meist Buchstaben vom Ende des Alphabets, evtl. mit Indizes, die in Sätzen anstelle von Termen stehen können und dann (wenn sie keine Adjunkte von Quantorausdrücken sind) den Satz als offene Satzformel kennzeichnen. Unsere Beispiele von offenen Satzformeln können dann etwa lauten:

(3′) ‹x war Philosoph› oder
(3″) ‹y₅ war Philosoph› und
(4′) ‹x₃ war mit x₅ verheiratet› oder
(4″) ‹y war mit z verheiratet›.

Die Verwendung nach (b) kann etwa durch die Satzformeln
(5′) ‹x ist mit x identisch›
oder
(6′) ‹x wäscht x›
illustriert werden. Dies sind die Ausdrucksweisen der Standardsprachform für Formulierungen der Gemeinsprache wie
(5″) ‹x ist mit sich selbst identisch›,
(6″) ‹x wäscht sich›.

Der Sinn der gleichen Markierung verschiedener Leerstellen besteht offenbar darin sicherzustellen, daß bei jedem Paar von Objekten, das diese offenen Satzformeln erfüllen soll, das erste Glied mit dem zweiten gleich ist. Wenn man will, kann man dasselbe auch syntaktisch formulieren: Durch *Einsetzen* von Termen für die Variablen entstehen aus den offenen Satzformeln Sätze. Sind mehrere Leerstellen mit derselben Variablen markiert, so sind an diesen Stellen dieselben Terme einzusetzen. Diese Festsetzungen genügen zur Klärung der Funktion von Variablen in offenen Satzformeln.

Wie viele Variable sollten wir für eine Standardsprachform oder eine Konstruktsprache zur Verfügung halten? Antwort: Eine unbeschränkte Folge. Dies erkennt man auf folgende Weise: Offene Satzformeln können, wie wir sahen, eine oder zwei Leerstellen enthalten. Da aber ein Satz auch mehr als zwei Terme enthalten kann, ja offenbar, wenn der Satz genügend kompliziert ist, jede Anzahl von Termen, gilt entsprechend, daß offene Satzformeln jede Anzahl von Leerstellen enthalten können – die offenen Satzformeln entstehen ja aus Sätzen, indem man die Terme herausnimmt und Leerstellen hinterläßt. Offenbar ist es auch nicht auszuschließen, daß alle Leerstellen einer offenen Satzformel, wieviel sie auch davon enthalten mag, durch verschiedene Variable markiert werden können. Also ist die Anzahl der möglicherweise benötigten verschiedenen Variablen ebenfalls nicht zu beschränken.

Wir können nun zum Begriff der *möglichen Variablenbewertung* übergehen. Dies ist wiederum ein semantischer Begriff. Es handelt sich um eine Beziehung zwischen den Variablen einer Sprache (Standardsprachform oder Konstruktsprache) – also gewissen syntaktisch charakterisierten Ausdrucksgestalten – und gewissen Objektkombinationen. Es ist sinnvoll anzunehmen, daß die Variablen einer Sprachform in einer Folge geordnet wurden. Man kann also von der ersten, der zweiten, ... allgemein von der i-ten Variablen der Sprachform sprechen. Wir nehmen jetzt an, daß jeder Variablen der Sprachform genau ein Objekt aus einer Kollektion von Objekten, über die die Sätze einer Sprachform etwas aussagen können, zugeordnet sei. Da die Variablen eine unbeschränkte Folge bilden, müssen auch die zugeordneten Objekte eine solche Folge bilden. Die Zuordnung ordnet also der Folge der Variablen eine Folge von Objekten zu. Wir nennen sie eine *mögliche Variablenbewertung*. In bezug auf eine bestimmte derart festgelegte Variablenbewertung fungieren nun die Variablen anscheinend wie Namen: Die erste Variable steht für das erste Objekt der Variablenbewertung, die zweite für das zweite, die i-te für das i-te Objekt usf.

Betrachten wir kurz zur Illustration ein Beispiel:

(7) ‹x_{510} war Philosoph und x_{510} war mit x_{526} verheiratet›

ist eine Satzformel mit drei Leerstellen, deren erste beide mit der gleichen Variablen markiert sind. Eine mögliche Folge von Personen, die für die Variablen unserer Sprache ‹x_1›, ‹x_2› ... ‹x_{510}› ... ‹x_{526}› ... eine der möglichen Variablenbewertungen festlegt, sei ‹Adam, Eva, ..., Sokrates, ..., Xanthippe, ...› (wobei Sokrates das 510. Glied und Xanthippe das 526. Glied der Folge ist). Wir können nun sagen, daß diese mögliche Variablenbewertung die angegebene Satzformel (7) offenbar *erfüllt*. Bei dieser Bewertung besagt der Satz nämlich, daß Sokrates ein Philosoph ist und mit Xanthippe verheiratet ist.

Natürlich ist eine unbeschränkte Menge (sogar eine überabzählbar große) von alternativen Variablenbewertungen denkbar; man braucht ja nur alle möglichen Vertauschungen in Betracht zu ziehen. Einige von diesen erfüllen die offene Satzformel (7), andere nicht. Die Folge

‹Mohammed, Cassius Clay, ... Aristoteles, ..., Pythias, ...›

erfüllt sie, die Folge

‹Mao Tse-tung, Stalin, ..., Willi Brandt, ... Marlene Dietrich, ...›

erfüllt sie nicht. Aber auch von der Folge

‹Napoleon, Josephine Beauharnais, ..., Caesar, ..., Calpurnia, ...›

würde man sagen, daß sie die offene Satzformel (7) nicht erfüllt, wenn wir Caesar, wie üblich, nicht als Philosophen ansehen.

Zusätzlich zum semantischen Begriff der *möglichen Variablenbewertung* haben wir in dem Beispiel TARSKIS Charakterisierung der *Erfüllung* angegeben. Die semantische Beziehung der Erfüllung ist primär eine *Beziehung zwischen einer offenen Satzformel und einer unbeschränkten Folge von Objekten*, die als Variablenbewertung eingeführt werden kann. Gewisse unbeschränkte Folgen von Objekten erfüllen eine offene Satzformel, andere nicht.[32] TARSKI möchte den Begriff der *Erfüllung zum semantischen Grundbegriff* seiner *Theorie der Wahrheit* machen (im Gegensatz zu DAVIDSON,

---

32 Vgl. TARSKI, [Conception], S. 72, und MARTIN, [Conception].

der den Begriff der Wahrheit direkt als Grundbegriff nimmt). Kann der Begriff so erweitert werden, daß er auch auf Sätze und nicht nur auf Satzformeln zutrifft? Sätze können offenbar aus offenen Satzformeln gewonnen werden, indem man die Leerstellen mit Termen füllt.

Betrachten wir nochmals die offene Satzformel mit zwei Variablen

(7) $\langle x_{510}$ war Philosoph und x_{510} war mit x_{526} verheiratet$\rangle$

und die Folge $\langle$Adam, Eva, . . ., Aristoteles, . . ., Pythias, . . .$\rangle$, die offenbar die Satzformel erfüllt (wenn wieder Aristoteles anstelle 510 und Pythias anstelle 526 steht). Was passiert, wenn wir an irgendeiner Stelle, die von Stelle 510 oder 526 verschieden ist, eine andere Person setzen als in der angegebenen Folge? Jede solche Änderung ändert offensichtlich nicht den Wert der Variablen $\langle x_{510}\rangle$ und $\langle x_{526}\rangle$ und erfüllt daher ebenfalls die Satzformel. Das heißt: Gibt es eine Folge, die eine Satzformel mit bestimmten Variablen $\langle x_{i_1}\rangle$, $\langle x_{i_2}\rangle$ . . . $\langle x_{i_k}\rangle$ erfüllt, so erfüllt auch jede Folge die Satzformel, die an den Stellen der Variablenbewertung, die von i_1, i_2, . . ., i_k verschieden sind, andere Objekte enthält.

Dies wendet TARSKI nun auf Sätze an: Bei Sätzen ist die Anzahl der Variablen Null. Angenommen, es gäbe eine Folge von Objekten, die den Satz erfüllt, so müssen *alle möglichen Folgen* den Satz erfüllen, denn wir können ja an *allen* Stellen beliebige andere Objekte einsetzen. Daß es überhaupt eine Folge gibt, die den Satz erfüllt, war aber ja nur eine Annahme. Ebensogut ist es denkbar, daß keine Folge den Satz erfüllt. Angesichts dieser Freiheit *definiert* TARSKI Sätze, die von allen Folgen erfüllt werden, als *wahr*, Sätze, die von keiner Folge erfüllt werden, als *falsch*. Diese Definition ist insofern formal verlockend, als nun die Wahrheitswerte, also die Designate von Sätzen, mengentheoretische Entitäten sind, nämlich Mengen von Folgen von Objekten im Fall *wahr* und die leere Menge im Fall *falsch*. Natürlich ist diese formal befriedigende Definition unter anderen Gesichtspunkten keineswegs zwingend.

Die Reglementierung der Sprache, die zur Einführung *gebundener Variablen* führt, haben wir schon oben in Abschnitt II.B.2 (S. 96 f) besprochen. Hier wollen wir zur Erinnerung nur noch einige Beispiele angeben. Betrachten wir den Satz:

(8) $\langle$Ein Philosoph war mit Xanthippe verheiratet$\rangle$.

Die Reglementierung der Sprache führt über folgende Stufen:

(9) $\langle$Eine Person, die Philosoph war, war mit Xanthippe verheiratet$\rangle$

(10) $\langle$Es gab jemand, der Philosoph war und mit Xanthippe verheiratet war$\rangle$

(11) $\langle$Es gab eine Person, für die gilt: Sie war Philosoph, und sie war mit Xanthippe verheiratet$\rangle$

(12) $\langle$Es gab eine Person x derart, daß x war Philosoph, und x war mit Xanthippe verheiratet$\rangle$.

In den ersten zwei Sätzen steht $\langle$Philosoph$\rangle$ im Subjekt des Satzes, im zweiten Satz allerdings bereits als Prädikat eines Attributsatzes zum Subjekt. Im dritten, vierten und fünften Satz wird auch das Hauptverb mit dem Objekt zu einem Attributsatz verbunden, der mit dem Attribut ‹Philosoph› koordiniert einer allgemeinen Feststellung untergeordnet wird, d. h. diese spezifiziert. Durch die Koordinierung wird allerdings die Rolle von Subjekt und Prädikat des ursprünglichen Satzes ununterscheidbar; die drei letzten Sätze könnten sich auch als Reglementierung folgender Sätze ergeben haben:

(13) ‹Der Mann von Xanthippe war Philosoph›

(14) ‹Jemand, der mit Xanthippe verheiratet war, war Philosoph›.

Sätze, die nicht direkt über singuläre Objekte (bzw. Paare, Tripel usw. von Objekten) aussagen, sondern entweder allgemein sind oder sich indirekt auf solche Objekte oder Objekttupel beziehen, werden in der reglementiertesten Form der Sprache der Logik und der entsprechenden Konstruktsprache immer zerlegt in einen allgemeinen, aber unspezifizierten Teil und Attribute zu diesem, die die spezifizierenden Bedingungen hinzufügen. Die verschiedenen allgemeinen Teile formulieren Forderungen an die Erfüllung der im Attribut stehenden Bedingungen. Lautet der allgemeine Teil mit Attribuierungsanschluß

(15) ‹Es gibt ein x_i derart, daß . . .›

(in Konstruktsprachen oft abgekürzt als ‹$\lor x_i$› oder ‹$\exists x_i$›)

und ist der Attributkomplex eine Bedingung für x_i, so ist der Satz dann und nur dann wahr, wenn es *mindestens eine Variablenbewertung* gibt, die die Bedingung erfüllt.

Lautet der allgemeine Teil mit Attribuierungsanschluß dagegen

(16) ‹Alle x_i sind derart, daß . . .›

(in Konstruktsprachen oft abgekürzt als ‹$\land x_i$› oder ‹(x_i)›)

und ist der Attributkomplex ebenfalls eine Bedingung für ‹x_i›, so ist der Satz dann und nur dann wahr, wenn *alle Variablenbewertungen* die Bedingung erfüllen.

4. Auf der Grundlage der semantischen Begriffe ‹Bezeichnung eines Objekts›, ‹Bedingung für Objekte›, ‹Aussagen über Objekte› und der Klassifikation der Objekte in Mengen, Mengen von Tupeln usw. läßt sich der *semantische Begriff einer Sprachform* entfalten, *die als Grundlage der Mathematik einwandfrei funktioniert.*

Für diese Sprachform läßt sich die Bezeichnungstheorie auf der Grundlage der Namen-Relation nun radikal ausbauen, nämlich so, daß *jeder bedeutungtragende Ausdruck etwas «Objekthaftes» bezeichnet.* Dazu muß zunächst bestimmt werden, was die elementaren Ausdrücke (oder Grundzeichen) bezeichnen, sodann, was die zusammengesetzten Ausdrücke bezeichnen und wie diese Bezeichnungen zu bestimmen sind.

Die Grundzeichen der in Betracht zu ziehenden Sprachformen sind entweder logische Zeichen oder deskriptive Konstante. Die Arten deskriptiver Konstanten sind (vgl. II.B.2 (a) (S. 96)):

(a1) Individuenkonstante (= Namen im eigentlichen Sinn)

(a2) Prädikate

(a3) Funktoren,

wobei Prädikate und Funktoren nach ihrer Stelligkeit klassifiziert sind.

Diese deskriptiven Konstanten sind diejenigen Elemente der Sprache, die die Grundlage des Sachbezuges darstellen. Individuenkonstanten bezeichnen Grund-Objekte. Mit Prädikaten lassen sich, wie wir sahen, Bedingungen für Objekte formulieren und mit Funktoren Formeln zur «Berechnung» von Objekten. ‹+› ist zum Beispiel ein Funktor und ‹x + y› eine Formel zur Berechnung von Objekten als Summe irgendwelcher Objekte x und y.

Eine naheliegende Form, Prädikate und Funktoren als Namen einzuführen, ist folgende: Man nehme die Prädikate als *Namen für Klassen* von Objekten oder Tupel, die die mit diesen Prädikaten allein formulierbaren Bedingungen erfüllen. Die Funktoren nehme man entsprechend als *Namen von Funktionen*. Ist eine Sprache durch eine bestimmte Anzahl deskriptiver Konstanten spezifiziert, so nennt man eine eindeutige Bezeichnungsrelation von deskriptiven Konstanten zu entsprechenden Objekten, Klassen, Relationen und Funktionen eine *extensionale Interpretation* für diese Sprache. Sie legt die *extensionale Bedeutung elementarer Ausdrücke* fest. Sei z. B.

$$\langle D_1, D_2, \ldots, D_n, \ldots \rangle$$

eine endliche (oder auch unendliche) Folge deskriptiver Konstanten (ohne Wiederholung), die eine Sprachform bestimmt. Sei andererseits

$$\langle U, M_1, M_2, \ldots, M_n, \ldots \rangle$$

eine Folge, die der ersten in folgendem Sinn entspricht:

1. U ist eine Kollektion von Objekten, das «Universum» der Interpretation

2. Ist D_i eine Individuenkonstante, so ist M_i ein Objekt aus U

3. Ist D_i ein m-stelliges Prädikat, so ist M_i eine Menge von m-Tupeln mit Gliedern aus U; speziell: Ist m = 1, so ist M_i eine Untermenge von U

4. Ist D_i ein n-stelliger Funktor, so ist M_i eine n-stellige Funktion, die über beliebigen n-Tupeln mit Gliedern aus U definiert ist und Funktionswerte in U annimmt.

Die eindeutige Relation (oder Funktion), deren Argumente die Glieder D_i der erstgenannten Folge und deren Werte die entsprechenden Glieder M_i der zweiten Folge sind, heißt *extensionale Interpretation* für die Sprache, deren deskriptive Konstanten die D_i sind.

Gehen wir nun zur *Bedeutung zusammengesetzter Ausdrücke* über. An bedeutungtragenden zusammengesetzten Ausdrücken gibt es in diesen Sprachformen Terme und Sätze. Terme bezeichnen Objekte, Sätze bezeichnen Wahrheitswerte. Welche Objekte und welche Wahrheitswerte bezeichnet werden, *hängt von der Interpretation der Sprache und den Variablenbewertungen für die Sprache ab*. Erstere legt die Bezeichnungen der deskriptiven Konstanten (oder die Werte der Variablen) fest, bestimmt also die Bezeichnungen der Ausdrücke, aus denen Terme und Sätze zusammengesetzt sind. Auf diese Weise kann die Bezeichnungstheorie die schon bei der Theorie der Wahrheit angegebene Bedingung, die Bedeutungen zusammengesetzter Ausdrücke aus der Bedeutung ihrer Teile rekursiv zu bestimmen, radikal erfüllen (abhängig von Interpretation und Variablenbewertung). Bei der Bestimmung der Bezeichnung von Termen und Sätzen, die ausschließlich aus deskriptiven Konstanten zusammengesetzt sind, wird das Designat des Gesamtausdrucks als Funktion der Designate der deskriptiven Konstanten des Ausdrucks *bei einer bestimmten Interpretation* bestimmt. Bei der Bestimmung von *offenen Termen und Sätzen* (d. h. solchen mit freien Variablen), die keine Quantorausdrücke enthalten, ist das Designat eine Funktion der Designate der deskriptiven Konstanten *und* der Werte der Variablen *bei einer Interpretation und einer Variablenbewertung. Bei Termen und Sätzen mit Quantorausdrücken* ist die Bezeichnung abhängig von den Bezeichnungen der deskriptiven Konstanten der Terme und Sätze *bei einer Interpretation und* der Werte der Variablen *bei allen möglichen Variablenbewertungen.*

Wir wollen die Bestimmungen hier nicht im einzelnen ausführen,[33] sondern nur an Beispielen illustrieren. Sei U die Menge aller Personen und I eine bestimmte Interpretation.

Erstes Beispiel:
(1) ‹Sokrates ist ein Philosoph› bezeichnet den Wert wahr (oder ist wahr) dann und nur dann, wenn (a) ‹Sokrates› bei I eine bestimmte Person, nämlich Sokrates, bezeichnet und (b) ‹ist ein Philosoph› bei I die Klasse der Personen, die Philosophen sind, bezeichnet und (c) Sokrates ein Element der Klasse der Philosophen ist.

Beim Vergleich mit den im vorigen Abschnitt behandelten Wahrheitsbedingungen fällt auf, daß die Formulierung der Wahrheitsbedingung hier den semantischen Begriff ‹bezeichnet› voraussetzt und die Begriffe ‹Klasse› und ‹Element von›. Die Menge der zur Formulierung verwendeten Grundbegriffe ist also zweifellos reicher als in der reinen Theorie der Wahrheit DAVIDSONscher Prägung. Andererseits kann sie sich auf ein reiches System von Erfahrung, wie es im Zusammenhang mit der Erörterung mathematischer Theorien gewonnen wurde, stützen.

Zweites Beispiel (es sei eine bestimmte Variablenbewertung V_i vorgegeben):
(2) ‹x ist ein Philosoph› ist wahr bei I und V_i dann und nur dann, wenn
(a) ‹ist ein Philosoph› bei I die Klasse der Philosophen bezeichnet und
(b) der Wert von x bei V_i ein Element der Klasse der Philosophen ist.

---

33 Man findet sie in jedem Standardlehrbuch der Logik.

Drittes Beispiel:

(3) ‹Alle Personen sind Philosophen› oder, reglementiert,

(4) ‹Für alle Personen x gilt, x ist ein Philosoph›

ist wahr dann und nur dann, wenn

(a) ‹ist ein Philosoph› bei I die Klasse der Philosophen bezeichnet, und

(b) für alle möglichen Variablenbewertungen die ‹x› zugeordnete Person ein Element der Klasse der Philosophen ist. (Da die möglichen Personen bei allen Variablenbewertungen die Klasse aller Personen ist, heißt dies, daß die Klasse der Philosophen die Klasse aller Personen enthalten soll.)

Ein weiterer wichtiger semantischer Begriff dieser Bezeichnungstheorie ist der Begriff des *Modells einer Theorie.* Eine Theorie ist, wie wir oben auf S. 117 schon ausführten, eine Menge von Sätzen, eine Teilmenge der Menge der möglichen bedeutungtragenden Sätze der Sprache. Sei T eine solche Menge von Sätzen, die als Theorie angesehen werden soll. Dann ist es möglich, daß alle Sätze von T bei einer gegebenen Interpretation wahr sind. In diesem Fall nennt man die Interpretation ein *Modell für* T. Zu einer bestimmten Theorie T gibt es im allgemeinen nicht nur ein Modell, sondern mehrere. Eines dieser Modelle kann aber möglicherweise die Formulierung der Theorie geleitet haben, das heißt, die Theorie war im Hinblick auf die theoretische (u. U. axiomatische) Bestimmung dieses Modells entwickelt worden. Man nennt dieses Modell dann das *intendierte Modell.*

Hiermit beschließen wir die Andeutungen zu einigen Grundbegriffen eines semantischen Begriffssystems, das in diesem Jahrhundert zu einem höchst präzisen und höchst fruchtbaren Netzwerk für die Wissenschaften verknüpft wurde. Nähere und präzisere Erläuterungen findet man in jedem Standardbuch der Logik. Hier kam es nur darauf an zu zeigen, wie eine *Bezeichnungstheorie mit einer extensionalen Metasprache,* wie man sagt, aufgebaut werden kann, die u. a. die Forderung radikal erfüllt, daß sich die Bedeutung zusammengesetzter Ausdrücke aus den Bedeutungen der Teile rekursiv ergeben soll, und zwar radikaler als die Theorie der Wahrheit, weil hier jede syntaktische Ausdrucksgestalt bedeutungtragend ist (und nicht nur bedeutungdifferenzierend), allerdings auf Kosten eines reicheren Systems semantischer Grundbegriffe.

Für den Bereich der hier angegebenen Sprachen gilt nun noch ein weiteres semantisches Grundprinzip der Bezeichnungstheorie, das wir noch anführen müssen, weil es im weiteren Gang der Diskussion der Bezeichnungstheorien eine wichtige Rolle spielt. CARNAP formuliert das Prinzip in seinem Buch ‹Meaning and Necessity› als das *Prinzip der Austauschbarkeit oder Ersetzbarkeit* in zwei Formen:

(a) Wenn zwei Terme dasselbe Designat haben, dann bleibt ein wahrer Satz, der einen der beiden Terme enthält, wahr, wenn dieser Term in dem Satz durch einen anderen ausgetauscht oder ersetzt wird; die beiden Terme sind also überall austauschbar *salva veritate* (d. h. wahrheitswerterhaltend).

(b) Wenn ein Satz mit Identitätsausdruck ‹... = – – –› (oder ‹... ist der-(die-, das-)selbe wie – – –›) wahr ist, dann sind die beiden an den Stellen ‹...› und ‹– – –› stehenden Ausdrücke in allen Ausdrücken, in denen sie vorkommen, ersetzbar *salva veritate*.

Dieses Prinzip wird offenbar durch die beiden bisher behandelten Prinzipe der Eindeutigkeit und des Sachgehalts nahegelegt. Haben nämlich zwei verschiedene Terme (z. B. Namen) dasselbe Designat und kommt der erste in einem wahren Satz vor, der damit etwas Wahres über das Designat dieses Terms besagt, so besagt der Satz etwas über dasselbe Designat, wenn man in ihm den ersten Term durch den zweiten ersetzt, denn die Designate der Terme sind ja, nach Voraussetzung, dieselben. Wenn der Satz also über dieses Designat Wahres besagte, muß dies auch nach der Ersetzung gelten, der Satz muß also wahr bleiben. Desgleichen in der Form (b), denn die Identitätsgleichung ist nur eine andere Ausdrucksweise dafür, daß die links und rechts vom Gleichheitszeichen stehenden Terme dasselbe Designat haben.

5. Wir müssen zum Abschluß noch einen mehr technischen Aspekt von Interpretationen besprechen, der bei der weiteren Entwicklung von Bezeichnungstheorien nützlich war. Er besteht darin, als *Extensionen von Prädikaten* nicht mehr Mengen oder Klassen zu nehmen, sondern *Funktionen*.

Prädikate können syntaktisch, wie wir sahen, so charakterisiert werden, daß sie, hinzugefügt zu gewissen Nominalphrasen, Sätze ergeben. Man kann nun der Auffassung sein, daß diese funktionale Charakterisierung ihr Gegenstück in den extensionalen Designaten der Prädikate haben sollte, indem man als Designate der Prädikate Entitäten wählt, die den Designaten der Nominalphrasen Designate von Sätzen zuordnen. Da die Designate von Sätzen Wahrheitswerte sind und die Designate singulärer Nominalphrasen Objekte, würden die Designate von Prädikaten Objekten Wahrheitswerte zuordnen.

Ist das *Prädikat* in dem Sinne *einstellig*, daß es zu einer singulären Nominalphrase, der Subjektphrase, hinzugefügt einen Satz ergibt, so ist das zugehörige Designat eine einstellige Funktion mit der Menge der Objekte als Definitionsbereich und der Menge der Wahrheitswerte als Wertebereich. Die Funktion ordnet einem gegebenen Objekt genau dann den Wert wahr zu, wenn das Prädikat auf das Objekt zutrifft, andernfalls den Wert falsch. Betrachtet man nun die Klasse aller Objekte, denen die Funktion den Wert wahr zuordnet, so ist dies genau die Klasse, die nach der früheren Interpretation dem Prädikat zuzuordnen war. Man sieht also, daß die beiden Varianten der Interpretation auf durchsichtige Weise einander entsprechen. Die Entsprechung von Klassen und Funktionen ist in der Mathematik übrigens bekannt: Zu jedem Paar aus einer Funktion und einem bestimmten Funktionswert der Funktion (in unserem Beispiel der

Wert wahr) gehört eine Klasse, die Teilmenge des Definitionsbereichs der Funktion ist: die Klasse derjenigen Argumente, für die die Funktion den angegebenen Wert ergibt. Umgekehrt kann zu jeder Klasse von Objekten eine Funktion konstruiert werden, die sog. *charakteristische Funktion* der Klasse, mit einer Klasse von Objekten als Definitionsbereich, die die gegebene Klasse als (echte oder unechte) Teilklasse enthält, und einer Menge mit zwei Elementen als Wertebereich; die Funktion soll allen Elementen der Klasse einen der Werte zuordnen und allen Elementen, die nicht zur Klasse gehören, den anderen.[34]

Ist das *Prädikat*, dessen Designat wir als Funktion bestimmen wollen, *n-stellig* in dem Sinne, daß es zu n Nominalphrasen hinzugefügt einen Satz ergibt (z. B. bei einem transitiven Verb in einer der syntaktischen Klassifikationen), so ist das zugehörige Designat eine Funktion, die einem n-Tupel von Objekten einen Wahrheitswert zuordnet. Der Wertebereich ist die Menge der Wahrheitswerte, wie zuvor, der Definitionsbereich ist dagegen die Menge aller möglichen n-Tupel von Objekten (oder das n-te cartesische Produkt über der Menge der Objekte, wie man sagt). Auch hier ist es so, daß die Menge der n-Tupel, die die Funktion auf den Wert ‹wahr› abbildet, identisch ist mit der Menge, die nach der früheren Interpretation dem n-stelligen Prädikat zuzuordnen war.

Ist das Prädikat dagegen syntaktisch einstellig in dem Sinn, daß es zu einer Nominalphrase hinzugefügt nicht einen Satz, sondern ein anderes syntaktisches Gebilde ergibt, so muß die entsprechende Funktion eine Abbildung von Objekten in Designate dieser anderen Art von syntaktischen Gebilden ergeben. Betrachten wir die eine der oben besprochenen syntaktischen Kategorisierungen transitiver Verben, wonach sie zu Nominalphrasen (Objektphrasen) hinzugefügt Verbalphrasen ergeben. Die resultierenden Verbalphrasen sind nun ihrerseits wie einstellige Prädikate beschaffen. Also müssen ihre Designate, wie soeben besprochen, Funktionen sein, die Objekten Wahrheitswerte zuordnen. Also müssen die Designate transitiver Verben Objekten (den Designaten ihrer Objektphrasen) – nicht andere Objekte oder Wahrheitswerte, sondern – Funktionen als Werte zuordnen.

Der Gedanke, daß *Funktionen als Werte von Funktionen* auftreten, daß also, intuitiv gesprochen, Rechenverfahren als Resultate anderer Rechenverfahren auftreten (mit anderen Worten: nach Rechenverfahren andere Rechenverfahren berechnet werden), mag auf den ersten Blick seltsam erscheinen. Diese Vorstellung ist aber höchst fruchtbar, so fruchtbar, daß man auch Funktionen von Funktionen, Funktionen von Funktionen von Funktionen usw. als Werte von Funktionen zuläßt. Um sich einen Einblick in das Vorgehen einer «Aufspaltung» einer zweistelligen Funktion in zwei einstellige, deren eine Objekte in Funktionen abbildet, zu verschaffen, be-

---

34 Es ist klar, daß die Funktion nicht notwendigerweise rekursiv ist. Sie kann es nur sein, wenn die Klasse von Objekten rekursiv in der größeren Klasse ist.

trachte man folgenden einfachen Fall: ‹a vor b›, ‹b vor c›, ‹c vor a› seien wahre Sätze mit dem zweistelligen Prädikat ‹vor› und den Namen ‹a›, ‹b›, ‹c›. Die zweistellige Funktion, die diese kleine «Theorie» erfüllt, ist offenbar die in Tafel 1.1 gegebene, wenn zugleich die Interpretation der Namen wie folgt lautet: ‹a› designiert a′, ‹b› designiert b′, und ‹c› designiert c′ und außerdem w der Wahrheitswert wahr und f der Wahrheitswert falsch ist (die Funktion ist wie die bekannten Funktionsangaben in Logarithmentafeln u. ä. zu lesen). Die «Aufspaltung» von ‹vor› kann in Tafel 1.2 studiert werden. ‹vor› ordnet zunächst den Objekten a′, b′, c′ Funktionen zu, die Designate von ‹vor a›, ‹vor b›, ‹vor c›. Das erste Designat ist eine einstellige Funktion, die nur dem Objekt c′ den Wert wahr zuordnet, denn nur dieses hat die «Eigenschaft», vor a zu sein. Entsprechend für ‹vor b› und ‹vor c›. Diese Bemerkungen über die Interpretation von einstelligen und mehrstelligen Prädikaten als Funktionen mögen zur Abrundung der Theorie der extensionalen Bezeichnung hier genügen.

(x, y)	x vor y
(a′, a′)	f
(a′, b′)	w
(a′, c′)	f
(b′, a′)	f
(b′, b′)	f
(b′, c′)	w
(c′, a′)	w
(c′, b′)	f
(c′, c′)	f

y		(vor y)
	x	x (vor y)
a′	a′	f
	b′	f
	c′	w
	x	x (vor y)
b′	a′	w
	b′	f
	c′	f
	x	x (vor y)
c′	a′	f
	b′	w
	c′	f

Tafel 1.1   *Tafel 1.2*

C. THEORIE DER INTENSIONALEN BEZEICHNUNG

1. Die Geschlossenheit und Klarheit der extensionalen Bezeichnungstheorien ist bestechend. Ihr Beitrag zu einer Semantik von Standardsprachformen, die den Gemeinsprachen nahestehen, ist jedoch gering; die extensionalen Bezeichnungstheorien lassen sich adäquat nur auf Sprachformen anwenden, deren Unterschied von den quasi-gemeinsprachlichen Stan-

dardformen enorm ist. Semantisch interpretierte *intensionale Bezeichnungstheorien*, wie sie im Verlauf des letzten Jahrzehnts im Rahmen der logischen Semantik entwickelt wurden, eröffnen jedoch neue und beachtliche Perspektiven. Wir werden drei Formen von intensionalen Sprachanalysen vorstellen: Die *begrifflich-intensionale*, die *sachbezüglich-intensionale* und die *quasi-pragmatisch-intensionale*. Die intensionale Sprachanalyse ordnet den Ausdrücken einer Sprache nicht direkt Extensionen zu, sondern andere Gegebenheiten, die man Intensionen nennt.

CARNAP, der die intensionale Sprachanalyse erneut aufgegriffen und auf Konstruktsprachen angewandt hat, ging dabei nicht primär von einem intuitiven Begriff von Intension aus, sondern definierte primär den Begriff der *intensionalen Identität* als wesentliches Bestimmungsprinzip für Intensionen, d. h. die Bedingung dafür, wann zwei Ausdrücke dieselbe Intension bezeichnen. Es gibt für CARNAP zwei wesentliche Kriterien für intensionale Identität von Ausdrücken:

(a) die *logische Äquivalenz* der Ausdrücke und

(b) die gegenseitige *Ersetzbarkeit* der Ausdrücke auch *in intensionalen oder modalen Kontexten*. Im Vergleich dazu wird die *extensionale Identität* von Ausdrücken bezogen darauf, daß sie

(a) die gleiche Extension haben (d. h. dasselbe Ding, dieselbe Klasse, denselben Wahrheitswert usw. bezeichnen; vgl. oben S. 195) und

(b) in nicht-modalen Kontexten füreinander ersetzbar sind.

Da die logische Äquivalenz in letzter Instanz auf Klassen möglicher Interpretationen für die Ausdrücke der Sprache bezogen wird, so daß jede mögliche Interpretation als eine mögliche Welt verstanden werden kann, erhält der Begriff der logischen Äquivalenz über diesen zuletzt genannten Begriff der möglichen Interpretationen eine gewisse intuitiv semantische Basis. Die beiden Kriterien der intensionalen Identität zeichnen aber noch keineswegs eindeutig eine bestimmte intuitive Deutung des Begriffs der Intension aus. Mehrere Deutungen sind möglich. Die erste Deutung, die CARNAP vorschlägt, ist die, als *Intension eines einstelligen Prädikats die Eigenschaft* zu nehmen, von der man meist sagt, daß das Prädikat sie bezeichne. Während also die Extension von ‹Mensch› die Klasse der Menschen sei, sei die Intension von ‹Mensch› (in dieser Deutung) die Eigenschaft, ein Mensch zu sein. Diese Eigenschaft sei nicht zu verwechseln mit einer Vorstellung, die jemand davon habe, sondern sei eine ganz bestimmte physische (und psychische) Konstitution, die etwas haben müsse, um Mensch zu sein. Wenn man dieses mentalistische Mißverständnis, es handle sich um eine Vorstellung, fernhält, kann man auch von *Eigenschaftsbegriff* sprechen. Als Intension eines mehrstelligen Prädikats kann man entsprechend einen *Relationsbegriff* nehmen. CARNAP schlägt entsprechend vor, als Intension eines Funktionsausdrucks einen *Funktionsbegriff* und als Intension eines Terms einen *Individuenbegriff* zu nehmen. Wie schon betont, sind aber auch andere Deutungen möglich. CARNAP selbst schlägt a. a. O.

vor,[35] als Individuenbegriff eine Funktion zu nehmen, die jedem möglichen («Welt»-)Zustand ein Individuum, also eine Extension zuordnet. Dieser Vorschlag wurde die Grundlage der intensionalen Sprachanalyse, die wir die *sachbezügliche* nennen, weil hier die Extensionen explizit, wenn auch als Funktionswerte, ins Spiel kommen. Die *quasi-pragmatische-intensionale Sprachanalyse*, die wir zum Schluß dieses Abschnitts besprechen werden, ist nur eine konsequente Erweiterung der sachbezüglichen.

Kehren wir aber nochmals zur Deutung des Wortes ‹Mensch› zurück. Wir sagten, seine Intension sei die Eigenschaft, Mensch zu sein, und diese sei zu verstehen als eine charakteristische psycho-physische Konstitution. Nun ist diese Konstitution, also der Eigenschaftsbegriff, im Falle des Begriffs Mensch offenbar komplex: Sehr viele konstitutive, einfachere Eigenschaftsbegriffe machen offenbar das aus, was Menschsein charakterisiert. Diese einfacheren Eigenschaftsbegriffe werden vom Eigenschaftsbegriff Menschsein eingeschlossen oder subsumiert.[36] Unter diesen subsumierten Eigenschaftsbegriffen werden oft gewisse Unterscheidungen gemacht, einige werden als die wesentlichen herausgestellt, andere als demgegenüber sekundär.[37]

Zum Menschsein gehört dann etwa wesentlich, nach klassischer Logikerannahme, vernunftbegabt zu sein und ein Lebewesen zu sein. Hierauf gründet sich, wie bekannt, die Theorie der Realdefinitionen. Eine Realdefinition benennt im Definiens explizit (mindestens wesentliche) Eigenschaftsbegriffe, die der Eigenschaftsbegriff des Definiendum subsumiert: Der Mensch wird definiert als vernunftbegabtes Lebewesen. Nach der Auffassung von LEIBNIZ subsumiert auch ein Individuenbegriff eine große Zahl von Begriffen, nämlich alle Begriffe oder Attribute, die dem Individuum zukommen.[38]

Im Verfolg dieser Auffassung kann man versuchen, die Intensionen von Ausdrücken als Mengen (und manchmal Mengen von Mengen) von elementaren Begriffen und die Subsumtion als mengentheoretische Teil-von- (und manchmal Element-)Relation zu deuten. Dies ist der Grundgedanke der begrifflich-intensionalen Analyse, die wir zunächst vor der sachbezüglich-intensionalen und der quasi-pragmatischen-intensionalen besprechen werden.

Die verschiedenen intensionalen Analysen sind jedoch nicht einander ausschließend. Im Gegenteil besteht bei den faktisch entwickelten Verfahren sogar ein inklusives Verhältnis: Die sachbezüglich-intensionale Sprach-

35 CARNAP, [Meaning], S. 181.

36 In dieser Form wurde der Zusammenhang zuerst in ARNAULD/NICOLE, [Logique], S. 51 (der sogenannten Logique de Port Royal) erläutert. Vgl. auch dort 1. Teil, Kap. VII.

37 Diese Scheidung charakterisiert im Falle von charakterisierenden Eigenschaften von Individuen den sogenannten Essentialismus nach QUINE. Vgl. MATES, [Leibniz], Fußnote 4, und PARSONS, [Essentialism].

38 Vgl. MATES, [Leibniz], S. 509.

analyse enthält als Teil eine begrifflich-intensionale. Sie ist ihrerseits nur ein Teilaspekt der quasi-pragmatisch-intensionalen Analyse.

2. Ehe wir zur Besprechung der drei Formen intensionaler Sprachanalyse übergehen, wollen wir jedoch einige Probleme ansprechen, die beim Versuch einer Erweiterung extensionaler Sprachformen im Hinblick auf ihre Anwendung für quasi-gemeinsprachliche Standardsprachformen aufgetreten sind. ‹Sokrates› ist ein Name für einen bestimmten Menschen (wobei wir im Augenblick von der möglichen Mehrdeutigkeit dieses Namens absehen). In einer gewissen Interpretation, die unserer wissenschaftlichen Denkweise naheliegt, kann dieser Mensch mit dem Raum-Zeit-Bereich identifiziert werden, den Sokrates in seinem Leben einnahm;[39] Sokrates hatte einen zeitlichen Anfang und ein zeitliches Ende und eine gewisse geringere oder größere Gestalt innerhalb des Zeitintervalls von Anfang bis Ende. Teilt man diese Auffassung, so sind die Namen von Personen oder Lebewesen, die nie gelebt haben, problematisch. Es scheint sicher, daß Odysseus und Pegasus nie gelebt haben. Beide Namen bezeichnen also kein Lebewesen (und kein Ding). Nach dem oben angegebenen Prinzip der Eindeutigkeit sollte aber jeder Name genau ein Objekt bezeichnen. Um dies zu erzwingen, könnten wir ein Objekt einführen – wir wollen es das leere Objekt nennen –, das von allen Namen, die kein reales Objekt bezeichnen, bezeichnet wird. Dann bezeichnen aber ‹Odysseus› und ‹Pegasus› dasselbe Objekt – eine im normalen Sprachgebrauch unsinnige Folgerung.

Gleiche Probleme stellen sich bei Termen, z. B. Kennzeichnungen: Da es gegenwärtig in Frankreich keinen König gibt, bezeichnet der Nominalausdruck

(1) ‹der gegenwärtige König von Frankreich›
keine Person, also das leere Objekt, also dasselbe wie

(2) ‹der gegenwärtige König der USA›.

Ähnlich absurde Konsequenzen ergeben sich für das zweite Prinzip der extensionalen Bezeichnungstheorie, das Prinzip des Sachgehalts. Da ‹Odysseus›, ‹Pegasus› und ‹der gegenwärtige König von Frankreich› nichts bezeichnen, haben alle Sätze, in denen diese Namen und Terme vorkommen, den gleichen Sachgehalt, da sie alle «über nichts» sind.

Der entscheidende Anlaß für die Entwicklung einer neuen Theorie ist jedoch, daß syntaktische Ausdrucksgestalten, die dasselbe Objekt bezeichnen, das Prinzip der Ersetzbarkeit verletzen. Angenommen, Herr Schmidt und der Vorsitzende der geheimen Gesellschaft X seien personengleich. Betrachten wir den Satz

(3) ‹Herr Müller behauptet, Herrn Schmidt gesehen zu haben›.

Aufgrund des Prinzips der Ersetzbarkeit sollte, wenn dieser Satz wahr ist, auch der folgende Satz wahr sein:

---

39 Etwa: Mit einer gewissen *Weltlinie* im Sinne der Relativitätstheorie.

(4) ‹Herr Müller behauptet, den Vorsitzenden der geheimen Gesellschaft X gesehen zu haben.›

(4) kann aber zweifellos, im Gegensatz zum Ersetzungsprinzip, falsch sein, wenn (3) wahr ist.

Ein anderes Beispiel wurde von RUSSELL diskutiert:

(5) ‹George IV. fragte, ob Sir Walter Scott der Autor von Waverley sei.›

Nun ist aber Scott mit dem Autor von Waverley personengleich, und ‹Sir Walter Scott› bezeichnet infolgedessen dieselbe Person wie ‹der Autor von Waverley›. Also sollte nach dem Prinzip der Ersetzbarkeit, wenn (5) wahr ist, auch der folgende Satz wahr sein:

(6) ‹George IV. fragte, ob Sir Walter Scott Sir Walter Scott sei.›

Dieser ist aber offenbar falsch, ja vielleicht sinnlos. Ein ähnliches Beispiel ist folgendes: Der folgende Satz (7) sei wahr:

(7) ‹Die Polizei will herausfinden, ob Franz Müller der Mörder von Peter Schmidt ist.›

Angenommen, der Mörder von Peter Schmidt ist Hans Meier. Ersetzung ergibt

(8) ‹Die Polizei will herausfinden, ob Franz Müller Hans Meier ist›, was falsch oder sinnlos ist. Entsprechend kann

(9) ‹Die Polizei sucht den Mörder von Peter Schmidt› wahr sein und trotzdem

(10) ‹Die Polizei sucht Hans Meier› falsch, denn Peter Schmidt könnte durch einen Unfall ums Leben gekommen sein (was man bei der Polizei nicht weiß). In diesem Fall bezeichnet ‹der Mörder von Peter Schmidt› nichts, und der erste Satz ist über die Polizei und «nichts».

Ein weiteres Beispiel ist aus Beispielen von QUINE abgeleitet:[40]

Die Anzahl der Planeten des Sonnensystems ist zweifellos neun. Also sollte ‹die Anzahl der Planeten des Sonnensystems› und ‹neun› dasselbe (abstrakte) Objekt bezeichnen und in Sätzen ersetzbar sein *salva veritate*.

Zweifellos ist nun der folgende Satz wahr:

(11) ‹Es ist notwendigerweise so, daß neun gleich neun ist.›

Ersetzen wir jedoch in (11) ein Vorkommen von ‹neun›, so entsteht der falsche Satz

(12) ‹Es ist notwendigerweise so, daß die Anzahl der Planeten neun ist›.

Warum könnten es nicht sieben oder zehn oder irgendeine andere Zahl sein? Die Tatsache, daß das Prinzip der Ersetzbarkeit in derartigen Sätzen außer Kraft gesetzt ist, hängt offenbar damit zusammen, daß in ihnen Wörter und Wendungen ganz bestimmter Art vorkommen. Man sagt, daß diese Wörter und Wendungen innerhalb dieser Sätze *(satz-interne) Kontexte*[41] für die Bezeichnungen bilden, deren Ersetzung blockiert ist. Diese

---

40 QUINE, [Point of View], S. 143.

41 Wir unterscheiden hier, nach dem Vorschlag englischer Linguisten, *sprachliche Ko-texte* von *außersprachlichen Kontexten* des Gebrauchs.

Ko-texte machen, wie man mit Q_UINE sagt, die betreffenden Stellen *sachbezüglich undurchsichtig* (= referentially opaque) innerhalb des Bereichs (scopes), für den sie Ko-texte sind. Wörter und Wendungen, die solche Ko-texte mit sachbezüglich undurchsichtigen Bereichen im Satz bilden, sind z. B. *modale Wörter* wie ‹notwendig›, ‹möglich›, ‹wirklich›, *Wörter des Sagens* (z. B. ‹sagen, daß›, ‹behaupten, daß›, ‹fragen, ob›), Wörter für sogenannte *propositionelle* (oder: durch Inhaltssatz spezifizierte) *Einstellungen* (z. B. ‹überzeugt sein, daß›, ‹glauben, daß›, ‹erwarten, daß›, ‹versprechen, daß› usw.) und bestimmte *intentionale Handlungs-Verben,* z. B. solche, die im Zusammenhang mit dem Verb ‹versuchen› rekonstruiert werden können (z. B. ‹suchen› ~ ‹versuchen zu finden›, ‹jagen› ~ ‹versuchen einzuholen oder zu fangen oder zu töten (wobei der Jagende und der Gejagte in Bewegung sind und der Jagende «hinter dem Gejagten her» ist)›).

Ein Charakteristikum fast all dieser Wörter (außer ‹notwendig›, ‹wirklich›, ‹wissen› u. a.) ist, daß, wenn ein Satz mit diesen Formulierungen behauptet wird, nicht zugleich auch behauptet wird, daß der eingebettete Satz nach dem ‹daß›, d. h. der Inhaltssatz,[42] auch wahr ist.

3. Einige der in den Beispielen angeschnittenen Probleme können in einer *begrifflich-intensionalen Bezeichnungstheorie* angemessen gelöst werden. Die Grundzüge einer solchen Bezeichnungstheorie wollen wir hier besprechen. Einleitend soll aber nochmals auf mögliche Mißverständnisse eingegangen werden, die gerade der Begriff ‹Begriff› hervorrufen mag. Dieser Begriff ist von einem gewissen philosophischen Mysterium umgeben, das durch Jahrtausende philosophischer Analyse nicht kleiner, sondern im Gegenteil größer geworden ist. Grund genug für jede empirisch orientierte Sprachwissenschaft, beim Auftauchen dieses Wortes in der Wissenschaftssprache aufzumerken und nachzufragen, was hier mit ‹Begriff› gemeint sei. Vor allem ist hier das mentalistisch-psychologische Mißverständnis fernzuhalten, als handele es sich notwendigerweise um eine psychische Vorstellung, die jemand habe.

Dieses Mißverständnis korrigiert man am besten dadurch, daß man Begriffe (jedenfalls gewisse Begriffe) mit *Attributen* identifiziert, d. h. mit Eigenschaften, Dispositionen oder Beziehungen, die Gegenstände haben können und die gelegentlich wahrgenommen werden können. Es ist aber wiederum genau zwischen der Eigenschaft und ihrer Wahrnehmung zu unterscheiden. Das Attribut ‹rot› ist zum Beispiel eine Disposition von Objekten, auf Lichteinfall in ganz bestimmter Weise zu reagieren, nämlich Licht in bestimmten Wellenlängenbereichen zu reflektieren. Die Wahrnehmung dieses reflektierten Lichts, das Rot-Sehen, ist dagegen ein Attribut nicht des Gegenstands, sondern der wahrnehmenden Person. Das relationale Attribut zum Prädikat ‹größer als› ist ein Verhältnis von Längen- oder

---

42 Bei ‹suchen›, ‹jagen› usw. ist der Inhaltssatz der Paraphrase zu nehmen.

Flächen- oder Raumausdehnungen von Körpern. Attribute sind also ebenso «real» wie Objekte und unter bestimmten Gesichtspunkten «realer», weil wir die Objekte an ihren Attributen unterscheiden und identifizieren. Andererseits scheint es Prädikate zu geben, bei denen eine solche Reduktion auf Attribute nicht so ohne weiteres möglich erscheint. Ein solches Prädikat ist z. B. ‹Primzahl›. Sollte man bei diesen nicht dabei bleiben, daß ihre Designate Begriffe sind? Natürlich ist mit dieser Deutung nicht ausgeschlossen, daß gelegentlich andere Deutungen nützlich sind; *reale* oder *ideale Vorstellungsgebilde* anstelle von Attributen oder abstrakten Begriffen. Es lassen sich jedoch Argumente dafür geben, daß all diese Unterscheidungen sekundär sind und jeweils passend vorgenommen werden können.[43] Wenn wir in diesem Abschnitt das Wort Begriff verwenden, so ist immer irgendeine beliebige dieser Deutungen gemeint, auf die Unterscheidungen kommt es nicht an.

Sprachwissenschaftler zeigen dem Begriff ‹Begriff› gegenüber noch ein zusätzliches Mißtrauen. Sie befürchten, zum Teil aufgrund von Präzedenzfällen in der Geschichte der Sprachwissenschaft, daß Begriffe an die Stelle der sprachwissenschaftlich erst zu ermittelnden Inhalte der Gemeinsprachen treten und eine Struktur vortäuschen, die sich empirisch nicht rechtfertigen läßt. Dieses Mißtrauen dürfte vor allem einer begrifflich-intensionalen Sprachanalyse entgegengebracht werden. Diesem Mißtrauen gegenüber ist jedoch folgendes zu bemerken: Das System der begrifflich-intensionalen Sprachanalyse expliziert eine bestimmte Form der Analyse, in der bestimmte Einzelbegriffe für die Beschreibung einer Standardsprachform für die eine oder andere Gemeinsprache noch nicht präjudiziert sind: In der Ausfüllung des Rahmens ist noch volle Freiheit und Variabilität gegeben. Insbesondere ist mit diesem Rahmen als formal universalem Postulat kein angeblich sprachunabhängiges System inhaltlicher Begriffe involviert. Andererseits ist nicht zu sehen, wie ohne einen präzisen Rahmen für die Analyse, sei es dieser, sei es ein anderer, überhaupt klare semantische Aussagen möglich sein sollten. Sollte das Mißtrauen gelegentlich von einer solchen atheoretischen Voreingenommenheit getragen sein, so ist es grundsätzlich fehlgeleitet.

Wir wollen nun zur Besprechung der Grundzüge der *begrifflich-intensionalen Bezeichnungstheorie* selbst übergehen. Nicht Objekte und ihre Bezeichnung sind hier grundlegend, sondern Begriffe, d. h. Eigenschafts- und Relationsbegriffe. In einer direkten begrifflich-intensionalen Analyse dieser Art kehrt sich also das Verhältnis der extensionalen Analyse gewissermaßen um: Dort die den Individuenausdrücken hinzugefügten Prädikataausdrücke, weil die Designate ersterer in den Designaten letzterer enthalten waren, hier dagegen Individuenausdrücke sekundär zu Prädikataausdrücken, weil die Designate letzterer in den Designaten ersterer enthalten sind: Individuen-

---

43 Vgl. Kutschera, [Sprachphilosophie], S. 127 ff.

begriffe sind Kollektionen von absoluten oder relationalen Eigenschaftsbegriffen; Individuenausdrücke können quasi durch Prädikate «definiert» werden.[44]

Da aber nicht alle Prädikatausdrücke einer Sprache einen elementaren Eigenschafts- oder Relationsbegriff ausdrücken, wie wir schon im Falle des Wortes ‹Mensch› oben (S. 211) bemerkten, wird man auch die nicht elementaren Ausdrücke «definieren» wollen, d. h. durch einen Komplex elementarer Eigenschafts- und Relationsbegriffe ausdrücken, so daß der komplexe Begriff jeden der elementareren enthält. Um die Verhältnisse überschaubar charakterisieren zu können, wollen wir einige neue Bezeichnungen einführen.

Wir wollen eine Gesamtheit von elementaren Begriffen eine (Begriffs-) *Charakteristik* nennen.[45]

Umfaßt die Charakteristik genau diejenigen Begriffe, die ein Individuum charakterisieren, so nennen wir sie eine *Individualcharakteristik*. Alle anderen Charakteristiken heißen *generische Charakteristiken*.

Ein Individuenausdruck bezeichnet[46] in der begrifflich-intensionalen Analyse zunächst und primär eine Individualcharakteristik. Dies gilt natürlich auch für definite singuläre Nominalphrasen. In der begrifflich intensionalen Analyse ergibt sich nun ein eleganter Weg, Nominalphrasen mit Quantoren (mit indefinitem Artikel, mit ‹alle›, mit ‹kein›, mit ‹einige› usw.) Designate zuzuordnen: Allen diesen Nominalphrasen sollen generische Designate zukommen. ‹Alle Menschen› bezeichne z. B. eine generische Charakteristik, die diejenigen Begriffe umfaßt, die jeden Menschen charakterisieren. Sie kann gewissermaßen als der Durchschnitt aller Individualcharakteristiken vom Menschen aufgefaßt werden. Begriffe, die zum Beispiel von Prädikaten wie ‹rothaarig›, ‹blond›, ‹klug›, ‹kurzsichtig› usw. bezeichnet werden, gehören dieser generischen Charakteristik nicht an, da sie nur in Individualcharakteristiken einzelner Individuen enthalten sind. ‹Kein Mensch› bezeichnet alle Begriffe, die in keiner der Individualcharakteristiken von Menschen enthalten sind (z. B. eine Primzahl zu sein). Das intensionale Designat von ‹ein Mensch› umfasse alle Begriffe, die einem Menschen zukommen können. Diese Charakteristik ist mengentheoretisch die Vereinigung aller Individualcharakteristiken von Menschen.

---

44 Man kann z. B. daran denken, die Individuenausdrücke der Menge aller Deskriptorausdrücke, die das vom Individuenausdruck bezeichnete Objekt kennzeichnen, definitorisch gleichzusetzen.

45 Wir folgen hier Lewis, [Semantics], S. 203 ff.

46 Man beachte, daß ‹bezeichnen› jetzt nicht mehr im extensionalen Sinn, also als Relation zwischen Ausdrücken und Objekten, Wahrheitswerten usw., zu verstehen ist, sondern als Relation von Objekten zu begrifflichen Gegebenheiten. Wir werden also in Zukunft zwei verschiedene Bezeichnungsrelationen unterscheiden müssen. Vgl. auch S. 217.

In der direkten begrifflich-intensionalen Analyse sind die Designate der allgemeinen Ausdrücke, wie gewöhnliche Substantive und Verben, Begriffe. Es ist jedoch auch möglich, die allgemeinen Ausdrücke (entsprechend dem Vorgehen in der extensionalen Analyse) als Klassen der Designate von Individuenausdrücken aufzufassen, hier aber als Klassen der begrifflich-intensionalen Designate, d. h. als Klassen von Individualcharakteristiken. Auch dieser Ansatz wird gelegentlich angewendet.[47] In diesem Ansatz müssen wir also zwischen den elementaren Grundbegriffen, die überhaupt nicht direkt ausgedrückt werden, und den ausdrückbaren Begriffskomplexen unterscheiden; letztere sind die Individualcharakteristiken und die generischen Charakteristiken sowie die Klassen von Charakteristiken. Da hier die Grundbegriffe nicht direkt ausgedrückt werden, sprechen wir hier von einer *indirekten begrifflich-intensionalen Analyse.*

Wie können in der begrifflich-intensionalen Analyse einige der im vorigen Paragraphen illustrierten Probleme in bezug auf das Prinzip der Ersetzbarkeit behandelt werden? Betrachten wir den Satz (5) in Paragraph 1:

(1) George IV. fragte, ob Sir Walter Scott der Autor von Waverley sei.

Interpretieren wir den Satz begrifflich-intensional, so designieren die Namenausdrücke die jeweils zugehörige Individualcharakteristik, d. h. eine Menge von Begriffen, und ‹der Autor von Waverley› designiert nur die Charakteristik, die als einzigen Begriff Autor-von-Waverley hat. Die Charakteristiken zu ‹Sir Walter Scott› und zu ‹der Autor von Waverley› sind also verschieden und können nicht füreinander eingesetzt werden. Daher wird das Prinzip der Ersetzbarkeit in der begrifflich-intensionalen Analyse nicht verletzt. In ähnlicher Weise kann man in einigen anderen der angegebenen Beispiele argumentieren.

Die begrifflich-intensionale Analyse von Ausdrücken allein reicht aber im allgemeinen nicht aus. Für manche Zwecke muß auch die Extension der Ausdrücke bestimmt werden können. Daher müssen wir bei der Sprachanalyse mindestens zwischen dem extensionalen und dem intensionalen Designat von Ausdrücken unterscheiden. Stände uns die Extension z. B. nicht zur Verfügung, so könnten wir die Schlüssigkeit der folgenden Folgerung von (4) aus (2) und (3) nicht beweisen:

(2) Der Autor von Waverley wurde 1771 geboren

(3) Der Autor von Ivanhoe starb 1832

(4) Der Autor von Waverley starb 1832,

wobei ‹der Autor von Waverley› und ‹der Autor von Ivanhoe› extensional identische Ausdrücke sind. Es scheint also, daß zur geeigneten Interpretation der Sprache *zwei Bezeichnungsrelationen* für sprachliche Ausdrücke formuliert werden müssen: die *extensionale* und die *intensionale.* Dies war

---

47 Vgl. Montague/Schnelle, [Grammatik], D 7.7, wo wenigstens die intransitiven Verben und Verbalphrasen diesen Charakter haben (d. h. die dortige Kategorie 8). Vgl. auch Lewis, [Semantics], S. 203.

in der Tat CARNAPS Vorschlag.[48] Seine Methode zeigt eine gewisse Verwandtschaft mit derjenigen FREGES, der ebenfalls vorsah, daß sprachliche Ausdrücke durch ihren Sachbezug [49] und durch ihren Sinn interpretiert werden sollen.[50]

Ein wesentlicher Unterschied besteht in der Behandlung des Ersetzungsprinzips. Für FREGE soll das Ersetzungsprinzip allgemein gelten. Dies ist nur möglich, wenn die Bedeutung von Ausdrücken in sachbezüglich undurchsichtigen (= referentially opaque) Ko-texten eine andere ist als außerhalb solcher Ko-texte; in diesen Ko-texten ist das, was FREGE die Bedeutung des Ausdrucks nennt, nicht sein Sachbezug, sondern sein Sinn. Für CARNAP dürfen bei extensionaler Interpretation extensional äquivalente Ausdrücke in diesen Ko-texten nicht füreinander eingesetzt werden; das Ersetzungsprinzip gilt also in diesen Ko-texten bei extensionaler Interpretation nicht.

Zum Abschluß dieses Paragraphen über die begrifflich-intensionale Analyse von Ausdrücken einer Sprache soll noch einmal der Unterschied dieser Analyse von CARNAPS intensionaler Analyse hervorgehoben werden: Für CARNAP sind die Intensionen von Individuenausdrücken eigenständige Individuenbegriffe; der wesentliche Gedanke der begrifflich-intensionalen Analyse ist dagegen, daß die Individuenausdrücke Klassen von Begriffen sind, die als Intensionen den Prädikaten zugeordnet werden können. Die Intensionen von Prädikaten sind dagegen in der direkt begrifflich-intensionalen Analyse und in CARNAPS Analyse gleich, in der indirekt begrifflich-intensionalen Analyse dagegen auch verschieden.

4. Wir wollen nun die Grundzüge der *sachbezüglich-intensionalen Sprachanalyse* darstellen, wie sie in jeweils ähnlichen Formen von KRIPKE, HINTIKKA, MONTAGUE und SCOTT entwickelt und behandelt wurde.

Zur Einführung wollen wir noch einmal ein einfaches Beispiel betrachten. Sagt man

(1) ‹Peter ist überzeugt davon, daß Franz Müller der Täter ist›,

so behauptet man im Normalfall nicht, daß Franz Müller der Täter sei, daß also der Satz

(2) ‹Franz Müller ist der Täter›

wahr sei. Man macht auch keine Aussage über Franz Müller, man prädi-

---

48 Vgl. CARNAP, [Meaning], wobei die Intension eines Individuenausdrucks einfach Individuenbegriff genannt wird und nicht als Charakteristik, wie hier, konstruiert wird.

49 Bei FREGE heißt Sachbezug, im Gegensatz zum – mindestens heute – eingebürgerten fachsprachlichen Gebrauch, Bedeutung.

50 Zum Unterschied vgl. u. a. CARNAP, [Meaning], § 29, und KUTSCHERA, [Sprachphilosophie], S. 151 und 154 ff. Man sollte unter allen Umständen beachten, daß Intension nicht dasselbe ist wie Sinn, vgl. auch CARNAP, [Replies], S. 897–900.

ziert nichts von ihm. Statt dessen sagt man etwas über Peter und über das, wovon Peter überzeugt ist: Unter den Sachverhalten, die Peter annimmt, befindet sich auch der, daß Franz Müller der Mörder ist. Man wird nicht ausschließen wollen, daß Peter von einigen mit den Sätzen der Sprache formulierbaren Sachverhalten überzeugt ist, obgleich sie nicht wahr sind. Umgekehrt gibt es sicher eine Menge wahrer Sachverhalte, die Peter nicht kennt, von denen er also nicht überzeugt sein kann. Dies kann man vielleicht so deuten, daß Peter eine «Welt» annimmt oder ein «Weltbild» hat, das von der wirklichen Welt abweicht. Selbstverständlich gilt dies nicht nur für Peter, sondern für alle Menschen: Das Weltbild jedes Menschen dürfte beschränkt sein und nicht völlig frei von Irrtümern.

Nun kommt ein entscheidender Gedanke für die sachbezüglich-intensionale Version der Bezeichnungstheorien: Obgleich der Satz (2) nicht wahr zu sein braucht, wenn der Satz (1) wahr ist, muß doch (2) im «Weltbild» Peters wahr sein. In diesem «Weltbild» gibt es eine Person, die Peter mit Franz Müller bezeichnet, und einen Täter der infragestehenden Tat, und beide sind identisch. Man sollte also zur Analyse des Satzes von Peters Überzeugung den Sachbezug vervielfachen und mindestens zwei sachbezügliche Interpretationen im extensionalen Sinn zur Verfügung haben, eine für die Verhältnisse in der aktuellen Welt und eine für die Verhältnisse in der Welt von Peters Überzeugungen. Man muß dann gewissermaßen nur die richtige Welt zur Auswertung des richtigen Teils des Satzes anwenden, die wirkliche Welt für ‹Peter ist überzeugt, daß› und die Welt von Peters Überzeugung für ‹Franz Müller ist der Täter›.[51] Mit der Vervielfältigung der potentiellen Bereiche für Sachbezüge (oder der möglichen Welten) wächst die Komplexität des formalen Beschreibungsapparats außerordentlich. Für den logisch und mathematisch Unvorgebildeten sind die Zusammenhänge hinter der abstrakten Darstellungstechnik oft nur schwer erfaßbar. Wir wollen deswegen die Probleme in diesem Buch in bezug auf einen Text entwickeln, anhand dessen sich der Sinn der erforderlichen Erklärungen gut illustrieren läßt. Es ist der folgende Text von HEISSENBÜTTEL:

‹der Mann der lesbisch wurde

R. M. wäre gerne eine Frau
angenommen R. M. wäre eine Frau, wäre R. M. dann nicht als die Frau, die R. M. gern wäre gern ein Mann
angenommen R. M. wäre der Mann der R. M. gern als die Frau wäre die R. M. gern wäre wäre R. M. dann nicht als der Mann der R. M. als die Frau die R. M. gern wäre gern wäre gern eine Frau
angenommen R. M. wäre die Frau die R. M. gern als der Mann wäre

---

51 Man sollte beachten, daß dies erst eine sehr grobe Andeutung der sachbezüglich-intensionalen Analyse ist.

der R. M. gern als die Frau wäre die R. M. gern wäre wäre R. M. dann nicht als die Frau die R. M. als der Mann der R. M. als die Frau die R. M. gern wäre gern wäre gern wäre gern ein Mann› [52]

In seiner ursprünglichen Fassung wird der Text noch um zwei Stufen der Komplikation weiter fortgesetzt; trotz zunehmender Komplikation ist der Zusammenhang der Sachverhalte jedoch höchst einfach: R. M. lebt in der wirklichen Welt W_0, in der er ein Mann ist. Er ist jedoch ein Mensch, der imstande ist, sich Wunschwelten zu entwerfen, und dies auch tut: Alternativ zur wirklichen Welt W_0 gibt es seine Wunschwelt W_1, eine Welt, die für ihn zwar (leider) nicht wirklich ist, aber doch möglich (oder denkbar) wäre; wichtig ist für ihn, daß er in W_1 eine Frau ist. Aber, und dies ist die Pointe seiner Reflexion, wäre es nicht möglich, daß diese Frau, die er gerne wäre, lieber ein Mann wäre? Sie würde also lieber in einer Welt W_2 leben (die vielleicht sogar mit Welt W_0 identisch ist), in der sie ein Mann ist. Nachdem diese Möglichkeit der prinzipiellen Unzufriedenheit mit der jeweiligen Bestimmung des eigenen Geschlechts erkannt wurde, ist kein Halten mehr, die prinzipielle Unzufriedenheit drückt sich in einer Folge W_0, W_1, W_2 ..., W_i, ... möglicher Welten aus, die so beschaffen ist, daß jede Welt W_{i+1} eine mögliche Welt ist relativ zu W_i und jeder Welt W_i mindestens eine Person x_i zugeordnet ist, derart, daß in den Welten mit gerader Nummer der Satz ‹x_i ist ein Mann› wahr ist und in Welten mit ungerader Nummer ‹x_i ist eine Frau› und so, daß für je zwei aufeinanderfolgende Welten W_i und W_{i+1} gilt ‹x_i wäre gerne x_{i+1}›.

Diese Vorstellungswelt von R. M. ist nun ein spezielles Beispiel einer *Modell-Struktur*, wie sie im Verlauf der sechziger Jahre zuerst für die Behandlung von Sätzen mit Modalwörtern (Modallogik) und dann auch für Sätze mit Wörtern für propositionale Einstellungen eingeführt wurde. Die bekannteste Version einer solchen Modell-Struktur stammt von KRIPKE.[53] Eine *Modell-Struktur* (nach KRIPKE) ist ein Tripel ‹G, K, R› zusammen mit einer Funktion ψ. K ist die Menge aller «möglichen Welten»; G ist die «wirkliche Welt»; R ist eine reflexive Relation über K, die Relation der «relativen Möglichkeit»; sind H_1 und H_2 zwei «Welten», so bedeutet H_1 R H_2 intuitiv, daß H_2 «möglich ist relativ zu» H_1, m. a. W. jeder Standard- oder Konstruktsatz, der in H_2 *wahr* ist, ist in H_1 *möglich*. Die Funktion ψ ist in K definiert und hat Werte in der Menge U möglicher Objekte. Für jedes H ist ψ (H) die Menge der Objekte, die in H existieren. U kann als Vereinigung aller ψ (H), d. h. $U = \cup_{H \in K} \psi$ (H) aufgefaßt werden.

Es ist klar, daß ψ (H) für verschiedene H verschieden sein kann, da,

---

52 HEISSENBÜTTEL, [Textbuch], S. 127. Aus bestimmten Gründen wurde der Text geringfügig verändert; überall wo hier ‹R. M.› steht, steht im Original ‹ich› (‹R. M.› ist eine Abkürzung für Rainer Maria).

53 Vgl. u. a. KRIPKE, [Considerations], S. 64/65, PARSONS, [Essentialism], Appendix A, S. 86, LINSKY, [Modality], Introduction, S. 8/9.

anschaulich gesprochen, in Welten, die von der wirklichen verschieden sind, einige wirklich existierende Objekte (oder Lebewesen oder Personen) fehlen können, während andere Individuen, wie z. B. Pegasus und Odysseus, dort existieren mögen.[54]

Eine *Interpretation einer Sprachform in bezug auf eine solche Modell-Struktur* ⟨**G, K, R**⟩ ist eine zweistellige Funktion Φ, die folgendermaßen definiert wird: Jeder deskriptiven Konstante der Sprache werde in jeder der Welten ($H \in K$) der Modell-Struktur eine kategorial entsprechende Gegebenheit als *sachbezüglich-intensionales Designat* (kurz: als *sachbezügliche Intension*) zugeordnet: Einer Individuenkonstante je ein Objekt, einem n-stelligen Prädikat je eine Menge von n-stelligen Tupeln von Objekten (oder eine entsprechende charakteristische Funktion) und jedem n-stelligen Funktor je eine n-stellige Funktion. Die sachbezüglich intensionalen Designate der zusammengesetzten Ausdrücke können auf dieser Grundlage ähnlich wie im Fall der extensionalen Designate bestimmt werden.[55]

Wenden wir diese allgemeinen Bestimmungen auf unser Textbeispiel an: Zunächst zur *Modell-Struktur*: Die reale Welt W_0 und die Wunschwelten R. M.s W_1, W_2, ..., W_i, ... sind Elemente der Menge **K** der möglichen Welten der Modell-Struktur, und **G** ist mit W_0 zu identifizieren. **R** ist die Relation, die mindestens jedes Paar (W_i, W_i) und jedes Paar (W_i, W_{i+1}) (für alle natürlichen Zahlen i einschließlich 0) enthält. $\psi(W_i)$ sei jeweils die Menge der Personen, die in W_i existieren. Gehen wir nun zur *Interpretation* Φ bezüglich dieser Modell-Struktur über. Der Text ist in einer Sprachform geschrieben, in der die Wörter ⟨Mann⟩, ⟨Frau⟩ und die Wortkombination ⟨wäre gern⟩ die sinntragenden Wörter sind. Sie sind in einer exakten Rekonstruktion als deskriptive Prädikate (z. B. ⟨$Mann_{1,1}$⟩, ⟨$Frau_{1,1}$⟩ und ⟨$will-sein_1$⟩) der Sprachform der Rekonstruktion einzuführen. (Die Formulierung ⟨Angenommen R. M. wäre⟩ wird hier vernachlässigt.) Außerdem gibt es den Namen ⟨R. M.⟩.

Wir gehen davon aus, daß jedem deskriptiven Prädikat in jeder Welt eine Extension zugeordnet wird, und zwar entweder die Klasse derjenigen Personen, auf die das Prädikat zutrifft, oder die entsprechende charakteristische Funktion. Wir wollen Personen, die in solchen Klassen vorkommen, von nun an, aus bestimmten Gründen, *Individualelemente* nennen. Wir interpretieren also die Prädikate hier nicht durch Begriffe oder Attribute. Dem Prädikat ⟨$Mann_{1,1}$⟩ wird, speziell in jeder Welt, die Klasse (oder charakteristische Funktion) aller Individualelemente zugeordnet, die in dieser Welt Männer sind. Entsprechend wird in jeder Welt dem Prädikat ⟨$Frau_{1,1}$⟩ die Klasse aller Individualelemente zugeordnet, die jeweils in die-

---

54 Diese beiden Beispiele legen es nahe, daß etwa alle «literarischen Welten» als besondere Welten einer solchen Modell-Struktur auftreten können.

55 Vgl. S. 204.

ser Welt Frauen sind. Das Prädikat ‹will-sein$_1$› wird hier zunächst im eingeschränkten Sinn ausgelegt, in dem ein Individualelement ein anderes Individualelement sein will. Dem Prädikat wird daher in jeder Welt eine Menge von Paaren zugeordnet, deren erstes Glied ein Individualelement in dieser Welt ist, deren zweites Glied aber ein Individualelement in einer anderen Welt ist, und zwar alle Paare, die in dem Verhältnis zueinander stehen, daß das erste Individualelement das zweite sein will.

Natürlich können die Wunschalternativen der verschiedenen Individualelemente in andere Welten der Modell-Struktur führen, die in der angegebenen Folge von Wunschwelten W_0, W_1, ..., W_i, ... nicht genannt sind. Das ist jedoch unproblematisch, weil die Glieder der Folge ohnehin nur eine Teilmenge von **K** bilden. Die Menge der dem Prädikat ‹will-sein$_1$› in den verschiedenen Welten zugeordneten Paare muß aber wenigstens eine Folge von Individualelementen enthalten, die ganz in der angegebenen Wunschwelt in der angegebenen Reihenfolge verbleiben: Die Folge der Individualelemente nämlich, die R. M. in seinen verschiedenen «lesbischen Phasen» sein möchte.

Schließlich haben wir in unserer Sprache noch den Namen ‹R. M.›. Wie soll er interpretiert werden? Es mag auf den ersten Blick erstaunlich erscheinen: Zu dieser Frage sind die verschiedensten Antworten angeboten worden.[56] Jede Antwort ist eine Explikation des Begriffs ‹Individuum›. Unserer bisherigen Darstellung gemäß müssen wir den Namen ‹R. M.› durch ein Individualelement in der wirklichen Welt und verschiedene Wunsch-Individualelemente in den verschiedenen Wunsch-Welten interpretieren. Dies ist ein Aspekt des Begriffs, den sich R. M. von sich macht. Wir könnten also die Interpretation auch auf den Namen ‹R. M.› ausdehnen, und zwar so, daß ‹R. M.› in jeder Welt W_i ein Individualelement a_i zugeordnet wird. Wir nennen die verschiedenen Individualelemente, die ‹R. M.› in den verschiedenen Welten zugeordnet werden, die *Individualspur*. Natürlich hätten wir die Sache auch so darstellen können, daß ein bestimmtes Individuum a in allen Welten W_0, W_1, ..., W_i, ... existiert, allerdings so, daß es in allen W_{2k} ein Mann und in allen W_{2k+1} eine Frau ist. Dieses Individuum a kann dann ‹R. M.› zugeordnet werden. Bei der zuletzt angegebenen Interpretation ist es nicht richtig, daß R. M. gern eine (andere) Person in einer anderen Welt wäre, sondern er möchte, daß ihm persönlich andere Eigenschaften zukommen, nämlich bald die, eine Frau zu sein, bald die, ein Mann zu sein. Zu der in allen Welten identischen Person gehört eine *Eigenschaftsspur*, die die Person in verschiedenen Welten verschieden charakterisiert. ‹R. M.› ist in diesem Fall ein echter Name, ein ‹strenger Designator› in Kripkes Terminologie.[57] Deskriptor-Ausdrücke oder Kenn-

56 Vgl. u. a. Hintikka, [Modalities], S. 99 ff, Scott, [Advice], S. 165 ff, Kripke, [Naming], speziell u. a. S. 269/270.

57 Vgl. Kripke, [Naming], S. 269/270.

zeichnungen sind demgegenüber keine strengen, sondern akzidentelle Designatoren. Typische Beispiele sind Ausdrücke der Art ‹Der Bundeskanzler der Bundesrepublik Deutschland›. Dieser Ausdruck designierte vor 1949 keine Person, danach bis 1973 die Personen ADENAUER, ERHARD, KIESINGER, BRANDT.

Hätten wir in HEISSENBÜTTELS Text anstelle von ‹R. M.› überall eingesetzt ‹Der Autor des Textbuchs›, so würde KRIPKE vermutlich der hier zuerst vorgelegten Interpretation zustimmen, da ein solcher Ausdruck ein akzidenteller Designator ist. Warum? Nun, der Autor des Textbuchs ist zwar in dieser Welt H. HEISSENBÜTTEL, aber in der Welt, in der H. HEISSENBÜTTEL die Frau ist, die er gern wäre, wenn der Text ernst gemeint wäre, ist der Autor des Textbuchs (falls es dort ein Textbuch und einen Autor dafür gibt) nicht H. HEISSENBÜTTEL, sondern vielleicht J. W. VON GOETHE, der, wenn der Text auf S. 127 des Textbuches von ihm ernst gemeint wäre, natürlich ein Mann wäre, so daß sich H. HEISSENBÜTTEL, wenn er in jener Welt nicht lesbisch wäre, in ihn verlieben könnte, eventuell anstelle der Frau VON STEIN. Phantastische Perspektiven!

Wir wollen hier diese Perspektiven ebenso wie die Kontroverse, wie Namen zu interpretieren sind und was ein Individuum ist, auf sich beruhen lassen [58] und vorläufig die Interpretation von ‹R. M.› durch eine *Individualspur* voraussetzen; denn in diesem Fall kann Φ einfach auf Namen und andere Individuenausdrücke ebenso angewandt werden wie auf Prädikate.

In verschiedenen intensionalen Bezeichnungstheorien (so in denjenigen MONTAGUES) brauchen wir im Zusammenhang mit Interpretationen außer dem Begriff Individualspur und Individualelement (die «Elemente», die die «Spur» in den verschiedenen Welten hinterläßt) noch den Begriff *Individualcharakteristik*. Eine Individualcharakteristik ist (wie die Individualcharakteristik in begrifflich-intensionalen Bezeichnungstheorien) eine spezielle Charakteristik, d. h. eine Menge von Eigenschaften. Eine Individualcharakteristik ist speziell die Menge derjenigen Eigenschaften, die auf ein Individuum zutreffen. Es ergibt sich hier aber nun die Frage, ob der Begriff Individuum als Individualelement oder als Individualspur zu nehmen ist, und entsprechend, ob eine Eigenschaft als Klasse bzw. charakteristische Funktion über Individualelementen in einer Welt oder als Eigenschaftsspur zu deuten ist. Die Frage wird verschieden beantwortet. So hat MONTAGUE einmal eine Charakteristik als Eigenschaftsspur formuliert, d. h. als Funktion, die jeder Welt eine charakteristische Funktion von Individualelementen zuordnet, ein andermal als charakteristische Funktion von Individualspuren angesetzt.[59]

---

58 Womit nicht gesagt sein soll, daß die Fragestellung der Nameninterpretation ebenso phantastisch ist wie die angedeutete Perspektive.

59 Zum ersten vgl. MONTAGUE/SCHNELLE, [Grammatik], D. 7.7, zum zweiten MONTAGUE, [Quantification].

Die Andeutung der sachbezüglich-intensionalen Interpretation, die wir bisher gegeben haben, ist noch zu einfach. Wir haben nämlich nur die Intensionen der eigentlich bedeutungtragenden Wörter wie ‹Mann›, ‹Frau›, ‹wäre gern› und ‹R. M.› angegeben, nicht dagegen, wie der Kombination dieser Wörter im angegebenen Text *Kombinationen von Intensionen* entsprechen. Bei Standardsprachformen, die den Gemeinsprachformen entsprechen, ist die Erklärung dieses Zusammenhangs im allgemeinen schwierig. Daher gehen einige der neueren intensionalen Bezeichnungstheorien davon aus, daß die Standardsprachformen nicht direkt interpretiert werden, sondern, wie schon als Entgegnung auf Kritiken DAVIDSONS auf S. 190 bzw. 193 angekündigt, ihre *Interpretation indirekt*, d. h. vermittels einer Übersetzung, gewonnen wird,[60] die jedem Ausdruck der Standardsprachform einen Ausdruck einer Konstruktsprache zuordnet, deren Darstellungsfunktion völlig durchsichtig, d. h. deren Interpretation völlig geklärt ist. Dazu geeignete Konstruktsprachen sind z. B. Sprachen der intensionalen Logik, wie sie im Zusammenhang mit der Entwicklung der Modallogik im Verlauf der sechziger Jahre entwickelt wurden. Wir können hier nicht alle Einzelheiten der Übersetzungsform besprechen.[61] Statt dessen wollen wir alle angesprochenen Zusammenhänge jetzt in einer detaillierten Analyse unseres Beispieltextes illustrieren.

5. Wir wollen jetzt in dem im vorigen Paragraphen angegebenen Sinn (mit geringfügigen Abweichungen) eine genaue Charakterisierung einer vereinfachten Variation zu HEISSENBÜTTELS Text geben. Die Variation ist folgende

Reglementierte Variation zu: der Mann der lesbisch wurde

(1′) R. M. ist ein Mann.

(1) R. M. wäre gern eine Frau.

(2) Es ist möglich, daß die Frau derart x_1, daß R. M. wäre gern x_1, wäre gern ein Mann.

(3) Es ist möglich, daß der Mann derart x_2, daß die Frau derart x_1, daß R. M. wäre gern x_1, wäre gern x_2, wäre gern eine Frau.

(4) Es ist möglich, daß die Frau derart x_3, daß der Mann derart x_2, daß die Frau derart x_1, daß R. M. wäre gern x_1, wäre gern x_2, wäre gern x_3, wäre gern ein Mann.

Außer einer freien Paraphrasierung der Sätze (1) – (4) haben wir einen Satz (1′) hinzugefügt, der die im gegebenen Kontext wahrscheinlichste in

---

60 Genaugenommen ist dies eine Übersetzung «zweiter Stufe», denn schon die Standardsprachform muß, so nahe sie auch der Gemeinsprache kommt, als Übersetzung aus der Gemeinsprache angesehen werden, bei der die Gemeinsprache wesentliche Aspekte ihrer Flexibilität und Abhängigkeit von Kontext und Ko-text verliert. Vgl. oben S. 86, 88, 91/92.

61 Es sei auf die Literatur verwiesen, z. B. MONTAGUE/SCHNELLE, [Grammatik], LEWIS, [Semantics].

Satz (1) enthaltene Präsupposition ausdrückt; die beiden anderen disjunktiv möglichen Präsuppositionen ‹R. M. ist ein Junge› und ‹R. M. ist ein Mädchen› sind demgegenüber unwahrscheinlicher.

Die *Interpretation* des Textes geschieht *indirekt*, d. h. durch Übersetzung des Textes in eine Konstruktsprache. In der Konstruktsprache sehen wir insbesondere zwei einstellige Prädikate ‹Mann$_{1,1}$› und ‹Frau$_{1,1}$› vor, die etwa als Explikate der Eigenschaften, ein Mann (im biologischen Sinn) zu sein bzw. eine Frau (im biologischen Sinn) zu sein, eingeführt werden können, sowie zwei Ausdrücke ‹sein$_1$› und ‹will-sein$_1$›, deren Explikation wir später erörtern wollen. Außerdem sei der Modaloperator ‹$\Diamond$› als Explikat von ‹möglich› verfügbar oder werde, wie üblich, definitorisch eingeführt auf der Grundlage von ‹$\Box$› (dem Explikat von ‹notwendig›). Schließlich sei ‹R. M.$_1$› eine ‹R. M.› entsprechende Individuenkonstante der Konstruktsprache.

Wie im vorigen Paragraphen setzen wir eine Modell-Struktur ‹G, K, R› voraus, derart, daß G die wirkliche Welt W_0 ist und K die Menge, die die Welt W_0 und die Wunschwelten W_1, W_2, ... W_{2k}, W_{2k+1}, ... enthält. R ist die Relation der «relativ möglichen Welten» oder der «alternativen Welten», die mindestens alle Paare (W_i, W_i) und (W_i, W_{i+1}) – für alle natürlichen Zahlen i – enthält.

Als *sachbezüglich-intensionale Interpretation* der angegebenen deskriptiven Konstanten geben wir jetzt ihre Designate in der Modell-Struktur. Die Modell-Struktur enthalte nicht nur eine Individualspur als sachbezügliche Intension von ‹R. M.$_1$›, sondern vier Individualspuren a, b, c, d, wie in *Tafel 1*, mit a_i, b_i, c_i, d_i jeweils als Individualelemente in der Welt i (für jede natürliche Zahl i); die a_i, b_i, c_i, d_i sind der Teil der «Individualspur», der in der i-ten Welt W_i liegt. ‹R. M.$_1$› werde durch a interpretiert, d. h. durch a_0 in der wirklichen Welt und durch a_i in der Wunschwelt W_i. In jeder Welt gibt es charakteristische Funktionen (bzw. Klassen) von Individualelementen als Intensionen der einstelligen Prädikate. Wir geben in *Tafel 2* diejenigen Klassen von Individualelementen, die den Prädikaten in den verschiedenen Welten zukommen. Man erkennt, daß die Individualspur a in der wirklichen Welt W_0 ein Mann ist und in den Wunschwelten abwechselnd eine Frau und ein Mann, und zwar in Welten mit geradem Index ein Mann und in Welten mit ungeradem Index eine Frau. Umgekehrt ist die Individualspur b in der wirklichen Welt eine Frau. Auch sie ist aber in den Wunschwelten abwechselnd eine Frau und ein Mann, allerdings ist sie immer von dem Geschlecht von a verschieden.[62] Anders steht es mit c und d.

---

62 Sollte a deswegen gern eine Frau sein wollen, um mit b in der ersten Wunschwelt lesbische Beziehungen haben zu können, so hat er Pech gehabt: In dieser Welt ist b ein Mann. Seine Fahrt durch alle Wunschwelten nützt ihm nichts, die Partnerin oder der Partner ist immer schon «fort». Der unglückliche a! Oder besser: Welch unglückliche Struktur dieser seiner Wunschwelten!

a = Designat von R. M.$_1$		b	
W_0	a_0	W_0	b_0
W_1	a_1	W_1	b_1
⋮		⋮	
W_{2k}	a_{2k}	W_{2k}	b_{2k}
W_{2k+1}	a_{2k+1}	W_{2k+1}	b_{2k+1}
⋮		⋮	

c		d	
W_0	c_0	W_0	d_0
W_1	c_1	W_1	d_1
⋮		⋮	
W_{2k}	c_{2k}	W_{2k}	d_{2k}
W_{2k+1}	c_{2k+1}	W_{2k+1}	d_{2k+1}
⋮		⋮	

Tafel 1: Individualspuren
(Alle Elemente der Spuren können bestimmt werden, indem man k alle natürlichen Zahlen annehmen läßt.)

Sie sind (wie R. M. meint, denn alles spielt sich außer bei W_0 in seinen eigenen Wunschwelten ab) glücklicher veranlagt: Hinsichtlich ihres Geschlechts sind sie in allen Wunschwelten mit sich zufrieden; auch in der Alternativwelt wollen sie dasselbe Geschlecht haben. c ist daher in allen Welten ein Mann$_{1,1}$ und d in allen Welten eine Frau$_{1,1}$.

Zu jedem Individualelement a_i, b_i, c_i, d_i führen wir nun eine *Individualcharakteristik* A_i, B_i, C_i, D_i ein, die aus der Klasse aller Eigenschaftselemente besteht, die das Individualelement in der betreffenden Welt hat. Wir wollen nun annehmen, daß «will-sein$_1$ (in W_i) X_{i+1}» (mit einer

$\text{Mann}_{1,1}$	$\text{Designat von Mann}_{1,1}$	
W_{2k}	$a_{2k'}$	$c_{2k'} \cdots$
W_{2k+1}	$b_{2k+1'}$	$c_{2k+1'} \cdots$

$\text{Frau}_{1,1}$	$\text{Designat von Frau}_{1,1}$	
W_{2k}	$b_{2k'}$	$d_{2k'} \cdots$
W_{2k+1}	a_{2k+1}	$d_{2k+1'} \cdots$

Tafel 2: Eigenschaftsspuren
für die einstelligen Prädikate mit Klassen von Individualelementen als Designate in den verschiedenen Welten. (Angabe nur eines Ausschnitts; die Elemente der gesamten Spur können wie in *Tafel 1* bestimmt werden.)

bestimmten Individualcharakteristik anstelle von X_{i+1}) auch als ein Eigenschaftselement infrage kommt. Einen Ausschnitt des Inhalts der Eigenschaftscharakteristiken geben wir in *Tafel 3* an.

Wie zu erwarten, gibt die Individualcharakteristik zu a_0 (nämlich A_0) an, daß a_0 in W_0 ein $\text{Mann}_{1,1}$ ist und A_1 sein will, wobei aus A_1 zu ersehen ist, daß A_1 eine $\text{Frau}_{1,1}$ in W_1 ist. Die Individualcharakteristik zu b_{2116} gibt dagegen an, daß dieses Individualelement eine $\text{Frau}_{1,1}$ ist, die B_{2117} sein will, wobei man aus B_{2117} ersieht, daß es sich um einen $\text{Mann}_{1,1}$ handelt (der aber auch nicht mit seinem Schicksal zufrieden ist).

Wir führen nunmehr zwei Hilfskonstruktionen $\text{Mann}_{1,2}$ und $\text{Frau}_{1,2}$ ein. Diese Hilfskonstruktionen werden als *Mengen von Individualcharakteristiken* interpretiert. $\text{Mann}_{1,2}$ enthält alle Individualcharakteristiken, die die Eigenschaft $\text{Mann}_{1,1}$ enthalten, und $\text{Frau}_{1,2}$ alle Individualcharakteristiken, die die Eigenschaft $\text{Frau}_{1,1}$ enthalten. Ein Teil dieser Mengen wird in *Tafel 4* angegeben.

Weiterhin benötigen wir noch *generische Charakteristiken*. Als generische Charakteristiken kommen alle Mengen von Eigenschaftselementen infrage, die sich aus Vereinigungen und Durchschnitten der Individualcharakteristiken ergeben; die Individualcharakteristiken sind ja auch Men-

Individualcharakteristiken zu a

$\vdots$

A_{2k} $= (\ldots;$ in $W_{2k}:$ Mann$_{1,1}$, will-sein$_1$ (in W_{2k+1}) $A_{2k+1};\ldots)$
A_{2k+1} $= (\ldots;$ in $W_{2k+1}:$ Frau $_{1,1}$, will-sein$_1$ (in W_{2k+2}) $A_{2k+2};\ldots)$

$\vdots$

Individualcharakteristiken zu b

$\vdots$

B_{2k} $= (\ldots;$ in $W_{2k}:$ Frau $_{1,1}$, will-sein$_1$ (in W_{2k+1}) $B_{2k+1};\ldots)$
B_{2k+1} $= (\ldots;$ in $W_{2k+1}:$ Mann $_{1,1}$, will-sein$_1$ (in W_{2k+2}) $B_{2k+2};\ldots)$

$\vdots$

Individualcharakteristiken zu c

$\vdots$

C_{2k} $= (\ldots;$ in $W_{2k}:$ Mann$_{1,1}$, will-sein$_1$ (in W_{2k+1}) $C_{2k+1};\ldots)$
C_{2k+1} $= (\ldots;$ in $W_{2k+1}:$ Mann$_{1,1}$, will-sein$_1$ (in W_{2k+2}) $C_{2k+2};\ldots)$

$\vdots$

Individualcharakteristiken zu d

$\vdots$

D_{2k} $= (\ldots;$ in $W_{2k}:$ Frau$_{1,1}$, will-sein$_1$ (in W_{2k+1}) $D_{2k+1};\ldots)$
D_{2k+1} $= (\ldots;$ in $W_{2k1}:$ Frau$_{1,1}$, will-sein$_1$ (in W_{2k+2}) $D_{2k+2};\ldots)$

$\vdots$

Tafel 3: Individualcharakteristiken

Mann$_{1,2}$	Designat zu Mann$_{1,2}$
$\vdots$	
W_{2k}	$(A_{2k},\ \ C_{2k},\ \ \ldots)$
W_{2k+1}	$(B_{2k+1},\ \ C_{2k+1},\ \ldots)$
$\vdots$	$\vdots$

Frau$_{1,2}$	Designat zu Frau$_{1,2}$
$\vdots$	
W_{2k}	$(B_{2k},\ \ D_{2k},\ \ \ldots)$
W_{2k+1}	$(A_{2k+1},\ \ D_{2k+1},\ \ldots)$
$\vdots$	$\vdots$

Tafel 4: Designate von ‹Mann$_{1,2}$› und ‹Frau$_{1,2}$›

gen von Elementen. Wir wollen insbesondere sechs solche Charakteristiken hervorheben, nämlich ‹Frau$_{1;3}$›, ‹Mann$_{1,3}$›, ‹sein-Frau$_{1,3}$›, ‹sein-Mann$_{1,3}$›, ‹will-sein-Frau$_{1,3}$›, ‹will-sein-Mann$_{1,3}$›. Die Intensionen dieser Hilfskonstruktionen geben wir in *Tafel 5* an. Wir werden sehen, daß die ersten beiden als Übersetzungen der Nominalphrasen ‹eine Frau› und ‹ein Mann› auftreten werden und die folgenden als Übersetzungen der Verbalphrasen ‹ist eine Frau›, ‹ist ein Mann›, ‹wäre gern eine Frau›, ‹wäre gern ein Mann›.

Designat von ‚Mann$_{1,3}$'
   Die*Vereinigung über der Menge* der Designate von ‚Mann$_{1,2}$'
   (vgl. TAFEL 4). Enthält also die Vereinigung aller A_{2k},
   B_{2k+1}, C_{2k} C_{2k+1} (für alle natürlichen Zahlen k)

Designat von ‚Frau$_{1,3}$':
   Die *Vereinigung über der Menge* aller Designate von
   ‚Frau$_{1,1}$' (vgl. TAFEL 4)

Designat von ‚sein-Mann$_{1,3}$':
   Die *Vereinigung aller Teilmengen* der Menge aller Designate
   von ‚Mann$_{1,2}$'

Designat von ‚sein-Frau$_{1,3}$':
   Die *Vereinigung aller Teilmengen* der Menge aller Designate von
   ‚Frau$_{1,2}$'

Designat von ‚will-sein-Mann$_{1,3}$':
   Eine *Vereinigung über allen Teilmengen* einer Menge,
   die die Menge A_{2k+1}, B_{2k}, C_{2k}, C_{2k+1} enthält.

Designat von ‚will-sein-Frau$_{1,3}$'
   Eine *Vereinigung über allen Teilmengen* einer Menge,
   die die Menge A_{2k}, B_{2k+1}, C_{2k}, C_{2k+1} enthält.I

Tafel 5: Generische Charakteristiken

6. Nach diesen einführenden Vorbemerkungen sollen nun die *Grammatik*, die *Übersetzung* und die sachbezüglich-intensionale *Interpretation* für einen Ausschnitt einer Standardform des Deutschen gegeben werden, der systematisch aufgebaut ist und u. a. die Beschreibung der Sätze der reglementierten Variation von HEISSENBÜTTELS Text liefert. Wir legen den Formalismus so an, daß er (bis auf geringfügige Veränderungen) einem Teil der Standardformen und Konstruktformen entspricht, die MONTAGUE in seiner

Universalen Grammatik [63] gegeben hat; das System kann also auch als Einführung in dieses schwierige System gelesen werden.

Die systematische Darstellung müßte also folgende Teile enthalten:

A. die Grammatik der Standardsprachform, zu der die Sätze des HEISSEN-BÜTTEL-Textes (in Zukunft kurz Text genannt) gehören;

B. die Grammatik der Konstruktsprachform, in bezug auf die der Text sachbezüglich-intensional interpretiert werden soll;

C. das allgemeine Verfahren der Übersetzung von Ausdrücken der Standardsprachform in entsprechende Ausdrücke der Konstruktsprachform, so daß die Interpretation der Ausdrücke der Konstruktsprachform sich auf die Ausdrücke der Standardsprachform überträgt;

D. die Interpretation der Konstruktsprachformen durch Intensionen (d. h. Individuenausdrücke durch Individualspuren, Sätze durch Funktionen über möglichen Welten, deren Werte Wahrheitswerte sind usw.).

Der ungeübte Leser hätte jedoch Schwierigkeiten, die angegebenen Regeln oder Festsetzungen des Systems auf die konkreten Fälle, d. h. die Sätze des Textes zu übertragen. Wir werden daher hier zunächst nur die Behandlung der Sätze (1'), (1) und (2) des Textes vorlegen und die Struktur des Systems nur skizzieren. Der interessierte Leser kann die Prinzipien des Systems sowie die Regeln oder Festlegungen bei MONTAGUE nachlesen bzw. nach diesem Text entwickeln.

A. *Die Konstruktion der grammatischen Struktur der Sätze*

Die grammatische Struktur von Sätzen leiten wir mit Hilfe grammatischer Regeln eines klassifikatorischen Grammatikmodells (vgl. S. 144 f) ab. Eine grammatische Regel besteht aus einer grammatischen Operation, einer Anwendungsbedingung und einer Resultatkategorie. Wir sorgen dafür, daß die Regeln immer gemäß der Anwendungsbedingung angewandt werden, so daß deren Wiedergabe sich in der Konstruktion erübrigt; es genügt anzugeben, welche Operationen auf welche Argumente angewandt wurden – wir werden das in der Konstruktion anzeigen –, welcher Ausschnitt eines Ausdrucks entsteht und zu welcher grammatischen Kategorie er gehört – dies werden wir im Resultat anzeigen. Die verwendeten grammatischen Kategorien sind S (Satz), VA (Variable), C (Nominalausdruck, d. h. Ausdruck, der einem Appellativum äquivalent ist), NP (Nominalphrase), AT (Attributsatz), TV (transitives Verb), VP (Verbalphrase bzw. intransitives Verb).[63a]

---

63 Vgl. MONTAGUE/SCHNELLE, [Grammatik].

63a MONTAGUES Text verwendet Ziffern zur Charakterisierung der Kategorien; unsere Kategorien haben bei ihm die Ziffern 0, 2, 3, 4, 5, 7, 8 in der genannten Reihenfolge. In MONTAGUES Text [Quantification] kommen Entsprechungen zu 2 und 5 nicht vor; die übrigen werden durch Operatorkategorien t, t//e, t/(t/e), (t/e)/(t/(t/e)) und t/e wiedergegeben.

Die verwendeten grammatischen Operationen sind F_2, F_3 und F_{11} als einstellige Verknüpfungen, F_6, F_7, F_8 und F_9 als zweistellige. (Die Indizes sind so gewählt, daß sie mit denjenigen des MONTAGUE-Textes D 7.5, D 7.6 – bis auf F_{11} – übereinstimmen.) Die genannten Operationen werden in den grammatischen Regeln so bestimmt, daß ihre Funktionsweise wie folgt verstanden werden kann:

F_2: Generierung einer Nominalphrase NP aus einem Nominalausdruck C durch Beiordnung eines bestimmten Artikels

F_3: Wie F_2, aber durch Beiordnung eines unbestimmten Artikels

F_6: Generierung einer Verbalphrase VP entweder aus einem transitiven Verb TV oder einer Nominalphrase NP

F_7: Generierung eines Attributsatzes AT aus einer Variablen VA und einem Satz S

F_8: Generierung eines Nominalausdrucks C aus einem Nominalausdruck C und einem Attributsatz AT

F_9: Generierung eines Satzes aus einer Nominalphrase NP und einer Verbalphrase VP

F_{11}: Generierung eines Satzes aus einem Satz durch Beiordnung des Modalausdrucks ‹es ist möglich, daß›.

In diesem Rahmen stellen wir die Konstruktionen der Sätze (1′), (1) und (2) des HEISSENBÜTTEL-Textes wie folgt dar:

A.1 *Konstruktion von (1′)*

Konstruktion: *Resultat:*
1. F_3 (Mann)   NP (ein Mann)
2. F_6 (sein, F_3 (Mann))   VP (sein ein Mann)
3. F_9 (R. M., F_6 (sein, F_3 (Mann)))   S (R. M. ist ein Mann)

A.2 *Konstruktion von (1)*

Konstruktion: *Resultat:*
1. F_3 (Frau)   NP (eine Frau)
2. F_6 (wäre gern, F_3 (Frau))   VP (wäre gern eine Frau)
3. F_9 (R. M., F_6 (wäre gern, F_3 (Frau))) S (R. M. wäre gern eine Frau)

A.3 *Konstruktion von (2)*

Konstruktion: *Resultat:*
1. F_6 (wäre gern, x_1)   → VP (wäre gern x_1)
2. F_9 (R. M., F_6 (wäre gern, x_1))   → S (R. M. wäre gern x_1)
3. F_7 (x_1, F_9 (R. M.,
   F_6 (wäre gern, x_1)))   → AT (derart x_1, daß R. M. wäre
                                                      gern x_1)

4. F_8 (F_7 (x_1, F_9 (R. M.,
   F_6 (wäre gern, x_1))), Frau)   → C (Frau derart x_1, daß R. M.
                                                      wäre gern x_1)

5. F_2 (F_8 (F_7 (x_1, F_9 (R. M., F_6 (wäre gern, x_1))), Frau))
         → NP (die Frau derart x_1, daß R. M. wäre gern x_1)

6. F_3 (Mann)   → NP (ein Mann)

7. F_7 (wäre gern, F_3 (Mann))   → VP (wäre gern ein Mann)

8. F_9 (F_2 (F_8 (F_7 (x_1, F_9 (R. M., F_6 (wäre gern, x_1))), Frau)),
             F_6 (wäre gern, F_3 (Mann)))
         → S (die Frau derart x_1, daß R. M. wäre gern x_1,
            wäre gern ein Mann)

9. F_{11} (– Formel 8. –)
         → S (Es ist möglich, daß die Frau derart x_1,
            daß R. M. wäre gern x_1, wäre gern ein Mann)

Wie man sieht, ergeben sich die Formeln 2, 3, 4, 5, 7 und 9 jeweils durch Anwendung einer Operation auf die voraufgehenden Formeln; die Formeln 1 und 6 werden auf lexikalische Elemente angewandt, die Formel 8 enthält die Anwendung einer Operation auf zwei Formeln, nämlich 5 und 7.

B. *Die Übersetzung der grammatisch strukturierten Sätze in entsprechende der Konstruktsprache der intensionalen Logik*

Um die Konstruktionen übersichtlich zu halten, verwenden wir zwei abkürzende Formulierungen, nämlich

$Mann_{1,3} = \hat{P}Vx$ ([$Mann_{1,1}$ x] $\wedge$ P {x})

und

$\hat{}\, \iota^* x_1$ ([$Frau_{1,1}$ x_1] $\wedge$ [[will-sein$_1$ x_1] R. M.$_1$]) =
$\hat{P}Vx_2$ ($\wedge x_1$ [[$x_1 \equiv x_2$] $\equiv$ ([$Frau_{1,1}$ x_1] $\wedge$ [[will-sein$_1$ x_1] R. M.$_1$])] $\wedge$ P {x_2})

Die zuletzt abgekürzte Formel bedeutet etwa: Der Begriff derjenigen Frau, die R. M. gern wäre. Es sei hier nochmals betont, daß das *exakte* Verständnis dieser Formeln dem Leser erst nach dem genauen Studium des mehrfach genannten MONTAGUE-Textes möglich ist. Mit diesen Abkürzungen können wir jetzt die Übersetzung der Sätze (1'), (1) und (2) angeben:

B.1 *Übersetzung der Konstruktion von* (1')
   1. Formel A.1.1 übersetzt in: $Mann_{1,3}$
   2. Formel A.1.2 übersetzt in: [sein$_1$ $Mann_{1,3}$]
   3. Formel A.1.3 übersetzt in: [[sein$_1$ $Mann_{1,3}$] R. M.$_1$]

B.2 *Übersetzung der Konstruktion von* (1)
Die Übersetzung entspricht der in B.1, d. h. A.2.3 übersetzt in:
   [[will-sein$_1$ $Frau_{1,3}$] R. M.$_1$]

B.3 *Übersetzung der Konstruktion von* (2)
(Es wird nur die Übersetzung von einigen Zwischenergebnissen angegeben.)
A.3.4 wird übersetzt in
   λ P λ_e x_3 (P {x_3} $\wedge$ [[will-sein$_1$ x_3] R. M.$_1$]) $\hat{}\,$ $Frau_{1,1}$

Dies läßt sich nach den üblichen Regeln zur Verwendung von λ-Ausdrükken reduzieren zu

$$\lambda_e\, x_1\; (^\wedge \text{Frau}_{1,1}\; \{x_1\} \wedge [[\text{will-sein}_1\; x_1]\; R.\, M._1])$$

und weiter zu

$$\lambda_e\, x_1\; ([\text{Frau}_{1,1}\; x_1] \wedge [[\text{will-sein}_1\; x_1]\; R.\, M._1])$$

A.3.5 ergibt (mit dieser Reduktion) eine Formel, für die wir oben die folgende Abkürzung einführten

$$^\wedge \imath^* x_1\; ([\text{Frau}_{1,1}\; x_1] \wedge [[\text{will-sein}_1\; x_1]\; R.\, M._1])$$

A.3.9 ergibt

$$\Diamond\; [[\text{will-sein}_1\; \text{Mann}_{1,3}]\; ^\wedge \imath^* x_1\; ([\text{Frau}_{1,1}\; x_1] \wedge [[\text{will-sein}_1\; x_1]\; R.\, M._1])]$$

C. *Sachbezüglich-intensionale Interpretation der Übersetzungsresultate*

C.1 Wie bereits oben erwähnt, kann man ‹R.M.$_1$› eine Individualcharakteristik zuordnen; man nehme die Individualcharakteristik zu a in *Tafel 3*. ‹Mann$_{1,3}$› und ‹Frau$_{1,3}$› (d. h. den entsprechenden komplexen Ausdrükken) werde eine generische Charakteristik zugeordnet; man nehme diejenigen aus *Tafel 5*. Die Struktur dieser generischen Charakteristik, die in *Tafel 5* nur verbal beschrieben wurde, wird durch die Formeln der intensionalen Logik, die durch ‹Mann$_{1,3}$› und ‹Frau$_{1,3}$› abgekürzt werden, genau angegeben. Dem Ausdruck

‹[sein$_1$ Mann$_{1,3}$]›

wird ebenfalls eine generische Charakteristik zugeordnet; man nehme auch hier die in *Tafel 5* angegebene. Die Formel

‹[[sein$_1$ Mann$_{1,3}$] R.M.$_1$]›

ist genau dann wahr in einer Welt W_i, wenn die Individualcharakteristik von ‹R.M.$_1$› in der entsprechenden generischen Charakteristik enthalten ist. Bei der gegebenen Interpretation wird diese Formel also in der Welt W_0 wahr, in der Welt W_1 dagegen falsch sein, wie man durch einen Vergleich der Tafeln erkennt.

C.2 Die Interpretation der Übersetzungsresultate zum Satz (1) ist entsprechend wie unter C.1; man entnehme die Interpretationen den genannten Tafeln und bestimme den Wahrheitswert des Satzes in den Welten W_i entsprechend.

C.3 Die Interpretation des Übersetzungsresultats zu Satz (2) muß in ihren Teilen wiederum entsprechend zu den Angaben unter C.1 vorgenommen werden. Die Interpretation des Gesamtresultats besagt dann folgendes:

Der Satz (2) ist wahr in einer Welt W_i genau dann, wenn die Individualcharakteristik derjenigen Person, die die Eigenschaft hat, Frau$_{1,1}$ zu sein, und die gleichzeitig diejenige ist, die R.M. sein will (ausgedrückt durch die angegebene Übersetzung der Konstruktion unter B.2.5), möglicherweise in der Klasse der Charakteristiken enthalten ist, die zu denen gehören, die ein Mann sein wollen.

7. Außer den sachbezüglichen Intensionen, wie wir sie bisher definierten, brauchen wir jedoch noch Designate von Ausdrücken, die sich aus ihren Intensionen und den Intensionen aller ihrer Teile definieren lassen; diese Designate nennen wir *sachbezüglich-intensionale Strukturen*.[64] Die Intension eines Ausdrucks ist fixiert, wenn seine Extension in jeder der möglichen Welten feststeht. Nun kann es sein, daß zwei verschiedene Ausdrücke dieselbe Intension (d. h. in jeder der möglichen Welten dieselbe Extension) haben und dennoch ganz offenbar verschiedenen Sinn. Alle logisch-wahren Sätze haben z. B. dieselbe sachbezügliche Intension, da sie in allen möglichen Welten wahr sind. Desgleichen haben alle logisch-falschen Sätze dieselbe sachbezügliche Intension. Trotzdem würden wir ihren Sinn unterscheiden wollen. Betrachten wir zum Beispiel die folgenden sechs Sätze

(1) Schnee ist weiß oder Schnee ist nicht weiß.

(2) Gras ist grün oder Gras ist nicht grün.

(3) Franz Müller hat seine Frau geschlagen oder
    Franz Müller hat seine Frau nicht geschlagen.

(4) Schnee ist weiß und Schnee ist nicht weiß.

(5) Gras ist grün und Gras ist nicht grün.

(6) Franz Müller hat seine Frau geschlagen und
    Franz Müller hat seine Frau nicht geschlagen.

Die Sätze (1) – (3) sind, sofern sie in der Standardinterpretation als Disjunktion eines Satzes mit seiner Negation genommen werden, alle drei logisch-wahr und haben daher alle drei dieselbe Intension. Die Sätze (4) bis (6) sind, sofern sie in der Standardinterpretation als Konjunktion eines Satzes mit seiner Negation genommen werden, alle drei logisch-falsch und haben daher ebenfalls alle drei dieselbe Intension.

Natürlich werden Äußerungen dieser Sätze (vielleicht gerade, weil ihre Standardinterpretationen logisch-wahr bzw. logisch-falsch und also nichtssagend sind) im alltäglichen Gebrauch meist nicht in Standardform interpretiert. Eine Äußerung von Sätzen (1) – (3) z. B. soll dagegen normalerweise eher andeuten, daß der Sprecher an dem Sachverhalt kaum interessiert ist, eine Äußerung von Sätzen (4) – (6), daß der positive Teilsatz *in einem Sinn zutrifft, in einem anderen nicht*. In der Semantik kommt es uns aber nicht primär darauf an, diesen zuletzt genannten normalen Gebrauch zu bestimmen, sondern die Standardinterpretation.

---

64 Ansätze zu diesem Begriff finden sich bei CARNAP, [Meaning], § 14, im Begriff der intensionalen Isomorphie. Unsere Darstellung folgt LEWIS, [Semantics], § V.

Aber auch in Standardinterpretation haben die Sätze (1) – (3) einerseits und die Sätze (4) – (6) andererseits trotz intensionaler Gleichheit einen verschiedenen Sinn. Gibt es eine Möglichkeit, diesen Sinn dennoch auf der Grundlage der sachbezüglichen Intensionen zu explizieren? Eine Lösung besteht darin, als Designat eines Ausdrucks nicht nur seine Intension, sondern seine *intensionale Struktur* zu nehmen.[65] Die intensionale Struktur enthält neben der Intension des Gesamtausdrucks auch die Intensionen sämtlicher seiner Teilausdrücke in der Ordnung, in der sie in der Konstruktion der Bezugssprache (der intensionalen Logik) auftreten. Anschaulicher gesprochen: Die intensionale Struktur unterscheidet sich vom Konstruktionsbaum nur dadurch, daß jedem «Knoten» jeweils die Intension der betreffenden Teilkonstruktion zugeordnet ist.

Obgleich nun die Sätze (1) – (3) einerseits und (4) – (6) andererseits intensional gleich sind, haben sie nicht dieselbe intensionale Struktur. Das zeigen schon die unmittelbaren Konstituenten

(1') Schnee ist weiß.

(2') Gras ist grün.

(3') Franz Müller hat seine Frau geschlagen.

(1'), (2') und (3') sind untereinander paarweise verschieden. Selbst wenn in der wirklichen Welt alle drei wahr sind, so gibt es doch wenigstens eine mögliche Welt für jedes Paar, in der der eine Konstituentensatz wahr, der andere falsch ist. Somit erweist sich die Verschiedenheit der intensionalen Struktur in diesem Fall schon auf der ersten Stufe der Gliederung der intensionalen Struktur, denn zwei Ausdrücke sind in intensionaler Struktur nur dann gleich, wenn sie dieselbe Konstituentenstruktur in der Bezugssprache, in die sie übersetzt werden, haben und wenn *jedem* dieser Konstituenten dieselbe Intension zugeordnet wird.

Ob der Begriff der intensionalen Struktur aber schon das angemessene Explikat des sprachlichen Sinns ist, ist schwer zu beurteilen. Zwei Ausdrücke haben denselben *Sinn*, wenn sie Glieder derselben *Sinnrelationen* sind und wenn für jede dieser Sinnrelationen die Klasse der Ausdrücke, zu denen sie in dieser Sinnrelation stehen, gleich ist. Eine der Sinnrelationen ist auf alle Fälle die Synonymie. Die Explikation von Sinn hängt sehr stark von der Explikation von Sinnrelationen ab. Nun kann man die Sinnrelationen möglicherweise als Beschränkungen (d. h. Relationen) über intensionalen Strukturen definieren.[66] Intensionale Strukturen sind dann aber fundamentale Begriffe für die Definition des Sinns von Ausdrücken.

---

65 Lewis, [Semantics], nennt sie ‹meaning› des Ausdrucks. Lewis' ‹meaning› enthält außer den Intensionen jeweils noch den Typus des Designats, d. h. die semantische Kategorie.

66 Vgl. dazu Schnelle, [Meaning], und unten Abschn. D.4, S. 257 f.

8. Wir kommen nun zu einer kurzen Erörterung der *quasi-pragmatischen intensionalen Analyse*. Diese Analyse ergibt sich auf folgende Weise aus der sachbezüglich-intensionalen Analyse, die wir bisher behandelten. Das extensionale Designat eines Ausdrucks ist in den sachbezüglich-intensionalen Bezeichnungstheorien eine Funktion einerseits der sachbezüglichen Intension, die ja die Extensionen in allen möglichen Welten festlegt, und andererseits der Spezifikation einer bestimmten vorgegebenen Welt. Sind die intensionale Bedeutung und die Spezifikation einer möglichen Welt gegeben, so läßt sich damit die Extension in dieser Welt zuordnen. Dieser Gedanke, die Bedeutung als eine «Spur» in Abhängigkeit von gewissen möglichen *Spezifikationen* anzugeben und jedes «Spurelement» durch diese «Spur» und eine bestimmte Spezifikation zu fixieren, ist allerdings höchst ausbaufähig. Zusätzlich zur Spezifikation einer möglichen Welt könnte man ja auch Spezifikationen möglicher Redekontexte in Betracht ziehen. In diesem Fall hinge das, worauf man sich mit einem Ausdruck bezieht, nicht nur von der Welt ab, der die Entitäten, ihre Eigenschaften usw. angehören, sondern auch vom Kontext des Sprachgebrauchs. In derselben Welt, etwa unserer wirklichen Welt, könnte man sich, je nach Redekontext, mit einem Ausdruck bald auf ein Designat, bald auf ein anderes beziehen. Man kann nun die sachbezüglich-intensionale Analyse so erweitern, daß die jeweilige Extension nicht nur von der Spezifikation einer möglichen Welt abhängt, in bezug auf die zu interpretieren ist, sondern auch vom Redekontext. Diese Erweiterung der sachbezüglich-intensionalen Bezeichnungstheorie führt zu einer *quasi-pragmatischen Bezeichnungstheorie*, wie wir sie hier nennen wollen.[66a]

Typische Ausdrücke, mit denen man sich je nach Redekontext bald auf das eine, bald auf das andere extensionale Designat in einer Welt bezieht, sind die *deiktischen Ausdrücke* (‹ich›, ‹du›, ‹hier›, ‹jetzt› usw.). In den Sprachanalysen der Logiker und Methodologen der Wissenschaftssprachen waren diese Ausdrücke früher meist sorgfältig ausgeklammert worden.[67] Sprachanalytiker wie RUSSELL und REICHENBACH versuchten zwar eine Behandlung,[68] die aber noch mißlang. BAR-HILLEL machte den Vorschlag, Ausdrücke, die deiktische Elemente enthalten, nicht direkt als Ausdrucksgestalten zu interpretieren, sondern Sachbezug und Wahrheit nur Paaren aus Ausdrucksgestalten und Kontexten ihrer Äußerungsakte zuzuschreiben.[69] Als Kontextdaten erwähnt er die Angaben, wer der Sprecher und wer der

---

66a Zur Benennung vgl. folgende Seite.

67 Z. B. ausdrücklich bei CARNAP, [Syntax], S. 120.

68 RUSSELL, [Meaning], Kap. VII, REICHENBACH, [Logic], § 50. RUSSELL nennt die deiktischen Wörter und Wortbildungselemente (wie Tempus) ‹egocentric particulars› und REICHENBACH ‹token-reflexive words›.

69 Vgl. BAR-HILLEL, [Aspects], Kap. 5, 10, 20, 21 und 24, besonders fruchtbar wurden aber die Bemerkungen auf S. 73 unten und S. 74.

Hörer des Äußerungsaktes ist, außerdem Zeit und Ort des Äußerungsaktes. Um zum Beispiel den Sachbezug von ‹ich› bestimmen zu können, braucht man das erste Kontextdatum, zur Bestimmung des Sachbezuges von ‹du› das zweite, des Sachbezuges von ‹jetzt› oder ‹heute› das dritte und des Sachbezuges von ‹hier› das vierte. Die grundlegende Bedeutung der deiktischen Bezüge wurde von Sprachwissenschaftlern schon oft hervorgehoben, so vor allem von K. BÜHLER [70], wenn dort auch allenfalls Vorklärungen für eine Explikation geliefert wurden.

Die Anregungen Y. BAR-HILLELS wurden von R. MONTAGUE 1959 aufgegriffen, obgleich Resultate vor 1968 offenbar nicht publiziert wurden.[71] Sprachen mit deiktischen Elementen nennt MONTAGUE seither pragmatische Sprachen: Dies ist insofern angemessen, als die in Betracht gezogenen Kontexte des Sprachgebrauchs oder der Äußerung – Sprecher, Hörer, Zeit und Ort der Äußerung – in ganz offensichtlicher Weise die Sprachbeschreibung pragmatisch machen. Per definitionem, möchte man sagen, denn natürlich wird die Interpretation in Abhängigkeit von den Sprechern der Sprache durchgeführt, und dies ist die differentia specifica der Pragmatik. Andererseits erscheint es mir aus zwei Gründen nicht glücklich, von pragmatischen Sprachen oder einer pragmatischen Bezeichnungstheorie zu sprechen. Erstens sind die angewandten Methoden, wie wir sogleich darlegen werden, im Grunde bloß Erweiterungen semantischer Methoden, und zweitens wird nur ein kleiner Ausschnitt der Pragmatik erfaßt. Alles, was mit der «inneren Struktur» von Sprechern und Hörern zusammenhängt, die Annahmen, die sie voneinander machen, und ihre gegenseitigen Intentionen, Verpflichtungen usw., bleibt nach wie vor außer Betracht und damit die entscheidenden Bedingungen von Flexibilität und Kontextabhängigkeit der Gemeinsprachen. Im Grunde wird nur ein sehr kleiner Ausschnitt der Pragmatik semantisiert, allerdings ein für die Grammatik und Standardsprachformen von Sprachen wichtiger Ausschnitt. Man sollte daher, wie wir es hier tun, eher von quasi-pragmatischen Sprachen und quasi-pragmatischen Bezeichnungstheorien sprechen.

In seiner ersten, bereits oben genannten Publikation zu diesem Ansatz schreibt MONTAGUE: ‹Beim Interpretieren einer pragmatischen Sprache L müssen wir den möglichen Kontexten des Sprachgebrauchs Rechnung tragen. Es ist nicht notwendig, sie in ihrer vollen Komplexität in Betracht zu ziehen; wir können unsere Aufmerksamkeit statt dessen auf diejenigen Merkmale richten, die für die in Betracht gezogene Rede relevant sind. So wird es genügen, die Menge aller Komplexe relevanter Aspekte der [in der Rede] intendierten möglichen Kontexte des Sprachgebrauchs zu spezifizie-

---

70 BÜHLER, [Sprachtheorie], II. Kapitel, Hinweise auf WEGENER und BRUGMANN als Vorläufer.

71 Zur Geschichte der Entwicklung bei MONTAGUE vgl. MONTAGUE, [Pragmatics], S. 103.

ren. Wir können solche Komplexe *Indizes* nennen, oder, um einen Terminus von DANA SCOTT auszuborgen, *Bezugspunkte*.> [72]

Hier wird auf DANA SCOTT Bezug genommen, und in der Tat scheint er besonders grundsätzliche Überlegungen angestellt zu haben. In seiner Arbeit ‹Advice on Modal Logic› [73] bezieht er den neuen Ansatz der Interpretation einer Sprache in Abhängigkeit von Bezugspunkten auf die sachbezüglich-intensionale Interpretation in bezug auf eine Modell-Struktur möglicher Welten.[74] Die Idee, Ausdrücke in bezug auf mögliche Welten zu interpretieren, erscheint ihm so nützlich, daß er eine Erweiterung vorschlägt: ‹Die möglichen Welten, faßt man sie als besondere Kollektionen von Objekten (Individuen) auf, mit oder ohne zusätzliche Struktur, geben nur einen Aspekt der Idee. Jedes System von Strukturen kann durch die Elemente einer passenden Menge indiziert werden, wie aus der abstrakten Mathematik bekannt,[75] und zwar gewöhnlich in vielen verschiedenen Weisen.› Nähme man nun bloß eine Indexmenge, die den möglichen Welten eineindeutig entspräche, so könnte man mit dieser Indexmenge natürlich nur soviel Struktur wiedergeben, als in den möglichen Welten und in den Übergängen zu Alternativwelten liege. Eine Indexmenge könne aber in sinnvoller Weise mehr Struktur haben, als in den möglichen Welten und in den Übergängen liege, wie SCOTT betont. Aus diesen Gründen hält er KRIPKES Modell-Strukturen als Interpretationsrahmen für zu beschränkt. Als Erweiterungen des Konzepts der möglichen Welten ist also das Konzept der Bezugspunkte als Indizes einzuführen. Bezugspunkte sind nach MONTAGUE *Folgen*,

$$i = (w, t, p, a \ldots)$$

deren Glieder Koordinaten des Bezugspunktes genannt werden: Die Koordinaten w einer (möglichen) Welt, t eines Zeitpunktes (zu dem z. B. eine Äußerung gemacht wird), p eines Ortes, a eines (Sprach-)Handelnden usw. LEWIS geht im wesentlichen von demselben Gedanken aus, verwendet aber noch eine umfangreicher spezifizierte Folge von acht Koordinaten: Mögliche Welt, Zeit, Ort, Sprecher, Zuhörerschaft, Objekte, auf die gezeigt wird, voraufgehende Redeausschnitte (Ko-texte) und eine Variablenbewertungskoordinate.[76] Eine Variablenbewertung, die verschieden festgelegt werden kann und die die Designate von Ausdrücken mit freien Variablen bestimmt, haben wir bereits oben im Zusammenhang mit dem Begriff der Erfüllung kennengelernt, d. h. schon bei den extensionalen Bezeichnungs-

---

72 MONTAGUE, [Pragmatics], S. 104.

73 SCOTT, [Advice], S. 148.

74 Er verweist auf frühe Arbeiten von KANGER, MONTAGUE, HINTIKKA und KRIPKE. Der an den frühen Arbeiten interessierte Leser sei auf die Fußnote 1 in HINTIKKA, ‹The modes of modality›, in [Modalities], S. 84/85 verwiesen.

75 SCOTT, [Advice], S. 148.

76 LEWIS, [Semantics], S. 175, 213 ff.

theorien (vgl. S. 200 f). Die erste und die letzte der genannten Koordinaten, die «Welt» und die Variablenbewertung, sind die bereits in den extensionalen und intensionalen Bezeichnungstheorien benutzten *nicht-kontextuellen Koordinaten,* die anderen sind die *kontextuellen Koordinaten* eines Indexes oder Bezugspunktes. Die Folge der kontextuellen Koordinaten bildet den *kontextuellen Bezugspunkt.*

Wir wollen jetzt eine Interpretation in bezug auf kontextuelle Koordinaten anhand des oben illustrierten Textes von HEISSENBÜTTEL in seiner ursprünglichen Fassung (S. 219) oder deren reglementierter Variation (S. 224) illustrieren. Erinnern wir uns daran, daß im ursprünglichen Text HEISSENBÜTTELS (wie beim ersten Zitat angemerkt) an der Stelle, an der unser Text den Namen ‹R. M.› enthielt, der deiktische Ausdruck ‹ich› steht. Außerdem haben wir sämtliche Verben im zeitlosen Präsens interpretiert und uns damit auf die Interpretation festgelegt, daß R. M. grundsätzlich und nicht etwa nur vorübergehend innerhalb eines Zeitraumes, in dem der Text ernsthaft geäußert wird, lesbisch ist. Wollen wir den Text aber im Sinne einer zeitlich beschränkten lesbischen Anwandlung deuten, dann müssen wir die Verben im zeitabhängigen Präsens interpretieren. Der originale Text mit ‹ich› und zeitabhängigem Präsens verlangt als kontextuellen Bezugspunkt für die Interpretation einer «ernsthaften» Äußerung des Textes in Standardbedeutung die Information, wer der Sprecher der Äußerung ist und zu welchem Zeitpunkt dies geäußert wurde.

Zur Illustration machen wir uns nun die Tatsache zunutze, daß oben bereits vier Individualspuren vorgelegt wurden, a, b, c, d, die als mögliche Sprecher in Frage kommen können.[77] Alle seien aber nur zeitweise in dem durch die Sätze beschriebenen Zustand, sagen wir jedenfalls zum Zeitpunkt t_1, nicht dagegen zum Zeitpunkt t_2. In bezug auf diese beiden Zeitpunkte können wir nun die folgenden acht kontextuellen Referenzpunkte (R1 – R8) bilden: (a, t_1), (a, t_2), (b, t_1), (b, t_2), (c, t_1), (c, t_2), (d, t_1), (d, t_2)

Betrachten wir nun den ersten Satz, nämlich

(1) Ich will eine Frau sein,

wobei wir die in ‹wäre gern›, d. h. im Konjunktiv enthaltene wahrscheinliche Präsupposition abspalten:

(1′) Ich bin ein Mann.

Ohne kontextuellen Bezugspunkt kann nun – im Gegensatz zum früheren Text bei vorausgesetzter Bekanntheit von R. M. – nicht beurteilt werden, ob (1) und (1′) wahr sind, auch wenn man nur Äußerungen in Betracht zieht, in denen sie ernsthaft in ihrem Standardsinn gemeint sind. Eine kurze Überlegung ebenso wie die Konsultation der oben angegebenen Modell-Struktur zeigt, daß bei (a, t_1), (a, t_2), (c, t_1) und (c, t_2) der Satz (1′)

---

77 Jemand, der sich die Situation lieber konkreter vorstellt, möge für a, b, c und d passende Personen aus seinem Bekanntenkreis einsetzen.

wahr ist, denn die Sprecher a und c einer Äußerung von Satz (1′) sind sowohl zum Zeitpunkt t_1 als auch zum Zeitpunkt t_2 in der wirklichen Welt Männer, und der im Indikativ stehende Satz kann sich nur auf die wirkliche Welt beziehen. Bei (b, t_1), (b, t_2), (d, t_1) und (d, t_2) ist (1′) aber falsch, denn die Sprecher sind Frauen, gemäß Modell-Struktur. Bei Satz (1) ist es anders. Da, nach Voraussetzung, die Anwandlung (lesbisch oder nicht) vorübergehend ist, d. h. bei t_1 zutrifft und bei t_2 nicht, so ist (1) nur wahr bei (a, t_1) und (d, t_1), denn nur der Mann a und die Frau b wollen zu diesem Zeitpunkt eine Frau sein. Mit dem Satz (2) und den folgenden Sätzen (S. 224) müßten auch die Wunschwelten der Modell-Struktur zur Interpretation herangezogen werden.

Wir wollen jetzt nur noch im Zusammenhang mit der Interpretation von ‹ich› andeuten, wie die Modell-Strukturen abzuwandeln sind, um einer Interpretation von Texten mit deiktischen Elementen bei Bezugspunkten Rechnung zu tragen. Die sachbezügliche Intension eines Namens wie R. M.$_1$ ist, wie in *Tafel 1* (S. 226) angegeben, eine Individualspur, die jedem Index einer möglichen Welt das Individualelement in dieser Welt zuordnet. Das Designat eines deiktischen Ausdrucks hängt dagegen noch von anderen Faktoren ab, nämlich von den kontextuellen Koordinaten. Gäbe es nur die acht kontextuellen Koordinatenpaare R1 bis R8, die oben angegeben wurden, so würden wir für ‹ich› die Designatbeziehung von *Tafel 6* angeben können; je nach Sprecher wird hier also die Individualspur geändert. Im Kontext R1 oder R2 und in Welt W_i designiert ‹ich› ein entsprechendes Individualelement der Individualspur a (da a laut Kontextkoordinate Sprecher ist), im Kontext R7 oder R8 dagegen ein Individualelement von d. Je nach Sprecher und Welt werden also verschiedene Individualelemente bei einer

Designat von ,ich'

| | kontextuelle Referenzpunkte: | | | |
	R1/R2	R3/R4	R5/R6	R7/R8
W_0	a_0	b_0	c_0	d_0
W_1	a_1	b_1	c_1	d_1
Mögliche	:	:	:	:
Welten:	:	:	:	:
W_{2k}	a_{2k}	b_{2k}	c_{2k}	d_{2k}
W_{2k+1}	a_{2k+1}	b_{2k+1}	c_{2k+1}	d_{2k+1}
	:	:	:	:

Tafel 6: Kontextabhängige (quasi-pragmatische) *Individualspuren*

Äußerung des Wortes ‹ich› in einem Satz bezeichnet. In entsprechender Weise müßte das Tempus in Sätzen berücksichtigt werden.[78] Halten wir hier nur zusammenfassend fest, daß in der quasi-pragmatischen Bezeichnungstheorie (als Erweiterung der sachbezüglich-intensionalen Bezeichnungstheorie) Designate von Ausdrücken nicht nur als Funktionen von möglichen Welten (wie Individualspuren, Eigenschaftsspuren usw.) in Betracht kommen, sondern auch als *Funktionen von kontextuellen Bezugspunkten,* die Interpretation der Ausdrücke also auch vom Kontext des Sprachgebrauchs abhängt.

D. Theorien der inhaltlichen Form

1. Sprachwissenschaftler begegnen im allgemeinen logischen Analysen – ebenso wie ausgesprochen psychologischen, soziologischen, kommunikationstheoretischen Analysen – mit Skepsis. Die Skepsis ist verständlich und begründet, weil diese Analysen vom Kerngebiet linguistischer Untersuchungen, der spezifischen Gestalt sprachlicher Ausdrucksmittel, wegführen. Diese Skepsis trifft auch die in den ersten drei Abschnitten beschriebene Analyse der logischen Form von Gemeinsprachen oder gewisse ihrer Standardformen. Eine radikale Position, wie sie im *amerikanischen Strukturalismus* der vierziger und fünfziger Jahre vertreten wurde, schließt Analysen der Bedeutung grundsätzlich aus der linguistischen Betrachtung aus und damit a fortiori logische Analysen der Bedeutung. Eine gemäßigte Form dieser Position wird von Quine vertreten, der, wie wir schon darstellten, eine Theorie der Wahrheit im Sinne des Ansatzes von Davidson begrüßt: Hierin werde keine Theorie der Bedeutung geliefert, sondern eine solche Theorie werde überflüssig gemacht: ‹Alle Bedeutungen sind gegeben, wenn die Wahrheitsbedingungen aller Sätze gegeben wurden.› [79]

Für viele Linguisten dürfte diese Position trotz der zweifellos großen Sparsamkeit an «außerlinguistischer Begrifflichkeit» nicht so ohne weiteres akzeptabel sein. Die *generative Grammatiktheorie* in ihren von Chomsky entwickelten Standardvarianten (also hier unter Ausschluß der sog. generativen Semantik) anerkennt die Aufgabe, im Rahmen einer voll entwickelten linguistischen Theorie die Ausdrucksmittel der Sprache auch mit Deutungen zu versehen, die das Sprachverstehen erklären. Die Leistungsfähigkeit ihres transformationellen Ansatzes sieht sie dadurch gestützt, daß das Resultat der transformationellen Analyse, die Tiefenstruktur, die Aufgabe der semantischen Deutung erleichtert.[80] Den Charakter

---

78 Zu ersten Ansätzen in dieser Richtung vgl. Wunderlich, [Tempus].

79 Quine, [Replies], S. 333.

80 Vgl. u. a. Chomsky, [Structures], S. 92 ff, wo allerdings die Tiefenstrukturen noch von den ‹kernel sentences› vertreten werden.

semantischer Deutung selbst läßt Chomsky meist offen. Mehrere Hinweise zeigen aber, daß er vorwiegend an Deutungen im Rahmen der Theorie der Bedeutung und des Sachbezuges denkt, etwa so, wie sie von Logikern entwickelt wurde.[81] Gerade die These aber, daß die Transformationsanalyse darauf ausgerichtet sei, die Tiefenstruktur als Grundlage für eine *logisch-semantische Interpretation* zu liefern, wird ihr von manchen Sprachwissenschaftlern vorgeworfen.[82] Durch die grundlegende analysetechnische Funktion der Paraphrase und der Transformationsrelation werde mit der Oberflächenstruktur zugleich die spezifische Form der Fassung linguistisch-semantischer Bedeutungen ebenso wie in den logischen Theorien von der sprachlichen Darstellungsfunktion weganalysiert.

Häufig wird dieser Einwand der Sprachwissenschaftler in der Tradition des «*europäischen*» *Strukturalismus* in die Form gekleidet, hier liege ein *falscher Begriff vom sprachlichen Zeichen* und damit sowohl von sprachlichem Ausdruck als auch von *Bezeichnung* und *Bedeutung* zugrunde. Man müsse, wie schon W. v. Humboldt, davon ausgehen, daß Form und Inhalt der Sprache sich durch und durch in ihren einzelnen Wörtern und ihrer grammatischen Formung und Verknüpfung durchdringen, oder mit de Saussure betonen, daß das sprachliche Zeichen eine Einheit aus ‹signifiant› und ‹signifié› oder, wie später Hjelmslev sagt, aus ‹Ausdrucksform› und ‹Inhaltsform›, sei.[83] Hier wird also im Gegensatz zum amerikanischen Strukturalismus eine spezifisch linguistische Semantik für möglich gehalten. Ergebnis soll die Beschreibung einer *linguistischen* Bedeutung sein im Gegensatz zu logischer oder psychologischer Bedeutung u. a.

Das Konzept der linguistischen Bedeutung, das hier zugrunde liegt, kann vielleicht in den folgenden zwei bzw. vier Postulaten umrissen werden: Linguistische Bedeutung werde nur dort angemessen gesehen, wo

1) der *Sachbezug eine Funktion der linguistischen Bedeutung* und

2) die linguistische Bedeutung primär eine *strukturelle Bedeutung* (in noch zu erläuterndem Sinn) sei.

Vom Standpunkt der älteren Varianten soziologisierender Sprachwissenschaft (der energetischen Sprachwissenschaft) ebenso wie von verschiedenen neueren soziologisierenden Varianten wird darüber hinaus gefordert, daß

3) die strukturelle Bedeutung *nicht ‹einseitig abstraktiv-differentiell-alge-*

---

81 Vgl. u. a. Chomsky, [Structures], S. 103 und Anm. 10, Chomsky, [Syntax], S. 117 und Anm. 33, S. 221, S. 136 und Anm. 9, S. 224, sowie darüber hinausgehende Vorstellungen teilweise unter dem Einfluß der komponentiellen Semantiktheorie von Katz, S. 154 ff und 160. Auf einige Grundaspekte von Katz' Semantiktheorie gehen wir unten gesondert ein.

82 Vgl. z. B. Coseriu, [Semantik], S. 56.

83 Vgl. Humboldt, [Werke] III, z. B. ‹Über das Entstehen . . .› und die dort gegebenen Belege durch Beispiele, etwa S. 35 ff, Saussure, [Cours], bes. Kap. II, IV, spez. S. 156, Hjelmslev, [Sprogteorien], § 13.

braisierend> [84] betrachtet werden darf, sondern auf die «Lebenspraxis», auf die «Lebenswirklichkeit» bezogen werden müsse (im Sinne etwa des HUMBOLDTschen ‹energeia›-Konzepts von der Sprache). Um dies zu erreichen, müsse der ‹technisch-szientifische bzw. empirisch-szientifische Ansatz des Strukturalismus durch eine transzendental-hermeneutische bzw. historisch-hermeneutische Betrachtungsweise ergänzt werden.› [85]

4) Die linguistische Bedeutung oder der sprachliche Inhalt müsse als sozial begründete und im Lernprozeß jedem Mitglied einer Sprachgemeinschaft eingeprägte Geltung von Gebrauchsformen erfaßt werden; sie müsse jedoch die individuellen Aspekte ebensowohl als die Aspekte, die sich nach manchen Auffassungen aus der allgemein-menschlichen Natur ergeben, außer acht lassen.

Es ist einzusehen, daß ein Eingehen auf die dritte und vierte Forderung klar nur im Rahmen einer sprachlichen Handlungstheorie möglich ist und daher über den Themenkreis des vorliegenden Kapitels hinausführt. Zweifellos wäre ihre Behandlung wünschenswert und letztlich auch notwendig in einer umfassenden Sprachtheorie. Angesichts der enormen Komplexität der hier zu behandelnden Fragen ist jedoch in absehbarer Zeit kaum mit einer strengeren Theorie dieser Problemkreise zu rechnen. Daher ist es zwar angemessen, diese Desiderata zu nennen, ihre Vernachlässigung bei der Aufstellung einer semantischen Theorie mindert aber gegenwärtig nicht im mindesten deren Wert.[86]

Von den ersten beiden Punkten wird im allgemeinen der zweite als der wichtigere angesehen; wir wollen uns aber zunächst dem ersten zuwenden. Eine Berücksichtigung dieses Postulats, daß der Sachbezug eine Funktion der Bedeutung sein solle, hat schon eine Tradition, die ebenso alt ist wie die Sprachwissenschaft selbst. Schon für ARISTOTELES standen die Laute nicht direkt für die Dinge, sondern vermittels der Vorstellungen, die ‹die Dinge abbilden› und ‹die in der Seele hervorgerufen› werden. Dabei brauchen die Vorstellungen keine individual-psychischen Gebilde zu sein; sie können irgendwelche Entitäten sein, auf die sich die Seele bloß bezieht; dies ist etwa die Interpretation der Stoiker, nach der Laut und Ding vermittels der *Lekta* («objektiver Konzepte») aufeinander bezogen werden.[87] Von der Auffassung der Stoiker führt über BOLZANO, FREGE und HUSSERL und die polnischen Logiker eine direkte Linie zur modernen Sprachphilo-

---

84 Vgl. GIPPER, [Interpretation], S. 274 und 278. Er versucht hier der üblichen strukturalistischen Interpretation der SAUSSUREschen Feststellungen: ‹La langue est une forme et non une substance› und ‹dans la langue il n'y a que des différences sans termes positifs› entgegenzutreten.

85 Ibid. Eine solche Ergänzung innerhalb einer einheitlichen Sprachwissenschaft habe ich oben in Kap. I, Abschn. B (S. 38 f) bereits kritisiert. Vgl. auch unten S. 267 f.

86 Die Alternative wäre im Augenblick ja nur: *Keine* strenge Theorie.

87 Vgl. BOCHENSKI, [Logik], S. 126 ff, COSERIU, [Geschichte], S. 101 ff.

sophie. Nun kann aber auch die Intension eines Ausdrucks als etwas aufgefaßt werden, vermittels dessen sein extensionales Designat (in der wirklichen Welt oder in möglichen Welten) bestimmt wird. Insofern sind sowohl die oben besprochenen begrifflich-intensionalen Sprachanalysen (C.3) als auch die sachbezüglich-intensionalen (C.4–7) und die quasi-pragmatisch intensionalen (C.8) Beispiele für Analysen, die die Forderung erfüllen, der Sachbezug müsse eine Funktion der Bedeutung sein, wenn man die Bedeutung entweder als die begriffliche Intension oder als die sachbezügliche Intension auffaßt.

Aber auch die Sprachwissenschaft hat im traditionellen Rahmen mit einem Ansatz gearbeitet, der das Postulat der Funktionalität des Sachbezugs berücksichtigt. Dies gilt vor allem für die Bedeutungslehre oder Semasiologie und die Bezeichnungslehre oder Onomasiologie oder das semantische Modell von OGDEN und RICHARDS.[88] Alle diese Ansätze werden aber vom Standpunkt einer semantischen Analyse kritisiert, der der Erfüllung des zweiten Postulats von der strukturellen Bedeutung Priorität einräumt.

Was versteht man unter dem Begriff der strukturellen Bedeutung in der Linguistik? Mir scheint, es handelt sich um zwei verschiedene, in den Darstellungen normalerweise miteinander verwobene Aspekte, und zwar

a) die *oberflächenstrukturelle Bestimmtheit* der sprachlichen Inhalte und
b) ihre *System-Bestimmtheit*.

Zu a formuliert man die *These*, daß die sichtbare grammatische Form, das, was man heute oft die grammatische Oberflächenstruktur nennt, entscheidendes Bestimmungselement auch für den Inhalt sei. Diesem gegenüber sei die Tiefenstruktur, wie sie die generative Grammatik entwickelt habe, bereits durch die Analyse der logischen Form motiviert. Diese aber sei für die *linguistische* Analyse ohne Interesse. Darüber hinaus wird zu b die *These* aufgestellt, die Bestimmung des Inhalts eines Ausdrucks müsse primär im sprachlichen System, das heißt durch seine möglichen Sinn-Relationen zu anderen vorkommenden Ausdrücken im Text bzw. durch seine semantische Kombinierbarkeit, andererseits durch seine möglichen Sinn-Relationen zu Alternativen im Text, das heißt durch seine semantisch möglichen Ersetzbarkeiten, Kontraste usw., erfaßt werden.

Wir wollen nun die beiden Aspekte nacheinander erläutern. Schon seit HUMBOLDT wird der erste von beiden durch eine sprachvergleichende Betrachtung einer Anzahl von Sätzen oder Wendungen illustriert, bei der der Blick nicht einfach darauf gerichtet ist, Sätze gleicher Bedeutung aufeinander zu beziehen und etwa gar die eine Sprache durch Übersetzung in die andere semantisch zu erklären. Statt dessen sollen die Unterschiede der «Sehweise», die durch verschiedene grammatische Formung in den verschiedenen Sprachen zustande kommt, deutlich gemacht werden.[89] Das von

---

88 Vgl. dazu ebenso wie zur Kritik: GIPPER, [Stichwörter].
89 Vgl. u. a. HUMBOLDT, [Werke] III, S. 35, 54 ff.

HJELMSLEV diskutierte Beispiel ist hier vielleicht besonders klar.[90] Ausgangspunkt ist das Gedankenexperiment, man könne aus dem Vergleich verschiedener Sprachen zu entsprechenden Sätzen einen «Faktor» gewinnen, der ihnen gemeinsam sei, ja der im Prinzip allen Sprachen gemeinsam wäre, also etwa eine in den entsprechenden Sätzen verschiedener Sprachen ausgedrückte Proposition oder ein entsprechendes «linguistisches Universale». Diesen gemeinsamen Faktor, den das Gedankenexperiment betrachtet, nennt HJELMSLEV ‹mening›, d. h. den intendierten Sinn. Als Beispiel betrachtet er fünf Ausdrücke aus fünf verschiedenen Sprachen, die trotz all ihrer Unterschiede dieselbe ‹mening› haben sollen:

(1) jeg véd det ikke   (Dänisch)
(2) I do not know   (Englisch)
(3) je ne sais pas   (Französisch)
(4) en tiedä   (Finnisch)
(5) naluvara   (Eskimoisch)

Die allen diesen Sätzen gleiche ‹mening› könne nun unter verschiedenen Gesichtspunkten analysiert werden. So könnte sie z. B. unter dem einen oder anderen logischen und unter dem einen oder anderen psychologischen Gesichtspunkt einer Analyse unterworfen werden, sich bei jeder Analyse aber als anderer Gegenstand, nämlich ein logischer, psychologischer usw., erweisen. In der Sprachanalyse müsse nun aber diese ‹mening› in jeder Sprache verschieden analysiert werden. Die Analyse müsse der Tatsache Rechnung tragen, daß diese ‹mening› in den verschiedenen Sprachen in verschiedener Weise geordnet, artikuliert oder geformt sei. *Jede Sprache lege ihre eigenen Grenzen im Bereich der «amorphen Gedankenmasse»* – HJELMSLEV benutzt hier SAUSSURES Bild – und betone verschiedene Faktoren, in verschiedenen Anordnungen, setze die Schwerpunkte an verschiedenen Stellen und gebe ihnen verschiedenes Gewicht. Wie zeigt sich das in den angegebenen Beispielen? Mir scheint, daß das Resultat von HJELMSLEVS Analyse in folgende schematische Form gebracht werden kann: Zur Beschreibung benutzt HJELMSLEV Ausdrücke in Anführungszeichen, Entsprechungen etwa zu ‹ich›, ‹wissen›, ‹Nicht-Wissen›, ‹Schritt›, ‹es›, den Begriff Negation (Neg), allgemeines Verbalkonzept (aVerb), Flexionsmerkmalbezeichnungen wie 1. Person (1. ps), Singular (sg), Präsens (präs), Indikativ (ind), Imperativ (imp), Partizip (part), Kopula (cop) sowie Bezeichnungen grammatischer Funktionen: Verbalteil (Verb), Subjekt (Subj) und Objekt (Obj). Mit diesen Hilfsmitteln werden die Sätze wie folgt charakterisiert (– bedeute Morphemtrennung, + Worttrennung):

(6) Dänisch: Subj (‹ich›) + Verb, präs, ind (‹wissen›) + Obj (‹es›) + Neg
(7) Englisch: Subj (‹ich›) + Verb, präs (aVerb) + Neg + Verb (‹wissen›)

90 HJELMSLEV, [Sprogteorien], S. 50 ff.

(8) Französisch: Subj (‹ich›) + Neg/(Alternativ: Partikel) + Verb, präs, ind (‹wissen›) + Neg/(‹Schritt›)

(9) Finnisch: Neg – 1. ps sg + Verb, imp (‹wissen›)

(10) Eskimoisch: (‹Nicht-wissen›) part-cop-Subj, 1. ps, sg – Obj, 3. ps, sg.

Es sei nun für die Bedeutung in diesen Sprachen durchaus nicht sekundär, sondern primär, wie sie gefaßt seien. So sei es zum Beispiel wichtig, ob der Bezug auf den Sprecher mit einem selbständigen Wort (wie ‹jeg›, ‹I›, ‹je›) geschehe oder ausschließlich vermittels eines Flexionsmerkmals (1. ps). Es sei wichtig, ob ein wenn auch inhaltsleerer Stellvertreter für den Inhalt des Wissens im Satz vorhanden sei, wie im Dänischen (durch ‹es›) und Eskimoischen (durch als Objekt markiertes Flexionsmerkmal), oder nicht. Es sei wichtig, ob Nichtwissen direkt ausgedrückt werde oder durch Negation im Satz. Ja es sei sogar von Bedeutung für die Bedeutung, daß ‹pas› im Französischen entweder als Träger der Negation auftreten könne oder die Bedeutung ‹Schritt› habe.

Für manche Linguisten liegt gerade hier der Unterschied der linguistischen Bedeutung von der logischen Bedeutung. Wie schon betont, glauben sie, daß eine Analyse, die Paraphrasenrelationen oder Transformationen benutze, um solche Unterschiede im Hinblick auf die Präsentation einer tiefenstrukturellen Basis für die semantische Interpretation wegzuanalysieren, gleichzeitig die *linguistisch* semantische Bedeutung weganalysiere.[91] Man müsse die Gesamtheit der sprachlichen Formulierungen in den Formen analysieren, in denen sie sich präsentieren. Bleibe das Analyseergebnis relativ unspezifisch, so sei in diesem Fall die linguistische Bedeutung relativ unspezifisch. So fragt COSERIU z. B. nach der linguistischen Bedeutung der Präposition ‹mit› in Wendungen ‹mit X› im Deutschen. Antwort: ‹Die grammatische Konstruktion ‹mit X› bedeutet als solche keineswegs Stoff, Instrument, Begleitung usw., sondern nur etwa ‹und X ist dabei›, ‹unter Dabeisein von X›. Ob das Dabeisein das eines Stoffs, eines Instruments, eines Begleiters oder eines Gefühls ist, wird in der grammatischen Konstruktion ‹mit X› als solcher gar nicht gesagt.›[92] Diese Deutung COSERIUS ist zwar sehr oberflächlich, denn ‹Dabeisein› wird durch fast *alle* Präpositionen ausgesagt und nicht nur durch ‹mit›. Gerade COSERIU hätte hier auf eine wirklich strukturelle Deutung hinweisen müssen, die ‹mit› in Kontrast zu anderen Präpositionen *des Deutschen* setzt (z. B. zu ‹ohne›, ‹mittels›, ‹in Begleitung von› usw.) und auf diese Weise dessen Inhalt als relative Position im Feld der inhaltlichen Alternativen, Varianten usw. ermittelt. Doch dieses Argument sollte im Augenblick vernachlässigt werden; worauf es ankommt ist, daß nach der von COSERIU vertretenen Auffassung die sprach-

---

91 Vgl. z. B. COSERIU, [Semantik], S. 56 ff.

92 COSERIU, [Semantik], S. 58 ff, mit deutlicher Spitze gegen gewisse transformationelle Analysen, wie sie zu dieser Zeit an seiner Universität angefertigt wurden, z. B. BREKLE, [Semantik], und ROHRER, [Grammatik].

liche Form, so wie sie sich präsentiert, d. h. in ihrer Oberflächenstruktur, als bedeutsamer Faktor, ja als der bedeutsame Faktor der semantischen Analyse herausgestellt wird.

Daß die Oberflächenstruktur eine wichtige Bedeutung für die Erklärung einer größeren Zahl semantischer Phänomene hat, ist in den letzten Jahren auch von einigen generativen Sprachwissenschaftlern, vor allem aber von CHOMSKY anerkannt worden. CHOMSKY hebt z. B. hervor, daß für solche Zusammenhänge wie dem Bereich der sprachlichen Korrelate der Quantoren, Zusammenhänge der Ko-Referenz, Fokus, Präsupposition usw. die Basis ihrer semantischen Interpretation in der Oberflächenstruktur zu suchen sei.[93]

Andererseits kann jedoch als gesichert gelten, daß die semantische Analyse eine angemessene syntaktische Analyse der grammatischen Relationen (wie Subjekt, Objekt usw.) erfordert und daß diese adäquat nicht ohne tiefenstrukturelle oder paraphrastische Analyse möglich ist. Die Kritiker, die vom Standpunkt der streng strukturalistischen Bedeutungstheorie argumentieren, haben noch nicht gezeigt, wie sich in Sätzen der Form

(11) ‹Bill überredete John zu gehen›

die doppelte grammatische Funktion von John ergibt, zugleich Objekt zu ‹überreden› und Subjekt zu ‹gehen› zu sein. Selbst bei strengstem strukturalistischem Postulat der Priorität der Oberflächenbedeutung muß doch dem Resultat einer transformationellen oder paraphrastischen Analyse (nennen wir es Tiefenstruktur) eine Funktion bei der Bestimmung der Bedeutung eingeräumt werden. Das erste Teilpostulat der strukturellen Bedeutung von der oberflächenstrukturellen Bestimmtheit sprachlicher Bedeutung hat also nur in eingeschränkter Form Sinn, ohne daß heute schon klar wäre, wie es einzuschränken ist. Kommen wir nun zu dem wirklich zentralen zweiten Teilpostulat von der System-Bestimmtheit sprachlicher Inhalte.

2. Es gibt zwei Theorien der System-Bestimmtheit sprachlicher Inhalte, eine primär klassifikatorische und eine primär relationale. Die erste wird auch *komponentielle Semantiktheorie* genannt, die andere *sinnrelationale Semantiktheorie*. Der Grundgedanke dieser Theorien der System-Bestimmtheit ist der, daß die Bedeutung der Ausdrücke nicht durch ihren Sachbezug, weder den aktuellen noch den möglichen, noch durch einen isolierten Begriff oder eine Vorstellung bestimmt wird, sondern durch ihren «Platz in einem semantischen System».

Im Verlauf der Entwicklung des sprachwissenschaftlichen Strukturalismus wurden zur Erläuterung dieses Gedankens die verschiedensten an-

---

93 Vgl. CHOMSKY, [Interpretation] und [Issues]. Vgl. auch POSNER, [Kommentieren], dessen Intention vor allem dahin geht, die semantische Bedeutsamkeit der Oberflächenstruktur herauszustellen, und der in diesem Zusammenhang auch theoretisch bedeutsame Analyseprinzipien entwickelt.

schaulichen Bilder verwendet. Ein besonders in Deutschland wirksamer Einfluß ergab sich aus dem in Psychologie und Soziologie der zwanziger Jahre verbreiteten Schlagwort von der Ganzheit, die mehr sei als die Summe ihrer Teile und ihre Teile mitbestimme. Dieser Gedanke wurde sowohl statisch als auch dynamisch ausgedeutet. Besonders bekannt wurde das Bild von TRIER, daß sich die Wörter in einem Sinnbezirk wie ein sprachliches Feld verhielten. Gedacht war an ein Feld von Pferden in einem Pferderennen, das sich in seiner Konfiguration ständig verändert, gerade weil anscheinend die Leistung der Pferde sehr stark von der Gesamtkonfiguration mitbestimmt wird.

Direkt oder indirekt ist in den Gedankengängen der strukturalistischen Sprachwissenschaft auch oft der Einfluß meta-mathematischer und logisch-methodologischer Überlegungen wirksam, wie z. B. der Gedanke HILBERTS, daß Punkte und Geraden der Geometrie nicht durch ihre sachlich-anschaulichen Merkmale, sondern allein durch die Arten von Beziehungen, in denen sie stehen können und die axiomatisch formulierbar sind, wissenschaftlich bestimmt werden. Besonders CARNAPS frühe Erörterungen über die Form wissenschaftlicher Aussagen [94] und die fundamentale Rolle, die ein System von Beziehungsaussagen, vor allem aber Strukturaussagen spielen können, lesen sich wie ein Vorwort zu den sprachwissenschaftlich strukturalistischen Entwicklungen der dreißiger und vierziger Jahre. Die Entwicklungen der amerikanischen strukturalistischen Linguistik bestimmen ihrerseits die Überlegungen mindestens eines der bedeutendsten Sprachphilosophen, QUINE [95], der seinerseits die neuere Semantik zu positiver Weiterentwicklung [96] oder zu kritischer Auseinandersetzung [97] anregte.

QUINE charakterisiert die Aufgabe der strukturellen Semantik in präziser Weise: Der Grammatiker versuche elementare Ausdrucksgestalten einer Sprache aufzustellen und die Gesetzmäßigkeiten ihrer Kombination zu bestimmen. Das Ergebnis seiner Arbeit sei die Bestimmung der Klasse von Ausdrucksgestalten (elementar oder zusammengesetzt), die in der Sprache Bedeutung haben können (wobei ein liberaler Standard von ‹Bedeutung haben können› anzulegen sei). Der linguistische Semantiker bemühe sich, auf dieser Grundlage die Klasse der Paare zueinander synonymer Ausdrucksgestalten zu bestimmen.[98] Er versuche also eine zweistellige Relation in der Klasse der Ausdrucksgestalten, die Bedeutung haben können, zu definieren. Während der Grammatiker seinen Beitrag leiste in der Bestimmung der Ausdrucksgestalten, die *Bedeutung haben könnten*, bestimme der linguistische Semantiker die Relation der *Gleichheit oder Ähn-*

---

94 CARNAP, [Aufbau], Abschn. II A.
95 QUINE, [Point of View], III.
96 LYONS, [Semantics], S. 57 und [Linguistics], S. 427.
97 KATZ, [Language].
98 Vgl. QUINE, [Point of View], S. 49.

lichkeit von Bedeutung. An die Stelle einer Explikation des Begriffs ‹Bedeutung eines Ausdrucks X in Sprache L› oder der Satzform ‹Ausdruck X hat die Bedeutung Y in Sprache L› tritt die Explikation der Begriffe ‹*bedeutsamer Ausdruck* X in Sprache L› (im Sinne von ‹Ausdruck X, der in Sprache L Bedeutung haben kann›) und der Satzform ‹Ausdruck X ist in Sprache L *synonym* zu Ausdruck Y›.

Moderne linguistische Semantiker stimmen dem Vorschlag Quines zu, ihre Aufgabe sei primär die Bestimmung von Relationen zwischen Ausdrucksgestalten. Sie meinen jedoch, daß die Relation der Gleichheit der Bedeutung von Ausdrücken oder der Synonymie keineswegs ausreiche. Die Synonymie sei nur eine spezielle Form der Bedeutungsbeziehung. Sowohl auf der Ebene des Satzes als auch auf der Ebene der Satzteile und Wörter könne nur ein ganzes System von relationalen Bedeutungsbeziehungen die semantische Struktur erfassen.

Zwischen Sätzen sollten z. B. außer der Beziehung der Synonymie noch bestimmte Beziehungen der Folgerung [99] und des Widerspruchs in Betracht gezogen werden. Die Tatsache, daß Quine diese Beziehungen nicht erwähnt, hängt offenbar damit zusammen, daß er in ihrer Klärung mehr die Aufgabe des Logikers als die des Linguisten sieht. Es hat sich aber in den Entwicklungen der linguistischen Semantik gezeigt, daß diese Trennung Schwierigkeiten bereitet. Zwischen Teilen von Sätzen, vor allem aber zwischen Wörtern sollten außer der Synonymie solche Beziehungen formuliert werden wie Hyponymie oder «Kontrastbeziehungen» wie Antonymie, Inkompatibilität, Komplementarität oder Beziehungen zwischen relationalen Ausdrücken wie die Konversion.[100] Eine Anzahl von Problemkreisen, die man normalerweise zur linguistischen Semantik rechnet, macht anscheinend Schwierigkeiten, wenn man sie von einem strikt semantisch-relationalen Standpunkt aus behandeln will. Hierzu gehören insbesondere die Mehrdeutigkeit und Homonymie, die semantische Anomalie, wie z. B. in einem Satz wie

(1) Seine Schreibmaschine hatte schlechte Absichten

oder die innere Widersprüchlichkeit eines Satzes, z. B.

(2) Der Junggeselle brachte seine Ehefrau mit zur Party.

Das, was man normalerweise Mehrdeutigkeit nennt, zeigt sich in einer sinnrelationalen Analyse als möglicher Defekt in der Transitivität der Synonymie, während die semantische Anomalie und innere Widersprüch-

---

99 Hier sollte nicht nur an die wahrheitsfunktionale Implikation gedacht werden, sondern auch an den Begriff der semantischen Präsupposition und evtl. andere Arten der semantischen Ableitung; vgl. Hız, [Syntax], S. 244 ff und [Theory], S. 446 ff.

100 Vgl. zu diesen Beziehungen sowie zu Ansätzen ihrer Definition: Lyons, [Linguistics], Kap. 10.

lichkeit dadurch einer Behandlung zugeführt werden können, daß man aus den betreffenden Sätzen zwei Teilsätze gewinnt, die in bestimmten semantischen Beziehungen stehen:

(3) X hatte schlechte Absichten

(4) X ist eine Schreibmaschine

(5) X ist Junggeselle

(6) Es gibt jemand Y so, daß Y die Frau von X ist.

Die Sätze (3) und (4) sowie die Sätze (5) und (6) sind in Standardverwendungen inkompatibel.

Da nun die zu den semantischen Relationen gehörigen Paare von Ausdrücken ebenso wie die Klasse der möglichen bedeutsamen Sätze unbeschränkt sind, ist es die Aufgabe der Semantiker, ein beschränktes Grundsystem semantischer Angaben, ein *semantisches Lexikon*, aufzustellen, zusammen mit einem System *semantischer Regeln*, nach dem mit Hilfe des Lexikons der Umfang der semantischen Relationen generiert werden kann. Im Hinblick auf die Struktur des semantischen Lexikons und die Art der semantischen Regeln unterscheiden sich nun die beiden obengenannten Theorien, die komponentielle Semantiktheorie und die sinnrelationale Semantiktheorie. Nach der *komponentiellen Semantiktheorie* [101] werden sämtliche Ausdrucksgestalten zunächst nach semantischen Merkmalen klassifiziert; die zusammengesetzten Ausdrucksgestalten allerdings mit Hilfe semantisch-kombinatorischer Regeln (KATZ nennt sie ‹projection rules›) auf der Grundlage der im Lexikon festgelegten Klassifikation der elementaren Ausdrucksgestalten. Die Sinnrelationen zwischen Ausdrücken (Wörtern oder Sätzen) sollen sich sekundär entweder auf der Grundlage der Regelanwendung oder aus formal charakterisierbaren Verhältnissen von Merkmalkombinationen verschiedener Ausdrücke zueinander ergeben.

Die komponentielle Analyse hat schon eine ehrwürdige Tradition in der Sprachwissenschaft wie auch in der klassischen Logik und Philosophie. Sie ist im Grunde schon in der Methode der Definition nach Genus und spezifischer Differenz und der Untergliederung einer Spezies in Arten und Unterarten enthalten, und in dieser Form wird sie in den Wörterbüchern mehr oder minder systematisch verwendet. In den «Thesaurus»-Wörterbüchern [102] bildet das Prinzip sogar die Organisationsgrundlage. In manchen Beschreibungen der System-Bedeutung wird es an prominenter Stelle

---

101 speziell der von KATZ entwickelten: Vgl. FODOR/KATZ, [Theory], und KATZ, [Language]. Eine Abwandlung davon bringt U. WEINREICH, [Explorations]. Zur zusammenfassenden Behandlung einiger der interessanteren Probleme, die im Rahmen einer solchen Theorie behandelt werden können, vgl. BIERWISCH, [Semantics].

102 im Deutschen z. B. WEHRLE-EGGERS, [Wortschatz].

illustriert. Ein besonders charakteristisches Beispiel wird durch folgende bereits systematisch angeordnete Liste von Wörtern angedeutet:

Hahn	Henne	Küken
Enterich	Ente	Entchen
Bulle	Kuh	Kalb
Hengst	Stute	Fohlen
Ziegenbock	Ziege	Zicklein

Die Anordnung ergibt sich daraus, daß die Zeilen und Spalten jeweils zu verschiedenen Komponenten gehören: die Zeilen zu jeweils einer Tierart (‹Huhn›, ‹Ente›, ‹Rind›, ‹Pferd›, ‹Ziege›), die Spalten zu dem Komponentenpaar ‹erwachsen-nicht erwachsen›, und zwar so, daß die erste Komponente nochmals in ‹männlich› und ‹weiblich› aufgespalten ist.

Zwei wesentliche allgemeine Eigenschaften kennzeichnen aber den neuen Ansatz: (a) Die Merkmale sind unter dem Gesichtspunkt einer semantischen Kombinatorik aufgestellt, die den semantischen Beitrag eines Wortes oder Teilausdrucks für komplexere Ausdrücke kennzeichnen will (also nicht nur die Worte semantisch aufeinander beziehen will ohne Rücksicht auf ihre semantische Rolle im Satz). (b) Der Ansatz geht prinzipiell davon aus, daß ein Ausdruck durch mehrere alternative Komplexe von Komponenten charakterisiert ist, in diesem Sinne also mehrdeutig ist. Diese Mehrdeutigkeit wird erst durch die Kombinatorik im Satz aufgelöst: Aufgrund der semantischen Kompositionsregeln sind nur gewisse Komponenten mit anderen Komponenten im gleichen Satz kombinierbar. Die in einem Satz nicht kombinierbaren sind keine komponentiellen Bedeutungen des Ausdrucks in dem betreffenden Satz. Der Fall, daß sämtliche Merkmalkomplexe mit keinem Merkmalkomplex eines anderen Ausdrucks im gleichen Satz, mit dem sie kombinierbar sein sollten, kombinierbar sind, sei ein Zeichen für innere Widersprüchlichkeit. Dieser Fall liefert also ein charakteristisches Beispiel dafür, wie eine semantische Eigenschaft auf der Grundlage der Merkmalkomplexe und Regelanwendung charakterisiert werden kann. Eine Sinnrelation wie die, daß ein Satz gleichbedeutend mit einem anderen ist, ergebe sich daraus, daß er nach denselben semantischen Merkmalen klassifiziert wird, und daß ein Satz aus einem anderen folge, soll daran liegen, daß die Menge der semantischen Merkmale des einen in der Menge der semantischen Merkmale des anderen enthalten ist. Wie schon betont, sollen also *die Sinnrelationen zwischen sprachlichen Ausdrucksgestalten nach der komponentiellen Analyse daraus folgen, welche semantischen Eigenschaften das System den Ausdrücken zuordnet.*

Dies legt die Vermutung nahe, die durch eine genauere Analyse bestätigt wird, daß hier der strukturellen Bedeutung doch erneut eine Bezeichnungsrelation zugrunde gelegt wird. Die Explikation von ‹Ausdruck X hat die semantische Relation R zu Ausdruck Y in Sprache L› wird erklärt auf der Grundlage der Explikation von ‹Ausdruck X drückt die Kombination semantischer Eigenschaften Komb$_i$ (Y_1, Y_2, ..., Y_n) aus (oder bezeichnet sie)›. Mit anderen Worten, *die genaue Rekonstruktion der komponentiellen Analyse führt zu einer speziellen Variante einer begrifflich-intensionalen Bezeichnungstheorie* zurück. KATZ behauptet,[103] ein Unterschied bestehe darin, daß die ihm bekannten intensionalen Theorien, im Gegensatz zu seiner eigenen, den Ausdrucksformen wie ‹good› keine Analyse in begriffliche Komponenten zuordnen. Ohne eine solche begriffliche Zerlegung könnte aber die semantische Kombinatorik nicht angemessen erfaßt werden. Was er verlangt, ist also, daß die Bedeutung einfach erscheinender Prädikate relativ zu einem Grundsystem wirklich einfacher Bedeutungen definiert werden könnte. Das aber ist in den neueren intensionalen Theorien, wie derjenigen MONTAGUES, ohne weiteres möglich, wie wir im vorigen Abschnitt zeigten. Das Substantiv ‹Mann› wird ja in eine Menge von Eigenschaften, nämlich in Mann$_{1,2}$ übersetzt (vgl. oben Abschnitt C.6).

Die *sinnrelationale Theorie* [104] macht dagegen mit dem Gedanken Ernst, daß der Umfang aller Sinnrelationen rekursiv aus den Sinnrelationen des Wortschatzes herleitbar sein soll. Hinsichtlich dieser Sinnrelationen knüpft LYONS an Gedankengänge der semantischen Feldtheorie an, wie sie vor allem in Deutschland entwickelt wurde.[105] Das charakteristische Beispiel eines sprachlichen Feldes ist das *Feld der Farbwörter.* LYONS versucht, die *innere Struktur* des Feldes vermittels der Sinnrelationen der Inkompatibilität und der Hyponymie zu erfassen. Wenn von einem Objekt oder Flächenbereich x gesagt wird ‹x ist gänzlich scharlachfarbig›, so folgt daraus ‹x ist gänzlich rot›, und aus diesem folgt ‹x ist gänzlich einfarbig›. Daher steht ‹scharlachfarbig› in der Sinnrelation der Hyponymie zu ‹rot› und dieses in der Sinnrelation der Hyponymie zu ‹einfarbig›. ‹rot›, ‹blau›, ‹grün›, ‹gelb›, ‹orange›, ‹braun› bilden ihrerseits eine Menge von Wörtern, die paarweise in der Sinnrelation der Inkompatibilität zueinander stehen. (Wir wollen ‹schwarz› und ‹weiß› hier ausnehmen.) Alle Hyponyme zu ‹rot›, z. B. ‹rosa›, ‹lachsrot›, ‹scharlach›, sind ihrerseits untereinander inkompatibel. Dasselbe gilt für die Hyponyme zu ‹blau›, ‹grün›, ‹gelb›, ‹orange› und ‹braun›. Farbspezialisten unterscheiden weitere Farbtöne, die eventuell als Hyponyme der Hyponyme der primären Farbwörter eingeführt werden, z. B. als inkompatible Hyponyme von ‹rosa›, manchmal auch direkt als Hyponyme der Farbwörter (z. B. Farbtöne von Rot).

Man kann noch mehr über die sprachimmanente Struktur erfahren, wenn man fragt, welche einheitlichen Farbtöne eventuell durch Farbwortzusammensetzungen gewonnen werden können.[106] Man stellt fest, daß dies für die folgenden gilt: ‹blau-rot›, ‹gelb-rot› (= orange?), ‹rot-braun›, ‹gelb-

---

103 Vgl. KATZ, [Language], S. 316.
104 vor allem von LYONS formuliert in [Semantics] und [Linguistics].
105 TRIER, PORZIG, WEISGERBER. Vgl. auch WEISGERBER, [Grammatik], LYONS' Besprechung in [Semantics], S. 44 ff, 53.
106 Der Vorschlag dieses Verfahrens stammt von KANDLER.

braun›, ‹schwarz-braun›, ‹gelb-grün›, ‹blau-grün›. Diese Paare stiften eine Relation über der Menge der Farbwörter.

Die *äußere Struktur* des Farbfeldes ergibt sich daraus, daß ein zusammenhängender Bereich unterschiedlicher Wahrnehmungsempfindungen existiert. Den verschiedenen Wahrnehmungsempfindungen entspricht außerdem ein Kontinuum unterschiedlicher physikalischer Eigenschaften des Lichtes (z. B. Farbwert, Helligkeit und Sättigung), das die Wahrnehmungsempfindungen hervorruft. Die Farbwörter und ihre Hyponyme zerlegen dieses Kontinuum der Wahrnehmungsempfindungen und der entsprechenden physikalischen Korrelate (wobei die Sicherheit der Farbzuordnung an den Grenzen der Zerlegungsbereiche oft nicht hoch ist). Es zeigt sich, und dieses Faktum hat die größte Aufmerksamkeit erregt, daß verschiedene Sprachen das Kontinuum in verschiedene Bereiche zerlegen und daß die Bereiche, die den Farbwörtern zugeordnet werden können, sich außerdem im Verlauf der Sprachgeschichte ändern.

Hier, wie im Fall der komponentiellen Analyse, standen aber zunächst die Relationen zwischen elementaren Ausdrucksgestalten (Wörtern) im Vordergrund. So wichtig diese Relationen sind, eine wesentliche Aufgabe der Sprachbeschreibung läßt sich mit Inhalten elementarer Ausdrucksgestalten, die nur in ihrer gegenseitigen Beziehung betrachtet werden, nicht lösen: die Aufgabe, die Sinnrelationen oder inhaltlichen Relationen komplexer Ausdrucksgestalten rekursiv auf der Grundlage der Sinnrelationen elementarer Ausdrucksgestalten zu bestimmen. LYONS schlägt vor,

(a) die Sinnrelation zwischen elementaren Ausdrucksgestalten (Wörtern) schon hinsichtlich ihrer Leistung in einfachen Satzformen zu definieren (z. B. dadurch, daß ihre gegenseitige Substitution in einem Satzzusammenhang Paare einfacher Sätze liefert, zwischen denen oder zwischen deren Negaten Implikationsbeziehungen – allerdings relativ zu sogenannten ‹eingeschränkten Kontexten› – bestehen),[107]

(b) die rekursive Konstruktion der Sinnrelation zwischen komplexen Ausdrucksgestalten (z. B. Sätzen) auf deren tiefenstrukturelle syntaktische Analyse zu stützen.

Eine Sinnrelation zwischen komplexen Ausdrucksgestalten ist also eine Funktion der Sinnrelationen der in ihnen enthaltenen elementaren Ausdrucksgestalten (Wörter) und der Tiefenstruktur der Sätze, die die komplexen Ausdrucksgestalten enthalten.

In der konsequent sinnrelationalen Theorie LYONS' ist die linguistische Bedeutung oder der Sinn eines Wortes, eines Satzes und allgemein einer komplexen Ausdrucksgestalt nichts anderes ‹als sein Platz in einem System von Relationen, die es (er) mit anderen Wörtern im Wortschatz ein-

---

107 Vgl. LYONS, [Linguistics], S. 445, 450, 455. Zur Abhängigkeit von den ‹eingeschränkten Kontexten› vgl. § 9.3.5 und § 10.1.2.

geht›.[108] Man beachte, daß, da der Sinn als eine Relation definiert wird, die zwischen Einheiten des Wortschatzes besteht, nicht die Existenz von Objekten oder Eigenschaften außerhalb des Vokabulars der infragestehenden Sprache vorausgesetzt wird.

3. Dies ist in der Tat einer der wesentlichsten Grundgedanken der strukturellen linguistischen Semantik: Die *semantischen* Bestimmungen sollen *vom Sachbezug unabhängig* formuliert und eventuell sogar analysiert werden können. Semantische Analyse aufgrund einer Theorie des Sachbezugs wird als von ‹philosophischen Theoretikern ... aufgezwungen› angesehen.[109] Es sollte umgekehrt sein: Der Sachbezug von Ausdrucksgestalten sollte von dessen linguistisch analysierten und formulierten Bestimmungen abhängen. Da nun sämtliche Theorien der logischen Form, die in den Abschnitten 1. bis 3. besprochen wurden, den Sachbezug involvieren, entweder in Form des Konzepts der Wahrheit oder des Konzepts der Bezeichnung in einer Welt (z. B. in der wirklichen Welt) oder in einer Struktur möglicher Welten, scheint der Grundgedanke der linguistischen Semantik eine Berücksichtigung dieser Theorien in der theoretischen Linguistik auszuschließen.

Ja mehr noch: Eine Sprache ist im Sinne der Logiker erst dann ausreichend semantisch bestimmt, wenn entweder für jeden Ausdruck die Wahrheitsbedingungen festgelegt wurden oder wenn eine Interpretation für die Sprache definiert wurde, die jeder Ausdrucksgestalt der Sprache ihr Designat zuordnet. Die Linguistik ist dagegen primär nicht an interpretierten Sprachen interessiert. Sie ist z. B. an einer semantischen Charakterisierung des Wortes ‹rot› interessiert, die nicht erfordert, in jeder möglichen Welt die roten Objekte oder Oberflächenstücke der Objekte zu spezifizieren (oder die äquivalente charakteristische Funktion anzugeben). Gerade dies aber scheint in den *sachbezüglich-intensionalen* Bezeichnungstheorien auf den ersten Blick erforderlich zu sein, obgleich kaum zu sehen ist, wie diese Forderung praktisch und im Detail eingelöst werden kann. Die Linguistik würde aber auch eine *begrifflich intensionale* Analyse, die das Attribut ‹rot› involviert, ablehnen, weil sie fürchtet, damit offenbar von anderen Wissenschaften abhängig zu werden, die den Charakter dieses Attributs zu spezifizieren hätten. Die *Wahrheitstheorie* hat andererseits, so wie sie vorliegt, nichts über die Bedeutung von Einzelwörtern zu sagen.[110] Die Wahrheitsbedingung

(1) ‹Peters Ball ist rot› ist wahr dann und nur dann, wenn Peter einen Ball hat und wenn dieser (vorwiegend, gänzlich?) rot ist

ist, abgesehen von Einzelheiten der Formulierung, zwar korrekt. Vielleicht könnte sie sogar linguistischen Forderungen angepaßt werden durch zu-

108 Lyons, [Linguistics], S. 427.
109 Vgl. Weinreich, [Explorations], § 2.1 und [Semantics].
110 Davidson, [Truth], S. 15.

sätzliche Bedingungen, die verlangen, daß die folgende Wahrheitsbedingung (und andere mehr) zu (1) hinzuzufügen sei

(2) ‹Peters Ball ist rot› ist wahr dann und nur dann, wenn Peter einen Ball hat und dieser einfarbig ist (nicht weiß und nicht schwarz) und dieser nicht blau und nicht grün und nicht gelb und nicht orange und nicht braun ist.

Welche Bedingungen aber formuliert werden müssen, zusätzlich zu den in Abschnitt A angegebenen, um die Aufzählung auch der «nicht-direkten» Wahrheitsbedingungen vom Typ (2) zu geben, ist wohl noch völlig unklar.

Scheinbar ergibt sich folgendes Resümee:

Die Semantik einer theoretischen Linguistik hat von der Klärung der logischen Form der Sprache, d. h. der genauen allgemeinen Bedingungen ihrer Darstellungsfunktion, keinen Gewinn, da diese Theorien «zu direkt» sachbezüglich formuliert wurden. Die theoretische Linguistik muß weiterhin ihre eigenen Explikationen entwickeln.

Ich möchte dieser Auffassung widersprechen und im verbleibenden Teil dieses Abschnitts erläutern, in welchem Sinn. Der Kern meines Arguments ist folgender: Die Explikation der verschiedenen semantischen Relationen (Sinnrelationen) oder der semantischen Eigenschaftsbegriffe (semantische Merkmale, Sememe usw.) erfordert entweder den Rekurs auf die Darstellungsfunktion, wie sie in den ersten drei Abschnitten dieses Kapitels in ihren allgemeinen Zügen expliziert wurde, oder die Explikation kann nicht im Rahmen der Semantik erfolgen, sondern erfordert den Übergang zur Pragmatik oder einer Lehre von der Sprechhandlung. Angesichts des noch sehr wenig entwickelten theoretischen Status der Pragmatik oder der Sprechhandlungstheorie bereitet die letztere Lösung gegenwärtig unüberwindliche Schwierigkeiten für die theoretische Linguistik.[111] Die von Lyons angedeuteten Explikationen gehen in die zuletzt genannte pragmatische Richtung, meine eigenen Vorschläge verfolgen den zuerst genannten semantischen Ansatz. Zunächst soll kurz der Explikationsrahmen von Lyons besprochen werden.

Die von Lyons vorgeschlagenen *Sinnrelationen* werden definiert in Abhängigkeit von einem pragmatischen Begriff der impliziten Behauptung und Verneinung. Lyons schreibt:

‹Wenn jemand sagt ‹Marie trug einen roten Hut›, so versteht man ihn so, als habe er implizit verneint ‹Marie trug einen grünen (oder einen blauen, weißen, gelben usw.) Hut›. Und die Ersetzung eines beliebigen Wortes aus der Menge ‹grün›, ‹blau›, ‹weiß›, ‹gelb› usw. für rot im ersten Satz würde angesehen werden als die implizite Verneinung von ‹Marie

---

111 Das schließt nicht aus, daß die Konzepte für *praktische* Zwecke eventuell ausreichend geklärt werden können.

trug einen roten Hut›.›[112] Ebenso würde nach Lyons gelten: Wenn jemand sagt ‹Im Garten blühen Tulpen›, so wird er so verstanden, als habe er zugleich implizit behauptet ‹Im Garten blühen Blumen›. Bei einem intuitiven Verständnis von ‹implizit Verneinen› und ‹implizit Behaupten› ist dies offenbar korrekt. Wie kann dieses Verständnis aber expliziert werden? Lyons' eigener Explikationsvorschlag ist nicht korrekt: ‹Ein Satz S_1 behauptet einen anderen S_2 implizit, wenn die Sprecher der Sprache einig sind, daß es nicht möglich ist, explizit S_1 zu behaupten und explizit S_2 zu verneinen. Ein Satz S_1 verneint einen anderen S_2 implizit, wenn Einigkeit herrscht, daß die explizite Behauptung von S_1 die explizite Behauptung von S_2, ohne Widerspruch, unmöglich macht.›[113] Die explizite Verneinung eines Satzes ist nach Lyons äquivalent mit der expliziten Behauptung der Negation des Satzes.

Angewandt auf unsere Beispiele sollte also gelten: Die Sprecher des Deutschen sollten sich einig sein, daß es nicht möglich sei, explizit

(3) ‹Marie trug einen roten Hut› und

(4) ‹Marie trug einen grünen Hut› ohne Widerspruch zu behaupten, oder

(5) ‹Im Garten blühen Tulpen› und

(6) ‹Im Garten blühen keine Blumen›.

Beides ist aber sehr wohl möglich: Man braucht nur anzunehmen, daß die beiden ersten Sätze sich nicht auf denselben Hut beziehen und die beiden letzten Sätze sich nicht auf denselben Zeitpunkt (z. B. Frühjahr: ‹Im Garten blühen (noch) keine Blumen. (Eines Tages plötzlich:) Im Garten blühen Tulpen›) oder auf denselben Garten. Wollte Lyons diese Bedingungen berücksichtigen, so müßte er bestimmte Aspekte des Sachbezuges (zumindest die Ko-Referenz) berücksichtigen, die nur im Rahmen von Bezeichnungstheorien geklärt werden können. Als alternative Möglichkeit der Explikation, die Lyons' Intentionen gerecht werden könnte, schlage ich vor, als Grundbegriff den eines *offenbar widersprüchlichen Textes* anzunehmen.

Beispiel:

(7) ‹Marie trug gestern einen roten Hut.›

(8) ‹Das Mädchen, mit dem du gestern spazierengegangen bist, trug gestern einen roten Hut.›

(9) ‹Also war Marie das Mädchen, mit dem du gestern spazierengegangen bist.›

Die Sätze (7) und (8) dieses Textes sollen Indizien für die Konklusion (9) geben, und das tun sie, wenn auch die Indizien noch nicht schlüssig sind. Ersetzt man den ersten Satz dagegen durch

(10) ‹Marie trug gestern einen blauen Hut›,

so drückt der Text (sofern der Text ausdrücken soll, daß Marie nur diesen

---

112 Lyons, [Linguistics], S. 458.
113 Lyons, [Linguistics], S. 445.

einen Hut gestern trug) einen Widerspruch aus, im allgemeinen Verständnis aller Sprecher des Deutschen: Aus den ersten beiden Sätzen sollte die Nichtidentität von Marie und dem Mädchen, mit dem der Angesprochene spazierengegangen ist, folgen, die Konklusion konstatiert dagegen die Identität. Die Ersetzung von (7) durch (10) im Text (7) – (9) führte zu einem Widerspruch. Der Widerspruch wird explizit, wenn man von (10) übergeht zu der offenbar schwächeren Behauptung

(11) ‹Marie trug gestern keinen roten Hut›. Man könnte also versuchen, Lyons' Definitionen von ‹behauptet implizit› und ‹verneint implizit› folgendermaßen abzuändern.

S_1 *behauptet implizit* S_2 dann und nur dann, wenn es
(a) einen Text T_1 gibt, in dem S_1 als Behauptung vorkommt
(b) T_1 keinen offenbaren Widerspruch ausdrückt
(c) die Ersetzung von S_1 durch die Negation eines Satzes S_2 einen Text T_2 ergibt
(d) der Text T_2 einen offenbaren Widerspruch ausdrückt.

S_1 *verneint implizit* S_2 dann und nur dann, wenn (a) und (b) wie in der vorigen Definition gelten und
(c) die Ersetzung von S_1 durch den Satz S_2 einen Text T_3 ergibt
(d) der Text T_3 einen offenbaren Widerspruch ausdrückt.

Hierbei ist zu beachten, daß ‹offenbarer Widerspruch› nicht notwendigerweise ein logischer Widerspruch oder ein analytischer Widerspruch zu sein braucht, sondern ein theoretischer Widerspruch ist: Ein Widerspruch relativ zu einer Menge anerkannter Wahrheiten, der bei empirisch adäquaten Beschreibungen einer Sprache mit den von der Mehrzahl der Sprecher der Sprachgemeinschaft anerkannten und normalerweise im Gespräch vorausgesetzten Wahrheiten übereinstimmen sollte. In einem derartigen Begriff von offenbarem Widerspruch findet sich die pragmatische Grundlage der Explikation.

4. Die linguistische Semantik ist nicht primär an interpretierten Sprachen im Sinne der Logik und der Methodologie der Wissenschaftssprachen interessiert, sondern an *Sprachen, die hinsichtlich ihrer möglichen Interpretationen (d. h. Sachbezüge) beschränkt sind.* Wer die Semantik einer Sprache kennt, weiß dadurch noch nicht für jedes Prädikat der Sprache, auf welche Objekte es zutrifft. Jemand, der die Semantik von ‹rot› kennt, weiß dies nicht auf der Grundlage der Klasse oder der charakteristischen Funktion über roten Objekten. Er weiß aber, daß er die Zuordnung der verschiedenen in der Sprache möglichen Prädikate zu Objekten für die einzelnen Prädikate nicht unabhängig voneinander machen kann: Entscheidet er sich, etwas als blau zu charakterisieren, so ist er bezüglich einer ganzen Klasse anderer Prädikate nicht mehr frei bei der Festlegung der Designate. Nach meiner Meinung ist es die *Hauptaufgabe der theoretischen linguistischen Semantik, für alle Ausdrucksgestalten die Beschränkungen über der Klasse*

möglicher Interpretationen (d. h. der Bezeichnungszusammenhänge für die Sprache insgesamt) *zu formulieren.* Zur Grundlegung der linguistischen Semantik kommt es daher darauf an, Explikate zu entwickeln, mit deren Hilfe solche Beschränkungen, wir nennen sie *Bedeutungsbeschränkungen*, ausgedrückt werden können. Gelingt dies, so werden die semantischen Aussagen der Sprache nur in einer Spezifikation der möglichen Interpretationen für die Sprache und in Formulierungen von Bedeutungsbeschränkungen mit Hilfe dieser Explikate bestehen. Aussagen wie ‹Ausdruck x bezeichnet b› kommen dann nicht vor, sondern allenfalls Bedingungsaussagen von etwa der Form: ‹Wenn Ausdruck x b bezeichnet, so kann (oder kann nicht) Ausdruck y c bezeichnen.›

Obgleich die linguistische Semantik primär keine Bezeichnungsrelationen ausdrückt, muß die *Explikation ihrer Begriffe in bezug auf eine klar explizierte Bezeichnungstheorie* geschehen. Wir wollen hier als Beispiel eine Explikation der Sinnrelationen von Lyons, nämlich der Synonymie und Komplementarität sowie der Hyponymie und Inkompatibilität, sowie deren «Umkehrungen» (in einem zu erläuternden Sinn) illustrieren.[114] Dies sind jedoch besondere, wenn auch bedeutsame Spezialfälle für Bedeutungsbeschränkungen. Beispiele anderer Bedeutungsbeschränkungen sind die Ko-Referenz verschiedener Ausdrücke im gleichen Text und, im Rahmen intensionaler Bezeichnungstheorien, die Beschränkungen über strengen Namen [115] sowie die Relation der semantischen Präsupposition. Der Grundgedanke der Explikation der Sinnrelationen ist nun folgender: Angenommen, ‹$rot_{1,1}$ (a)› ergibt sich als Übersetzung eines Satzes (wobei a die Übersetzung irgendeines Ausdruckskomplexes sei). Dadurch ist ‹$rot_{1,1}$› als Operatorausdruck gekennzeichnet, der, angewandt auf die Bedeutung des Ausdruckskomplexes ‹a›, dem Gesamtausdruck ‹$rot_{1,1}$ a› im Prinzip in allen möglichen Welten einen Wahrheitswert zuordnet. Eine der Bedeutungsbeschränkungen der Sprache ist nun folgende: Wenn immer der Wahrheitswert des Gesamtausdrucks ‹$rot_{1,1}$ x› (bei gegebener Variablenzuordnung) wahr ist, ist man in der Zuordnung von Wahrheitswerten zu ‹$blau_{1,1}$ x›, ‹$gelb_{1,1}$ x› usw. nicht mehr frei: Man muß ihnen den Wert falsch zuordnen.[116] Ausgeschlossen ist also die Möglichkeit, daß ‹$rot_{1,1}$ x› wahr *und* ‹$blau_{1,1}$ x› wahr ist.

Es wäre nun gut, wenn man diese Beschränkung zwischen ‹$rot_{1,1}$› und ‹$blau_{1,1}$› direkt für die Bedeutungen dieser beiden Ausdrücke formulieren könnte und nicht nur indirekt über die Satzausdrücke, wie wir es soeben

---

114 Eine detailliertere Darstellung findet man in Schnelle, [Meaning].

115 Vgl. Kripke, [Naming], S. 269, vgl. auch oben S. 222 f.

116 Es sei hier darauf hingewiesen, daß ‹$rot_{1,1}$›, ‹$blau_{1,1}$›, ‹$gelb_{1,1}$› usw. im Sinne von einfarbig rot, einfarbig blau, einfarbig gelb usw. expliziert seien. Die genannten Konstruktausdrücke ergeben sich demgemäß etwa als Übersetzungen von ‹x ist einfarbig und rot› o. ä. Partiell rot usw. müßte durch ein anderes Explikat wie ‹$rot_{2,1}$› usw. eingeführt werden.

getan haben. Was ist nun nach der intensionalen Bezeichnungstheorie die Bedeutung von ‹rot$_{1,1}$›? Die Bedeutung von ‹rot$_{1,1}$› ist bei jedem Index (d. h. jedem Tripel aus einer möglichen Welt, einer Variablenzuordnung und einem Kontext des Sprachgebrauchs für quasi-pragmatische Interpretation) eine charakteristische Funktion, die als Definitionsbereich eine Menge von Entitäten vom gleichen Typus wie x hat und als Wertebereich die Menge der Wahrheitswerte. Die Bedeutungsbeschränkung zwischen ‹rot$_{1,1}$› und ‹blau$_{1,1}$› läßt sich nun auch folgendermaßen ausdrücken: Für jeden beliebigen Index i und jeden beliebigen Ausdruck x, dessen Designat im Definitionsbereich von ‹rot$_{1,1}$› und ‹blau$_{1,1}$› liegt, soll gelten: Hat die Bedeutung von ‹rot$_{1,1}$› für die Bedeutung von x (ihrem Argument) an der Stelle i den Wert wahr, so muß ‹blau$_{1,1}$› für diese Bedeutung von x an derselben Stelle i den Wert falsch haben. (Oder: so kann ‹blau$_{1,1}$› für diese Bedeutung bei diesem Index nicht den Wert wahr haben.) Wenn zwischen zwei Explikaten r und s die beschriebene Bedeutungsbeschränkung gilt, so wollen wir sagen, daß r *inkompatibel* mit s ist. Mit anderen Worten: Die Abhängigkeit besteht nur zwischen den Funktionswerten der Funktion bei gegebenem Argument und Index: Wir können diese Abhängigkeit der Inkompatibilität schematisch durch die dritte Liste in *Tafel 7* angeben (mit wahr = w und falsch = f).

1. Hyponymie   r | w f f
                                s | w w f

2. Inverse Hyponymie   r | f w w
                                s | f f w

3. Inkompatibilität   r | w f f
                                s | f f w

4. Negative Inkompatibilität   r | f w w
                                s | w w f

5. Strikte Äquivalenz   r | f w
   (Synonymie)   s | f w

6. Strikte Komplementarität   r | w f
                                s | f w

Tafel 7: Bedeutungsbeschränkungen für binäre Funktionswerte

Die anderen Listen der *Tafel 7* sind entsprechend zu verstehen. Die erste Liste (Hyponymie) besagt z. B.: Für jeden beliebigen Index und jeden beliebigen Ausdruck x, dessen Designat im Definitionsbereich von r und s liegt, soll gelten: Hat die Bedeutung von r für die Bedeutung von x an der Stelle i den Wert wahr, so kann s für diese Bedeutung und diesen Index nicht den Wert falsch haben (alle anderen Kombinationen sind möglich).

Man überlegt nun leicht, daß bei vier möglichen Paarbildungen von w und f genau fünfzehn Beschränkungen möglich sind, die eine oder mehr Paarbildungen ausschließen. Sechs sind in *Tafel 7* angegeben, weshalb die übrigen nicht? Alle vier Kombinationen, die nur eine Paarbildung ausschließen, wurden angegeben (Hyponymie, Inverse Hyponymie, Inkompatibilität und Negative Inkompatibilität). Von den sechs Kombinationen, die zwei Paare ausschließen, sind nur zwei angegeben (strikte Äquivalenz oder Synonymie, und strikte Komplementarität). Diese sechs Bedeutungsbeschränkungen sind die Bedeutungsbeschränkungen, die der Forderung genügen, daß beide Explikate im Prinzip beide Wahrheitswerte wirklich annehmen können. Die vier weiteren Bedeutungsbeschränkungen, die zwei Paare ausschließen und gleichzeitig eines der beiden Explikate nur auf einen Wahrheitswert einschränken, sind *semantische Präsuppositionsbeschränkungen* (im Sinne der Definitionen von VAN FRAASSEN[117]). Sie werden in *Tafel 8* angegeben.

1. Semantische Präsupposition (im eigentlichen Sinn)	r	w	f
	s	w	w
2. Inverse semantische Präsupposition	r	w	w
	s	w	f
3. Negative semantische Präsupposition	r	f	w
	s	f	f
4. Negative inverse semantische Präsupposition	r	f	f
	s	f	w

Tafel 8: Semantische Präsuppositionen

Die restlichen vier Beschränkungen, die drei Paare ausschließen, sind deswegen nicht interessant, weil sie auch als isolierte Beschränkungen formuliert werden können: Jedes der beiden Explikate kann nur einen bestimmten Wahrheitswert bei allen Indizes annehmen.

Es sollte klar sein, daß die soeben illustrierten Bedeutungsbeschränkungen nur die einfachsten Fälle betreffen. Die allgemeine Formulierung der Bedeutungsbeschränkungen soll wegen der in ihr enthaltenen Komplikationen hier nicht behandelt werden.[118] Da wir die Bedeutungsbeschränkungen hier für Explikate formuliert haben, hängt ihre Übertragung auf die Gemeinsprache in ihrer vollen Flexibilität und Kontextabhängigkeit davon ab, inwieweit die in einer Standardsprachform enthaltene Reglementierung für sie noch wesentliche Aspekte intakt läßt. Diese Frage ist aber grundsätzlich bei jedem strukturell linguistischen Beschreibungsgefüge zu stellen.

---

117 Vgl. FRAASSEN, [Semantics], S. 154 ff.
118 Zu den Einzelheiten vgl. SCHNELLE, [Meaning].

5. In den meisten sprachphilosophischen Diskussionen zu semantischen Relationen (‹meaning-relations›) sind verschiedene Aspekte leider vermischt worden:

a. Die Tatsache, daß es möglich ist, mit Hilfe der semantischen Relationen eine nur *partielle Bestimmung* für mögliche Interpretationen einer Sprache zu liefern, daß es also für semantische Untersuchungen nicht notwendig ist, eine Sprache mit einer vollständig spezifizierten Interpretation zu versehen.

b. Die Behauptung, semantische Relationen böten eine ausreichende Grundlage für die Unterscheidung zwischen *analytischen und synthetischen Aussagen einer Sprache* und damit eine sprachanalytische Explikation des Unterschiedes zwischen analytischer und synthetischer Erkenntnis.

c. Die Tatsache, daß semantische Relationen, die für natürliche Sprachen formuliert wurden, sowohl *a posteriori* (nämlich als Resultate empirisch linguistischer Untersuchungen) als auch *a priori* sind (letzteres, insofern sie unabhängig von empirischer Forschung *über nicht-linguistische* Fakten sind, auf die man sich mit den Ausdrücken der Sprache beziehen kann).

d. Die Tatsache, daß semantische Relationen entweder als Beschränkungen über *formalen Interpretationen* oder über *empirischen Interpretationen* aufgefaßt werden können.

Den ersten dieser Aspekte habe ich im voraufgehenden Paragraphen behandelt. Die philosophischen Diskussionen und Unterscheidungen behandelten dagegen meistens den zweiten und den vierten Aspekt. Wir wollen jetzt mit einigen Bemerkungen auf die philosophischen Diskussionen zu allen vier Aspekten eingehen. Der Linguist ist zweifellos am stärksten am ersten der genannten Aspekte interessiert, und er würde wahrscheinlich CARNAP folgen,[119] daß es für die meisten Zwecke der semantischen Analyse unnötig ist, die Bedeutungen der Ausdrücke vollständig sachbezüglich zu bestimmen (in den Bezeichnungsregeln der Interpretationen), sondern daß es hinreichend und praktischer sei, Bedeutungen mit Hilfe der semantischen Relationen (oder A-Postulaten in Konstruktsprachen) nur unvollständig, aber für den betreffenden Zweck hinreichend zu spezifizieren. Er bezieht sich auf das berühmte Beispiel des Wortes ‹Junggeselle›, das durch semantische Regel auf ‹unverheirateter Mann› bezogen wird: ‹Jeder, der deutsch spricht, wird in diesem Fall sagen, daß ‹Junggeselle› dieselbe Bedeutung hat wie ‹nicht verheirateter Mann›. Sobald man diese Bedeutungen annimmt, wird sofort klar, daß der Satz wahr ist, und zwar nicht wegen irgendwelcher Eigenschaften der Welt, sondern wegen der Bedeutungen, die unsere Sprache den deskriptiven Wörtern zuordnet. Es ist nicht einmal nötig, diese Bedeutungen ganz zu verstehen. Es ist nur nötig zu wissen, daß die Bedeutungen von zwei Wörtern inkompatibel sind, daß man also von einem Mann nicht gleichzeitig sagen kann, er sei Junggeselle

---

119 Vgl. CARNAP, [Naturwissenschaft], S. 259.

und er sei ein verheirateter Mann.› [120] – In der Standardsprachform! – wie wir hinzufügen wollen.

Genau dieser Aspekt ist es, der semantische Relationen, wie CARNAP sie vorgeschlagen und erläutert hat, für die Linguistik interessant macht. In dieser Einschätzung ist es aber ohne Bedeutung, ob die semantischen Relationen (oder A-Postulate bei CARNAP) eine ausreichende Grundlage für die Unterscheidung zwischen analytischen und synthetischen Sätzen einer Sprache bieten oder nicht. Ein Linguist, der eine semantische Relation aufgestellt hat, hat damit jedenfalls eine Bedeutungsbeschränkung formuliert. Die Behauptung, daß die Beschränkung keine Konsequenzen für den Sachgehalt habe, oder die gegenteilige Behauptung, daß damit Entscheidungen gefällt seien, die auch Konsequenzen für den sachlichen Gehalt von Aussagen haben, ist in jedem Fall eine *zusätzliche* Behauptung, die ganz unabhängig ist vom Gebrauch des beschreibungstechnischen Hilfsmittels der semantischen Relationen. Selbstverständlich wird kein Linguist die Beschreibung *aller* Einschränkungen erfassen wollen, die von allen Regularitäten bedingt werden, die einige, die meisten oder alle Sprecher der Sprache, die er beschreibt, kennen. Er wird aber seine Auswahl aufgrund bestimmter methodologischer und pragmatischer Kriterien treffen, ohne sich darauf festnageln zu lassen, daß er dadurch den Sachgehalt, den Ausdrücke der Sprache haben können, in irgendeiner Weise bestimmt habe oder nicht.

Dies ist, in einem bestimmten Sinn jedenfalls, in den letzten Jahren auch von CARNAP anerkannt worden: ‹Seit einigen Jahren neigen meine Freunde und ich zu einer vorsichtigeren Beurteilung der erkenntnistheoretischen Frage.›[121] Er schlägt vor, auch Grenzfälle zwischen den Postulaten für Analytizität (den A-Postulaten) und den empirischen Gesetzmäßigkeiten in Form sogenannter B-Postulate zuzulassen: ‹Ob sie als empirisch anzusehen sind oder nicht, hängt von einer weiteren oder engeren Bedeutung des Terminus ‹empirisch› ab.›[122] Mit anderen Worten, einige der semantischen Relationen können empirischen Gehalt oder Sachgehalt haben, andere nicht.

In bezug auf die Unterscheidung a priori/a posteriori (nach Aspekt c) scheinen semantische Relationen in einem Sinn klar a priori, in einem anderen Sinn a posteriori zu sein. Betrachten wir den Satz

(1) ‹Das Wetter ändert sich, oder es bleibt wie es ist›.

Um festzustellen, ob dieser Satz wahr ist, braucht man keine Beobachtungen oder Experimente anzustellen über das Wetter, also über das, worüber der Satz anscheinend etwas besagt. Natürlich ist der Satz unabhängig von Wetterbeobachtungen wahr, allerdings so wahr, daß er tatsächlich auch

120 CARNAP, [Naturwissenschaft], S. 257.
121 CARNAP, [System], S. 79.
122 Ibid.

nichts über das Wetter besagt (außer, daß Wetter zu den Dingen gehört, die sich ändern, aber auch gleichbleiben können); er hat also keinen Sachgehalt. Woran liegt diese charakteristische Eigenschaft des Satzes? Sie ist bedingt durch den sprachlichen Sinn der Wörter ‹oder›, ‹sich ändern (relativ zu einem Zeitpunkt)›, ‹bleiben wie etwas (zu einem Zeitpunkt) ist›. Der hier in Betracht kommende Sinn des Wortes ‹oder› wird üblicherweise in der Theorie der logischen Form von Sprachen expliziert, und für die beiden anderen Wörter gibt es eine semantische Relation, die sie als inkompatibel (relativ zum gleichen Zeitpunkt) ausweist. Aus der logischen Eigenschaft von ‹oder› und der sinnrelationalen Beschränkung von ‹ändern› und ‹gleichbleiben› folgt also der merkwürdige Charakter von Satz (1), unabhängig von der Erfahrung wahr zu sein, aber dafür auch ohne Sachgehalt.

Die Aufstellung der semantischen Relation der Inkompatibilität von ‹ändern› und ‹gleichbleiben› ist, sofern es sich um eine semantische Relation des Deutschen handelt, a posteriori in dem Sinn, daß die Erfahrung des deutschen Sprachgebrauchs oder Kompetenz in der deutschen Sprache vorausgesetzt wird. Diese Erfahrung erfordert aber *Beobachtung der Sprache* und ist weitgehend *unabhängig von Beobachtungen der Sachverhalte*, die sich ändern können oder gleichbleiben können (z. B. des Wetters). Hinsichtlich der Unabhängigkeit von Beobachtungen der letzten Art sind die semantischen Relationen also zugleich a priori. Die Unabhängigkeit bezieht sich aber nur darauf, daß Beobachtungen über den Sachbezug unnötig sind, nicht darauf, daß semantische Relationen notwendig unabhängig von außerlinguistischen Bedingungen formuliert oder gar aufgestellt werden können. Zumindest Lyons hat ja gezeigt, daß die Formulierung aller semantischen Relationen einen sogenannten beschränkten Kontext voraussetzt.[123]

Im Hinblick auf den vierten Aspekt ergibt sich eine scharfe Unterscheidung der Behandlung der Termini für die theoretische und für die Beobachtungssprache. Deskriptive Termini der Beobachtungssprache werden entweder direkt durch Beobachtungen interpretiert oder lassen sich letztlich mit Hilfe solcher direkt interpretierter Termini definieren. In speziellen Fällen [124] werden die Designate der Beobachtungstermini durch eine Konjunktion von Eigenschaften bestimmt, von denen jede beobachtbar ist (durch Konjunktion der Elemente einer generischen Charakteristik gewissermaßen). Die semantischen Relationen können dann offenbar als Beschränkungen über möglichen Konjunktionen grundlegender Beobachtungseigenschaften aufgefaßt werden: Inkompatible Termini haben dann Konjunktionen von grundlegenden Beobachtungseigenschaften, die untereinander inkompatibel sind.

Diese Art der Interpretation ist nun tatsächlich unmöglich für theore-

---

123 Vgl. Lyons, [Linguistics], § 9.3.9 und S. 449. Die Art dieser Voraussetzung ist allerdings von Lyons nicht vollständig geklärt worden.

124 Wie bei Carnap, [Naturwissenschaft], S. 259.

tische Terme wie ‹Elektron›, ‹Masse› und ‹elektrisches Feld›, wie CARNAP in § 28 von [Naturwissenschaft] ausführt. Dasselbe würde natürlich für die theoretischen Termini der Sprachwissenschaft, wie ‹Satz›, ‹Bedeutung›, ‹Sprache› usw. gelten. Die Korrelation von theoretischen Aussagen, die diese Begriffe enthalten, mit gewissen Beobachtungen liefert nur eine indirekte und unvollständige empirische Interpretation. Das bedeutet aber natürlich nicht, daß keine Interpretation im modell-theoretischen Sinn, d. h. keine Interpretation in bezug auf formale Strukturen, wie oben angedeutet, gegeben werden kann. In diesen formalen Strukturen gibt es theoretische Objekte, die wir als Elektronen ansprechen können, Komplexe, die elektromagnetische Felder sind, und, in der theoretischen Linguistik, solche Objekte, die Sätze einer Sprache sind. (Man beachte: Beobachtbar sind nicht Sätze einer Sprache, sondern Resultate von Äußerungen von Sätzen oder die entsprechenden Äußerungsakte.) Auf der ersten Ebene der theoretisch-linguistischen Analyse genügt aber die Möglichkeit einer formal-theoretischen Interpretation. Die Unterscheidung zwischen Beobachtungstermini und theoretischen Termini ist also auf dieser Ebene auch für die Formulierung der semantischen Relationen noch ohne Bedeutung. Wir sehen also, daß semantische Relationen fruchtbare Beschreibungsmittel für die Formulierung von Beschränkungen über möglichen Interpretationen sind, auch wenn sie oder gerade weil sie unabhängig sind von der Entscheidung der noch kontroversen sprachphilosophischen Aspekte der Analytizität, des Apriori und Aposteriori und der Unterscheidung von Beobachtungstermini und theoretischen Termini.

Sprüche vom Geld

«Wir, Pieter van Leyden . . .

... und Ysebrant, Roetlarts Sohn, Bürgermeister von Leyden, tun kund allen Leuten, daß kam vor uns Ghisebrecht van Zwyeten und vereinbarte und gelobte, dem Frank, Jans Sohn, zu bezahlen sechs Schilde und einen halben Schild, worüber Frank einen Schuldbrief hat, zwischen jetzt und dem nächstkommenden Weihnachtsabend. Und wo, daß er das nicht täte, so soll vorgenannter Frank haben zehn holländische Schillinge jährlichen Zins in gutem Geld, zu bezahlen alle Jahre zum Voorschoter und zum Valkenburger Markt. Dafür ist als Pfand das Haus und das Erbe, wo vorgenannter Ghisebrecht derweilen wohnt, und ferner Ghisebrechts Haus und Erbe, da nun zur Zeit seine Wollerei steht, und ferner all sein Gut, wo es auch gelegen sei, beweglich oder unbeweglich. Zur Urkunde diesen Brief besiegelt mit unseren Siegeln. Gegeben im Jahr unseres Herrn MCCC und neun und fünfzig am Sankt Martinstag im Winter.»

Das ist der Wortlaut einer Schuldurkunde vom 11. November 1359. So umständlich war es damals, an einen Pfandbrief zu kommen.

Pfandbrief und Kommunalobligation

Meistgekaufte deutsche Wertpapiere - hoher Zinsertrag - schon ab 100 DM bei allen Banken und Sparkassen

Verbriefte · Sicherheit

V. ASPEKTE DES SPRACHLICHEN HANDELNS

Einleitung: In den Kapiteln III und IV haben wir die Struktur einer Sprachform bestimmt, die Angabe der Menge ihrer Ausdrucksmittel sowie ihrer grammatischen und logischen Form. Gibt es aber überhaupt Sprachformen? Wo gibt es sie, wo kann man sie feststellen? Sprachformen sind ohne Zweifel keine unabhängigen Gebilde, sie sind Abstraktionen aus der Fülle und Mannigfaltigkeit sprachlicher Erscheinungen in und an Menschen in ihrem sprachlichen Verhalten und Handeln. Der abstrakte Charakter und die Rolle der Sprachformen können erst geklärt werden, wenn man diejenigen Erscheinungen und Prozesse analysiert, aus denen sie abstrahiert werden, wenn man – entsprechend der in diesem Buch eingenommenen Einstellung – eine *Theorie des Sprachverhaltens und Sprachhandelns* anstrebt und mit ihr zusammen die zentralen Begriffe dieser Fragenkreise expliziert. In der Auswahl fundamentaler Begriffe einer für diesen Zweck angemessenen Wissenschaftssprache und in der Vorklärung ihrer Zusammenhänge wird eine *Sprachform entwickelt,* mit der die Theorien letztlich formuliert werden können. Mehr als eine solche Entwicklung, oder eine Vorklärung einer solchen, ist beim gegenwärtigen Stand der Sprachanalyse kaum möglich.

Die sprachanalytische Aufgabe wird dadurch besonders kompliziert, daß im Bereich der Analyse des Sprachverhaltens und Sprachhandelns – die Verwendung des doppelten Terminus soll das schon anzeigen – kontroverse Ausprägungen in Darstellungsmethodik, Analysetechnik und Reflexionsform der Wissenschaften von den kausalen Naturzusammenhängen einerseits und von den prinzipiell intentionalen und intentional interpretierbaren Zusammenhängen menschlichen Handelns andererseits einander die Adäquatheit ihres Ansatzes bestreiten.

Wir gehen hier allerdings von der Auffassung aus, daß die Methodik der Explikation und Theorienentwicklung in beiden Bereichen angemessen angewandt werden kann und daß der begriffliche Klärungsprozeß innerhalb dieses Rahmens von den genannten Kontroversen nicht berührt werden muß. Hiergegen werden diejenigen Sprachanalytiker Einspruch erheben,[1] die die Aufstellung von Theorien [2] über intentionales Handeln mit den Aufgaben intentional verstehender Wissenschaften (insbesondere den her-

---

1 Gemeint sind die Sprachanalytiker, die aus Überlegung – und nicht nur aufgrund ihrer Ausbildung und Zugehörigkeit zu entsprechenden Fachbereichen – in der geisteswissenschaftlich-hermeneutischen Tradition stehen, oder, wie WEISGERBER, GIPPER u. a. einerseits und APEL, HABERMAS u. a. andererseits, eine andere geisteswissenschaftliche Tradition aufgreifen.

2 im Sinne deduktiv oder induktiv zusammenhängender Aussagenmengen in entsprechend eingerichteten Sprachformen.

meneutischen und ideologiekritischen) für unvereinbar halten und daher die zugleich theoretischen und praktischen Erörterungen fest an die Sprachformen der Gemeinsprache oder andere für adäquater gehaltene Sprachformen binden wollen. Sofern der Einspruch nur den Anspruch auf eigenständige Entwicklung anmelden soll, ist dagegen nichts einzuwenden. Sollte er dagegen auf eine Verquickung der Ansätze zielen, bis hinein in die Grundlagen dessen, was Explikation und Erklärung heißen soll, so kann dies nur Verwirrung stiften.

Da in diesem Kapitel nicht weiter auf die Einzelheiten der Gegenposition eingegangen werden kann, sollen hier wenigstens einige der wesentlicheren Argumente genannt werden. Sehr entschieden wird der Gesamtzusammenhang sprachlicher Erscheinungen den Abstraktionen der Grammatiker, Logiker und Sprachphilosophen entgegengehalten, aus dem diese Abstraktionen letztlich nur abgeleitet seien. In einem weitgespannten Wortgemälde mag dieser Gesamtzusammenhang etwa folgendermaßen angedeutet werden: Sprache ist zu erklären als eine spezifische Mannigfaltigkeit gesellschaftlicher Konventionen (d. h. eingespielter und geltender Regeln sozialen Handelns von Menschen), die in historischen Zeiträumen verändert werden oder veränderbar sind und die mit anderen Regeln, Bedingungen und Zielsetzungen sozialen und geschichtlichen Handelns verwoben sind. Das hier angesprochene Handeln richtet sich intentional auf die Erfassung und Formung der menschlichen «Lebenswelt», auf die materielle Umwelt und auf die Formen menschlichen Zusammenlebens und menschlicher Kooperation. Alle anderen Aspekte, die man an sprachlichen Erscheinungen klären könnte, seien hiervon abhängig, und diese ihre Abhängigkeit sei genau herauszuarbeiten.[3] Speziell seien die Abhängigkeit der Funktionalität der Sprache (Sprache als Darstellungsmittel, Sprache als Kommunikationsmittel) sowie ihrer Form und ihrer sozio-historischen Variabilität von der genannten Konventionalität und Intentionalität zu zeigen.

Daß sprachliche Handlungen zur Klasse menschlicher Handlungen gehören, die offenbar intentional und konventionell in spezifischer Weise geregelt sind, kann kaum bezweifelt werden. Das Problem besteht aber gerade darin zu zeigen, wie die beiden Begriffe ‹Intentionalität› und ‹Konventionalität› geklärt werden können. Dies erfordert andererseits die Klärung der Handlungen und Tätigkeiten, in denen sich Intentionen realisieren oder in denen Intentionen verfolgt werden können und die konventionell bei

---

3 Eine Kritik an den «abstrakten» Grammatikern und Logikern von einem solchen oder ähnlichen Standpunkt aus ist wohl so alt wie diese Wissenschaften selbst. In diesem Jahrhundert wurde diese Kritik u. a. von der sog. energetischen Sprachwissenschaft (vgl. die Zusammenfassung: WEISGERBER, [Sprachbetrachtung]), und neuerdings von einer pragmatisch orientierten Linguistik vorgetragen (vgl. etwa MAAS-WUNDERLICH, [Pragmatik], und WUNDERLICH, [Disput] und [Konventionalität].

jedem einzelnen geregelt und auf jeden einzelnen übertragen werden und die sich konventionell in einer Gemeinschaft entwickeln.

Gelegentlich wird außerdem die Meinung vertreten, der genannte Prozeß der Begriffsklärung und der Analyse der zugehörigen Erscheinungen müsse die *Bedürfnisse der Praxis* berücksichtigen; aus dieser Berücksichtigung ergebe sich eine andere Orientierung und Ausgestaltung der Theorie, als wenn diese allein auf die Entwicklung eines logisch korrekten und empirisch adäquat formulierten Systems von Aussagen ausgerichtet sei. Für das hier vertretene Konzept einer wissenschaftlichen Theorie ist das nicht der Fall oder doch allenfalls in dem Sinn, daß die Berücksichtigung von Forderungen der Praxis die Prioritäten der wissenschaftlichen Arbeit und damit die Reihenfolge der Ansätze und Ergebnisse partiell verändern kann.

Wie kommt es aber zu der hier angesprochenen Meinung? Die *praktischen* Absichten einer Erörterung von Sprache sind auf die Vermittlung der Sprachbeherrschung (an Menschen und eventuell an Computer) ausgerichtet oder auf die Vermittlung von Einsichten und Erkenntnissen über die Sprache. Es gilt als erwiesen, daß die bisherigen Ergebnisse der Sprachanalyse im Bereich der sprachlichen Form (Grammatik) und der logischen und inhaltlichen Form und damit einer zentralen Funktion der Sprache für beide Aufgaben der Vermittlung von sehr zweifelhaftem Wert sind. Das gilt für die Explikationen im Rahmen formalisierter Theorien noch mehr als für die intuitiveren Erörterungen der traditionellen Grammatiker. Der Mangel ergibt sich zum Teil aus der Beschränktheit des behandelten Kreises von Erscheinungen, deren alleinige Vermittlung an Sprachschüler eine unzureichende Sprachbeherrschung und eine inadäquate Vorstellung von Sprache zur Folge haben würde,[4] zum Teil aus der Abstraktion, die eine Übertragung auf konkrete und selbst erfahrene Sprachprozesse erschwert, und zum Teil aus der formalisierten oder quasi-formalisierten Darstellungstechnik, deren Entschlüsselung dem Unvorgebildeten Schwierigkeiten bereitet. Der Ruf nach einer «verständlichen» und in ihrem Umfang und ihrer Bewertung aller Spracherscheinungen adäquateren «Theorie» und damit einer auf die beschriebene Praxis direkter bezogenen «Theorie» ist verstehbar. Es ist jedoch unklar, ob dazu eine Theorie i. e. S. erforderlich ist und nicht vielmehr eine abgewogene Betrachtung sprachlicher Erscheinungen, mit «gesundem praktischem Menschenverstand», der auch Theorien dort berücksichtigt, wo sie etwas zu sagen haben. Solche Betrachtungen können für die Praxis in einem noch nicht sehr fortgeschrittenen Wissenschaftsbereich von höchstem Wert sein, wenn sie mit Erfahrung und Fingerspitzengefühl ausgeführt werden. So praktikabel solche Betrachtungen aber auch sein mögen und so hohes Prestige sie auch erwerben könnten, es wäre irreführend, sie ‹Theorie› zu nennen, denn in den meisten Fällen scheint die

---

4 sofern diese nicht aufgrund ihrer Intelligenz die fehlenden Gesichtspunkte selbst interpolieren.

Plausibilität einer solchen Betrachtung (gelegentlich zwar durch eine philosophische oder ideologische Position untermauert) die einzige Urteilsgrundlage zu sein, wobei sie bei einem Komplex von Erscheinungen, wie sie die Sprachen darstellen, durch die ebenfalls große Plausibilität alternativer Darstellungen in Frage gestellt wird. Zudem ist oft bei zwei verschiedenen Darstellungen nicht erkennbar, wo sie übereinstimmen und wo sie einander widersprechen. Das braucht ihren praktischen Zweck nicht zu mindern, macht sie aber unter streng wissenschaftlichen Gesichtspunkten unbrauchbar. Wir sollten also scharf zwischen sprachwissenschaftlichen Theorien und den zu ihnen hinführenden systematischen Klärungen von Sachverhalten und Begriffen einerseits und weitgespannten Betrachtungen über Sprache und Sprachen andererseits unterscheiden. Letztere haben gewiß gegenwärtig und in den nächsten Jahrzehnten und vielleicht Jahrhunderten einen praktisch orientierenden Wert, der sich bei ersteren nicht problemlos einstellen will. Die Beurteilung wissenschaftlicher Theorien primär unter dem Gesichtspunkt ihrer kurzfristigen Verwendbarkeit ist demgegenüber aber höchst unangemessen. Geschieht dies dennoch, so ist die Gefahr begrifflicher Verwirrungen sehr groß. Soviel zu den Einwänden gegen eine primär empirisch-theoretische Sprachanalyse.

Zur theoretischen Erörterung, Klärung und Explikation der Aspekte des Sprachverhaltens und Sprachhandelns scheint mir folgendes Programm besonders fruchtbar: Ausgehend von der Klärung der Zuordnung von grammatischer und inhaltlicher Form zu einer Menge von Ausdrucksgestalten bezieht man schrittweise weitere Gesichtspunkte in die Betrachtung ein. Dabei muß man jedoch damit rechnen, daß jeder weitere Gesichtspunkt mit einer Zunahme der Komplexität der zu formulierenden Theorie verbunden ist.

Welches sind die Gesichtspunkte, die schrittweise fortschreitend zu berücksichtigen sind und deren Zusammenhang in diesem Kapitel nur andeutend skizziert werden kann? Es handelt sich, wie ich meine, um folgende Aspekte:

A. Ein *System von Sprachausprägungen* (Dialekten, Sondersprachformen, Idiolekten usw.), d. h. eine Klasse von Sprachausprägungen mit einem System von Relationen zwischen den verschiedenen Mengen von Ausdrucksgestalten und möglichen Sprachformen für sie – anstelle von nur einer Sprachausprägung, wie in den Kapiteln III und IV beschrieben.

B. Ein *System von Zeitpunkten und Zeitintervallen.*

C. Eine *Klasse konkreter Umweltgegebenheiten* (Dinge im weitesten Sinn: Organismen, tote Objekte, Regionen, Umgebungen).

D. Eine *Klasse von Kommunikatoren* (als Teilklasse der Organismen unter C). Prädizierbar von Kommunikatoren sind alle folgenden Aspekte.

E. *Sprechtätigkeiten und Sprechwahrnehmungen* (äußere Aspekte).

F. Formen der *Sprachbeherrschung und Sprachmechanismen,* ihres Erwerbs und ihrer Veränderung (innere Aspekte).

G. *Nichtsprachliche Wahrnehmungen und Tätigkeiten* in bezug auf die Umweltgegebenheiten (unter C) sowie innerer physischer Gegebenheiten im Kommunikator selbst.

H. *«Denken»,* d. h. innere Verknüpfungen zwischen nicht-sprachlichen Wahrnehmungen und Tätigkeiten sowie sprachlichen. «Denken» ist normalerweise sprachlich geprägt und bestimmt intelligentes Verhalten.

I. *Einstellungen zu Sachverhalten,* inneren und äußeren, sowie eigenen Tätigkeiten, und zwar: Annahmen und Erwartungen, Bewertungen, Intentionen.

K. *Einstellungen zu anderen Kommunikatoren* und ihren Eigenschaften und Tätigkeiten: Annahmen, Erwartungen, Bewertungen, Intentionen.

L. *Einstellungen höherer Ordnung,* d. h. Einstellungen zu Einstellungen anderer Kommunikatoren (die selbst bereits Einstellungen höherer Ordnung sein können).

Der Aspekt A bleibt, solange er nicht mit anderen konfrontiert wird, *sprachimmanent.* Die Aspekte E bis L sind *Einrichtungen der Kommunikatoren,* und C umfaßt die Gegebenheiten ihrer *Umwelten.* E und G sind *periphere Aspekte,* F und H *kognitiv und operativ zentrale Aspekte,* I, K und L *emotive und intentionale Aspekte.* Durch die Berücksichtigung dieser Aspekte sollte es möglich sein, folgende *Bereiche der Sprachanalyse* zu behandeln:

(1) Die *Variabilität von Sprachen,* wie sie sich in der Tatsache ausdrückt, daß zu einer Sprache eine Vielfalt von Idiolekten gehört, die sich in Sprachausprägungen wie Dialekte, Soziolekte, Sondersprachen, Sprachstile usw. gruppieren. Berücksichtigt man außer dem Aspekt A die Aspekte B und D, indem man etwa Sprachausprägungen als Funktionen über Zeiträumen und Kommunikatoren darstellt, so läßt sich die historische und kommunikatorgruppenmäßige Differenzierung der sprachlichen Variabilität ausdrükken.

(2) Die *äußere Charakterisierung von Sprechhandlungen* kann auf verschiedenen Ebenen geschehen. Immer handelt es sich darum, die *Sprachbeherrschung* der Kommunikatoren zu erklären: Was kann jemand, wenn er eine Sprachform beherrscht, und auf welche Weise kann er es? Hier ist eine strikt *verhaltensmäßig orientierte Theorie des Sprachverhaltens* (die behavioristische im engeren oder weiteren Sinn) von einer (einfachen) *intentionalen Theorie des Sprachkönnens* zu unterscheiden. Erstere berücksichtigt nur die Aspekte A – E und G und eventuell (in kybernetischen Theorien) die Sprachmechanismen unter F, letztere bezieht zusätzlich H und I ein. Auf alle Fälle aber sollte Sprachbeherrschung im Sinne von Sprachkönnen und Sprachmechanismus unterschieden werden und nicht ohne sorgfältige Diskussion identifiziert oder aufeinander reduziert werden.

(3) *Die Intentionalität und Konventionalität von Sprache* erfordert in ihrem Kern, daß die Aspekte I, K, vor allem aber L einbezogen werden. Während es bei einer äußeren Charakterisierung des Sprachverhaltens genügt, die Kommunikatoren in ihrem Können einzeln und ohne Bezug aufeinander zu behandeln,[5] ist dies hier nicht möglich: Annahmen und Erwartungen über andere Kommunikatoren und insbesondere über deren Annahmen und Erwartungen werden hier wesentlich.

A. SPRACHBEHERRSCHUNG

1. Wir beginnen mit der Erörterung der *sprachlichen Variabilität*. Wie schon im einleitenden Paragraphen hervorgehoben, zeigen natürliche Sprachen, so wie sie innerhalb einer Sprachgemeinschaft gesprochen werden und wurden, eine Vielfalt von *Sprachausprägungen* in verschiedenen historischen Stadien, in Dialekten, Soziolekten, Hochsprachformen, Umgangssprachformen, Sondersprachformen, Stilen usw. Unabhängig von den Bedingungen der Differenzierung kann man nach den strukturellen Eigenschaften fragen, die dieser Vielfalt zugrunde liegen. Die Vorstellung, die angedeutete sprachliche Variabilität sei sprachwissenschaftlich nicht von ausschlaggebender Bedeutung, eine Sprache könne und müsse durch genau eine zugehörige Sprachform[6] angemessen beschrieben werden, ist zumindest problematisch, insbesondere solange nicht geklärt ist, wie die Varianten auf die behauptete einzige Sprachform bezogen werden. Demgegenüber ist es denkbar, die sprachliche Variabilität strukturell dadurch zu erklären, daß man ein System von Sprachformen in Betracht zieht, d. h. eine Menge von Sprachformen und einige systematische Beziehungen oder strukturelle Entsprechungen zwischen ihnen.

Eine axiomatische Theorie der sprachimmanenten Variabilität ist von LIEB entwickelt worden.[7] Einige der Grundgedanken sind folgende (wir weichen von LIEBS Vorstellungen an einigen Stellen ab): An sich ist eine Theorie der sprachimmanenten Variabilität auf der Grundlage einer umfassenderen Kommunikationstheorie zu entwickeln. Durch geeignete Wahl der Grundkonstanten einer solchen Theorie, deren Interpretation die kommunikative Grundlage klären würde, die aber in der Theorie selbst uninterpretiert bleiben, kann die Klärung dieser Abhängigkeit zunächst suspendiert werden.[8] Die Grundkonstanten sind jedenfalls Relationen zwi-

---

5 Die Prädikate dieser Theorie stellen also keine Relationen zwischen Kommunikatoren her, die über die Tatsache hinausgingen, daß ihre Einrichtungen – die angeborenen oder erworbenen – gleich oder ähnlich sind.

6 z. B. eine solche eines idealen Sprechers/Hörers nach den Vorstellungen der generativen Grammatiker.

7 LIEB, [Sprachstadium].

8 LIEBS Grundrelationen für diesen Bereich sind ‹verständigt sich mit› und ‹beherrscht›.

schen Sprachformen einerseits und Kommunikatoren und ihren zeitlichen Abschnitten, in denen sie sie benutzen oder beherrschen, andererseits. Abstrakt gesehen stellen diese Relationen also Sprachformen als Funktionen von Kommunikatoren und Zeitintervallen dar. Die Variabilität der Sprachformen ist eine solche über dem «Raum» der Kommunikatoren und über der Zeit.

Betrachtet man nun die möglichen Variabilitäten unabhängig von «Raum und Zeit», so ergibt sich folgendes: Zunächst ist es nützlich, jede Sprachform als ein Paar aus einer möglichen Menge von interpretierten Ausdrucksgestalten (LIEB betrachtet «unabhängige» interpretierte Ausdrucksgestalten, die er Texte nennt) und einem System für sie aufzufassen. Die Menge der Ausdrucksgestalten heißt bei LIEB *Verständigungsmittel,* und das *System* ist die Menge von Eigenschaften und Relationen dieses Verständigungsmittels, sofern sie in einem systematischen Zusammenhang stehen. Man kann ein solches System etwa als ein Modell für die Grundprädikate und Funktoren einer deduktiven Theorie auffassen. Zu einem sprachlichen Verständigungsmittel kann es nun spezifischere und unspezifischere Theorien geben; diese geben das System, das durch das sprachliche Verständigungsmittel ausgedrückt wird, spezifischer oder unspezifischer an. Zu einem sprachlichen Verständigungsmittel kann nun eine Folge von Theorien in Betracht gezogen werden, deren erste das Verständigungsmittel so detailliert und spezifisch beschreibt, wie dies systematisch möglich ist, und deren weitere Glieder das Verständigungsmittel zunehmend unspezifischer charakterisieren, die also, mit anderen Worten, Theorien mit weniger Theoremen sind als die maximal spezifische Theorie.[9] Umgekehrt kann es zu unspezifischeren Systemen aber auch mehrere verschiedene Verständigungsmittel geben, solche, die sich nur durch spezifischere Eigenschaften voneinander unterscheiden.

Die Idealform der sprachlichen Variabilität, die vielen Sprachtheoretikern vorschwebt, ist die folgende: Es gibt genau ein System bzw. eine Theorie, das (die) allen verschiedenen sprachlichen Verständigungsmitteln einer Sprache gemeinsam ist; dieses System umfaßt die systematischen Eigenschaften und Relationen, die jedem sprachlichen Verständigungsmittel kraft seiner Zugehörigkeit zur Sprache zukommen. Alle Sprachausprägungen werden durch verschiedene zusätzliche Spezifizierungen ausdifferenziert. Das Maximum der Differenzierung ist bei denjenigen Sprachausprägungen erreicht, zu denen nur eine einzige Sprachform gehört. Alle Dialekte, Stile usw. liegen dazwischen, enthalten also noch eine gewisse Variabilität an Ausprägung.[10]

9 Dies entspricht etwa dem Begriff Systemkette oder DT-Kette bei LIEB, [Sprachstadium], § 14.1.

10 Mathematisch ist das System der Systeme also ein Halbverband mit dem System der Sprache als Maximalelement und den Systemen der singulären Sprachausprägungen als Minimalelementen.

LIEB weist, COSERIU folgend, darauf hin, daß SAUSSURES Annahme, ein solches System könne nur synchrone Sprachausprägungen umfassen, nicht stichhaltig ist.

Diese Vorstellung vom Verhältnis von Sprachsystem, Dialekten, Sondersprachen und Idiolekten als das einer bloßen Spezifizierungshierarchie mag als Klärungsansatz für das meist vage Explikandum der Variabilität einer Sprache plausibel erscheinen. Sie bietet jedoch auch Probleme. Es mag z. B. sein, daß eine einheitliche Theorie für eine Sprache (die deutsche, englische usw.) in einem interessanten Sinn nur zustande kommt, wenn man nur bestimmte Gesichtspunkte in Betracht zieht. So mag es sein, daß die verschiedenen Idiolekte und Dialekte des Deutschen in syntaktischer Hinsicht so viel gemeinsam haben, daß eine allen gemeinsam zugrundeliegende syntaktische Theorie aufgestellt werden kann; daß aber die Phonologie, Lexikologie und Semantik (außer dem mit grammatischen Partikeln verbundenen semantischen Rahmen) außer Betracht bleiben müssen, weil hier nur wenig Gemeinsamkeit anzutreffen ist.

Man wird aber meist noch einen Schritt weitergehen müssen: Nicht nur diejenigen Eigenschaften wird man einer Sprache zuschreiben wollen, die in der Tat allen ihren Idiolekten oder Dialekten gemeinsam sind, sondern man wird ihr auch Eigenschaften und Zusammenhänge zuordnen wollen, die einige der Dialekte der Sprache nicht haben. Man wird dann sagen, daß, obwohl die Dialekte sie nicht offensichtlich aufweisen, sie doch auf diese als den dieser Sprache idealtypisch zugrundeliegenden bezogen werden müssen. In diesem Fall ist die soeben skizzierte Halbordnung nicht aufgrund einer Relation des Enthaltenseins von Theorien allein aufzustellen. Das Bestehen der Relation wird durch zusätzliche Bedingungen zu charakterisieren sein, die etwa durch eine geeignete Transformation einer Theorie in eine andere, durch Umformung gewisser Theoreme gewonnen werden können.

Dieser Gedanke wird von manchen Sprachtheoretikern (z. B. CHOMSKY) so weit getrieben, daß der Theorie einer Sprache genau eine Menge von Ausdrucksgestalten zugeordnet erscheint und alle anderen Dialekte, Sondersprachen usw. eher als Abwandlungen dieser Theorie der Sprache, die der Sprachbeherrschung eines *idealen* Sprechers/Hörers der Sprache zugeordnet ist, aufzufassen sind.

Wir wollen diese Gedankengänge und die mit ihnen verbundenen Unterscheidungen hier nicht weiter verfolgen, sondern statt dessen nunmehr zur Besprechung der kommunikativen Sprechhandlungen übergehen. Diese werden wir zunächst wieder für eine homogene Menge von Ausdrucksgestalten, einen Idiolekt, ausführen. Die Betrachtung der Sprechhandlungen mehrerer Kommunikatoren in mehreren Idiolekten kann dann in ähnlicher Weise vonstatten gehen wie in diesem Paragraphen ohne Berücksichtigung der Kommunikatoren.

2. Sprechhandlungen sind Handlungen, und als solche müssen auf sie die *grundlegenden Aspekte der Theorie der Handlung* anwendbar sein. Ehe wir dies untersuchen, wollen wir zunächst ein Beispiel einer sehr einfachen Sprechhandlung vorstellen, das uns als illustrativer Bezugspunkt dienen mag:

(a) Zu einem bestimmten Zeitpunkt (t_1) (sagen wir: am 15. 2. 1971 um 12 Uhr, 5 Minuten, 32 Sekunden) an einem bestimmten Ort (p_1) (sagen wir: in der Berliner Untergrundbahn zwischen Bahnhof Zoo und Ernst-Reuter-Platz) sagt Franz Schmidt (F) innerhalb eines Gesprächs:

(1) ‹Peter ist ein Meter fünfundneunzig groß›

Dies ist eine einfache Sprechhandlung. Wie kann man sie näher charakterisieren? Die Sprechhandlung enthält, obwohl sie einfach erscheint, eine Anzahl von Teilhandlungen oder Teiltätigkeiten. Wir wollen einige von ihnen nennen; alle Angaben mögen auf die obenerwähnte Zeit- und Ortsangabe bezogen werden:

(b) F bewegt seine Sprechwerkzeuge (Lippen, Zunge usw.) in bestimmter Weise

(c) F gibt bestimmte (Sprech-)Geräusche von sich

(d) F äußert den Satz (1)

(e) F bezieht sich mit einem Teil des Satzes (1) auf eine Person namens Peter

(f) F spricht mit einem anderen Teil des Satzes (1) jemandem eine bestimmte Größe zu

(g) F bezieht sich mit dem Satz (1) auf den Sachverhalt, daß Peter 1,95 m groß ist

(h) F behauptet im Akt der Äußerung des Satzes (1), daß Peter 1,95 m groß ist.

Alle diese Feststellungen drücken gewisse Tätigkeiten oder Handlungen von F aus, die jedoch im Normalfall nicht unabhängig voneinander und von der zuerst angegebenen Sprechhandlung sind. Außer den *expliziten inhaltlichen Sprechhandlungen* (e) – (f) gibt es andere, die mit diesen *implizit* zusammenhängen. Dazu gehört z. B. die sogenannte Präsupposition

(i) F setzt voraus, daß genau eine Person Peter durch den Kontext ausgezeichnet ist, diejenige, auf die er sich in (e) bezieht

oder in manchen Fällen

(i′) F setzt voraus, daß genau eine Person Peter existiert.

Dazu gehört ebenso eine Reihe von Implikationen, darunter die folgende:

(j) Die anderen Dimensionen des Gegenstands, dem eine bestimmte Größe zugesprochen wurde, sind kleiner als das genannte Maß.

Wir nehmen nun an, daß zum genannten Zeitpunkt am genannten Ort Franz Schmidt (F) gegenüber ein anderer Kommunikator, Hans Meier (H), sitzt, mit dem Franz Schmidt sich im Gespräch befindet. Wir nehmen weiter an (der Einfachheit halber), daß H über denselben Idiolekt, den F bei seiner Äußerung verwendete, verfügt und daß er ihn auch beim Hören der Äußerung anwendet. Mit den Sprechhandlungen von F ist dann unter normalen Umständen der Kommunikation eine gewisse Handlung von H verbunden, nämlich

(a′) H versteht, was gesagt wurde.

Diese Handlung des Verstehens kann ebenfalls weiter charakterisiert den, z. B. durch

(b′) Hs Höraufmerksamkeit richtet sich auf bestimmte Sprechgeräusche

(c′) H vernimmt einen Komplex bestimmter (Sprech-)Geräusche

(d′) H identifiziert die Geräusche als Resultat der Äußerung des Satzes (1)

(e′) H versteht, daß ein Teil des Satzes (1) sich auf eine Person namens Peter bezieht

(f′) H versteht, daß ein anderer Teil des Satzes (1) jemandem eine bestimmte Größe zuspricht

(g′) H versteht, daß der Satz (1) sich auf einen bestimmten Sachverhalt bezieht

(h′) H versteht, daß im Akt der Äußerung des Satzes (1) der Sachverhalt behauptet wird.

Außer diesen Akten des expliziten Verstehens kann es *implizit* damit verbundene geben, analog zu den oben für den Sprecher angegebenen. Die Situation wird in diesem Paragraphen nur in denjenigen Aspekten dargestellt, in denen jeweils nur ein Kommunikator (in einer der beiden möglichen Rollen als Sprecher oder Hörer) erwähnt werden muß. Auf das Verhältnis zwischen den Handlungen der beiden Kommunikatoren, also die Kommunikationshandlungen, werden wir erst später eingehen und hier statt dessen die theoretische Charakterisierung der Tätigkeiten einzelner Kommunikatoren geben.[11]

(A) Mit jeder Tätigkeit ist mindestens ein *Organismus* verbunden, von dem die Tätigkeit prädiziert wird. Kennzeichnen wir den Organismus dadurch, daß von ihm eine Tätigkeit prädiziert wird, so können wir auch sagen, er sei ein Träger der Tätigkeit oder *der die Tätigkeit Ausführende*. Im Falle von *Sprechtätigkeiten und Sprechhandlungen* wird der die Tätigkeit Ausführende im Normalfall ein Mensch sein. Seine Tätigkeit nennen wir ‹Kommunikationstätigkeit›, ihn selbst einen ‹*Kommunikator*›. Es gibt zwei Kommunikatorrollen: *Sprecher* und *Hörer*.

(B) Von dem Organismus kann eine bestimmte *Art von Tätigkeit* während eines bestimmten zeitlichen Intervalls, dem *Zeitraum* (oder Zeitpunkt) der Tätigkeit, in einem bestimmten räumlichen Bereich, den der

---

11 Wir folgen hier im wesentlichen den Untersuchungen von Wright, [Norm], Kap. III, [Essay], Kap. II, und [Explanation], Kap. III.

Organismus währenddessen einnimmt, dem *Ort* der Tätigkeit ausgesagt werden.[12]

(C) Die Ausführung einer bestimmten Art von Tätigkeit T durch einen Organismus X während eines Zeitintervalls t in einem Raumbereich p heiße eine *Realisierung* der Tätigkeit T durch X bei (t, p). Bei Vorliegen einer solchen Realisierung kann die Tätigkeit zutreffend von X bei (t, p) prädiziert werden, und der Satz, der dies ausdrückt, ist wahr.

Man erkennt, daß jede der Charakterisierungen (a) bis (h) und (a′) – (h′) auf den Seiten 273/274 eine Sprechtätigkeit der die Tätigkeit Ausführenden F und H ausdrückt, und zwar eine Realisierung dieser Tätigkeit zum angegebenen Zeitintervall am angegebenen Ort. Folgende Arten von Sprechtätigkeiten oder Sprechhandlungen wurden in den Charakterisierungen benutzt: etwas sagen, etwas verstehen, Sprechwerkzeuge bewegen, Sprechgeräusche von sich geben, Geräusche wahrnehmen, bestimmte sprachliche Objekte (Wörter, Sätze) äußern, solche Äußerungen identifizieren, sich auf Personen bzw. Sachverhalte beziehen, von Personen (oder Sachverhalten) etwas prädizieren, einen Sachverhalt behaupten (Alternativen zur letztgenannten Sprechhandlung: nach (der Wahrheit) eines Sachverhalts fragen, die Realisierung eines Sachverhalts wünschen, befehlen usw.), verstehen, worauf sich jemand bezieht, was er prädiziert, ob er behauptet (oder fragt, wünscht, befiehlt etc.).

(D) Normalerweise ist eine Tätigkeit mit anderen Aspekten verbunden, die vom Organismus ausgesagt werden können, einem *inneren* und einem *äußeren Aspekt*. Der äußere Aspekt besteht in der *Aktivierung* gewisser *Organe*, d. h. der Bewegungs- oder Wahrnehmungsorgane des Organismus durch Muskelaktivitäten oder Nervenprozesse. Man kann die Organe auch als Träger gewisser Mechanismen, Ausgabe- und Eingabemechanismen beschreiben, die aktiviert werden. Der innere Aspekt kann entweder ein *Komplex kausaler Ursachen* im Feld *innerer Mechanismen* oder ein *streng intentionaler Grund* sein.[13] Eine Form der Beschreibung des inneren Aspekts nach einem Komplex kausaler Ursachen ist die Beschreibung von Tätigkeiten als System von Informations- oder Signalverarbeitungen (z. B. im Rahmen einer Theorie der Informationsverarbeitung oder der Kybernetik). Geschieht die Beschreibung unter Ausschluß intentionaler Aspekte (wobei eventuell gewisse vortheoretisch als intentional beschriebene Aspekte durch kybernetisch zielge-

---

12 Natürlich kann während der Tätigkeit Ortsveränderung stattfinden; dann ist es besser, einen Raum-Zeit-Bereich zu nehmen, innerhalb dessen die Art der Tätigkeit von dem Organismus ausgeführt wird. Manche Autoren, z. B. Lieb, [Sprachstadium], identifizieren den Organismusausschnitt während dieser Tätigkeit mit dem Raum-Zeit-Bereich.

13 z. B. eine willentliche Struktur, vgl. Wright, [Explanation], S. 93, auch S. 98.

richtete Prozesse ersetzt werden), so sprechen wir von einer *kyberne-tischen Beschreibung der Tätigkeit*. Wird die Tätigkeit als ein endliches Netz kausaler Reiz-Reaktionsbeziehungen beschrieben, so liege eine *behavioristische Beschreibung* (im engen Sinne) vor. Die behavioristische Beschreibung ist also ein Spezialfall der kybernetischen und die kybernetische ein Spezialfall der kausalen Beschreibung und Erklärung. Umgekehrt gibt es Tätigkeiten, die keinen äußeren Aspekt haben und deren innerer Aspekt ausdrücklich oder unausdrücklich als verschieden von inneren kausalen Verknüpfungen beschrieben wird. Diese Tätigkeiten werden als *mentale Tätigkeiten* vorgestellt. Ihnen kann allerdings in manchen Fällen ein kausales Korrelat zugeordnet werden. Als mentale Handlungen sieht man z. B. normalerweise die Handlung des Verstehens mit all ihren Teilhandlungen an. Bei (b′), (c′) und (d′) ist die Auffassung nicht einhellig. Sie können auch als Tätigkeiten mit Aktivierung von Eingabeorganen verstanden werden. Die Handlung von F, den genannten Satz zu sagen, zeigt demgegenüber typische innere Aspekte (e) – (h) *sowie* einen unmittelbaren äußeren Aspekt, die Bewegung der Sprechwerkzeuge. Die Charakterisierung (d) ist eine Teilhandlung von (a), die dieselben äußeren Aspekte wie (a) hat, nämlich (b) und (c).

(E) Man kann die Tätigkeiten, die nicht ausschließlich mental sind, als *Einwirkungen* in den «Lauf der Dinge» charakterisieren.[14] Diese Einwirkung kann auch Dinge und Prozesse betreffen, die von dem Organismus, der die Tätigkeit ausführt (oder von dessen äußeren Aspekten), verschieden sind, d. h. seine Umwelt bilden. Die Art der Tätigkeit betrifft dann auch diese Dinge und Prozesse, aber in einer anderen «Rolle» als derjenigen des Organismus, der die Tätigkeit ausführt. Die möglichen Rollen sind in den Grammatiken häufig unter verschiedenen Aspekten klassifiziert worden.[15] Wir lassen die Rollen hier offen. Für einige der angesprochenen Rollen gilt jedenfalls, daß die betroffenen Dinge nicht nur anwesend sind, sondern daß ihre Entwicklung eine andere ist oder daß auf sie anderes zutrifft, als wenn die Tätigkeit sie nicht betroffen hätte. Dinge oder Personen in solchen Rollen nennen wir *Objekte im weiten Sinn*. Der die Tätigkeit Ausführende ist im Gegensatz dazu das *Subjekt* der Tätigkeit.

In vielen Fällen gibt es einen gewissen Zustand oder eine Zustandsänderung gewisser der betroffenen Objekte oder Prozesse, der notwen-

---

14 Wright, [Norm], S. 36.

15 z. B. direktes Objekt, beteiligtes Objekt, Instrument usw. Seit der Arbeit von Fillmore, [Case], hat während einiger Jahre auch im Rahmen der generativen Grammatik eine intensive «klassifikatorische» Tätigkeit eingesetzt. Andererseits ist der von Davidson vorgeschlagene Weg in [Action] zu berücksichtigen, ebenso wie die Entwicklungen zur Klärung der Adverbialsemantik, u. a. Bartsch, [Semantik].

dig eintreten muß, damit man sagen kann, daß die Tätigkeit ausgeführt wurde. Zu den Zustandsänderungen rechnen wir hier auch das Entstehen oder Vergehen (bzw. Enden) gewisser Dinge oder Prozesse. Ein solcher Zustand oder eine solche Zustandsänderung heißt *Resultat der Tätigkeit*.[16] Ein von der Tätigkeit betroffenes Objekt, von dem ein solches Resultat prädiziert werden kann, heißt *Objekt im engeren Sinn*.

Im Falle der Sprechhandlung (a), in dem F den Satz (1) gesagt hat, gibt es – ebenso wie bei (c) und (d) – ein Resultat. Dieses kann entweder als der *Prozeß des Hervorbringens eines Geräuschkomplexes* angesehen werden oder als der hervorgebrachte *Geräuschkomplex* selbst. Es muß sich um einen solchen handeln, der als Resultat des Sagens oder Äußerns von (1) gelten kann. Oft bezeichnet man aber auch das Resultat der Sprechhandlung (h), d. h. den *Prozeß des Hervorbringens einer Behauptung* oder die aufgestellte *Behauptung* selbst als Resultat der Sprechhandlung (a).[16a] Andere Sprechhandlungen bringen statt einer Behauptung eine Aussage, einen Befehl oder eine Frage usw. hervor. Man muß also beachten, daß die Bezeichnung ‹Resultat einer Sprechhandlung› nicht eindeutig ist.

Fassen wir diese Festlegungen nochmals systematisierend zusammen:

Es gibt eine Klasse (sprachlicher) *Kommunikatoren* (normalerweise Menschen). Die Kommunikatoren haben gewisse Eigenschaften, und zwar

(a) gewisse *Organe*, d. h. Mechanismen für Ausgabe und Eingabe durch Muskelaktivierung (einschließlich beweglicher Teile des Körpers) sowie

(b) einen *inneren Aspekt*. Der innere Aspekt kann entweder (b1) kausal, z. B. kybernetisch, oder (b2) intentional beschrieben werden. Im letzten Fall kann es eine *Entsprechung* kausaler innerer Mechanismen und intentionaler Zusammenhänge geben (b1 und b2 entsprechen einander), wenn auch nicht immer in den einzelnen Stücken, so doch in den Wirkungen für die Vermittlung zwischen Eingabe- und Ausgabemechanismen. Die Aktivierung der Eingabe- oder Ausgabemechanismen bringt gewisse Objekte hervor, nämlich sprachliche *Geräuschkomplexe*, oder nimmt solche Geräuschkomplexe wahr und identifiziert sie. Resultate von Sprechhandlungen des (etwas) Sagens sind entweder diese Geräuschkomplexe oder die Prozesse ihres Hervorbringens.

Wir werden in den beiden folgenden Paragraphen nun zunächst darauf eingehen, aufgrund welcher Eigenschaften man sagen kann, ein Kommunikator *beherrsche* und *verwende* einen bestimmten Idiolekt in seinen Sprechhandlungen.

3. Von vordringlichem Interesse für jede Theorie der Sprechtätigkeit, die sich auf eine Sprachtheorie stützt, in der die Ausdrucksgestalten und ihre grammatische und inhaltliche Form, kurz die Sprachstruktur, definiert sind,

---

16 Vgl. Wright, [Explanation], S. 87.
16a Vgl. Bar-Hillel, [Aspects], u. a. Kap. 24.

ist die *Klärung des Verhältnisses dieser Sprachstruktur zu den Sprechtätigkeiten*. Wir nennen im folgenden eine Menge von Ausdrucksgestalten, die definiert und in ihrer grammatischen und inhaltlichen Form beschrieben ist, einen *Idiolekt*. Die Klärung des Verhältnisses von Sprachstruktur zu Sprechtätigkeiten und ihren Resultaten erfordert die Explikation der Begriffe der *Sprachverwendung* und der *Sprachbeherrschung*, zunächst in der Form der Verwendung und der Beherrschung des Idiolekts einer Sprache. Wir nehmen dabei vereinfachend an, daß erstens jede Ausdrucksgestalt in einer Standardform[17] geäußert wird, zweitens die Standardformen verschiedener Ausdrucksgestalten in verschiedener Weise geäußert werden und drittens die mit den Ausdrucksgestalten verbundenen inhaltlichen Sprechhandlungen (wie die Realisierung des Sachbezugs, des Modus der Sprechtätigkeit usw.) standardmäßig und eindeutig unterscheidbar ausgeführt werden.

Beginnen wir mit der Diskussion, was die Verwendung und Beherrschung eines Idiolekts für einfache Ausdrucksgestalten (Wörter, einfache Sätze und einfache Texte) impliziert, wobei Art und Grad der Einfachheit noch näher zu explizieren wären. Betrachten wir die Sprechtätigkeiten

(d) F äußert den Satz (1) bei (t_1, p_1) und

(d') H identifiziert einen Lautkomplex als Resultat einer Äußerung eines Satzes (1) bei (t_1, p_1).

(d) könnte folgendermaßen interpretiert werden: (1) sei ein einfacher Satz eines Idiolekts D_F des Deutschen, und F beherrsche den Idiolekt D_F. Dies möge implizieren: F *kann* Satz (1) äußern. Wie wir jedoch sahen, ist die Handlung der Äußerung nur dann ausgeführt, wenn F als Resultat dieser Handlung einen Geräuschkomplex hervorbringt, der wenigstens für F in der gegebenen Situation als Realisierung für Satz (1) gilt. Dies ist verbunden mit einer bestimmten Aktivierung seiner Sprechwerkzeuge und könnte etwa wie folgt intentional erklärt werden:[17a]

(KA) Es gibt Umstände, unter denen F den Satz (1) äußern will und,

wenn immer F den Satz (1) äußern will, so unternimmt er es, die Sprechwerkzeuge in der Weise x zu aktivieren (unter Berücksichtigung der Tatsache, daß er Satz (1) unter den gegebenen Umständen nur äußern kann, wenn er die Sprechwerkzeuge in der Weise x aktiviert), und

sofern keine außergewöhnlichen inneren und äußeren Bedingungen dem entgegenstehen, gelingt die Äußerung unter diesen Umständen (d. h. F bringt den zugehörigen Geräuschkomplex hervor).

---

17 Man beachte, daß die *Standardform der Äußerungen verschieden* ist von einer *Standardsprachform*, wie wir sie oben behandelten. Erstere ist ‹standard› in bezug auf eine Aussprachenorm, letztere dagegen in bezug auf eine kanonische Form der semantischen Analyse.

17a Nach dem Schema einer praktischen Folgerung vgl. Wright, [Explanation], S. 96.

Damit ist zunächst geklärt: *Beherrscht* jemand einen Idiolekt, so *impliziert* dies, daß er wenigstens die einfachen Ausdrucksgestalten *äußern kann*. Jeder tatsächliche Äußerungsakt, der eine Ausdrucksgestalt eines Idiolekts, den der Kommunikator beherrscht, hervorbringt, gilt als *Verwendung des Idiolekts*. Die Fähigkeit, die Ausdrucksgestalten eines Idiolekts äußern zu können, und die entsprechende Fähigkeit, diese Ausdrucksgestalten identifizieren zu können, ist aber nur einer der Faktoren, der die Beherrschung eines Idiolekts expliziert. Beherrscht jemand einen Idiolekt, so wird man außerdem erwarten, daß er *die Ausdrucksgestalten* auch *anwenden kann*, d. h. daß er z. B. im Beispiel (a) auf Seite 273 sich mit einem Teil der Ausdrucksgestalt auf eine Person beziehen kann, mit einem anderen von ihr eine bestimmte Eigenschaft prädizieren kann, sich mit der gesamten Ausdrucksgestalt auf einen Sachverhalt beziehen kann, ihn behaupten kann bzw. eine Frage stellen kann usw., kurz, daß er die *inhaltlichen Sprechhandlungen* vom Typus der im Beispiel von (e) – (h) angedeuteten *ausführen kann*. Es soll nun allgemein gelten: Ist y ein Teil einer Ausdrucksgestalt eines Idiolekts und hat y gemäß der Definition des Idiolekts den Inhalt I(y) oder die Bedeutung B(y), so gibt es eine inhaltliche Sprechhandlung, deren Ausführung die Bedeutung realisiert. Im einzelnen: Ist das Objekt r das sachbezügliche Designat des Teils y einer Ausdrucksgestalt z des Idiolekts, so ist die standardmäßig zugehörige inhaltliche Sprechhandlung, die ein Kommunikator mittels der Äußerung von z ausführen kann, daß er *sich auf r bezieht*. Ist die Eigenschaft p das Designat (bei gegebenem Bezugspunkt) des Teils y′ einer Ausdrucksgestalt z des Idiolekts, so ist die standardmäßig zugehörige inhaltliche Sprechhandlung, die ein Kommunikator mittels der Äußerung von z ausführen kann, das *Prädizieren* von p. Ist der Sachverhalt q das Designat der Ausdrucksgestalt z des Idiolekts, so ist die standardmäßig zugehörige inhaltliche Sprechhandlung, die ein Kommunikator mittels der Äußerung von z ausführen kann, daß er *sich auf q bezieht*.

Wir wollen nun sagen: Ist (i) eine einfache Ausdrucksgestalt des Idiolekts D_F und beherrscht F den Idiolekt D_F, so möge dies implizieren: F kann die inhaltlichen Sprechhandlungen ausführen, die mit den Designaten von (i) sowie den Designaten seiner Teile gemäß der Interpretation von (i) verbunden sind. Die Erklärung von ‹*eine-inhaltliche-Sprechhandlung-ausführen-können*› stützt sich auf die oben gegebene für ‹*die-Ausdrucksgestalt-(i)-äußern-können*› (KA):

(KI) Es gibt Umstände, unter denen F die inhaltlichen Sprechhandlungen, die mit der Ausdrucksgestalt (i) und ihren Teilen verbunden sind, ausführen will, und

wenn immer F diesen Komplex von Sprechhandlungen ausführen will, so ist dies ein Umstand, bei dem F die Ausdrucksgestalt (i) (oder eine synonyme, sofern es die gibt) äußern will.

Wenn F nun den Idiolekt beherrscht, so ist auch (KA) erfüllt, und F unternimmt es gemäß (KA), Ausdrucksgestalt (i) (oder eine synonyme) zu äußern.

Man sollte jedoch beachten: Mit der soeben gegebenen Charakterisierung ist bloß verbunden, daß eine Sprechhandlung, die nicht zusammen mit der Äußerung der zugeordneten inhaltlichen Sprechhandlungen realisiert wird (sondern im Beispiel sich nicht auf die Person Peter bezieht oder nicht von ihr eine bestimmte Größe prädiziert usw.), eine Sprechhandlung ist, die nicht im Einklang mit *diesem* System von Regeln bzw. der durch es bestimmten Sprachbeherrschung steht. Ob aber dieses System von Regeln überhaupt adäquat die bei gewissen Kommunikatoren oder einer Sprachgemeinschaft beobachteten Regularitäten wiedergibt, ist eine hier noch gar nicht behandelte Frage. Ebensowenig ist hier präjudiziert, daß das angedeutete System etwa die geltende Konvention im Deutschen wiedergibt. Welche Systeme geltende Konventionen wiedergeben und ob es solche überhaupt gibt, wird erst im nächsten Abschnitt behandelt.

Bisher haben wir die Situation nur für *einfache Ausdrucksgestalten* und die mit ihnen verbundenen inhaltlichen Sprechhandlungen erörtert. Es ergibt sich jedoch folgendes Problem: Gilt für jede Ausdrucksgestalt (i) des Idiolekts D_F und jeden Kommunikator F, daß aus

‹(i) ist eine Ausdrucksgestalt von D_F›

und

‹D_F ist F zugeordnet›

folgt

‹F kann (i) äußern›?

Angesichts der Tatsache, daß es aufgrund der rekursiven Definition von D_F und seiner grammatischen und inhaltlichen Form äußerst *komplizierte Ausdrucksgestalten* geben kann, erscheint das mehr als zweifelhaft. Statt dessen erscheint es als wahrscheinlich: Es gibt Ausdrucksgestalten des Idiolekts D_F, der F zugeordnet ist, die F nicht äußern kann bzw. nicht beherrscht, in dem soeben erklärten Sinn. Warum, so wird man fragen, wird unter diesen Umständen überhaupt der Idiolekt D_F dem Kommunikator F zugeordnet und nicht vielmehr der Idiolekt D_F'', der genau alle Ausdrucksgestalten (j) umfaßt, für die gilt: F kann (j) äußern?

Die Antwort ist, daß Sprachbeherrschung mehr bedeuten soll als nur das Äußernkönnen gewisser Ausdrucksgestalten. Sprachbeherrschung umfaßt eine *Urteilsfähigkeit des Kommunikators in bezug auf Äußerungen*, die als Äußerungen von beliebigen Folgen einfacher Ausdrucksgestalten verstanden werden können. Die Tatsache, daß hier Äußerungen von Folgen einfacher Ausdrucksgestalten vorliegen, garantiert, daß der Kommunikator erkennt: Die Äußerungen sind in irgendeinem Sinn mögliche Äußerungen des Idiolekts. Von diesen Äußerungen sind aber nur gewisse, nämlich die richtig gebauten oder gebildeten, Äußerungen von richtigen Ausdrucksfolgen. Die Menge dieser als richtig beurteilten Ausdrucksfolgen sei D_F'. Gewisse andere Äußerungen sind offenbar Äußerungen von klar unrichtigen Ausdrucksfolgen. Die Menge solcher Ausdrucksfolgen sei $\bar{D}_F'$. Dazwischen gibt es viele Äußerungen, die nicht klar beurteilt werden können. Die Urteile: ‹x ist eine normale Äußerung einer klar für F (grammatisch und inhaltlich) richtigen Ausdrucksgestalt›[18] und die Negation dieses Urteils sollen in Tests oder Beobachtungen von F im Prinzip empirisch prüfbar sein. Ein Idiolekt D heiße nun ein *adäquater Idiolekt für* F, wenn D_F' eine Teilmenge von ihm ist und $\bar{D}_F'$ einen leeren Durchschnitt mit ihm hat (d. h. kein Element von $\bar{D}_F'$ zu D_F gehört).

Zweifellos sind D_F'' und D_F' verschieden: F kann manche Ausdrucksgestalten äußern, die er nicht für richtig hält. D_F'' ist also kein Idiolekt, der für F im definierten Sinn adäquat ist. Betrachten wir nun die Menge D_F''' von *Äußerungen*, die F von einem gewissen Grad der Sprachbeherrschung an bis zu einem vorgegebenen Zeitpunkt *tatsächlich gemacht hat*. Auch diese Menge enthält sogar Äußerungen von Ausdrucksgestalten, die in Fs Idiolekt nicht richtig sind. Er hat sie entweder aus Versehen geäußert oder weil die Abweichung in der gegebenen Situation nichts ausmacht oder sogar aus anderen Gründen (zum Beispiel, weil originell erscheinen zu wollen günstig erschien) oder als Zitat eines fremden Idiolekts oder einer fremden Sprache. Diese Fälle sind jedoch selten, d. h. fast alle Äußerungen, die F tatsächlich macht, sind (sofern F nicht mehr dialektal oder mehrsprachig ist) im Durchschnitt von D_F' und D_F'' enthalten. Andererseits mag D_F' durchaus Ausdrucksgestalten enthalten, die er für richtig hält, aber nicht äußern will oder sogar nicht äußern kann und nicht geäußert hat, z. B. weil sie zu kompliziert sind. Die genaue Auswahl in der Menge der Idiolekte, die für F im oben definierten Sinn adäquat sind, muß nun nach weiteren Kriterien geschehen. Mir scheint es ausreichend, hierzu rein methodische Kriterien zu bemühen.[19]

CHOMSKY ist hier weitergegangen: Er fordert, die Theorie der Sprachbeherrschung solle nicht unabhängig von einer Theorie *möglicher Sprachbeherrschungen* für F entwickelt werden. Nach der schwächsten Deutung von CHOMSKYS Forderung sollte zusätzlich zur Relation
‹D ist ein adäquater Idiolekt für F›
die Relation
‹D ist ein Idiolekt, den F erwerben kann›
in Betracht gezogen werden, ein Können zweiter Ordnung also. Ein D ist adäquat im stärkeren Sinne nur dann, wenn das Erwerben von D durch F nicht ausgeschlossen ist.

In einem noch stärkeren Sinn sollte in der Menge der für F erlernbaren D entweder eine Relation definiert sein ‹– – ist adäquater als . . .› (relativ

---

18 Wir müssen uns hier wiederum auf normale Äußerungen beziehen und die Probleme der Anomalität von Äußerungen ausklammern, vgl. oben Kap. III.A.1, S. 122.

19 Etwa wie QUINE, [Reflections], S. 445/446.

zu einer Menge von Äußerungen, die andere Kommunikatoren F gegenüber verwenden) oder gar eine Eigenschaft ‹ist der adäquateste Idiolekt›, die ebenfalls auf die Menge von Äußerungen, die andere Kommunikatoren F gegenüber benutzt haben, bezogen wird. Gegenwärtig sind alle diese Versionen problematisch, weil noch keine Theorie möglicher Sprachbeherrschungen oder eine äquivalente Theorie des Spracherwerbs plausibel gemacht werden konnte.

Wir kommen daher zu folgender Klärung des Begriffs *Beherrschung eines Idiolekts:* X beherrscht den Idiolekt D bedeutet:

(1) X kann die einfachen Ausdrucksgestalten aus D äußern

(2) Beurteilt X eine Äußerung y als normale Äußerung einer richtigen Ausdrucksgestalt, so ist y ein Element von D

(3) Beurteilt X eine Äußerung y als normale Äußerung einer klar unrichtigen Ausdrucksgestalt, so ist y kein Element von D

(4) (unter Umständen:) Gibt es eine Charakterisierung der Sprachfähigkeit von X, so muß D als möglicher Idiolekt für X ausgezeichnet sein.[20]

Für die *Verwendung eines Idiolekts* gilt nach wie vor die schon oben gegebene Klärung: Jede tatsächliche Äußerung einer Ausdrucksgestalt eines Idiolekts, den der Kommunikator beherrscht, gilt als Verwendung dieses Idiolekts. Die Beherrschung eines Idiolekts wird also in bezug auf die strukturelle Definition des Idiolekts und auf ein bestimmtes Können des Kommunikators, dem der Idiolekt zugeordnet ist, erklärt: das Äußernkönnen ausreichend einfacher Ausdrucksgestalten und das Ausführenkönnen der damit verbundenen inhaltlichen Sprechhandlungen und schließlich das Urteilsvermögen in bezug auf die Richtigkeit von Ausdrucksgestalten (was zum Beispiel bei Auseinandersetzungen über sprachliche Richtigkeit bemüht wird). Ein Ansatz zur Explikation wurde oben mit den beiden intentionalen Regularitäten (KA) und (KI) gemacht. Man sollte übrigens bemerken, daß durch keine der gegebenen Erklärungen und Explikationen impliziert wird, daß ein Kommunikator nur einen Idiolekt beherrscht. Man muß im Gegenteil davon ausgehen, daß manche Kommunikatoren mehrere Idiolekte gleichzeitig beherrschen.

4. Die Sprachbeherrschung wurde als ein Können oder eine Fähigkeit zur Sprachverwendung dargestellt, die intentional expliziert werden kann. Diese Klärung läßt offen, wie das *Verhältnis von Sprachbeherrschung und Sprachverwendung zur Grammatik einerseits und zu kausalen inneren Mechanismen andererseits* beschaffen ist. Dieses Verhältnis wird oft in recht verwirrender Weise erörtert. Wir wollen versuchen, hier zu einer

---

20 Da sich die Beherrschung eines Idiolekts ändern kann, ein Idiolekt also durch einen anderen abgelöst wird, müssen alle Bestimmungen auf die Zeit relativiert werden.

Klärung beizutragen, und gehen zuerst auf das Verhältnis von Sprachbeherrschung und Grammatik ein.

So, wie wir die Situation bisher dargestellt haben, wird ein Idiolekt gekennzeichnet durch die Menge der zu ihm gehörenden sprachlichen Objekte, d. h. seine Ausdrucksgestalten, ihre grammatische Form sowie die zugeordnete logische und inhaltliche Form. Die *Grammatik* ist ein System von Aussagen oder anderen Beschreibungsmitteln, aus dem die Menge aller Aussagen, die die grammatische und inhaltliche Form eines Idiolekts darstellen, rekursiv gewonnen werden kann. Da die grammatische Form und die inhaltliche Form, wie im vorigen Paragraphen beschrieben, mit der Sprachbeherrschung verbunden sind, gibt es eine gewisse Beziehung zwischen der Grammatik, die genau einen Idiolekt eines Sprechers beschreibt, und der diesem Sprecher zugeordneten Sprachbeherrschung. Für manche Linguisten ist dies ein genügender Anlaß zu sagen, die Sprachbeherrschung sei die internalisierte Grammatik. Ich halte dies nicht für zweckmäßig. Man sollte daran festhalten, daß eine Grammatik eine Menge sprachwissenschaftlicher Aussagen ist, die Sprachbeherrschung aber ganz sicher nicht eine Menge von Aussagen, sondern eher ein Komplex psychischer oder physischer Prozeduren, über deren Charakter noch weithin Unklarheit herrscht. Sofern eine bestimmte Sprachbeherrschung diejenigen grammatischen und inhaltlichen Formen realisiert, die die Grammatik beschreibt, kann man jedoch sagen, daß die Sprachbeherrschung in der Sprachverwendung im *Einklang mit den Regeln* der Grammatik wirkt.

Es ist dagegen verwirrend, wenn man sagt, daß eine Sprachverwendung *nach den Regeln* der Grammatik vollzogen wird. Nach einer Regel handeln bedeutet, daß man diese Regel ausdrücklich im Handeln verwendet. Ein Ausländer, der eine gegebene Sprache noch nicht gut beherrscht und beim Bau einiger Sätze die Regeln einer Grammatik der Sprache anwendet, handelt nach den Regeln der Grammatik, ebenso Leute, die eine Grammatik zur Lösung einer Streitfrage über Sprachrichtigkeit konsultieren. Nach den Regeln der Grammatik operiert auch ein Computer, dessen Programm ein System grammatischer Regeln in geeigneter Kodierung enthält und der demgemäß die Verarbeitung linguistischer Daten vornimmt.

Im Einklang mit den Regeln einer Grammatik handelt dagegen jemand, wenn die Resultate seiner Handlung dieselben sind, als wenn er *nach* diesen Regeln gehandelt hätte. Aus der Gleichheit der Resultate kann aber nicht gefolgert werden, daß er die Regeln kennt oder zur Kenntnis genommen hat, geschweige denn, daß er sie anwendet, sondern höchstens, daß für seine Dispositionen zu Tätigkeiten in diesem Gegenstandsbereich dieselben Beschränkungen gelten wie für eine Handlung nach den grammatischen Regeln.

Dieses System von Dispositionen zu Sprechtätigkeiten kann eventuell als ein Netz von kausal aufeinander einwirkenden Mechanismen, u. U. mit spezialisierten Teilfunktionen, dargestellt werden. Eine typische Form einer derartigen kybernetischen Darstellung ist eine *automatentheoretische Beschreibung der Prozesse der Sprechtätigkeiten*. Verschiedene, in den beiden letzten Jahrzehnten entwickelte Programmierungen für die linguistische Datenverarbeitung (speziell oft im Rahmen von Entwicklungen zur automatischen Sprachübersetzung) stellen Beschreibungen von Sprechtätigkeiten für die Äußerung und Identifikation schriftsprachlich fixierter Sätze dar. Verfahren zur Beantwortung von Fragen und andere Systeme enthalten oft zusätzlich zur Syntax Beschreibungen von Sachbezügen (meist bezogen auf interne Speicherdaten). Explizit auf Wahrnehmungen und Handlungen (allerdings in einer extrem einfachen Umwelt) nimmt ein in den letzten Jahren entwickeltes Verfahren Bezug, dasjenige von T. WINOGRAD.[21]

Die Tatsache, daß es sich hierbei zweifellos um komplexe Mechanismen zu dispositionellen Sprechtätigkeiten handelt, impliziert allerdings noch nicht, daß diese Beschreibungen deskriptiv adäquate Analoga menschlicher Sprechtätigkeiten sind. Die Systeme arbeiten *nach* grammatischen, inhaltlichen und logischen Regeln, wenn man die Programme als Systeme entsprechender Regeln verstehen will. Jedoch sind im allgemeinen diese Systeme von Regeln so beschränkt, daß sie als inadäquat anzusehen sind. Allerdings ist heute jede Grammatik in diesem Sinne inadäquat. Selbst wenn diese Mechanismen aber adäquat strukturiert wären oder nach einem adäquaten System von Regeln arbeiten würden, also physische Grundlagen der Sprachbeherrschung adäquat erfaßten, gäbe es keinen Grund, die Sprachbeherrschung mit einem solchen Mechanismus zu identifizieren. Die Sprachbeherrschung wird normalerweise, wie oben, als ein Können oder eine Fähigkeit beschrieben, bei Vorliegen einer bestimmten Intention eine bestimmte Handlung zu unternehmen. Nichts dergleichen liegt bei einem Mechanismus vor. Zwar ist es auch hier denkbar, daß die Resultate der Wirkung eines Mechanismus und der intentional charakterisierten Sprachbeherrschung in ihren äußerlich charakterisierbaren Aspekten übereinstimmen. Nichts zwingt uns aber dazu, für diese Beschreibungsformen strikt dieselben Gegenstandsbereiche zu postulieren. Natürlich kann die Frage diskutiert werden, ob nicht alle Aussagen der einen Art durch Aussagen der anderen Art ersetzt werden können und in welchem Sinn diese Art von Reduktion interessant oder sinnvoll ist. Dies ist jedoch eine andere Frage, und um diese Frage überhaupt sinnvoll diskutieren zu können, sollte man die Unterschiede der Ausdrucksweisen aufrechterhalten.

---

21 WINOGRAD, [Understanding], s. a. MINSKY, [Processing].

1. Für die Beschreibungen in Teil A genügte es, die Kommunikatoren isoliert zu betrachten: Jeder Kommunikator hat dort bestimmte innere Einrichtungen, die beim sprachlichen Kommunikator die Grundlage für die Beherrschung eines strukturell beschriebenen Idiolekts sind, und die Einrichtungen und Beherrschungen verschiedener Kommunikatoren können verschieden sein. Mit anderen Worten: Die Aussagen der in diesen Bereichen zu entwickelnden Theorien schreiben nur jedem einzelnen Kommunikator jeweils einen Komplex von Eigenschaften zu. Die Aussagen dieser Theorie können im Prinzip auch formuliert werden, wenn die Klasse der Kommunikatoren nur ein Element enthält und der Kommunikator nur mit sich selbst kommuniziert, in denjenigen Idiolekten, die er beherrscht [22] (sozusagen als Robinson Crusoe). Im Gegensatz dazu kommen wir jetzt zu Problembereichen, deren Theorie Aussagen enthält, *die sich notwendig auf mehrere Kommunikatoren beziehen.* Die Aussagen können entweder die Einrichtungen der Kommunikatoren zueinander in Beziehung setzen oder einzelne ihrer Tätigkeiten. Die Beziehung könnte darin bestehen, daß die *Sprachbeherrschungen* der verschiedenen Kommunikatoren *einander entsprechen* oder daß die Kommunikatoren *entsprechende Sprachmechanismen* haben. Darüber hinaus kann zwischen den Kommunikatoren eine *sprachliche Konvention* bestehen; aus dem Bestehen einer sprachlichen Konvention folgen die genannten Entsprechungen, aber das Umgekehrte gilt nicht notwendigerweise. Auf die Frage, was eine Konvention ist und wie sie sich ausbilden kann, werden wir in diesem Kapitel noch eingehen.

Die Zuordnung einzelner Tätigkeiten von Kommunikatoren erfolgt normalerweise unter dem Gesichtspunkt des *Zusammenwirkens* der *Kommunikatoren im Hinblick auf ein gemeinsames Ziel,* zum Beispiel das der sprachlichen Verständigung und der durch sprachliche Verständigung gesteuerten gemeinsamen zielgerichteten Handlungen. In diesem zweiten Bereich ist also letztlich die *Erklärung der Intentionalität von Sprache* anzustreben, im ersten Bereich die Erklärung der *Konventionalität von Sprache.*

Es gibt Theorien, nach denen sprachliche Konventionalität und Intentionalität zusammenfallen, sei es, weil die mögliche Intentionalität immer konventionell ist (Weisgerber u. a.) oder weil die Konventionalität im Grunde intentional ist (D. Lewis). Zweifellos stehen aber beide Bereiche, derjenige der Konventionalität und derjenige der Intentionalität, in enger Beziehung zueinander.

Eine umfassende *Theorie der Gemeinschaftshandlung* ist noch nicht entwickelt worden. Wichtige Teilstücke davon wurden aber durch die Theo-

---

22 Die Behandlung der Variabilität der Sprache degeneriert in diesem Fall trivialerweise. Auch das Spracherlernen müßte auf ein *irgendwie* vorgefundenes Corpus von sprachlichen Äußerungen bezogen werden.

rie der Spiele von v. Neumann und Morgenstern [23] vorgelegt und seither
in vielen Untersuchungen fortentwickelt. Meist steht in den Weiterent-
wicklungen aber der Ausbau des mathematischen Apparates und nicht die
weitere Klärung der begrifflichen Grundlagen im Vordergrund.

Der Ausgangspunkt ist die Tatsache, daß gewisse Handlungen nur ausgeführt werden können, wenn *mehrere Handelnde Teilhandlungen* eines
Handlungskomplexes *ausführen*. So ist es zum Beispiel unmöglich für eine
Person allein, einen Kreis (von Personen) zu bilden oder jemanden zu
umzingeln. Allerdings ist die Gruppierung von Teilhandlungen zu einem
Handlungskomplex im allgemeinen abhängig von einem Kriterium, das
entweder eine willkürliche Festsetzung oder ein geplanter oder beabsich-
tigter Zusammenhang oder eine Konvention o. ä. sein kann. Im Fall des
Umzingelns werden die Tätigkeiten der beteiligten Partner nur dadurch zu
einem *Handlungs*komplex gebunden, daß die Partner ein gemeinsames
Handlungsresultat verfolgen, also die Absichten jedes Partners auf die Erreichung desselben Zustandes gerichtet sind, oder dadurch, daß ihre Handlung konventionell als ein solcher Handlungskomplex gilt, ob sie nun die
gemeinsame Absicht haben oder nicht. So kann es sein, daß eine Gruppe
von Kindern zufällig einen Kreis bildet: Die Abfolge ihrer relativen Stel-
lungen zueinander, die schließlich zu einer Kreiskonfiguration führt, berechtigt zur wahren Feststellung, daß die Kinder einen Kreis gebildet haben, *wenn* die Kreiskonfiguration als ein Resultat aufgefaßt werden kann.
Sollte die Konfiguration dagegen ersichtlich ein «unmarkiertes» Durch-
gangsstadium aller möglichen Konfigurationen sein (wie sie bei zufälligen
Bewegungen der Kinder auf dem Schulhof zustande kommen können), so
ist die Feststellung ‹Die Kinder bilden einen Kreis› unzutreffend, obwohl
die beobachtbaren Bedingungen ähnlich oder gleich denen mit irgendwie
hervorgehobener «markierter» Konfiguration sind. Man kann also durchaus die Auffassung vertreten, daß es «von Natur aus» keine Gemeinschaftshandlung gibt, sondern daß diese entweder in bezug auf ein gemeinschaft-
lich verfolgtes Ziel (also teleologisch) oder durch das gemeinschaftliche Bewußtsein dieses Ziels bestimmt sind oder durch die Interpretation, daß eine
bestimmte Konfiguration von Teilhandlungen (eventuell *nach* für die Handlung konstitutiven *Regeln* [24]) als ein Handlungskomplex eines bestimmten
Typs *gelten* kann. Schon der Begriff der Gemeinschaftshandlung ist also
abhängig von einer intentionalen oder konventionellen Markierung der
Kombination von Teilhandlungen.

Typische Formen von Gemeinschaftshandlungen sind die nicht solitären
Spiele. In der Theorie dieser Spiele geht man davon aus, daß die Teilhandlungen der Partner im Einklang mit Regeln aus einem Repertoire
möglicher Regeln geschehen. Die Anwendung einer Regel oder die Realisie-

23 v. Neumann/Morgenstern, [Games].
24 Vgl. Searle, [Speech Acts], § 2.5.

rung einer Teilhandlung im Einklang mit einer solchen Regel hängt von Anwendungsbedingungen ab, die typischerweise in der Regel selbst formuliert sind. In manchen Fällen mag eine vorgegebene *Situation* eindeutig die anzuwendende Regel bestimmen; der Handelnde hat dann keine Freiheit der Auswahl. Bei interesssanteren Gemeinschaftshandlungen ist die Situation aber nur einer der Faktoren der regulären Bedingung.

Analog zu dieser Charakterisierung von Gemeinschaftshandlungen in regelbestimmten Spielen sind dispositionell bestimmte Gemeinschaftshandlungen. Die Dispositionen der beteiligten Partner treten an die Stelle der Regeln; sie können angeboren oder erworben sein. Mit einer derartigen Charakterisierung von Gemeinschaftshandlungen hat sich besonders BÜHLER beschäftigt, mit dem Ziel, die speziellen Unterschiede menschlicher Handlungen, insbesondere der sprachlichen, von denjenigen der Tiere systematisch-genetisch aufzudecken. Die Situation, die die Realisierung der Dispositionen ebenso bestimmen mag wie die Anwendungen der Regeln, sind bei BÜHLER die primär gemeinsam verfügbaren ‹Richtpunkte der Steuerung› der Gemeinschaftshandlung. Darüber hinaus stellt er aber fest: ‹Wo die Richtpunkte der Steuerung der Gemeinschaftshandlung nicht in der gemeinsamen Wahrnehmungssituation gegeben sind, müssen sie durch einen Kontakt höherer Ordnung, durch spezifisch semantische Einrichtungen vermittelt werden.› [25] Dies ergibt sich folgendermaßen:

Ist die wahrnehmbare Situation tatsächlich nur einer der Faktoren und läßt sie die Anwendung verschiedener Teilhandlungen zu, so ergibt die Kombination von Teilhandlungen im allgemeinen eine große Zahl möglicher Alternativen: Zu einer Gemeinschaftshandlung eines bestimmten Typs (z. B. einem Spiel einer bestimmten Art) gibt es viele verschiedene Möglichkeiten von Handlungskomplexen (z. B. Spielverläufen). Es ist dann zweckmäßig, bei der Handlung dieses Typs gleich die *Klasse der* zu ihr gehörenden *Handlungskomplexe* in Betracht zu ziehen.

Die Frage ist, wo beim Betrachten dieser Klasse weitere «Richtpunkte» für die *Auswahl* von Teilhandlungen gewonnen werden können. Als einen solchen Faktor nennt BÜHLER die Möglichkeit, daß die Partner nicht nur die vorliegende Situation gemeinsam in Betracht ziehen, sondern auch Erfahrungen, Möglichkeiten, Pläne usw. Entweder allen Partnern ist die *Sachlage* (in diesem über die Situation hinausgehenden Sinn) verfügbar, oder sie müssen sie sich gegenseitig verfügbar machen, d. h. mitteilen. Dies aber setzt eine entsprechende Einrichtung für die *Sprachbeherrschung* zum Verstehen der Mitteilung bei den Partnern voraus. Sollte eine solche Sprachbeherrschung von den Partnern in koordinierter Weise entwickelt werden, wie bei manchen Tieren und den Menschen, so ist damit ohne Zweifel eine enorme Steigerung der Leistungsfähigkeit gemeinschaftlichen Handelns ver-

---

25 BÜHLER, [Krise], S. 50.

bunden. Z. B. können eventuell sogar neue Dispositionen und dispositionelle Bedingungen *eingeführt* werden, zusätzlich zu den angeborenen oder einfach erworbenen. Eine andere Ergänzung der Richtpunkte aber ist hier von Interesse: ‹Die Eigenstimmung und der Eigenbedarf› der Kommunikatoren (wie BÜHLER sagt), d. h. die *Werte*, die die Kommunikatoren den *Resultaten von Handlungskomplexen* zuordnen, oder m. a. W., die *Interessenlage*, die sie mit dem gesamten Handlungskomplex verbindet.

Das System der Werte, das die handelnden Partner den verschiedenen möglichen Resultaten der Handlung eines Typs zuordnen, spielt in der Spieltheorie nun eine wesentliche Rolle für die Charakterisierung *rationaler* Spiele, d. h. von Gemeinschaftshandlungen, in denen die Auswahl der Teilhandlungen strikt unter dem Gesichtspunkt der Interessenlagen gemacht wird (und kein Partner bewußt oder unbewußt gegen die eigenen Interessen handelt). Je nach der Art der Interessenlagen der Partner unterscheidet man verschiedene Arten von Handlungskomplexen.

In sog. *strikt antagonistischen Handlungskomplexen* haben die Partner antagonistische Interessen, d. h. die Werte, die sie den Resultaten zuordnen, haben die Summe Null: Jedes Resultat ist für den einen Partner in genau dem Grade positiv zu bewerten wie für den anderen negativ. In *strikt kooperativen Handlungskomplexen* sind die Bewertungen durch die Partner für jedes einzelne Resultat gleich positiv, verschiedene Resultate erhalten, normalerweise gemäß ihrem unterschiedlichen Interesse, verschiedene Werte. Andere Bewertungen zwischen denjenigen für strikt antagonistische und strikt kooperative Handlungskomplexe ergeben gemischte Formen, die mehr oder minder antagonistisch oder mehr oder minder kooperativ sind.

In der Theorie der Spiele wird gewöhnlich davon ausgegangen, daß die Klasse der möglichen Handlungskomplexe für die einzelnen Partner und damit die Resultate ebenso wie die den Resultaten durch die Partner zugeordneten Werte

(a) *feste unveränderliche Daten* sind und daß sie

(b) *allen Partnern gemeinsam* verfügbar sind. Die Partner ändern sich also nicht bezüglich der ihnen prinzipiell möglichen und verfügbaren Handlungen, und sie kennen voneinander ihre Interessen in bezug auf diese gemeinsamen Handlungen, d. h. die Bewertungen möglicher Kombinationen von Teilhandlungen. Außerdem glauben sie wechselweise

(c) an die *Rationalität* ihres Handelns, d. h. daß sie immer im Einklang mit ihren Interessen handeln. Alle drei Voraussetzungen sind jedoch im allgemeinen Fall problematisch.[26]

BÜHLER geht demgegenüber davon aus, daß die Eigenstimmung und der

---

26 Hier liegt auch eine schwerwiegende Problematik der Behandlung der Sprachkonvention durch D. LEWIS, [Convention], wo diese Voraussetzungen der Theorie der koordinierten (oder kooperativen) Spiele Grundlage der Untersuchung sind (s. u. Abschn. 4).

Eigenbedarf jeweils auch zur Kundgabe und Kundnahme kommen müssen, wenn sie als koordinierende Faktoren wirken sollen. Umgekehrt kann in antagonistischen Handlungskomplexen mit wechselnden Koalitionen und Gegenkoalitionen eine Täuschung über die gegenseitigen Interessen eine Waffe sein. Darüber hinaus ist es bei «höheren semantischen Kontakten» möglich, die Bewertung der Handlungskomplexe, d. h. die bewußte Interessenlage, partiell zu verändern. Dies ist das Ziel jeder Motivation von Partnern für bestimmtes Handeln, speziell zum Beispiel das der Agitation und der Werbung.

Fassen wir die bisher beschriebenen Elemente einer Theorie der Gemeinschaftshandlung zusammen. Zur Charakterisierung einer Gemeinschaftshandlung gehört:

(1) das *Tupel der Partner*, die Teilhandlungen des Handlungskomplexes ausführen.

Für jeden Partner in diesem Tupel ist anzugeben

(2) die *Einrichtung des Partners* (d. h. die Regeln für Teilhandlungen, über die er verfügt, oder die Dispositionen, die er hat)

(3) die dem Partner verfügbaren *Aspekte der Situation* für jedes Zeitintervall, in dem jeweils eine Teilhandlung realisiert werden soll

(4) die *Rolle* des Partners in den unter (3) genannten Situationen

(5) eine Klasse von *Typen von Handlungskomplexen*

(6) die Klasse der *Handlungsresultate zu jedem Typ von Handlungskomplexen*

(7) zu jedem Typus von Handlungskomplexen und jedem möglichen Handlungsresultat dieses Typs die *Bewertung* dieses Resultats. Die Gesamtheit aller *Bewertungen* ist die *Interessenlage des Partners selbst* in bezug auf die Handlungskomplextypen, an denen er teilnehmen kann

(8) *Annahmen* bezüglich der *Interessenlagen* anderer Partner

(9) die *Annahme bezüglich der Rationalitätsform und des Rationalitätsgrades der Partner* (d. h. in welcher Weise und in welchem Grade die Partner den für die Handlungskomplexe des angegebenen Typs relevanten Interessen gemäß handeln – oder statt dessen von anderen irrelevanten Interessen abgelenkt werden).

Die Theorie der Gemeinschaftshandlungen mag aus Gründen der Praktikabilität oder aus anderen Gründen davon ausgehen, daß (2) – (9) allen gemeinsam ist und alle mit einem Maximum an Rationalität handeln. Diese Annahme ist aber ersichtlich eine methodische Abstraktion, deren Rechtfertigung einer besonderen methodologischen Erörterung bedarf.

2. Wir wenden uns jetzt der *Analyse des Sprachverstehens* zu. Bei der Erörterung der Sprechhandlungen im Paragraph A.2 war zwar offenbar ein Sprachverstehen im Spiel, denn H verstand genau das, was F sagte. Wir

hatten dies allerdings durch die ad hoc gemachte Voraussetzung erzwungen, daß F und H über denselben Idiolekt verfügen und diesen bei der Äußerung und beim Verstehen dessen, was gesagt wurde, einsetzen. Diese Voraussetzung war aber nicht wesentlich: Hätte sie nicht vorgelegen, so hätte dennoch F etwas sagen und H etwas verstehen können, wenngleich bei partiell oder ganz verschiedenem Idiolekt das, was H verstanden hätte (oder gemeint hätte zu verstehen), eventuell verschieden von dem gewesen wäre, was F geäußert hätte. Wegen dieser völligen Unabhängigkeit der Sprechhandlungen von F und H (oder doch der nur akzidentellen Abhängigkeit) sprechen wir in diesem Fall von *uneigentlichem Sprachverstehen*. Eigentliches Sprachverstehen ist demgegenüber eine *gemeinsame Sprechhandlung*, die auf verschiedenen Stufen analysiert werden kann. Daß es sich um eine Gemeinschaftshandlung handelt, zeigt sich daran, daß in den Aussagen der Beschreibung sowohl der Sprecher als auch der Hörer genannt sind und nicht eliminiert werden können.

Die *erste Stufe* der Analyse geht aus von den Entsprechungen zu den auf den Seiten 273 f besprochenen isolierten Sprechhandlungen (a) und (a'):

(k) F sagt zu H den Satz (1)

und

(l) H erkennt, daß (k) und daß er (H) versteht, was F mit Satz (1) sagt.

Die *zweite Stufe* analysiert die kommunikative Handlung als eine intentionale Sprechhandlung, die die innere Beziehung zwischen den auf der ersten Stufe genannten Sprechhandlungen (k) und (l) aufzeigt: F vollzieht die Sprechhandlung (k) in der Absicht, (l) zu bewirken. Zwei Aspekte sind hier also im Spiel: Die Einwirkung von F auf H und die Absicht von F, ein bestimmtes Resultat damit hervorzubringen.

Die Einwirkung von F auf H läßt sich nun unter dem Gesichtspunkt E der Theorie der Tätigkeiten und Handlungen (vgl. oben A.2) charakterisieren, d. h. als eine Einwirkung auf den «Lauf der Dinge», wobei aber hier die Resultate der Einwirkungen nicht Zustände von Dingen oder Ereignissen oder Prozessen außerhalb von Kommunikatoren sind, sondern Zustände eines Kommunikators, auf den eingewirkt wird. Der Zustand des Kommunikators H, der bewirkt wird, wird bei gelungener Kommunikation durch (l) beschrieben. Also wird die Sprechhandlung des Einwirkens von F auf H folgendermaßen ausgedrückt:

(k') F bewirkt, daß (l)

Die Sprechhandlung (k') ist nämlich nur dann wirklich ausgeführt, wenn (l) zutrifft. Das Resultat ist in diesem Fall, wie man erkennt, kein äußerer Aspekt eines Objekts. Notwendige, wenn auch nicht hinreichende Bedingung für (k') ist das Zutreffen der oben (S. 273/274) genannten Sprechhandlungen (a') – (h') zusammen mit (a) und (h). Dies setzt nach wie vor voraus, daß der Idiolekt, der F zugeordnet ist, mit dem H zugeordneten wenigstens die Beherrschung dieser Sprechhandlungen, in denen sie einander vollständig verstehen, als gemeinsame Teile enthält.

Diese Wirkung, nämlich das Verstehen im Sinn des Satzes (l), beabsichtigt F. Eine Tatsache, die am besten durch den Satz

(k") F beabsichtigt – will und erwartet –, daß (k')

formuliert wird bzw. ausführlicher

(k") F beabsichtigt, daß er (F) bewirkt, daß (l)

Es scheint nun durchaus adäquat, (k'') als äquivalent zu (k) und daher in einer *Theorie des intentionalen Mitteilens und Verstehens* als Explikat für (k) zu verwenden. (k) ist hier explizit als absichtliche oder intentionale Handlung von F charakterisiert. Diese Formel scheint im übrigen ganz allgemein zu gelten: Wenn immer ein Kommunikator normalerweise etwas sagt, wie F, so will er, daß er bewirkt, daß der Kommunikator, zu dem er dies sagt, versteht, wie hier H, daß er (F) dies zu ihm (H) gesagt hat und was er (F) zu ihm gesagt hat und er (F) erwartet, daß es ihm (F) gelingen kann, dieses Resultat hervorzubringen. Beabsichtigen schließt Wollen und Erwarten in diesem Sinn ein.

Manche Sprachanalytiker nehmen nun an, daß F (oder ein beliebiger Sprecher) die Sprechhandlung nur dann als gelungen ansehen kann, wenn er das Resultat tatsächlich erreicht hat, d. h. wenn H tatsächlich das versteht, was F gesagt hat. Das ist jedoch nicht der Fall. Es genügt, daß F ausreichenden Grund zur Annahme hat, H habe verstanden. Insbesondere kann F aufgrund früherer Kommunikationen mit H und aufgrund von Informationen anderer über H annehmen, daß H seinen Idiolekt beherrscht und bei der Verständigung mit ihm einsetzt, und außerdem glauben, daß für H die Situation und der Kontext der Äußerung des Satzes *genügend klar* sind. Kann F darüber hinaus an H weder ein direktes noch indirektes Zeichen von Mißverstehen erkennen, so werden diese Annahmen und Wahrnehmungen für F meist ausreichender Grund für die Annahme sein, daß (k') gelungen ist, H also wirklich verstanden hat, solange bis er eventuell irgendwelche Hinweise dafür erhält, daß H möglicherweise doch nicht verstanden hat. *Eine derartige Kommunikation setzt* nun ersichtlich *nicht voraus, daß Sprecher und Hörer über denselben Idiolekt verfügen,* sondern nur, daß Sprecher und Hörer im großen und ganzen und besonders bei kurzen Kommunikationen den Eindruck haben können, sie verfügten über denselben Idiolekt.

Die Klärung dieser Frage ist sehr wichtig. Deshalb soll hier noch der Fall erörtert werden, daß F und H über partiell verschiedene Idiolekte verfügen. Angenommen, die Menge der Ausdrucksgestalten der beiden Idiolekte sei praktisch gleich, ebenso wie die Standardrealisierungen der Ausdrucksgestalten. Ebenso seien die äußeren Anwendungsbedingungen, die Situationen, in denen sie angewendet werden können, gleich. Die grammatischen und inhaltlichen Formen, vor allem die inhaltlichen Zusammenhänge, seien dagegen verschieden. Es ist dann insbesondere denkbar, daß dieselben Ausdrucksgestalten von beiden Partnern als verschieden gebaut angesehen werden und daß dieselben Ausdrucksgestalten mit bei beiden

Partnern verschiedenen Klassen anderer Ausdrucksgestalten inhaltlich äquivalent sind, natürlich ohne daß die Partner dies voneinander wissen. Diese Situation entspricht der von QUINE im Zusammenhang mit der Unbestimmtheit der Übersetzungen diskutierten.

Folgende kommunikative Situation wird dann gelegentlich eintreten: Bei Sätzen oder kurzen Texten, deren Verständnis nur durch ihre Angemessenheit in der Situation kontrolliert wird, tritt anscheinend immer normale Verständigung ein. Zwar ist das, wovon der Hörer meint, daß es der Sprecher implizit gesagt habe, verschieden von dem, was der Sprecher selbst glaubt, implizit gesagt zu haben, aber die Komplexität der gegebenen Situation reicht nicht aus, um den Hörer erkennen zu lassen, daß er die Äußerungen partiell anders als der Sprecher interpretiert. Anders bei längeren Texten oder komplexeren Situationen. Hier kann ein späteres Textstück nach Interpretation des Hörers dem widersprechen, was ein früheres Textstück implizit besagt, während im Idiolekt des Sprechers selbst solch ein Widerspruch nicht auftritt. Der Hörer hat dann zwei Reaktionsmöglichkeiten:

(a) Er fragt beim Sprecher zurück, was er gemeint hat.

(b) Er zieht selbständig Folgerungen aus dem Widerspruch.

Im ersten Fall führt die Rückfrage im allgemeinen zu einer *Paraphrasierung* der ursprünglichen Formulierungen durch den Sprecher. Falls die Paraphrasierung durch den Hörer ohne Widersinn interpretiert werden kann, ist das Problem behoben. Falls dies nicht geht, wird oft ein Ausweg durch ad hoc eingeführte Konventionen, z. B. terminologische Klärungen, versucht. Im zweiten Fall hat der Hörer drei Alternativen:

(b1) Er nimmt an, daß er sich bei dem früheren oder dem späteren Textstück verhört hat und daß der Sprecher etwas gesagt hat, das so ähnlich geäußert wird wie das, was er glaubt gehört zu haben, und das nicht im Widerspruch zu dem jeweils anderen Textstück (und eventuell den dazwischen liegenden) steht; d. h. er *deutet die Äußerung* des früheren oder des späteren Textstücks *um*. Dies tut er, wie QUINE sagen würde, nach dem Prinzip der «Nächstenliebe», weil er von seinem Kommunikationspartner nicht annehmen will, daß dieser sich selbst (ohne Grund) widerspricht. (Vgl. S. 180.)

(b2) Er nimmt im Gegenteil an, daß er richtig gehört hat, daß sein *Partner* aber «*unlogisch*» ist und ihm daher eine Widersprüchlichkeit schon einmal unterlaufen kann.

(b3) Er nimmt an, daß er richtig gehört hat, daß der Partner aber nicht widersprüchlich redet, daß also der *inhaltliche oder «logische» Zusammenhang, den er selber* gemäß seinem Idiolekt oder seiner Sprachbeherrschung *sieht, nicht korrekt* ist und eventuell uminterpretiert werden muß.

Die Unterscheidung zwischen (b1) einerseits und (b2) und (b3) andererseits wird unter anderem davon abhängen, wie starke Gründe er dafür haben kann, richtig gehört zu haben. Die Unterscheidung zwischen (b2) und (b3) wird unter anderem davon abhängen, ob die persönliche Einschätzung des Sprechers durch den Hörer (b2) zuläßt oder (b3) nahelegt. Hier wird das Verstehen selbst von der Einstellung der Partner zueinander abhängig.

Sofern Entscheidungssituationen der soeben gegebenen Art die Regel sind, wird man in einer objektiven Beschreibung, die beiden Kommunikatoren verschiedene Idiolekte zuschreibt, nicht sagen, der Hörer verstehe den Sprecher, sondern er glaube, den Sprecher zu verstehen, und vom Sprecher, er glaube sich verständlich gemacht zu haben. Solange der Fall (b3) außer Betracht bleibt, beide Kommunikatoren sich als gleichberechtigt und mit gleichem Können begabt ansehen, werden dennoch sowohl der Sprecher als auch der Hörer ein zeitweise auftretendes Mißverständnis als zufälliges Mißgeschick ansehen und daran festhalten, der Sprecher könne beim Hörer ein vollständiges Verstehen durch seine Äußerungen bewirken, obwohl nach der objektiven Beschreibung, die die mögliche Verschiedenheit der Sprachform der beiden Partner in Betracht zieht, ein solches vollständiges Verstehen nicht eintritt.

Wie in Kap. I.D (S. 54 ff) bereits ausgeführt, ist hier aber die objektive wissenschaftliche Beschreibung keineswegs in einer anderen Situation: Sie kann nur die Möglichkeiten der Übereinstimmung und Nicht-Übereinstimmung von Idiolekten und der Konsequenzen für das danach mögliche gegenseitige Verständnis erörtern, ohne bei der Entwicklung eines bestimmten Modells (bzw. einer bestimmten Theorie) die Sicherheit zu haben, das tatsächliche Verständnis der Partner wiederzugeben. Die «extra-kommunikative», wissenschaftlich beschreibende Betrachtung ist hier im Prinzip in keiner günstigeren Position als das «kommunikative» Verstehen, außer daß der Aufwand der Kontrolle zur Bestimmung der Adäquatheit des Verstehens erhöht werden kann.[27]

Im Gegensatz zu der soeben diskutierten Möglichkeit des «inneren» Mißverstehens gibt es natürlich auch die direkten Formen des Mißverstehens, wenn z. B. die Mengen der Ausdrucksgestalten, ihre konkreten Verwendungsbedingungen sowie die Realisierungsweisen in den Äußerungen bei den verschiedenen Kommunikatoren wesentlich voneinander verschieden sind. In diesen Fällen wird das Mißverstehen eventuell schon bei der Äußerung einer einzelnen Ausdrucksgestalt erkennbar.

3. Im allgemeinen ist die Intentionalität der Sprechhandlung aber noch weiter gespannt, als im vorigen Paragraphen beschrieben: Nicht nur hat jeder Sprecher beim Sprechen Intentionen, sondern jeder Sprecher und jeder Hörer berücksichtigt darüber hinaus in den meisten Fällen die *Interessen-*

---

27 Zu den Begriffen «extra-kommunikativ» und «kommunikativ» und der mit ihnen verknüpften Problematik vgl. UNGEHEUER, [Kommunikation].

lagen und Einschätzungen der Lage der anderen Partner.[28] Eine Beschreibung dieser Zusammenhänge erfordert eine *Theorie des Mitteilens und Verstehens höherer Ordnung,* d. h. eine solche, bei der die Einstellungen höherer Ordnung bzw. Einstellungen anderer Partner berücksichtigt werden. In der sprachphilosophischen Analyse wurde dies wohl zuerst von GRICE hervorgehoben.[29] In einer Diskussion der GRICEschen Ansätze legt LEWIS folgende Fälle zur Unterscheidung vor:

  (1) Herodes sagt zu Salome: ‹Johannes ist enthauptet.›

  (2) Herodes überreicht Salome auf einer Schüssel das Haupt Johannes' des Täufers.

  (3) Herodes läßt das Haupt des Johannes irgendwo hinlegen, wo, wie er weiß, Salome es sehen wird, in der falschen Annahme, daß sie nicht bemerken wird, er habe es dort hinlegen lassen, damit sie es sähe.

  (4) Herodes läßt das Haupt des Johannes irgendwo hinlegen, wo, wie er weiß, Salome es sehen wird, in der richtigen Annahme, daß sie nicht bemerken wird, er habe es dort hinlegen lassen, damit sie es sähe.

  (5) Herodes läßt das Haupt des Johannes irgendwo hinlegen; Salome sieht es zufällig dort.

  Zur Analyse dieser fünf Situationen müssen folgende Handlungsbeschreibungen herangezogen werden:

  (6) X tut eine Handlung z

  (7) X bewirkt bei Y, daß (8)

  (8) Y nimmt an, daß p (alternativ: Y tut q)

  (9) X beabsichtigt, daß (6) die Ursache [30] von (8) ist

(10) Y bemerkt, daß (9)

(11) X beabsichtigt, daß (10)

(12) X will, daß (10) für Y der Grund [30] für (8) ist

(13) X hat, unabhängig von (12), Grund [30] zur Konklusion, daß (6) die Ursache [30] von (8) ist.

---

28 Es ist wahrscheinlich, daß hierin ein Unterschied zwischen dem Sprachhandeln kleiner Kinder und dem Sprachhandeln größerer und Erwachsener liegt: Das kleine Kind verfolgt zwar mit seinem Sprechen Absichten, vermag sich aber nicht in die Einschätzung der Lage und in die Interessenlage der Partner zu «versetzen».

29 GRICE, [Meaning] und [Meanings].

30 ‹Ursache› und ‹Grund› werden hier in folgendem Sinn unterschieden: Ursache (und Wirkung) ist eine faktische und empirische Relation zwischen Sachverhalten, die logisch voneinander unabhängig sind, Grund (und Folge) ist eine logische Abhängigkeit zwischen Feststellungen in einem zu explizierenden Sinn von ‹logisch›, vgl. WRIGHT, [Explanation], S. 34, 93, sowie den dortigen Hinweis (Anm. 1 von Kap. II) auf HUME. LEWIS benutzt die Unterscheidung in seiner Analyse auch, vgl. [Convention], S. 28. Grund-Folge-Beziehungen sind solche, die zwischen Annahmen in praktischen Schlüssen auftreten, Ursache-Wirkung-Beziehungen sind dagegen kausale Beziehungen zwischen (eventuell mentalen) Zuständen oder Handlungen.

Die Geltung der Bedingungen (6) bis (13) für die Fälle (1) – (5) der Salome-Geschichte ist folgende:

Daß (7) *ein Resultat von* (6) ist, gilt *für alle Fälle.*

(9) gilt für (1) – (4) und nicht für (5)

(10) gilt für (1) – (3) und nicht für (4), (5)

(11) gilt für (1), (2) und nicht für (3) – (5)

(12) und (13) gelten nur für (1) und nicht für (2) – (5).

Die Bedingungen bis einschließlich (9) haben wir bereits im vorigen Paragraphen erörtert. Man erkennt jedoch, daß die spezifischen Bedingungen des sprachlichen Mitteilens und sprachlichen Verstehens hier noch nicht getroffen sind. Grice definiert nun, daß jemand nur dann etwas mittels eines Zeichens meint, wenn auf seine Handlung die Bedingungen (9) bis (13) zutreffen und (7) ein Resultat von (6) ist. Er behauptet, daß sprachliche Kommunikation in derartigen Akten des Meinens mittels eines Zeichens besteht.

Wie Lewis in seiner Besprechung bemerkt,[31] kann der in (13) erwähnte Grund für die Konklusion, zu der X unabhängig von (12) kommen könne, das *Bestehen einer Konvention* sein, die X kennt, im Einklang mit der er handelt und von der er Grund hat anzunehmen, daß auch Y sie kennt und annehmen wird, er (X) handele im Einklang mit ihr. Meint jemand etwas konventionell mit einem Zeichen, so folgt daraus, daß er es in dem von Grice erläuterten Sinn meint. Das Umgekehrte gilt jedoch nicht. Diejenigen Fälle, in denen jemand etwas im Sinne von Grice meint, dies aber nicht nach einer Konvention geschieht, sind dagegen, wie Lewis darlegt, Ausnahmefälle. Ohne Zweifel sind andererseits, wie wir sahen, beim Sprachverstehen intentionale Aspekte der Handlungen wesentlich. Es scheint also erforderlich zu sein, bei der Analyse der Sprechhandlungen *beide Aspekte, den intentionalen und den konventionellen, zu erfassen und besonders die Beziehung zwischen beiden.*[32] Anstelle der Griceschen Analyse der Sprechhandlung von (1) als einer des Meinens in dem von ihm definierten Sinn schlägt Searle folgendes vor:[33]

Wenn (1) zutrifft, weil Herodes den Satz

      (0) ‹Johannes ist enthauptet›

äußert und ihn buchstäblich meint, so gelten die Bedingungen (14), (15), (16), (17), (9′) und (12′) aus der folgenden Liste (mit X = Herodes):

(14) Es gibt *Regeln* R, die die Verwendung des Idiolekts, zu dem (0) gehört, konventionell festlegen und insbesondere den durch (0) «buchstäblich» ausgedrückten Sachverhalt p

---

31 Lewis, [Convention], S. 154/157.
32 Searle, [Speech Act], S. 46, und [Speech Acts], S. 45.
33 Searle, [Speech Acts], S. 49/50.

(15)   X beherrscht R

(16)   Y beherrscht R

 (8′)   Y nimmt an, daß p

 (9′)   X beabsichtigt, daß die Äußerung von (0) die Ursache für (8′) ist

(10′)   Y bemerkt, daß (9′)

(11′)   X beabsichtigt, daß (10′)

(12′)   X beabsichtigt, daß für Y (10′) der Grund für (8′) ist

(17)   X beabsichtigt, daß für Y (16) der Grund für (10′) ist

(Die mit Strich versehenen Ziffern sind die direkten Entsprechungen der oben mit den entsprechenden Ziffern gegebenen Bedingungen.) (17) ersetzt gewissermaßen (13), dessen Entsprechung:

(13′)   X nimmt an, daß (10′) der Grund für (8′) ist,

wäre. Erst (13′) würde aber garantieren, daß

(1)   Herodes sagt zu Salome: ‹Johannes ist enthauptet›

nur dann zutrifft, wenn (8′) gilt, (8′) also in einem Sinn das Resultat von (1) ist. *Diese* Auffassung von Grice lehnt Searle jedoch entschieden ab. Nach Searle genügt es zur Charakterisierung des Sprechakts von X, daß X mit seiner Äußerung nur *Verstehen* seiner Äußerung bei Y bewirken will, und dazu reichen die genannten Bedingungen aus; es genügt für X, daß Y die Regeln beherrscht und nach diesen erkennen soll, was in den genannten Bedingungen ausgesagt wird. Insbesondere fallen alle direkten Feststellungen über Y außer (16), also (8′) und (10′) heraus.

4. Nach Searle kommt es bei der Analyse von Sprechakten darauf an, deren Intentionalität und Konventionalität sowie die Beziehung zwischen beiden zu beschreiben. Lewis versucht zu zeigen, daß bei einer angemessenen Analyse des konventionellen Aspekts der sprachlich wesentliche intentionale Aspekt mit erfaßt ist; es genüge also, nur den *konventionellen Aspekt* zu klären.[34] Der Grund für diese Behauptung ist der, daß nach Lewis *Konventionen* selbst, insbesondere die sprachlichen, *intentional erklärt* werden. Das heißt, bestehen in einer Gruppe von Kommunikatoren gewisse intentionale Zusammenhänge, speziell Erwartungen und Wünsche über das eigene Handeln *und* das Handeln der Kommunikationspartner, so bestehen eben dadurch und darin Konventionen. Es soll jetzt versucht werden, die Analyse der Konventionen nach Lewis in ihren Grundzügen kritisch darzustellen.

Jede Sprachausprägung, die in einer der in Kapitel III und IV dargelegten Formen definit beschrieben werden kann, ist nach Lewis eine *mögliche Sprachform*.[35] Den Mitgliedern einer Sprachgruppe oder Sprachgemeinschaft ist nun eine Menge möglicher Sprachformen zugeordnet, diejenigen Sprach-

---

34 Lewis, [Convention], S. 159.

35 Lewis sagt: mögliche Sprache, vgl. [Convention], Kap. V. Der Begriff ‹Sprachform› entspricht unserm bisher verwendeten Begriff ‹Idiolekt›.

formen, die sie aktuell entwickeln oder annehmen könnten. Normalerweise entwickle sich in der Sprachgruppe oder Sprachgemeinschaft aber nur eine Sprachform (oder wenige Sprachformen); diese heiße(n) dann die *wirkliche Sprachform(en)*.[36]

Eine wirkliche Sprachform ist dadurch ausgezeichnet, daß eine Konvention besteht, nach der (a) die Ausdrucksmittel dieser Sprachform L verwendet werden und (b) von jedem Kommunikator versucht wird, das, was er mit einem Ausdrucksmittel ausdrückt, im Einklang mit der Bedeutung des Ausdrucksmittels nach den Festlegungen der Sprachform L_i zu tun. Legt die Sprachform L_i für eine Ausdrucksform wie

(1) ‹Peter ist ein Meter fünfundneunzig groß›

z. B. als Wahrheitsbedingung fest, daß dieser Satz in der Sprachform L_i wahr ist, dann und nur dann, wenn Peter 1,95 m groß ist, so bedeutet das Bestehen einer Konvention bei den Kommunikatoren, daß sie versuchen (wenn nicht gewichtige Gründe für sie dagegen sprechen), den Satz nur mit der Absicht einer Feststellung zu äußern, wenn Peter tatsächlich (offenbar) 1,95 m groß ist (mit entsprechenden Toleranzgrenzen nach oben und unten). Für Sätze, mit denen Befehle, Versprechen, Fragen und Erlaubnisse gegeben werden, gibt Lewis entsprechende allgemeine Charakterisierungen. Die speziellen Charakterisierungen dieser Typen bestimmen das, was Lewis eine *Konvention der wahrheitsgemäßen Sprechhandlung in einer* Sprachform L_i (convention of truthfulness in L_i) nennt.

Eine Sprachform L_i ist aber nur dann eine wirkliche Sprachform in einer Sprachgruppe P, wenn für fast alle Kommunikatoren aus P diese Konvention gilt *und* sie ein gemeinsames Kommunikationsinteresse haben, zu dessen Erfüllung sie häufig die Sprachform tatsächlich kommunikativ und «wahrheitsgemäß» verwenden.

Die wirklichen Sprachformen sind also den möglichen Sprachformen gegenüber dadurch ausgezeichnet, daß zu den wirklichen Sprachformen jeweils eine *Konvention* für fast alle Mitglieder der Sprachgemeinschaft besteht, die Sprachform «wahrheitsgemäß» zu verwenden. Was aber ist eine Konvention, oder worin besteht eine Konvention? Die Antwort auf diese Frage muß insbesondere erklären, warum die Konvention eine Sprachform (oder wenige Sprachformen) aus der Klasse der für die Kommunikatoren möglichen auszeichnet: Warum reden die Kommunikatoren eher in Sprachform L_i statt in Sprachform L_j, in der sie doch auch hätten kommunizieren können? Als Voraussetzung der Antwort gilt: Die Kommunikation zwischen verschiedenen Kommunikatoren funktioniert am besten, wenn sie beide dieselbe Sprachform verwenden. Welche von den verschiedenen möglichen Sprachformen sie verwenden, ist dabei zunächst gleichgültig.

Das Problem ist für Lewis in dieser Hinsicht analog dem Problem, daß

---

36 Lewis, [Convention], S. 194.

zwei Leute X und Y sich irgendwo treffen wollen und keiner unter den möglichen Treffpunkten zunächst für diesen Zweck besser ist; sie alle sind möglich. Jedem von beiden ist die Situation klar, und jeder von beiden kann dieselbe Überlegung anstellen: Wo ich mich mit ihm treffe, ist egal. Aber, geht er nach a, so sollte ich auch nach a gehen, sonst verpassen wir uns. Geht er nach b, so sollte ich auch nach b gehen usw. Angenommen z. B., ein Junge X und ein Mädchen Y begegnen sich zufällig zur Tageszeit t an einem Ort c. Liebe auf den ersten Blick! Sie sind jedoch sehr schüchtern und reden nicht miteinander. Sie möchten sich wiedersehen. Wo? Besser als irgendwohin zu gehen scheint zu sein, am nächsten Tag zur gleichen Zeit zum gleichen Ort zu gehen. Sie sind, wie gesagt, sehr schüchtern und trauen sich nicht, Blicke oder andere Gesten zu tauschen, geschweige denn Worte.

Beide aber haben oder entwickeln nun (a) das *reguläre Verhalten*, zur Tageszeit t zum Ort c zu gehen. Zu einer Konvention nach Lewis gehört aber mehr, nämlich: (b) Jeder von beiden muß die *Vorlieben* des Partners bezüglich des Einander-Treffens *teilen*, (c) vom anderen *erwarten*, daß er gemäß der Regularität handelt (und nicht nur zufällig dort vorbeikommt), (d) vorziehen, daß die bestehende Regularität des Treffens vom einen eingehalten wird, solange der andere sie einhält. (e) Sollte sich eine andere Regularität des Treffens ausbilden, so sollte auch dafür jeder vorziehen, daß, wenn einer sie einhält, auch der andere sie einhalten wird. Sollten die beiden Liebenden jeder für sich bezüglich des Treffens eine Einstellung herausbilden, die den Bedingungen (a) – (e) genügt, so hat sich für beide (nach Lewis) eine Konvention ausgebildet. Dies hängt, wie man sieht, davon ab, daß die Partner sich nicht nur in den Regularitäten des Verhaltens einander anpassen, sondern auch davon, daß sie in ihren wechselseitigen Erwartungen und in Verhaltensstabilität (d) und möglicher Veränderung (e) die übergeordneten gemeinsamen Interessen (des Treffens) berücksichtigen.

Konventionen sind, wie man sieht, verschieden von Handlungen nach Verabredungen. Diese Handlungen werden ausgeführt, weil man sich, eventuell durch ausdrückliches Versprechen, an die Verabredung gebunden fühlt. Bei einer Konvention gibt es keine solche Verabredung, an die sich die, die nach der Konvention handeln, gebunden fühlen. Allerdings *kann* eine Verabredung Grundlage für das Entstehen einer Konvention sein. Z. B. könnten zwei weniger Schüchterne bei Liebe auf den ersten Blick verabreden, sich täglich um dieselbe Zeit am selben Ort zu treffen. Ein solches Handeln nach Verabredung wird aber erst dann zu einer Konvention, wenn die ursprüngliche Verabredung vergessen wurde und die Handlung durch die oben angedeuteten Bedingungen stabilisiert wird. Lewis benutzt zur genauen Erörterung dieser Zusammenhänge die auf S. 285 ff angedeuteten Darstellungstechniken für Gemeinschaftshandlungen, u. a. diejenigen der Theorie der Spiele, und entwickelt selbst Darstellungsformen zur Erörterung von Erwartungen höherer Ordnung bezüglich des Verhaltens anderer

Partner. Als Resultat seiner Ausführungen kommt er zur folgenden *Definition*[37] (man beachte die Entsprechung der Punkte (1) – (5) mit den oben angegebenen Bedingungen (a) – (e) für das konventionelle Treffen der beiden dort betrachteten Verliebten):

Definition K:

Eine Verhaltensregularität R bei Mitgliedern einer Bevölkerung P in wiederkehrenden Situationen S, in denen sie Handelnde sind, ist dann und nur dann eine *Konvention*, wenn es wahr und gemeinsames Wissen der Mitglieder von P ist, daß in fast jeder Realisation von S zwischen Mitgliedern von P

(1) fast jeder im Einklang mit R handelt;

(2) fast jeder von fast jedem anderen erwartet, daß er im Einklang mit R handelt;

(3) fast jeder ungefähr dieselben Vorlieben (und Abneigungen) in bezug auf alle möglichen Handlungskomplexe (d. h. möglichen Kombinationen von Teilhandlungen) hat;

(4) fast jeder es vorzieht, daß, wenn schon fast alle im Einklang mit R handeln, auch andere, die es bisher noch nicht tun, schließlich im Einklang mit R handeln würden;

(5) fast jeder es vorziehen würde, daß, wenn fast alle im Einklang mit R′ handeln würden, auch andere, die es noch nicht täten, schließlich im Einklang mit R′ handeln würden (wobei R′ eine mögliche Verhaltensregularität bei Mitgliedern von P in S ist, derart, daß fast niemand in fast jeder beliebigen Realisation von S zwischen Mitgliedern von P, sowohl im Einklang mit R′ als auch mit R handeln kann – R′ und R sind also echt inkompatibel).

Diese Definition gilt ganz allgemein für Konventionen zu beliebigen Verhaltensregularitäten. Im Falle des Sprachverhaltens tritt an die Stelle von R die oben angegebene Bedingung der wahrheitsgemäßen Verwendung einer möglichen Sprachform, und R′ ist eine Variable über wahrheitsgemäßen Verwendungen zu R echt inkompatibler, möglicher Sprachformen.

5. LEWIS' Definition der Konventionalität ist problematisch; im Gegensatz zu den Bedingungen in seiner Definition können wir auch dann vom Bestehen einer *Konvention* sprechen, wenn *alle Partner verschiedene Verhaltensregularitäten* haben. Es genügt, daß diese Verhaltensregularitäten in folgendem Sinn ähnlich sind: Fast immer, wenn zwei Partner, für die die Konvention besteht, kommunizieren, hat jeder der Partner den Eindruck, daß Verständigung zustande kam, ja daß der eine Partner dasselbe gemeint hat, wie man selbst verstanden hat, oder daß der Partner das verstanden hat, was man formuliert hat. Damit diese *praktisch* immer *ausreichende* Verständigung zustande kommt, müssen die Partner keineswegs über die-

---

37 LEWIS, [Convention], S. 78.

selbe Sprachbeherrschung verfügen. Dies deutet Lewis auf den beiden letzten Seiten seiner Untersuchung (S. 201/202) auch an. Er weist darauf hin, daß bestimmte Probleme angemessener diskutiert werden könnten, wenn man nicht davon ausgeht, daß die Konvention nur genau eine Konvention des wahrheitsgemäßen Sprachverhaltens in genau einer möglichen Sprache ist. Statt dessen könnte man davon ausgehen, daß fast jeder fast immer wahrheitsgemäß spricht in wenigstens einer Sprachform eines *Systems sehr «benachbarter» Sprachformen; aber* nicht notwendigerweise in derselben für jeden oder für dieselbe Person zu verschiedenen Zeiten. Wenn die Sprachformen «benachbart» genug sind, so ist hiermit keine Gefahr für die Kommunikation verbunden.

Die Bedingungen des wahrheitsgemäßen Sprechens in dem System der Sprachformen sollten tolerant ausgelegt werden: Wer immer wahrheitsgemäß in irgendeiner Sprachform der Menge spricht, spricht (ausreichend) wahrheitsgemäß in allen Sprachformen. Bei gelegentlich auftretenden Schwierigkeiten der Kommunikation kann man, wie auf S. 292 schon angedeutet, entweder die eigene Interpretation selbständig passend machen oder durch Rückfrage eine Umformulierung durch den Partner herbeiführen, die diese Probleme umgeht. Eventuell können ad hoc speziellere Konventionen (z. B. terminologische) eingeführt werden als die allgemeinen, toleranteren.

Lewis betont, daß dieses Vorgehen zwei Vorteile bringt: Erstens mögen verschiedene Sprachformen des Systems verschiedene Vorzüge und Nachteile haben und daher den verschiedenen Vorstellungskreisen und Redezwecken verschieden angemessen erscheinen. Wenn nun jeder verschiedene Sprachformen auswählen kann, so können unvereinbar verschiedene Bewertungen für Sprachformen nichtsdestoweniger erfüllt werden. Die Einsicht in diese Tatsache erhöht außerdem die Flexibilität jedes Sprachbenutzers: Indem man sich nicht auf eine Sprachform festlegt, ist man auch nicht auf eine Sprachform festgelegt, die durch neue Entdeckungen und Theorien sich als falsch herausstellen könnte.[38] Der zweite Vorteil ist, daß diese Toleranz es auch ermöglicht, daß Partner, die die Sprachform noch nicht im vollen Sinn beherrschen, bereits an der Kommunikation relativ frühzeitig, d. h. mit einer noch wenig perfekten Beherrschung der Konvention, teilnehmen können. Dies ist ein wichtiger Faktor, der das Sprachlernen unterstützt.

Diese von Lewis aufgewiesenen Zusammenhänge sind sehr bedeutsam. Lewis bemerkt jedoch nicht, daß ihre konsequente Klärung die Grundlagen des eigenen Ansatzes infrage stellt, soweit dort (wie in der Spieltheorie im allgemeinen) davon ausgegangen wird, daß sowohl die Klasse aller Teilhandlungen und Handlungskomplexe als auch die Interessenlagen aller Partner gleich sind und von ihnen in gleicher Weise bei rationalen Erwägungen über ihr Handeln in Rechnung gestellt werden. Dies soll jetzt näher

---

38 Der Leser wird bemerken, daß hier Vorzüge aufgezählt werden, die in Kap. I und II für die Entwicklung von Sondersprachformen erörtert wurden.

ausgeführt werden. Zuvor müssen aber die Bemerkungen von Lewis zunächst schärfer gefaßt werden: Verständige ich mich mit einem Partner in einem Gespräch von mindestens einigen Minuten, so daß ich den Eindruck habe, er bilde und kombiniere die Ausdrucksmittel, die er verwendet, offenbar richtig, und zwar nach den Regularitäten der Sprache, die ich glaube zu beherrschen (was mir von fast allen Partnern offensichtlich zugetraut oder gar bestätigt wird), und habe ich weiter den Eindruck (aufgrund der Situation und der semantischen gegenseitigen Kontrolle der verschiedenen Sätze, d. h. der kontextuellen Kontrolle), daß ich ihn verstanden habe und er mich, so werde ich sagen und eventuell auf Befragen bestätigen, daß der Partner die Sprache, die ich beherrsche, auch beherrscht.

Sollte ich allerdings den Eindruck haben, daß ich ihn verstanden habe und er mich, obwohl die Ausdruckskomplexe, die direkt zu den Äußerungen des Partners zu gehören scheinen, nicht richtig sind in der Sprache, die ich beherrsche, so werde ich zwar sagen, er könne sich in meiner Sprache *verständlich machen*, aber nicht, daß er die Sprache beherrsche.

Andererseits kann es sein, daß ich das, was der Partner sagt, nicht verstehe, weil es einige Ausdrücke und Wendungen (z. B. einer Fachsprache) enthält, die ich nicht kenne und die mir im übrigen auch bei vielen Kommunikationen noch nicht begegnet sind, daß aber ausreichend viele Ausdrücke darin enthalten sind, die ich kenne und die sämtlich richtig gebildet und kombiniert sind, und daß der Partner den Eindruck macht oder gilt als einer, der weiß, was er sagt, so werde ich immer noch sagen, daß er die Sprache beherrscht. Sollte diese Frage wichtig sein, würde ich aber darüber hinaus versuchen, das Gespräch auf ein Gebiet zu bringen, auf dem die mir unbekannten Wörter und Wendungen selten werden oder verschwinden; aufgrund dieser Erfahrung würde ich mein Urteil sicherer fällen können. Urteile dieser Art können eventuell durch andere (unter Umständen schon vorher vorliegende Informationen) beeinflußt sein, z. B. durch die Information, daß der Partner in derselben Sprachgemeinschaft aufgewachsen ist wie ich. Sollte es innerhalb einer gewissen Gruppe ausreichend viele Menschen geben, denen ich nach einer solchen Kommunikation zutrauen würde, daß sie die Sprache, die ich spreche, beherrschen, so könnte ich sagen, es gäbe eine Konvention in dieser Gruppe. Dies wäre allerdings nur eine beobachtete Regularität und keine Konvention im Sinne von Lewis.

Zusätzlich zu der bisher betrachteten ausreichenden gegenseitigen Verständlichkeit und Korrektheit der Ausdrucksmittel gibt es aber gelegentlich auch Auseinandersetzungen über die Beurteilung des Sprachgebrauchs zwischen Partnern, die alle im bisher beschriebenen Sinn die Sprache beherrschen. Die Auseinandersetzung geht im allgemeinen um das Urteil, was in der Sprache richtig sei oder was der genaue Sinn von Ausdrucksmitteln sei. Solche Auseinandersetzungen zeigen zweierlei:

Die Partner gehen davon aus, (a) daß nicht zwei unvereinbare Sprachformen zugleich richtige Sprachbeherrschungen in einer Sprache şein können und (b) daß die eigene Sprachform die richtige Sprachform ist (solange dem keine gewichtigen Gründe entgegenstehen) und daß daher der Partner, mit dem man sich auseinandersetzt, einer der wenigen Leute ist, der eine mit der richtigen Sprachform unvereinbare Sprachform beherrscht; er sollte im eigenen wohlverstandenen Interesse davon ablassen.[38a]

Ein weiterer Faktor scheint bei der Analyse einer Konvention wichtig zu sein: Es ist keineswegs so, daß alle Mitglieder einer Sprachgemeinschaft hinsichtlich ihrer Sprachbeherrschung von jedem Mitglied gleich eingeschätzt werden: Es gibt solche, die mehr zählen oder als kompetenter angesehen werden, andere, die weniger zählen, und einige, die überhaupt nicht zählen. Der Grad, in dem jeweils die anderen Mitglieder für ein Mitglied zählen, ist sehr wichtig bei den Bedingungen, die die Konvention stabilisieren beziehungsweise die Möglichkeit ihrer Veränderung markieren. Man sollte Lewis' *Definition der Konvention* also wie folgt abändern:

Definition K':

Eine Menge M von Regularitäten des Sprachverhaltens für Kommunikatoren einer Sprachgemeinschaft P ist eine Menge von *Konventionen zu einer Sprache* L dann und nur dann, wenn für jeden Kommunikator X aus P und für mindestens ein R aus M, derart, daß X R beherrscht, gilt

(1) X verständigt sich mit ausreichendem Verständigungsgrad K in gängigen Verständigungsbereichen oder Situationen S fast allen Y aus P gegenüber, mit denen er kommuniziert, mit Hilfe von R.

(2) X nimmt an, daß fast alle Y aus P, die zählen, ebenfalls R beherrschen. Gelegentliche Gegenindizien, wie Mißverständnisse, beruhen auf zufälligen oder situationsbedingten Fehlanwendungen der Sprachbeherrschung entweder bei ihm (X) oder bei Y.

(3) X nimmt an, daß dasselbe, was (1) für ihn (X) besagt, für fast alle Y gilt, die zählen.

(4) X nimmt an, daß fast jeder, der zählt, ungefähr dieselben Vorlieben (und Abneigungen) in bezug auf alle möglichen Sprachformen und ihre Verwendung hat.

(5) X nimmt an, daß fast jeder es vorzieht, daß, wenn schon fast alle, die zählen, im Einklang mit R handeln, auch andere, die es bisher noch nicht tun, schließlich im Einklang mit R handeln würden.

(6) X nimmt an, daß fast jeder es vorziehen würde, daß, wenn fast alle, die zählen, im Einklang mit R' handeln würden, auch andere, die es noch nicht täten, im Einklang mit R' handeln würden (wobei R' wie in Definition K (s. o. S. 299) festgelegt ist).

38a Wir gehen hier, wie Lewis, von der Annahme aus, daß die Wirkungsweise von Konventionen durch rationales Handeln erklärt werden kann. Diese Annahme ist letztlich wohl problematisch: Für die meisten Leute ist nur genau eine Sprachform als *Norm* gegeben; ihr zu genügen ist eine normative Verpflichtung aller, die nicht rational zu hinterfragen ist.

Man sieht, daß alle Feststellungen der Definition K in Definition K' in *Annahmen* der Kommunikatoren selbst überführt wurden. Zum Bestehen einer Konvention genügt es, daß die Kommunikatoren einer Sprachgemeinschaft davon überzeugt sind, daß eine Konvention im Sinne der Definition K besteht und eventuelle Gegenindizien aus den tatsächlichen Ereignissen als zufällige Fehlverwendungen weginterpretiert werden können. Ein tatsächliches Bestehen im Sinne der Definition K ist dazu nicht erforderlich.

Obgleich nun die Kommunikatoren von einer strikten Konvention überzeugt sind, können sie dennoch in ihrem Verstehensverhalten und gelegentlich sogar in ihren Äußerungen toleranter sein. Diese Toleranz kann entweder bei besonderen Bedingungen gelten; z. B. jemandem gegenüber, der die Sprache offensichtlich erst lernt, oder systematisch gewissen Sondersprachformen gegenüber. Mit anderen Worten: Die von Lewis angeführten Erscheinungen sind zwar wichtig und erklärenswert, nicht aber im Zusammenhang mit ausgesprochenen, im allgemeinen dogmatisch angenommenen Sprachkonventionen. Der Übergang von einer Konvention im Sinne der Definition K' zu einer Konvention im Sinne eines Systems «benachbarter» gleichberechtigter, aber miteinander unvereinbarer Konventionen ist zwar möglich, aber gewöhnlich mit einem sprachlichen «Emanzipationsprozeß» verbunden, der nur durch Vermittlung tieferer Einsicht in sprachliche Zusammenhänge möglich ist.

Fassen wir die Erörterungen zu Konventionen nochmals zusammen: Die Klärung des Begriffs Konvention versucht diejenigen Bedingungen herauszuarbeiten, die für die Mitglieder einer Sprachgemeinschaft gelten sollen, wenn eine Konvention in dieser Sprachgemeinschaft existiert. Die von Lewis vorgeschlagene und von uns abgewandelte Definition gibt Bedingungen an, unter denen jemand bei einer Konvention bleibt oder zu einer alternativen Konvention übergeht: Wenn fast alle Leute, die zählen (berücksichtigt in dem Grade, in dem sie zählen), offenbar eine bestimmte Konvention haben, so sollte man diese auch haben, wobei *diese* Maxime nur für die Sprachformen in *gängigen Verständigungsbereichen* gilt. Spezielle Verständigungsbereiche werden im allgemeinen nicht von derartigen Konventionen reguliert, die Gründe für ihre Entwicklung und Übernahme sind eher solche des Zwecks oder der Ästhetik der Ausdrucksmittel und ihrer Verwendungsweisen. Dadurch allerdings, daß gelegentlich Menschen einer Sprachgemeinschaft, die gewisse Sondersprachformen beherrschen und partiell in ihr konventionelles Verhalten in gängigen Verständigungsbereichen einfließen lassen, erhöhtes Sprachprestige zugebilligt erhalten, d. h. in einem hohen Grade «zählen», können sie Faktoren der Beurteilung von Konventionen werden für diejenigen, die in gängigen Verständigungsbereichen konventionell handeln, d. h. sie können zum Anlaß für Veränderungen von Konventionen werden.

6. In welcher Weise aber werden *Konventionen erworben, in welcher Weise* werden sie *abgeändert?* Welche Alternativen R′ wählt ein Kommunikator zur bisherigen R, wenn die Gründe zu einem Übergang für ihn ausreichen? Diese Frage hat zwei Aspekte: (a) In welcher Weise muß ein Organismus vor Beginn jeder sprachlichen Kommunikation mit ihm (zu einem Zeitpunkt also, zu dem er noch keine spezifische Sprachbeherrschung hat) strukturiert sein, um überhaupt eine natürliche Sprachform erlernen zu können; welche ist die *angeborene Struktur der Sprachfähigkeit?* (b) In welcher Weise, mit welchen Prozeduren, wird eine partielle oder vollständige Sprachbeherrschung abgeändert?

Zur Beantwortung der ersten Frage werden im allgemeinen nur die Anfangs- und Endpunkte des Spracherwerbsprozesses in Betracht gezogen, das Verhältnis der Anlagen zur Klasse der möglichen voll ausgebildeten Regularitäten des Sprachverhaltens bzw. Beherrschungen von Sprachformen. Die Erörterung der Entwicklung über Zwischenstadien bleibt außer Betracht und kann möglicherweise auch am besten zusammen mit der zweiten Frage behandelt werden. Auf beide Fragen wollen wir hier nur mit wenigen Bemerkungen eingehen, da die Bedingungen für eine Klärung der Fragen gegenwärtig kaum gegeben sind.

Über die Art der angeborenen Struktur der Sprachfähigkeit ist in den letzten Jahren, angeregt durch einige sprachphilosophisch sehr weitgehende Behauptungen Chomskys, eine heftige Kontroverse ausgetragen worden. Chomsky behauptet, daß diejenigen Beschreibungen, nach denen die sogenannten (philosophischen) Empiristen gewöhnlich das Sprachlernen erklären wollen, zu schwach sind. Daß diese Behauptung wenigstens für Teilbereiche stichhaltig ist, wird allgemein zugegeben. Speziell glaubt wohl kaum noch ein Sprachanalytiker daran, daß das Modell des bedingten Reflexes zur Erklärung der Spracherlernung ausreicht.[39] Mathematisch wird dieses Lernen durch besonders einfach geartete Induktionsverfahren auf der Grundlage einer bestimmten Verteilung von Anfangswahrscheinlichkeiten (unbedingten und bedingten) über einer Menge primärer Verhaltensformen gekennzeichnet. Daß *einfache* Induktion dieser Art nicht ausreicht, ist also unbestritten.[40] Mit welcher Art von Dispositionen muß ein Organismus aber darüber hinaus begabt sein, um Sprachen zu lernen? Genügen Prozeduren, die im Einklang mit stärkeren Induktionsmethoden stehen, oder sind andere Arten von Dispositionen erforderlich? Diese Fragen können gegenwärtig kaum beantwortet werden.

---

39 Allenfalls wird die Frage untersucht, innerhalb welcher Teilbereiche in Ermangelung anderer praktikabler Modelle dieses Modell angewandt werden kann. Vgl. u. a. Suppes, [Stimulus] 1 und 2, und [Probabilistic].

40 Vgl. Quine, [Linguistics] und [Replies], ‹To Chomsky›, § 3, Putnam, [Innateness], in wesentlichen Zügen auch in Kutschera, [Sprachphilosophie], § 2.3.3 wiedergegeben. Vgl. zur gesamten Fragestellung die Artikel in Teil II von Hook (Ed.), [Language], und Teil VII in Searle, [Language].

CHOMSKY meint andererseits, daß der Organismus bereits über eine Definition möglicher «Grammatiken» (besser wohl Systeme von Sprachhandlungen im Einklang mit grammatischen Bestimmungen) verfügen muß sowie über ein Bewertungsmaß, das zu jeder Menge von Ausdrucksgestalten einer Sprache eine der möglichen «Grammatiken» als die beste auszeichnet. Er glaubt, mit dieser Behauptung eine zentrale Position des *philosophischen Rationalismus* wieder aufgegriffen zu haben. Die vorgebrachten spezifischen Hypothesen haben sich aber als nicht stichhaltig erwiesen. Gewiß, CHOMSKYS *Prinzip der generativen Sprachbeschreibung,* das für Konstruktsprachen der Logik und Grundlagenforschung übrigens schon lange galt, ist weithin akzeptiert: Als Sprachform kommt nur ein System von Ausdrucksgestalten in Frage, das sich als Teilmenge einer rekursiv beschreibbaren Menge von Kombinationen elementarer Ausdrucksmittel definieren läßt, denen die grammatischen, inhaltlichen und logischen Formen durch rekursive Definitionen zugeordnet werden können.[41] Der Versuch, die Klasse von sprachwissenschaftlich möglichen Systemen weiter einzuschränken und jedes mögliche System im so eingeschränkten Bereich abhängig von möglichen Mengen von Sprachdaten so zu bewerten, daß zu jeder Menge von Sprachdaten ein System (oder eine Grammatik) als das beste ausgezeichnet wird, dieser Versuch ist jedoch bisher gescheitert. Insbesondere konnte die Definition der transformationellen Grammatiken noch keine Einschränkung von möglichen *sprachlichen* Ausdrucksmengen gegenüber den allgemein rekursiven Ausdrucksmengen bringen.[42] Weder der «empiristische» noch der «rationalistische» Ansatz zur Erklärung der angeborenen Struktur (angeborene Dispositionen oder Ideen von möglichen natürlichen Sprachen) läßt sich also gegenwärtig ausreichend spezifizieren. Eine Entscheidung für die eine oder die andere Position ist mithin ausgeschlossen.

Fast noch ungeklärter ist der Problemkreis der Abwandlung von Sprachstrukturen oder des schrittweisen Sprachlernens. Es gibt noch kaum theoretische Analysen darüber, wie ein Zustand einer Grammatik oder einer entsprechenden Regularität des Sprachverhaltens in einen anderen Zustand überführt werden kann, wie grammatische Regeln neu eingeführt und abgeändert werden können, ohne die Funktionsweise des Gesamtsystems zu gefährden. Die großen Schwierigkeiten, die bei Abänderungen von umfangreichen Programmen für linguistische Datenverarbeitung normalerweise auftreten, und die fast unvorhersehbaren Konsequenzen, die die Änderung an einer Stelle des Systems an anderen Stellen bewirken kann, zeigen die Komplexität der hier angeschnittenen Fragen. Selbstverständlich

---

41 Vgl. die Arbeiten von CHOMSKY u. a., [Grammars], oder, für die Semantik, DAVIDSON, [Learnable]. Vgl. auch S. 118, 140, 176, 178 ff.

42 Vgl. dazu PETERS/RITCHIE, [Restricting], zum Problemkreis überhaupt: PETERS, [Projection].

dürften die Schwierigkeiten kaum geringer sein bei Systemen der Sprachbeherrschung, die nicht mit Systemen von Regeln arbeiten. Allenfalls für einfache induktive Verfahren lassen sich die Probleme in etwa übersehen.[43] Ihre Leistungsfähigkeit bei der Erklärung des Sprachlernens und -verhaltens ist jedoch, wie schon betont und wie auch von den entsprechenden Analytikern zugegeben wird, beschränkt.

Auch der stilisierte Lernprozeß durch Lehre, der von LORENZ skizziert wird, entspricht einem Lernprozeß, bei dem nur Regeln eines einfachen Typs fortgesetzt hinzugefügt werden. Auch hier ist die erreichbare Komplexität des Regelsystems stark beschränkt. Mit anderen Worten: Es gibt noch keine ernstzunehmenden Ansätze für eine Theorie des Sprachlernens, die die Ausbildung komplexer Sprachbeherrschungen, sei es auch nur im Prinzip, zu erklären vermag: Weder die Anfangsbedingungen, d. h. die angeborene Struktur, noch die Änderungsformen können adäquat theoretisch formuliert werden. Angesichts dieser Tatsache scheinen erkenntnistheoretische oder philosophische Auseinandersetzungen, gestützt auf angebliche Erkenntnisse, in diesem Bereich verfrüht. Die Annahmen können allenfalls den Charakter von Arbeitshypothesen haben.

7. Gibt es eine klare *Scheidung zwischen der Sprachanalyse und der Analyse von Sachverhalten,* d. h. zwischen der Sprachphilosophie und Linguistik auf der einen Seite und den Wissenschaften von der Welt oder der Wirklichkeit auf der anderen? Wenn ja, kommt dann ersterer eine methodologische Priorität gegenüber letzterer zu? Viele Sprachphilosophen und viele Linguisten würden beide Fragen bejahen. In der Sprachphilosophie wird diese Frage unter dem Gesichtspunkt diskutiert, ob in bezug auf die Wahrheit von Sätzen die Begriffe ‹analytisch wahrer Satz einer Sprache L_i› und ‹synthetisch wahrer Satz einer Sprache L_i› präzise unterschieden werden können. Diese Frage hängt eng damit zusammen, ob es semantische Relationen zwischen sprachlichen Ausdrücken gibt, die unabhängig von empirischer Erfahrung gelten, die aber ihrerseits Formulierungen möglicher empirischer Erfahrungen mitbestimmen. Wird dies bejaht, so kann man diejenigen Sätze als analytisch kennzeichnen, deren Wahrheit sich allein aufgrund der semantischen Relationen bestimmen läßt. Diese Position wurde vor allem von CARNAP entwickelt.[44] Europäische Strukturalisten unter den Sprachwissenschaftlern haben ihre Position nicht so klar artikuliert, aber es ist unbezweifelbar, daß sie CARNAPS Position im wesentlichen teilen würden.

Entschieden und heftig kritisiert wurde dieser Standpunkt durch QUINE. Er bringt die Fragestellung noch mit dem Begriff der Konvention in Be-

---

43 Vgl. SUPPES, [Stimulus] 1 und 2 und [Probabilistic].
44 Vgl. z. B. CARNAP, [Naturwissenschaft], bes. § 27, 28, aber neuerdings die gemäßigtere Position in: CARNAP, [System], S. 78 ff.

ziehung: Die semantische Eigenschaft der Analytizität gründet in der Sprache (oder ihren semantischen Relationen, wie wir sahen) und damit ‹in Konvention, fiat, Bedeutung›.[45] In seiner farbigen Metaphorik zieht er folgendes Resümee: ‹Das von unseren Vätern ererbte Wissen ist ein Gewebe von Sätzen. In unseren Händen entwickelt und verändert es sich durch unsere Abänderungen und Beifügungen, die wir mehr oder weniger willkürlich und vorsätzlich machen, mehr oder minder direkt veranlaßt durch die ständige Reizung unserer Sinnesorgane. Es ist eine blaßgraue Kunde, schwarz durch Fakten und weiß durch Konventionen. Ich habe aber keine wesentlichen Gründe für den Schluß gefunden, daß es irgendwelche völlig schwarzen Fäden in ihr gibt, noch irgendwelche weißen.›[46] QUINE kann also ebensowenig Gründe für reine Beobachtungssätze erkennen wie Gründe für analytische Sätze. Die von QUINE zusammengebundene Trias von ‹Konvention, fiat, Bedeutung› wird zwar von CARNAP nicht akzeptiert, von LEWIS aber aufgegriffen und in die Motivation seines Buches einbezogen.[47]

Er glaubt, daß CARNAP deswegen nicht in der Lage sei, QUINES Bedenken zu zerstören, weil er es ablehne, auf die Analyse von Konventionen einzugehen, und die Skepsis von QUINE nur durch die Form einer Sprachkonstruktion beantworte, in der die Unterscheidung klargemacht werden könne, sowie durch einen Vorschlag, wie die empirische Adäquatheit einer solchen Sprachkonstruktion getestet werden könne.[48] QUINE fragt aber, nach LEWIS' Meinung, in erster Linie danach, welche Beziehung zwischen, beispielsweise, einem Waliser und einem bestimmten geordneten Paar (dessen zweites Glied eine Menge semantischer Regeln ist) bestehen muß, damit dieses geordnete Paar die wirkliche Sprache eines Walisers ist. Um diese Frage QUINES zu beantworten, hätte sein Opponent (also CARNAP oder ein Carnapianer) Bezug nehmen müssen auf geistige oder verhaltensmäßige oder kulturelle Faktoren unter Walisern.

Gerade dieses Versäumnis der Carnapianer will LEWIS in seinem Buch ‹Convention› beheben. In der neueren Tradition der Fortentwicklung CARNAPscher Vorstellungen legt LEWIS sein Konzept einer grammatisch und semantisch völlig spezifizierten Sprachform vor, die im wesentlichen mit den sachbezüglich-intensional interpretierten Standardsprachformen übereinstimmt (vgl. Kap. IV.C, S. 209 ff). In diesen möglichen Sprachformen ist die Eigenschaft der Sätze, analytisch zu sein, definit. Um die oben angedeutete QUINESCHE Frage zu beantworten, versucht LEWIS eine Beschreibung der geistigen, verhaltensmäßigen und kulturellen Faktoren in einer Bevölkerung zu geben, die die analytischen Sätze ihrer Sprachform bestimmen,

45 QUINE, [Carnap], S. 401.
46 QUINE, [Carnap], S. 406.
47 CARNAP, [Replies], S. 916, LEWIS, [Convention], S. 2, 204 ff.
48 CARNAP, [Synonymy].

indem sie bestimmen, welche der möglichen Sprachformen die wirkliche für die Sprecher der Bevölkerung ist. Darin behauptet Lewis, Quines Bedingungen zu erfüllen, nämlich eine Beschreibung der angemessenen Art von Analytizität (oder der diese bestimmenden sprachimmanenten semantischen Relationen) gegeben zu haben – die Analytizität in bezug auf eine Bevölkerung von sprachlichen Kommunikatoren. Ist Lewis' Behauptung gerechtfertigt? Ich glaube nicht, und zwar aus folgenden Gründen.

Wie wir sahen, hat Lewis keineswegs gezeigt, welche mögliche Sprachform diejenige der Kommunikatoren ist, für die eine Konvention gilt, sondern nur, daß es eine Klasse von «benachbarten» Regularitäten des Sprachverhaltens gibt, die einer entsprechenden Klasse möglicher Sprachformen eindeutig zugeordnet sind, von denen mindestens eine von jedem Kommunikator beherrscht wird und von ihm als die die Konvention bestimmende angesehen wird. Die Klassen der alternativen Sprachformen, die die verschiedenen Kommunikatoren in Fällen der Stabilisierung oder Veränderung in Betracht ziehen, brauchen keinesfalls bei allen Kommunikatoren übereinzustimmen und könnten eventuell sogar disjunkt sein. Die Tatsache, daß Kommunikatoren in den von ihnen als geltend angenommenen Konventionen nicht übereinstimmen, zeigt sich in Auseinandersetzungen darüber, ob gewisse Sprachverwendungen im Einklang mit den Konventionen stehen oder nicht, und sie kann für manche Fälle des Mißverstehens verantwortlich sein.

Aus all diesem folgt nun aber, daß wir keine praktikable Möglichkeit haben, die Sprachform eines Kommunikators und damit seine semantischen Regeln zu bestimmen. Das einzige, was wir tun können, ist, eine Sprachform auszuwählen, die der seinen für praktische Zwecke ausreichend benachbart ist, und sie in entsprechenden Situationen in gängigen Verständigungsbereichen auszutesten. Da jede in diesem Sinne angepaßte Sprachform gleich gut ist, ist eine genauere Anpassung nicht möglich, und damit bleibt die Bestimmung, welche semantischen Regeln der Kommunikator hat und welche nicht, in diesem Grade unscharf.

Die Situation ist aber schlimmer: Angenommen, unsere Theorie möglicher Sprachen steht in Konkurrenz zu einer behavioristischen Sprachtheorie, deren Entwicklung Quine vorschweben würde und die das Sprachverhalten ebensogut erklären würde. Zwar ist im Augenblick noch relativ unklar, wie eine solche zu entwickeln wäre, aber das kann sich ja möglicherweise ändern. Angenommen, die Theorien sind sogar empirisch unterschiedlich: Die Formen des Sprachverhaltens, die sie prognostizieren, sind jeweils verschieden, aber zu jedem vorkommenden Sprachverhalten liefert jede der beiden allgemeinen Theorien eine ausreichend «benachbarte», die als Wiedergabe der zugehörigen Konvention angesehen werden kann. Ein wesentliches Charakteristikum der Quineschen Theorien sei, daß in ihnen die Unterscheidung zwischen sprachlicher Semantik und faktischer Semantik (oder zwischen analytisch und synthetisch) für Sprachausschnitte nicht gemacht werden kann. Sei nun die Klasse der möglichen Sprachformen die Vereinigung der Lewisschen und der Quineschen: Manche Kommunikatoren sprechen dann nach Lewis' Konvention, andere nach Quines, einige haben eine Möglichkeit, zwischen Sprachsystem und Welterfahrung zu unterscheiden, andere nicht. Es kann jedoch aus dem Sprachverhalten nicht geschlossen werden, ob das eine oder das andere der Fall ist, und eine direktere Befragung ist, wie bekannt, höchst problematisch. Da nach einer kritischen Analyse dessen, was Lewis bei seiner Beschreibung von Konventionen wirklich geleistet hat und was nicht, diese Unbestimmtheit der Sprachbeschreibung nicht auszuschließen ist, hat Lewis das, was er sich letztlich vorgenommen hatte, nämlich Quines Skepsis in bezug auf Konventionen und Bedeutungen zu widerlegen, nicht erreicht.

Welche Folgerungen sind zu ziehen? Die Antwort, die mir am plausibelsten erscheint, argumentiert erstens mit Quines ‹doppeltem Standard› und zweitens – nochmals und zum letztenmal in diesem Buch – mit Carnaps Toleranzprinzip. Der erste Gesichtspunkt ist folgender: Man sollte die philosophischen und wissenschaftlichen Standards der Erklärung nicht vermengen. Unter dem einen Standard suchen wir Darstellungs- und Erklärungsweisen, die grundsätzlichen Prinzipien, die philosophisch vorgebracht und entwickelt werden mögen, im strengsten Sinn genügen können. Quines prinzipiell naturalistischer Standpunkt ist ein solches Prinzip, das außer Regularitäten des Verhaltens nichts duldet, keine Bedeutungen, semantischen Relationen, propositionalen Einstellungen, möglichen Welten usw. Den wissenschaftlichen Standards der Erklärung geht es demgegenüber in jeder Wissenschaft darum, die für sie wichtigen Begriffe zu klären und zu explizieren, Theorien zu entwickeln und ihre Adäquatheit zu prüfen, beides im Rahmen und mit Hilfe der Prinzipien logischen und wissenschaftlichen Schließens. Dies ist in einem gewissen Grade unabhängig von grundsätzlichen Prinzipien, die philosophisch gerechtfertigt werden können, sofern Philosophie mehr ist als Wissenschaftslogik. Damit ergibt sich, wie Quine betont, ein doppelter Standard; Sprachanalyse muß daher nicht notwendig zum gleichen Analyseresultat, ja nicht einmal zur gleichen Form der Analyse führen.[49] Auch Quine betont, daß für immanente Zwecke der Sprachwissenschaft die von ihm verdächtigten und oben genannten Beschreibungsmittel nützlich, ja praktisch unumgänglich sein können.

Der zweite Gesichtspunkt betrifft die immanente Entwicklung der sprachwissenschaftlichen Theorie. Angesichts der gegenwärtigen Forschungslage sollte an der weiteren Klärung der Kriterien gearbeitet werden, nach denen Theorien für Bereiche der Sprachanalyse beurteilt werden sollen, ebenso wie an der Entwicklung dieser Theorien selbst. Eine Festlegung auf eine bestimmte Form der Kriterien (z. B. für grammatische Rekursivität, Explikation der Darstellungsfunktion sowie der Explikation der Sprachbeherr-

---

49 Vgl. u. a. Quine, [Word], S. 221 und [Relativity], S. 33/34 u. a.

schung und der Konventionalität der Sprache) ist eher hinderlich. Unsere gemeinsame Basis und der gemeinsame Bezugspunkt sei die wissenschaftliche Methode im Sinne der Wissenschaftstheorie empirischer Wissenschaften; spezifische Hypothesen und Sprachtheorien sind gegenwärtig nützlich als Arbeitshypothesen und hinderlich als empirische Behauptungen. Die Wechselwirkung zwischen Sprachwissenschaft und Sprachphilosophie trägt heute dazu bei, ersteres zu verdeutlichen und letzteres zu kritisieren.

ÜBER DEN VERFASSER

HELMUT SCHNELLE: Geboren 1932 in Köln. Studium u. a. an der Universität Bonn; dort 1957 Physik-Diplom. Wissenschaftlicher Mitarbeiter am Institut für Phonetik und Kommunikationsforschung der Universität Bonn. 1961 Promotion zum Dr. phil. mit einer Dissertation über Zeichensysteme zur wissenschaftlichen Darstellung. 1960 bis 1964 Leitung von Forschungsvorhaben auf den Gebieten der linguistischen Datenverarbeitung, der automatischen Spracherkennung und Akustik. 1967 Habilitation mit einer Arbeit über ‹Formalisierung in der Sprachwissenschaft›. Seit 1968 o. Professor für Linguistik an der Technischen Universität Berlin. Herausgeber der ab 1974 erscheinenden internationalen Zeitschrift ‹Theoretical Linguistics›.

Wichtigste Veröffentlichungen:

Zeichensysteme zur wissenschaftlichen Darstellung, Stuttgart 1962 / Methoden mathematischer Linguistik, in: M. Thiel (Hrsg.), Enzyklopädie der geisteswissenschaftlichen Arbeitsmethoden, 4. Lfrg., Methoden der Sprachwissenschaft, München 1968 / Zur Entwicklung der Theoretischen Linguistik, in: Studium Generale 23, Berlin–Heidelberg–New York 1970 / Linguistics and automata theory, in: Linguaggi nella società e nella tecnica, Milano 1970 / Language communication with children – Toward a theory of language use, in: Y. Bar-Hillel (ed.), Pragmatics in Natural Languages, Dordrecht/Holland 1971 / Problems in theoretical linguistics, in: Proceedings of the 4th International Congress for Logic, Methodology and Philosophy of Science (in Vorbereitung) / (zusammen mit R. Montague) Universale Grammatik, Braunschweig 1972

BIBLIOGRAPHIE

Eckig eingeklammerte Kurztitel werden bei Zitaten in diesem Buch verwendet.
Titel von Zeitschriftenaufsätzen stehen in Anführungszeichen.

ADORNO, TH. W. [Kierkegaard], Kierkegaard. Konstruktion des Ästhetischen.
Frankfurt/M., Suhrkamp, ³1962
– [Dialektik], Negative Dialektik. Frankfurt/M., Suhrkamp, 1966
AJDUKIEWICZ, K. [Konnexität], ‹Die syntaktische Konnexität›. In: Studia Philosophica (Lwow) Bd. 1 (1935), S. 1–27
APEL, K. O. [Chomsky], ‹Noam Chomskys Sprachtheorie und die Philosophie der Gegenwart (Eine wissenschaftstheoretische Fallstudie)›. In: Jhrb. 1971 Inst. f. dtsch. Sprache, Düsseldorf, Schwann, 1972
– [Komm. Gem.], ‹Die Kommunikationsgemeinschaft als transzendentale Voraussetzung der Sozialwissenschaften›. In: Neue Hefte für Philosophie, Heft 2/3 (1972), S. 1–40
– [Ethik], ‹Das Apriori der Kommunikationsgemeinschaft und die Grundlagen der Ethik (Zum Problem einer rationalen Begründung der Ethik im Zeitalter der Wissenschaft)›. In: M. RIEDEL (Hrsg.), Rehabilitierung der praktischen Philosophie, Bd. II, Freiburg, Rombach, 1972
ARNAULD, A., et P. NICOLE [Logique], La Logique ou l'art de penser. Paris, 1662. Faksimile-Abdruck, Stuttgart-Bad Cannstatt, Frommann, 1965
AUSTIN, J. L. [Words], How to do things with words. Cambridge, Mass., Harvard University Press, 1962
BAR-HILLEL, Y. [Definition], ‹Recursive Definitions in Empirical Sciences›. In: Proc. XIth Int. Congr. Phil. Vol. 5 (1953), S. 160–165
– [Language], Language and Information. Reading, Mass., Addison-Wesley, 1964
– [Aspects], Aspects of Language. Jerusalem, Magnes Press, und Amsterdam, North-Holland Publishing Company, 1970
– [Habermas], ‹On Habermas' Hermeneutic Philosophy of Language›. In: Synthese 23 (1973)
–, J. MALINO and A. MARGALIT [Logic], ‹On Logic and Theoretical Linguistics›. In: SEBEOK, TH. A. (Ed.), Current Trend in Linguistics, vol. 12, The Hague, Mouton, 1973
BARTSCH, R. [Semantik], Adverbialsemantik. Frankfurt/M., Athenäum, 1972
BIERWISCH, M. [Semantics], ‹Semantics›. In: LYONS, J. (Ed.), New Horizons in Linguistics. Harmondsworth, Penguin Books, 1970
– [Schriftstruktur], ‹Schriftstruktur und Phonologie›. In: Probleme und Ergebnisse der Psychologie, Bd. 43 (1972), S. 21–44
BLACK, M. [Models], Models and Metaphors. Ithaca, N. Y., Cornell University Press, 1962
– [Labyrinth], The Labyrinth of Language. New York, Fr. A. Praeger, 1968
BOCHENSKI, J. M. [Logik], Formale Logik. Freiburg, Alber, 1956
BOHNERT, H. [Carnap], ‹Carnap's Theory of Definition and Analyticity›. In: SCHILPP, P. A. [Carnap], S. 407–430
BREKLE, H. E. [Semantik], Generative Satzsemantik und transformationelle Syntax im System der englischen Nominalkomposition. München, Fink, 1970
BÜHLER, K. [Krise], Die Krise der Psychologie. Stuttgart, G. Fischer, ³1965 (¹1927)
– [Axiomatik], ‹Die Axiomatik der Sprachwissenschaften›. In: Kant-Studien Bd. 38

(1933), abgedruckt als Buch mit gleichem Titel, Frankfurt/M., V. Klostermann, 1969
- [Sprachtheorie], Sprachtheorie. Die Darstellungsfunktion der Sprache. Stuttgart, G. Fischer, ²1965 (¹1934)

CARNAP, R. [Aufbau], Der logische Aufbau der Welt. Hamburg, Meiner, ²1961 (¹1928)
- [Syntax], Logische Syntax der Sprache. Wien, Springer, ²1968 (¹1934)
- [Meaning], Meaning and Necessity. Chicago, University of Chicago Press, ²1956 (¹1947)
- [Empiricism], ‹Empiricism, Semantics and Ontology›. In: CARNAP, R. [Meaning] (2. Aufl.)
- [Synonymy], ‹Meaning and Synonymy in Natural Languages›. In: CARNAP, R. [Meaning] (2. Aufl.)
- [Testability], Testability and Meaning. New Haven, Conn., Graduate Philosophy Club, Yale University, 1950
- [Probability], Logical Foundations of Probability. Chicago, University of Chicago Press, 1950
- und W. STEGMÜLLER [Induktive Logik], Induktive Logik und Wahrscheinlichkeit. Wien, Springer, 1959
- [Logik], Einführung in die symbolische Logik. Wien, Springer, ²1960 (¹1954)
- [Autobiography], ‹Intellectual Autobiography›. In: SCHILPP, P. A. [Carnap], S. 3–84
- [Replies], ‹Replies and Systematic Expositions›. In: SCHILPP, P. A. [Carnap], S. 859–1013
- [Naturwissenschaft], Einführung in die Philosophie der Naturwissenschaft. München, Nymphenburger, 1969, Übersetzung von: Philosophical Foundations of Physics, New York, Basic Books, 1966
- [System], ‹A Basic System of Inductive Logic, Part I›. In: CARNAP, R., and R. C. JEFFREY, Studies in Inductive Logic and Probability, Berkeley, University of California Press, 1971, S. 33–165

CHOMSKY, N. [Theory], The Logical Structure of Linguistic Theory. Cambridge, Mass., mimeographed, The MIT Library
- [Structures], Syntactic Structures. The Hague, Mouton, 1957
- [Notion], ‹On the Notion ‹Rule of Grammar››. In: JAKOBSON, R. (Ed.), Structure of Language and its Mathematical Aspects, Providence, Rhode Island, American Mathematical Society, 1961, S. 6–24
- [Grammars], ‹Formal Properties of Grammars›. In: R. D. LUCE, R. R. BUSH, E. GALANTER, Handbook of Mathematical Psychology, vol. II, New York, J. Wiley, 1963, S. 323–418
- [Syntax], Aspects of the Theory of Syntax. Cambridge, Mass., MIT Press, 1965
- [Quine], ‹Quine's Empirical Assumptions›. In: DAVIDSON/HINTIKKA [Words], S. 53–68
- [Semantics], Studies on Semantics in Generative Grammar. The Hague, Mouton, 1972
- [Interpretation], ‹Deep Structure, Surface Structure, and Semantic Interpretation›. In: CHOMSKY, N. [Semantics], S. 62–119
- [Issues], ‹Some Empirical Issues in the Theory of Transformational Grammar›. In: CHOMSKY, N. [Semantics], S. 120–202 u. in: PETERS, S. [Goals], S. 63–130

CHRISTENSEN, N. E. [Meanings], On the Nature of Meanings. Copenhagen, Munksgaard, 1965

Cohen, J. [Meaning], The Diversity of Meaning. London, Methuen, 1962

– [Speech Acts], ‹Speech Acts›. In: Th. A. Sebeok, Current Trends in Linguistics, vol. 12, The Hague, Mouton, 1973

Coseriu, E. [Geschichte], Die Geschichte der Sprachphilosophie von der Antike bis zur Gegenwart. Eine Übersicht. Teil I, vervielfältigt: Stuttgart, Polyfoto Dr. Vogt, 1969

– [Semantik], ‹Semantik, Innere Sprachform und Tiefenstruktur›. In: Folia Linguistica Bd. IV 1/2 (1970), S. 53–63

Couturat, L. [Logique], La logique de Leibniz d'après des documents inédits. Paris 1901

Curry, H. B. [Logic], Foundations of Mathematical Logic. New York, McGraw-Hill, 1963

Davidson, D. [Learnable], ‹Theories of Meaning and Learnable Languages›. In: Bar-Hillel, Y. (Ed.), Logic, Methodology, and Philosophy of Science II, Amsterdam, North-Holland Publ. Comp., 1965, S. 383–394

– [Action], ‹The Logical Form of Action Sentences›. In: Rescher, N., The Logic of Decision and Action, Pittsburgh, Pa., University of Pittsburgh Press, 1967, S. 81–95

– [Truth], ‹Truth and Meaning›. In: Synthese 17 (1967), S. 304–333, zitiert nach Abdruck in: Davis, J. W., D. J. Hockney, W. K. Wilson (Eds.), Philosophical Logic, Dordrecht-Holland, D. Reidel, 1969, S. 1–20

– and J. Hintikka (Eds.), [Words], Words and Objections. Essays on the Work of W. V. Quine, Dordrecht-Holland, D. Reidel, 1969

– [That], ‹On Saying That›. In: Davidson/Hintikka [Words], S. 158–174

– [Semantics], ‹Semantics for Natural Languages›. In: Visentini, B. (Ed.), [Linguaggi], S. 177–188

– and G. Harman (Eds.), [Semantics], Semantics of Natural Language. Dordrecht-Holland, D. Reidel, 1972

Fillmore, Ch. [Case], ‹The Case for Case›. In: Bach, E., and R. T. Harms (Eds.), Universals in Linguistic Theory, New York, Holt, Rinehart and Winston, 1968, S. 1–88

Fodor, J. A., and J. J. Katz [Theory], ‹The Structure of Semantic Theory›. In: Language, vol. 39 (1963), S. 170–210 und in: Fodor/Katz [Structure], S. 479 bis 518

– – (Eds.) [Structure], The Structure of Language. Englewood Cliffs, N. J., Prentice Hall, 1964

Fraenkel, A., Y. Bar-Hillel and A. Levy [Set Theory], Foundations of Set Theory. Amsterdam, North-Holland Publ. Comp., ²1973

Fraassen, B. van [Semantics], Formal Semantics and Logic. New York, Macmillan Comp., 1971

Frege, G. [Begriffsschrift], Begriffsschrift. Eine der arithmetischen nachgebildete Formelsprache des reinen Denkens. Hildesheim, Olms, ²1964 (¹1879)

– [Funktion]: Funktion, Begriff, Bedeutung. Fünf logische Studien. G. Patzig (Hrsg.), Göttingen, Vandenhoeck und Ruprecht, 1966

Gipper, H. [Stichwörter], ‹Stichwörter: Bedeutung, Bedeutungslehre, Bezeichnung, Bezeichnungslehre›. In: Ritter, J. (Hrsg.), Historisches Wörterbuch der Philosophie, Basel, Schwabe, 1971 ff

– [Interpretation], ‹Die genetische Interpretation der Sprache›. In: Landgrebe, L. (Hrsg.), 9. Dtsch. Kongr. f. Philosophie, Meisenheim am Glan, A. Hain, 1972

GOODMAN, N. [Individuals], ‹A world of Individuals›. In: The Problem of Universals, South Bend, Ind., University of Notre Dame Press, 1956
– [Art], Languages of Art. London, Oxford University Press, 1969
GRICE, H. P. [Meaning], ‹Meaning›. Philosophical Review 66 (1957), S. 377–388, abgedruckt in: STRAWSON, P. F. (Ed.), Philosophical Logic, London, Oxford University Press, 1967
– [Meanings], ‹Utterer's Meaning, Sentence Meaning, and Word Meaning›. In: Foundations of Language, vol. 4 (1968), S. 1–18, abgedruckt in: SEARLE, J. R. (Ed.) [Language], S. 54–70
– [Conversation], Logic and Conversation. Harvard Lectures. Unveröffentlichtes Manuskript, 1971
HANNA, J. F. [Explication], ‹An Explication of ‹Explication››. In: Philosophy of Science, vol. 35 (1968), S. 28–44
HABERMAS, J. [Kompetenz], ‹Vorbereitende Bemerkungen zu einer Theorie der kommunikativen Kompetenz›. In: HABERMAS, J., und N. LUHMANN, Theorie der Gesellschaft oder Sozialtechnologie – Was leistet die Systemforschung? Frankfurt/M., Suhrkamp, 1971
HARRIS, Z. S. [Linguistics], Structural Linguistics. Chicago, University of Chicago Press, 1951
HARTH, H., und L. POLLMANN [Valéry], Paul Valéry, Frankfurt, Athenäum, 1972
HEISSENBÜTTEL, H. [Textbuch], Das Textbuch. Neuwied, Luchterhand, 1970
HEMPEL, C. G., and R. OPPENHEIM [Explanation], ‹Studies in the Logic of Explanation›. In: Philosophy of Science vol. 15 (1948), S. 135–175, abgedruckt in HEMPEL, C. G., Aspects of Scientific Explanation, Glencoe, Ill., Free Press, 1965
HERMES, H. [Aufzählbarkeit], Aufzählbarkeit, Entscheidbarkeit, Berechenbarkeit. Berlin-Heidelberg, Springer, 1961
HILBERT, D. [Mathematik], ‹Neubegründung der Mathematik›. Zitiert nach Abdruck in: Hilbertiana, Darmstadt, Wissenschaftliche Buchgesellschaft, 1964
HINTIKKA, J. [Modalities], Models for Modalities. Dordrecht-Holland, D. Reidel, 1969
– [Methods], ‹Epistemic Logic and the Methods of Philosophical Analysis›. In: HINTIKKA, J. [Modalities]
–, J. M. E. MORAVCSIK, and P. SUPPES (Eds.) [Approaches] Approaches to Natural Language. Dordrecht-Holland, D. Reidel, 1972
HIŻ, H. [Syntax], ‹Computable and Uncomputable Elements of Syntax›. In: ROOTSELAAR, B. VAN, and J. F. STAAL, Logic, Methodology and Philosophy of Sciences III, Amsterdam, North-Holland Publ. Comp., 1968
– [Theory], ‹Aletheic Semantic Theory›. In: The Philosophical Forum, vol. I, No. 4 (New Series) (1969), S. 438–451
HJELMSLEV, L. [Sprogteorien], Omkring Sprogteoriens Grundlaeggelse. Copenhagen, Munksgaard, 1943. Engl. Übers.: Prolegomena to a Theory of Language, Madison, Wisc., University of Wisconsin Press, 1963
HOOK, S. (Ed.) [Language], Language and Philosophy. New York, New York University Press, 1969
HUMBOLDT, W. v. [Werke], Werke Bd. III: Schriften zur Sprachphilosophie. Darmstadt, Wissenschaftliche Buchgesellschaft, 1963
HUSSERL, E. [Untersuchungen], Logische Untersuchungen. Halle a. d. Saale, M. Niemeyer, ⁴1928

KAMLAH, W., und P. LORENZEN [Propädeutik], Logische Propädeutik. Vorschule des vernünftigen Redens. Mannheim, Bibliographisches Institut, 1967

KANT, I. [Reine Vernunft], Critik der reinen Vernunft. Riga, 1781, und: Kant-Werke Bd. II, Darmstadt, Wissenschaftliche Buchgesellschaft, 1956

– [Urteilskraft], Critik der Urtheilskraft. Berlin, 1790, und: Kant-Werke Bd. V, Darmstadt, Wissenschaftliche Buchgesellschaft, 1957

KATZ, J. J. [Language], The Philosophy of Language. New York, Harper and Row, 1966

KRIPKE, S. [Considerations], ‹Semantic Considerations on Modal Logic›. In: Acta Philosophica Fennica Bd. 16 (1963), S. 83–94; zitiert nach Abdruck in: LINSKY, L. [Modality], S. 63–72

– [Naming], ‹Naming and Necessity›. In: DAVIDSON/HARMAN [Semantics], S. 253–355

KUTSCHERA, F. v. [Sprachphilosophie], Sprachphilosophie. München, Fink, 1971

LEWIS, D. [Semantics], ‹General Semantics›. In: DAVIDSON/HARMAN [Semantics], S. 169–218

– [Convention], Convention. Cambridge, Mass., Harvard University Press, 1969

LIEB, H. H. [Sprachstadium], Sprachstadium und Sprachsystem. Stuttgart, W. Kohlhammer, 1970

LINSKY, L. (Ed.) [Semantics], Semantics and the Philosophy of Language. Urbana, Ill., University of Illinois Press, 1952

– (Ed.) [Modality], Reference and Modality. London, Oxford University Press, 1971

LORENZ, K. [Sprachkritik], Elemente der Sprachkritik. Frankfurt/M., Suhrkamp, 1970

LORENZEN, P. [Mathematik], Einführung in die operative Logik und Mathematik. Berlin-Heidelberg, Springer, 1955

– [Metamathematik], Metamathematik. Mannheim, Bibliographisches Institut, 1962

LÖWITH, K. [Valéry], Paul Valéry. Göttingen, Vandenhoeck und Ruprecht, 1971

LYONS, J. [Semantics], Structural Semantics. Oxford, B. Blackwell, 1963

– [Linguistics], Introduction to Theoretical Linguistics, London, Cambridge University Press, 1968, dt. Übersetzung: Einführung in die moderne Linguistik, München, C. H. Beck, 1971

MAAS, U., und D. WUNDERLICH [Pragmatik], Pragmatik und sprachliches Handeln. Frankfurt, Athenäum, 1972

MARTIN, R. M. [Conception], ‹Discussion on Tarski's ‹Semantic Conception of Truth››. In: Phil. and Phenom. Res. Bd. 11 (1950–51), dt. Übers. in: SINNREICH, J. [Sprache], S. 101–103

MARTINET, A. [Sprachwissenschaft], Grundzüge der allgemeinen Sprachwissenschaft. Stuttgart, W. Kohlhammer, 1963 – Übersetzung von: Eléments de linguistique générale, Paris, Colin, 1960

MATES, B. [Verification], ‹On the verification of statements about ordinary language›. In: Inquiry Vol. 1 (1958), S. 161–171, abgedruckt in: V. C. CHAPPELL [Ed.], Ordinary language, Englewood Cliffs, Prentice Hall, 1964, S. 64–74

– [Leibniz], ‹Leibniz on Possible Worlds›. In: ROOTSELAAR, B. VAN, and J. F. STAAL, Logic, Methodology and Philosophy of Science III, Amsterdam, North-Holland Publ. Comp., 1968

MINSKY, M. (Ed.) [Processing], Semantic Information Processing, Cambridge, Mass., MIT-Press, 1968

MONTAGUE, R. [Pragmatics], ‹Pragmatics›. In: KLIBANSKY, R. (Ed.), Contemporary Philosophy, Firenze, La Nuova Italia Editrice, 1968

– [Quantification], ‹The Proper Treatment of Quantification in Ordinary English›. In: HINTIKKA/MORAVCSIK/SUPPES [Approaches]

– und H. SCHNELLE [Grammatik], Universale Grammatik. Braunschweig, Vieweg, 1972 (enthält die deutsche Übersetzung von R. MONTAGUE, ‹Universal Grammar›). In: Theoria Bd. 36 (1970), S. 373–398

NAESS, A. [Interpretation], Interpretation and Preciseness. Skrifter Norske Vid. Akademi, Oslo, II Hist.-Filos. Klasse, 1953, No. 1

– [Argument], Communication and Argument. Oslo, Universitetsforlaget, 1966

NEUMANN, J. v., and O. MORGENSTERN [Games], Theory of Games and Economic Behavior. Princeton University Press, 1944, dt. Übers.: Spieltheorie und wirtschaftliches Verhalten, Würzburg 1961

NEURATH, O. [Protokollsätze], ‹Protokollsätze›. In: Erkenntnis 3 (1932)

PARSONS, T. [Essentialism], ‹Essentialism and Quantified Modal Logic›. In: LINSKY, L. [Modality], S. 73–87

PETERS, S., and R. W. RITCHIE [Restricting], ‹On Restricting the Base Component of Transformational Grammars›. In: Information and Control, vol. 18 (1971), S. 483–501

– (Ed.) [Goals], Goals of Linguistic Theory. Englewood Cliffs, N. J., Prentice Hall, 1972

– [Projection], ‹The Projection Problem: How is a Grammar to be Selected?›. In: PETERS, S. [Goals], S. 171–188

POSNER, R. [Kommentieren], Theorie des Kommentierens. Frankfurt/M., Athenäum, 1972

– [Grammar], Categorial Grammar – History, Problems and Perspectives. The Hague, Mouton, 1973

POST, E. [Reduction], ‹Formal Reduction of the General Combinatorial Decision Problem›. In: American Journal of Mathematics vol. 65 (1943), S. 197–215

POTTS, T. C. [Grammar], ‹Fregean Categorial Grammar› (unveröffentlicht)

PUTNAM, H. [Innateness], ‹The ‹Innateness Hypothesis› and Explanatory Models in Linguistics›. In: SEARLE, J. R. [Language], S. 130–139

QUINE, W. V. O. [Point of View], From a Logical Point of View. Cambridge, Mass., Harvard University Press, 1953

– [Linguistics], ‹The Problem of Meaning in Linguistics›. In: QUINE, W. V. O. [Point of View], S. 47–64

– [Word], Word and Object. Cambridge, Mass., MIT Press, 1960

– [Carnap], ‹Carnap and Logical Truth›. In: SCHILPP, P. A. [Carnap], S. 385–406

– [Replies], ‹Replies›. In: DAVIDSON/HINTIKKA [Words], S. 292–352

– [Relativity], ‹Ontological Relativity›. In: QUINE, W. V. O., Ontological Relativity and Other Essays, New York, Columbia University Press, 1969

– [Reflections], ‹Methodological Reflections on Current Linguistic Theory›. In: DAVIDSON/HARMAN [Semantics], S. 442–454

QUINTILIANUS, M. F. [Oratoriae], Institutionis Oratoriae – Ausbildung des Redners. Darmstadt, Wissenschaftliche Buchgesellschaft, 1972

REICHENBACH, H. [Logic], Elements of Symbolic Logic. London, Collier Macmillan Comp., 1947

ROHRER, C. [Grammatik], Funktionelle Sprachwissenschaft und transformationelle Grammatik. München, Fink, 1971

317

Russell, B. [Meaning], An Inquiry into Meaning and Truth. London, G. Allen and Unwin Ltd, 1940

Ryle, G. [Categories], ‹Categories›. In: Proc. Aristotelean Society (1938–39), abgedruckt in: Flew, A. G. N. (Ed.), Logic and Language, Series II, Oxford, Blackwell, 1953

– [Language], ‹Ordinary Language›. In: The Philos. Review vol. 62 (1953), S. 167 bis 186, abgedruckt in: Chappell, V. C. (Ed.), Ordinary Language, Englewood Cliffs, Prentice Hall, 1964

– [Dilemmas], Dilemmas. London, Cambridge University Press, 1966

Šaumjan, N. [Linguistik], Structurale Linguistik. München, Fink, 1971 – dt. Übersetzung von: Strukturnaja Lingvistika

de Saussure, F. [Cours], Cours de linguistique générale. Paris, Payot, ³1962 (¹1919)

Schilpp, P. A. (Ed.) [Carnap], The Philosophy of Rudolf Carnap. La Salle, Ill., Open Court, 1963

Schmidt-Radefeldt, J. [Valéry], Paul Valéry Linguiste dans les Cahiers. Paris, Klincksiek, 1970

Schnelle, H. [Prolegomena], Prolegomena zur Formalisierung in der Linguistik. Unveröffentlichte Habilitationsschrift, Bonn 1967

– [Linguistik], ‹Zur Entwicklung der theoretischen Linguistik›. In: Studium Generale Bd. 23 (1970), S. 1–23

– [Review], ‹Review of Y. Bar-Hillels ‹Aspects of Language››. In: Philosophia vol. 3 (1973)

– [Meaning], ‹Meaning Constraints›. In: Synthese 23 (1973), S. 15–25

– [Zeichensysteme], Zeichensysteme zur wissenschaftlichen Darstellung. Stuttgart-Bad Cannstatt, Frommann, 1962

Scott, D. [Semantics], ‹The Problem of Giving Precise Semantics for Formal Languages›. In: Visentini, B. [Linguaggi], S. 225–254

– [Advice], ‹Advice on Modal Logic›. In: Lambert, K. (Ed.), Philosophical Problems in Logic, Dordrecht-Holland, D. Reidel, 1970

Searle, J. R. [Speech Acts], Speech Acts. London, Cambridge University Press, 1969

– [Speech Act], ‹What is a Speech Act›. In: Searle, J. R. [Language], S. 39–53

– (Ed.) [Language], The Philosophy of Language. London, Oxford University Press, 1971

Shoenfield, J. R. [Logic], Mathematical Logic. Reading, Mass., Addison-Wesley, 1967

Sinnreich, J. (Hrsg.) [Sprache], Zur Philosophie der idealen Sprache. München, dtv, 1972

Stegmüller, W. [Hauptströmungen], Hauptströmungen der Gegenwartsphilosophie. Stuttgart, Kröner, ⁴1969

– [Wahrheitsproblem], Das Wahrheitsproblem und die Idee der Semantik. Wien, Springer, ²1968

– [Erklärung], Wissenschaftliche Erklärung und Begründung. (Probleme und Resultate der Wissenschaftstheorie und Analytischen Philosophie, Bd. I) Berlin-Heidelberg-New York, Springer, 1969

– [Hume], ‹Das Problem der Induktion: Humes Herausforderung und moderne Antworten›. In: Lenk, H. (Hrsg.), Neue Aspekte der Wissenschaftstheorie, Braunschweig, Vieweg, 1971, S. 13–74

318

- [Carnap], ‹R. Carnap: Induktive Wahrscheinlichkeit›. In: SPECK, J. (Hrsg.), Philosophie der Gegenwart I, Göttingen, Vandenhoeck und Ruprecht, 1972
- [Wissenschaftstheorie], Probleme und Resultate der Wissenschaftstheorie und Analytischen Philosophie, Bd. IV, Berlin-Heidelberg-New York, Springer, 1973
- [Zirkel], ‹Der hermeneutische Zirkel›. Vortrag X. Deutscher Kongreß für Philosophie, Kiel 1972

STRAWSON, P. F. [Carnap], ‹Carnap's Views on Constructed Systems versus Natural Languages in Analytical Philosophy›. In: SCHILPP, P. A. [Carnap], S. 503 bis 518

SUPPES, P. [Probabilistic], ‹Probabilistic Grammars for Natural Languages›. In: DAVIDSON/HARMAN [Semantics], S. 741–762

- [Stimulus], I: ‹Stimulus-Response Theory of Finite Automata›. In: Journal of Mathematical Psychology, vol. 6 (1969), S. 327–355, II: ‹Stimulus-Response Theory of Automata and Tote Hierarchies›. In: Psychological Review vol. 76 (1969), S. 511–514

TARSKI, A. [Wahrheitsbegriff], ‹Der Wahrheitsbegriff in den formalisierten Sprachen›. In: Studia Philosophica (Lwow), Bd. 1 (1935), S. 261–405, abgedruckt in: BERKA, K., und L. KREISER (Hrsg.), Logik-Texte. Berlin, Akademie-Verlag, 1971

- [Conception], ‹The Semantic Conception of Truth and the Foundations of Semantics›. In: Phil. and Phenomenol. Res., vol. 4 (1944), S. 341–375, abgedruckt in: FEIGL, H., and W. SELLARS (Eds.), Readings in Philosophical Analysis, New York, 1949, dt. Übersetzung in: SINNREICH, J. [Sprache]

- [Methods], ‹A General Method of Proofs of Undecidability›. In: TARSKI, A., Undecidable Theories, Amsterdam, North-Holland Publ. Comp., 1953

- [Models], ‹Contributions to the Theory of Models›. In: Proc. of the Academy of Sciences of the Netherlands, ser. A 57 (1954), S. 572–588; 58 (1955), S. 56–64

TURING, A. M. [Computable], ‹On Computable Numbers, with an Application to the Entscheidungsproblem›. In: Proc. of the London Mathematical Society, ser. 2, 42 (1936/37), abgedruckt in: DAVIS, M. (Ed.), The Undecidable. New York, Raven Press, 1965

UNGEHEUER, G. [Kommunikation], Sprache und Kommunikation. Hamburg, Buske, 1972

- [Glossematik], ‹Glossematik und logischer Positivismus›. In: UNGEHEUER, G. [Kommunikation]

VALÉRY, P. [Œuvres], Œuvres. Paris, Gallimard, 1957

VISENTINI, B. (Ed.) [Linguaggi], Linguaggi nella società e nella tecnica. Milano, Edizioni di Comunità, 1970

WAISMANN, F. [Verifiability], ‹Verifiability›. In: Proc. Aristotelean Soc., Suppl. vol. 19 (1945), S. 119–150, zitiert nach Abdruck in: PARKINSON, G. H. R. (Ed.), The Theory of Meaning. London, Oxford University Press, 1968

WANG, JÜNTIN [Verfahren], Zur Anwendung kombinatorischer Verfahren der Logik auf die Formalisierung der Syntax. Dissertation, Bonn, 1969

- [Hauptströmungen], ‹Zu Beziehungen zwischen gegenwärtigen Hauptströmungen in den theoretischen linguistischen Untersuchungen›. (Erscheint demnächst.)

WEHRLE, H., und H. EGGERS [Wortschatz], Deutscher Wortschatz. Stuttgart, E. Klett, 1961

WEINREICH, U. [Semantics], ‹Semantics and Semiotics›. In: International Encyclopedia of Social Sciences, vol. 14 (1968), S. 164–169

– [Explorations], ‹Explorations in Semantic Theory›. In: SEBEOK, TH. A. (Hrsg.), Current Trend in Linguistics, vol. III. The Hague, Mouton, 1966, dt. Übersetzung: Erkundungen zur Theorie der Semantik. Tübingen, M. Niemeyer, 1970

WEISGERBER, L. [Grammatik], Grundzüge der inhaltbezogenen Grammatik. Düsseldorf, Schwann, ³1962

– [Sprachbetrachtung], ‹Zum Ausgleich generativer und energetischer Sprachbetrachtung›. In: Wirkendes Wort, Jahrg. 22, Heft 3 (1972), S. 145–159

WIENER, O. [Verbesserung], Die Verbesserung von Mitteleuropa. Reinbek b. Hamburg, Rowohlt, 1972

WINOGRAD, T. [Understanding], Procedures as a Representation for Data in a Computer Program for Understanding Natural Language. Cambridge, Mass., Ph. D. Thesis MIT, Dept. of Math., 1970

WITTGENSTEIN, L. [Tractatus], Tractatus Logico-Philosophicus. In: Schriften Bd. 1, Frankfurt/M., Suhrkamp, 1960 (¹1921)

– [Untersuchungen], Philosophische Untersuchungen. In: Schriften Bd. 1, Frankfurt/M., Suhrkamp, 1960 (¹1953)

– [Bemerkungen], Philosophische Bemerkungen. In: Schriften Bd. 2, Frankfurt/M., Suhrkamp, 1964

– [Grammatik], Philosophische Grammatik. In: Schriften Bd. 4, Frankfurt/M., Suhrkamp, 1969

– [Das blaue Buch], Das blaue Buch. In: Schriften Bd. 5, Frankfurt/M., Suhrkamp, 1970

– [Zettel], Zettel. In: Schriften Bd. 5, Frankfurt/M., Suhrkamp, 1970

WRIGHT, G. H. v. [Norm], Norm and Action. London, Routledge and Kegan Paul, 1963

– [Essay], An Essay in Deontic Logic and the General Theory of Action. Amsterdam, North-Holland Publ. Comp., 1968

– [Explanation], Explanation and Understanding. Ithaca, N. Y., Cornell University Press, 1971

WUNDERLICH, D. [Tempus], Tempus und Zeitreferenz im Deutschen. München, Hueber, 1970

– [Pragmatik], ‹Probleme einer linguistischen Pragmatik›. Manuskript eines Rundfunkvortrages, 1972

– [Konventionalität], ‹Zur Konventionalität von Sprechhandlungen›. In: WUNDERLICH, D. (Hrsg.), Linguistische Pragmatik. Frankfurt/M., Athenäum, 1972

– [Disput], ‹Disput über Linguistik›. In: Linguistische Berichte, Bd. 22 (1972), S. 38–44

PERSONEN- UND SACHREGISTER

Hans Eggers

Deutsche Sprachgeschichte

I: Das Althochdeutsche
II: Das Mittelhochdeutsche
III: Das Frühneuhochdeutsche

rowohlts deutsche enzyklopädie 185/86, 191/92, 270/71

In dem auf 4 Bände geplanten Werk wird zum erstenmal der Versuch unternommen, die Entwicklung der deutschen Schriftsprache unter soziologischem Gesichtspunkt darzustellen: es wird von dem sprechenden und Sprache schaffenden Menschen ausgegangen und gefragt, in welcher Gruppe oder Schicht die wesentliche sprachschöpferische Leistung im jeweils behandelten Zeitraum vollbracht wurde. Während im ersten, die Jahrhunderte der geistigen Auseinandersetzung mit der lateinisch-christlichen Tradition umfassenden Band (750–1050) die klerikalen Autoren als Sprachschöpfer beherrschend sind, tritt in der mittelhochdeutschen Periode (Bd. II, 1050–1350) neben der geistlichen, in der Mystik gipfelnden, die weltliche Literatur in den Vordergrund: Chroniken, Spielmannsdichtung und – als Höhepunkt – höfische Dichtung. Nach dem Zerfall der im Mittelhochdeutschen nahezu erreichten Einheit der deutschen Schriftsprache wird die sprachschöpferische Aufgabe vom erwachenden Bürgertum übernommen (Bd. III, 1350–1650). Die Herausbildung einer deutschen «Geschäftssprache» in den großen fürstlichen und städtischen Kanzleien wird an Bedeutung rasch überflügelt durch zwei eine gesamtdeutsche Schriftsprache unwiderruflich begründende Ereignisse: die Erfindung des Buchdrucks und die Bibelübersetzung Martin Luthers. Alle Bände enthalten, neben sprachgeschichtlichen Analysen literarischer und geschäftlicher Dokumente im – ausgezeichnet geschriebenen – Text, repräsentative Quellenanhänge.

Gustav René Hocke

Manierismus in der Literatur

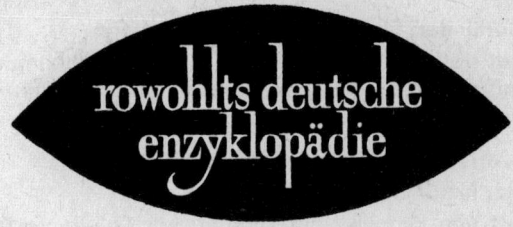

rowohlts deutsche enzyklopädie

Sprach-Alchimie und esoterische Kombinationskunst

Beiträge zur vergleichenden
europäischen Literaturgeschichte

Die Welt, Hamburg: «Das Buch überwältigt den Leser ebenso durch den Umfang seines genau belegten kunst-, literatur-, philosophiegeschichtlichen Wissens wie durch die Fülle seiner unorthodoxen, ungemein anregenden Gedanken. Hockes Sprache ist knapp, einfach und oft von außergewöhnlicher Anschaulichkeit. Eine Aussage wie zum Beispiel die über das manieristische Porträt erspart ganze kunsthistorische Aufsätze. Wir haben ihm für eine Fülle wesentlicher Einsichten zu danken. Gustav René Hockes Buch ist eine echte Quelle des Wissens und der Anregungen.»

rowohlts deutsche enzyklopädie Band 82

rororo wissen

Geschichte der Philosophie

Mit Quellentexten

rowohlts deutsche enzyklopädie
Literaturwissenschaft

rowohlts deutsche enzyklopädie
Philosophie

Dies ist nur eine Auswahl. Ein vollständiges Verzeichnis aller lieferbaren Bände erhalten Sie direkt vom Rowohlt Taschenbuch Verlag, 2057 Reinbek bei Hamburg